钟泰著作集

8

钟泰日录

下

钟泰 著

上海古籍出版社

一九五五年

一　月

一日　早看宗正叔，告以维恭来信之意，送其两万元，亦托正叔转致，希此后不再来纠缠。午在一之家饭，

二日　章洌来一信。午后雪甚大，旋止。杨云汉来午饭。王敬老来，送肉松一盒。

三日　午前看十力，示以与郭沫若书，欲荐予任哲学研究所研究员，此老可谓多事矣。马科来一信，程七来一信。家梅来一信，文字甚劣，因写一信片，令其好好习字。午后丙公来，托其带两万元与谢祖石。

四日　买油五斤，三万元。成人美从北京东郊定福庄水力发电学校寄一信，由史馆转来，此意外也。本日大雪。

五日　徐伯儒生日，送板鸭两只，五万元，找回三百。中面，晚饭，年例也。便过吴眉翁小谈，过伯宣未值。买参蓍膏一斤，六万四千元。阿杭转来龙女一信。马科来，未值。

六日 悌儿交来家用廿五万。付日用十万。买煤球一担二万八千五百，付洗衣钱一万，买炭墼一百个一万三千。晚章浏、梁斌来，送板鸭一只、无锡肉骨头一盒，又合肥花生仁一小盒，盘桓一晚而去。周权亦来。

七日 培儿来一信片。覆成人美一信。又写一片与李金煌，问病况。午前正勤来。晚一之在此饭，以梁、章所送肉骨头饷之。买浅野三郎小说一册，一万元找回五百。

八日 付裁缝做罩袍工钱一万八千。寄十万元与龙女，由阿杭一并寄去。

九日 到剧团与马科同吃面，后在襄阳公园曝日。分手后便看柳劬堂，并一过汪家看顺兰，荡脚已愈矣。随到武定路，消寒第三集也。江翊云以病，眉孙以头眩，并未至。

十日 天仍奇寒，未出。看章太炎《菿汉昌言》，从尹石公假来者，以唯识衡量中土儒贤，只见其牵强凑合耳。

十一日 寄十万元与孝宽。写一信与马科，邀伊与梁、章、顾三人来晚饭。买柿饼一斤，三千二百元。

十二日 付自来水一万八千七百，电灯两万四千五百。看伯宣未值，到义侄处午饭。饭后至石公寓所还所假翻印《石斋集》，随偕同看江翊云，后赵苇舫亦来，谈至四时后回。便一过沧舲，阿慈今晚回南京矣。买鸡蛋十四个，一万一千五百元。金煌有覆信来，尚好，可慰也。本日归途电车中忽遇翟医生，住乍浦路二五四弄三号，T40782。

十三日 买鸡蛋四十个三万四千元，缴煤气七万三千元。午后与权同到三江浴室洗澡。晚送鸡蛋二十个、糖一斤与强玉琴，贺其生子也。会吕翼仁来，未值，因复过其寓小谈，永圻亦在，十时始回。马科等来信，辞星期之约。

十四日 未起时十力遣其侄媳来告，言病甚，及去则人尚能起坐，仅前、昨两日咯血两口，料无大碍也。为其写一书告董必武，挂号寄去。成人美又来一信。买橘子罐头一万八千九百元。写一信与马科。

十五日　正勤来。到史馆取一、二两月薪。归途过十力，病大好，留吃面而归。梁斌、章浏来，请其吃锅贴、羊肉面，共二万四千元。付看弄人一万六千四百，年例双份也。悌儿交来四十五万。付日用十万。宗维恭来一信道谢。

十六日　星期。买米一百五十斤廿三万八千五百，煤球一担二万八千五百，糯米十五斤二万六千三百，木耳四两、金针八斤共一万四千八百。出外路遇王循序，言黄三元来信，已断炊，付与两万元而去。晚邀吕、李在凯福吃十锦火锅，共五万零九百元。饭后吕请看《将相和》。

十七日　崔华邀吃中饭。正勤来，为讲《正气歌》。买板鸭一只，两万三千元。孝宽有信来，德贞亦来一信片。

十八日　覆德贞一片。写一信与王天祚。一信与宗伯宣，将孝宽与他信附去。

十九日　祭祖。义侄夫妇来，并约一之来晚饭。买葡萄酒一瓶一万四千元，香烛四千一百元，又付日用十万。

二十日　午后吕翼仁、李永圻邀在凤阳路吃常州包子。伯宣来一信，邀春节明日吃午饭。

廿二日　午文史馆招在锦江饭店聚餐，晤周仲容，闻匪石患气管炎已多日，因便过一视之，无大恙也。检《内经》一部送周权，《天主实义》一部送周备。买皮蛋五枚，每枚八百五十元，不甚佳，故未多买。晚徐伯儒来，送油鸡一只、茶叶两包。

廿三日　旧历除夕也。晚邀周权兄弟吃饭，杨云汉原有约而未来。

廿四日　旧历元旦。童载新来，宋子玉来。在萧一之家午饭，送其油鸡半只。午后汪宜孙夫妇来，送桂花年糕一包。王淮夫妇来，送蜜橘并广柑一篮。

廿五日　与宜之同到周孝老家贺年，随到伯宣家午饭，年前有函相约也。饭后看尹石公，未值。看眉孙，再看竹庄，五时始归。吴林伯来，林世超与阿慧来送橘子一篮，王时炎来送橘子一篮，皆未值。王天祚转来苏宇一信，天祚言卧病已十日未起，当往视之，则先一日回宁矣。

廿六日 义侄夫妇来，送莲子一包，留午饭。写一信寄苏宇。午后毛德孙来，陈憬初来，送肴蹄一篮、豆沙年糕两盒，留晚饭去。

二十七日 家懋侄孙来。黄正勤来，送橘子一篮。家懋午饭后去，托带橘子一篮与阿慧诸儿。丁蘧卿、万少石来。到汪宜荪家，送其橘子一篮。到余乃仁家，与其子两万元，留晚饭，又送苹果四个、冬笋五只、罐头两个、粽子两支，九时始回。马科由南昌来一信。

二十八日 尹石公来。回看万少石。写一信与马科。午后乃仁夫妇来。看熊十力，送我山东高粱饴一盒。

廿九日 邀周氏兄弟同在沈大成吃炒面，然不如大肉面之佳也。买《纲鉴易知录》一部，备送与马科，两万元。又《说文分韵》一部，两万。后到城隍庙买牙牌一副，一万八千元。归途过看陈匪石。送周家孩子糖果一盒，一万四百元。晚在周权家吃肉骨头粥，甚美。王光宲来，未相值。

三十日 正勤邀在其家吃薄饼，董舜华亦来，董从正勤学戏者，前见其书扇模《灵飞经》甚佳。又有一陈姓者亦来，亦戏客也。周培今晚赴宁，托带莲子、年糕等送与三姊、三哥及内子、德贞。宗瑾如来，送饼干、糖果各一盒。周仲容来，未值，送孩子们饼干一盒。

三十一日 付日用十万元。晚杨云汉来，送包子十六个、鱼圆三十个，盖年底回扬州带来者也，小停即去。

二　月

一日 写一片谢傅老五，一信寄李金煌。一之明日去汉，午、晚皆在伊家吃饭，送伊鱼圆十四枚。晚王天祚来。梁斌来一信。

二日　杨馥来拜年。写一信与苏宇，劝其赁屋不如买屋。又写一信与梁斌，告以不要买瓷器相送。

三日　东甫来信，言年糕等物已收到。龙女来信，并附有子慧家书二纸，似有归家可能，不知是意揣抑真有此情势也。午后正勤来，为讲《东飞伯劳》及《河中之水歌》，邀看纪玉良、王正屏《智取华州》剧，晚饭后同往，剧未见佳。

四日　鼎女来一信，彭祖年来一信。

五日　十力着人送一信来，羌无一事，但言失血后畏寒而已。看陈憬初，未值，送粽子十个、饼干一盒，交与其女便回。候丁蘧卿并邀与同赴消寒会，则已先往矣。是日聚者九人，款不足，余再补两万元。何翘森、何亚谋来，未值。

六日　令悌儿写一信覆鼎女。交十万元与阿杭，令寄与龙女。晚杨云汉来吃饭。兴悌亦有一同事寿姓者来，并留之吃饭去。王天祚未来。孝宽有一信。自昨夜中雨起，终日未止。

七日　仍雨。傅亮卿来一片。王光宷来。写一信复孝宽。道铭之妇徐英来。看熊十力，留吃面回。

八日　正勤来，为讲卓文君《白头吟》，因连及李白《白头吟》，并以宋愨庭《网师园唐诗选》一部赠之。买煤球一担二万八千元，油三斤四两一万九千五百元。周权来谈。

九日　伯宣来，留午饭去。看黄秋生、丁月江，皆未值。过倪沧舲，饷我春卷，甚美。归途买得哈尔滨奶油半斤，两万八千元。马科来一信。郑德庆寄来腊肉、腊肠一盒，盒已破，所馀无几矣。

十日　德庆有信来，曾往广东查看甘蔗增产情况，腊肉等皆购自广东者也。写一信与宋子玉。

十一日　付日用五元，又通沟钱八千三百。午后王揆生来，丁蘧卿托其带交《解深密经・分别瑜伽品略释》三本，清净所述，前在孝老处蘧卿谈及，求其代借者也。与周权看《渡江侦察记》影片，所观自出影片中，此为最佳矣。

十二日　覆郑德庆一信。付水钱一万七千二百。正勤来，为讲李白“五古”七首。周培来一信。梁斌来信，言十七日可回沪矣。

十三日　一之来一信，并托人带来腊肉两块。三哥来一片，当即覆一片。又史馆续聘四人，来信通知而无一识者。午后十力来，以所著《原儒》排印样版托校。金煌来一信。买参芪膏一斤，六万四千元。本日沐浴。

十四日　宋子玉来一信。一之寄《尼赫鲁传》来。代十力校《原儒》样版。晚赴消寒之集，九时后始归。

十五日　到史馆，便回看王揆生。付煤气四万二千，看弄人八千二百、路灯二千，又电费四万五千七百。午后宋子玉来，毛德孙来。晚十力来催校样。收房租三十八万六千八百元。孝宽来一信，德贞来一片。

十六日　付日用十万元，缴房捐十一万二千四百。发一信与宋子玉。送校样与十力。十力《原儒》一书颇见精思，然诋讥孟、荀，斥汉、宋以来儒者，并曰奴儒，可为悍矣，余所不能契也。午后正勤来。买砂糖十二两，五千四百元。覆德贞一信片。

十七日　文史馆通知，十九日举行反对原子武器签名，覆以一片，请其代签。连日看《尼赫鲁自传》。

十八日　买一百二十回《水浒》一部，五万四千元。付下月报钱一万八千。梁斌、马科各来一信，言剧团转赴长沙，约演出十日。正勤来一片，言星期日不能来，改星期一。宋子玉一信，相约星期日与陈小姐相会。

十九日　写一信与马科，一信与梁斌，同封寄去。十力遣其侄媳送郭沫若信来相示，索我近著，我实无意就哲学研究所事，当复信却之。晚悌儿、阿杭并回。本日又落雪，转寒。

二十日　雪止。宋子玉来，当介与陈志蘅相见，留子玉午饭去。

写一信覆金煌。悌儿交来家用二十万元。买米百斤十五万八千，油二斤一万二千，麻油半斤五千七百。晚过宝侄及崔华家一看。

二十一日 章鎏来信，已到长沙矣。周仲容今日生日（正月二十九即月底），送罐头两个，一鱼一肉。晚饭后回。

二十二日 十力遣其侄媳送一鸡来，并写示复郭信大概，且看下文如何。修理后檐水落，一万五千元。写一信与培培，交周权寄去。

廿三日 阴历二月初二，余生日也。宋子玉有信来，覆以一片。又写一片覆章鎏。晚赴消寒会，并将一之寄来《尼赫鲁自传》交还周植曾。义侄来，送鸡蛋二十枚、蛋糕一盒。

廿四日 午后看十力，谈甚畅。送其鸡蛋二十枚，又与小孩糖果一盒，强留晚饭后归。李永圻偕吕左海来。

廿五日 正勤来，托捎一信，向葛一之索回《三国志》第六册。晚永圻送星期日戏票来。丙孙来。

廿六日 雨。周植曾托郑老捎一信来，索还《胡风对文艺的意见》一书，前日借来者也。

廿七日 付日用十万元。到孝老处还书。午后吕翼仁请在人民舞台看戏，戏后余请吕与永圻在德大饭店吃快餐，用四万五百元。

廿八日 由《新闻报》黄嘉生转来唐玉虬信及所为《痛妻记》，知其夫人病卒，欲余为其夫人作传，知不可却，乃草作千馀字，托吕小姐带去，吕明日回常也。马科来一信。

三　月

一日 正勤来，言剧团将去汉口，马科信未及此，不知确否也。

二日 匪石来，言移寓武昌路矣。

三日 又雨，转寒。看《解深密经·瑜伽品诠释》完，韩居士清净作，由丁蘧卿借来者也。

四日 冒雨赴消寒最后一集，在淮海路复兴饭店，并还丁蘧卿书。正勤来。一之来一信。

五日 覆一之一信、马科一信，又写一片与苏宇。协商委员会寄改革文字方案汉字简化方案来，并召集九日开座谈会。史馆又转来北京文学古籍刊行社函，欲予圈点《宋学士集》，章句之儒，古人所鄙，经籍且如此，况文集之类乎？当覆函谢之。悌儿交来家用廿五元。自本月起改行新币制矣。

六日 买煤球一担二元八角五分，生油五斤三元三角五分，糖半斤三角九分，付洗衣服一元，买蛋三斤一元九角五分。正勤邀在其家吃炒肝与烧饼，食后到文化广场看美术展览，因人太拥挤，看未毕即出。本日张君秋招待演出，看其《彩楼记》，大抵以川剧为底本，未见精采。龙女有一信与阿杭，交十万与阿杭寄与龙女。

七日 正勤来，午饭后再去看美术展览，昨日所约也。回后得永圻信，请今晚看张君秋《玉堂春》，匆匆饭罢，乘车而往，幸散场早，归时刚过十一点也。

八日 为十力修润所为《齐白石九十四岁寿序》，昨日来信所托也，只为改易二十馀字，匆匆送去。唐玉虬亦来一信，商所为其夫人传文。信中言及吴润畲在青岛任工程师，有信托代问候我，吴当即寿彭也。

九日 午后在茂名南路五十八号开会，讨论改革汉字草案，新旧各执，知非口舌所能争也。归途过伯宣，未值。孝宽有信来，为黄少香谋事，属交伯宣一看，因将信留下而回。彭祖年来一信。

十日 覆玉虬一信。正勤来，为讲杜诗"三吏""三别"，共六首。伊言马科等今日回，饭后因同到车站相接，与崔华同乘三轮车而回。付自来水一万五千六百。沈主任来信，欲观文学古籍刊行社校书圈书办法，因即交来人带去。看马克·吐温所作《哈克贝里·芬历险记》，此书文笔甚隽，译笔亦不差。宋子玉来信，邀十三日午饭。晚马科来宿，送瓷瓶一个，谈至十二点始寝。

十一日 偕马科同至崔华家，留午饭。饭后回而十力至，谈至三时许去。梁斌、章鋆来，送茶缸一个，晚饭后去。顾哲民由南京虹桥市立第二初级中学来一信。伯宣来信，寄还孝宽原信。晚九十八号钱君又送来玉虬一信。

十二日 有奖储蓄两年期满，改存活期一百元，帐号为一四一一七八九六。

十三日 覆顾哲民一片，彭祖年一片。宋子玉来，请在复兴饭店午饭，有陈子蘅在座。归途一过劬堂。到剧团，仅见张信忠，马科诸人皆不在。

十四日 写一信与周培。晚洗澡。

十五日 到史馆取薪，并将文字改革意见交馆转送，昨日所写也，约千四五百字。归途过眉孙，闻在红榴村，因复至红榴村，则陈匪石、缪子斌、张秉三、陈蒙庵、许效庳等并在，因复为下星期二聚丰园之约。晚在余乃仁家吃饭。杨云汉寄明日与十八日苏联展览会票来。

十六日 到苏联文化建设成就展览会，二时候始出馆。本日暖极，亦疲极。丁蘧卿来一片，邀星期日补行消寒会，仍在孝老家。发一片与乃仁，托为贾文野谋事。晚看《银灰色的粉末》电影。

十七日 公安局王德明同志来，欲了解之江大学在贵阳一段事，告以所知而去，王与严可亭昨日曾同来也。寄七万元与丁孝宽，内二万系转黄少香者。缴地产税四元一角六分，电费三元三角五分，煤气三元三角八分，买三月号《文艺月报》一份三角五分。

十八日 再看苏联展览会，前看未及工业馆也。此次除工业馆外，复将文化馆塑像及油画等细玩一次，十一时进馆，四时始出，并在五层楼吃咖啡，藉凭高一眺全市。便到剧团约马科一谈，马科欲邀往看越剧《彩楼记》，因天转寒，衣少未去。一之来一信，丁尔柔来一信。

十力来，汪宜荪来，俱未值。周易来回房子，已在威海卫路看得新屋也。

十九日 寒雨。午后看十力，傍晚回。

二十日 邀马科同看刘斌昆，在重庆南路太仓坊二十七号。赠以高丽使臣书札一帧，报其大垆之惠也。梁斌旋亦来。马科先走，同梁斌行至延安路遂转乘二十路电车赴消寒之约，将《葑汉昌言》还与尹石老，晚八时半归。史馆有函，订廿二日开会谈购公债事。吕翼仁送后日尚小云戏票来。

廿一日 买米百斤十五元九角，鸡蛋二斤一元二角二分。午后看匪石，冒雨而归。晚过吕翼仁谈。

廿二日 午后到史馆，未及会散赶往聚丰园吃刀鱼面，十五日约定者也。吃面后到汪家看丁尔柔。得孝宽一信，款收到矣。晚看尚小云戏，吕小姐所请。归后夜起三次，当是河鱼作祟，亦贪口腹之过也。

廿三日 得苏宇噩耗，于二十日上午六时化去，为之黯然。还周易押租一百元。

廿四日 写一信与王天祚吊问，并附一挽诗去。又写一信与东甫，托其送十元与王家作奠仪。

廿五日 十力来一片，问"民受天地之中以生""中"字宜何训，随写一片，引俞曲园《群经平议》据《淮南·主术训》高注训"中，正也"语告之。周权送《孤儿历险记》来，因知马克·吐温原名 Samuel Clemens。

廿六日 午后宋子玉来。付下月报钱一圆八角，又付洗衣钱一圆。

廿七日 周姓房客本日迁出，又找还押租十六元。梁斌来，留晚饭去。晚王文军来。东甫来信，奠仪已亲送与苏宇夫人。

廿八日 东甫又来一信片，言全官将至南京。午后与权看《混血儿》影片。付日用十元。

廿九日 写一片寄德贞。李永圻来。晚王天祚来，谈苏宇病中及临殁时情形甚悉。

卅日　倪沧舲来，当将东甫代垫送苏宇奠金十元交与沧舲，并以一片告东甫。赴消寒末会，在苏渊雷家（长乐路一二四五号）。先至尹石老处，石老不在，折回吴眉孙家邀与同去，除孝老未到外，馀皆前会之人。苏寓所小有木石，海棠两三本尚未开，闻前李伯行旧居也。饭后与丁浩如同行，过浩如家（尚古山房）小坐而归。交五金与石公，为阴历三月十二孝老八十寿礼。

三十一日　德贞来一片。史馆通知迁至岳阳路二六一号，在建国西路口。

四　月

一日　连日寒雨不止，闷极。晚到群众戏院看京剧，惟迟世恭《定军山》《阳平关》差可观。

二日　悌儿交来家用二十九圆。马科有信来，住北京新街口南大街麻状元胡同新街口旅馆，当即覆一信。午后十力来，言漱溟偕黄艮庸来沪，住上海大厦，邀同去相访，谈约一时许，言尚将赴杭州矣。

三日　宋子玉来，邀在冠生园午饭，在座者施学谦、钱宪伦夫妇、吴志高，皆前之江化学系学生也。王务孝来。今日晴。买煤球一担二元八角五分，油五斤三元二角七分。

四日　漱溟、艮庸来，邀同至孝老处拜寿，孝老云去龙华看桃花矣。又同去看蒋竹庄，午回。午后心叔夫妇与其女珠来谈，约两刻许去，前借《易书》两种因即交还。

五日　新房客杨超来，定约并豫交行租四、五、六三个月，共二百一十单位计一百十六元零三分。约由一〇一厂出名，介绍者五十号刘少谋及山阴路一八一号朱其昌也。熊十力来，谈约一时许去。理发。

六日 付日用十元。看孙俶仁，将所作《钞本黄漳浦跋后》一文缴卷。午后洗澡。到宁海路看梁斌、王文军与崔华，在沈大成吃面。晚看迟世恭《打渔杀家》与《洪羊洞》。

七日 杨超今日迁入。李金煌来一信。写一信寄一之，一片覆金煌。

八日 陈蒙安来信，言十七日午在复兴西菜馆聚餐，为余与汪旭初生日补寿也。此可谓多事，然亦无以却之，随缘而已。午后丁尔柔来，言不日返泰矣。晚宋子玉来，留饭去。

九日 孝老寄《八十初度赋谢知旧》诗来。培儿来一片，言月半前后将来沪。付水费三元七角五分。晚看迟世恭《连营寨》。

十日 宗维恭又来信告贷。唐玉虬寄悼亡文来，并函属转求湛翁哀诔，此胡可得也。吕小姐请看戏，亦在群众戏院，因晤王文军。

十一日 玉虬所寄悼亡征文，送一份与匪石。

十二日 看十力，因送玉虬文一份与之。午后到红榴村又交与眉翁两份。

十三日 缴电费七元零八分。买米一百五十斤，廿三元八角五分。付日用十元(自明日起)。郭晋稀自兰州西北师范学院来一信。

十四日 寄一信与一湖北京，又一片与培儿。

十五日 到衡山路看张文约，留午饭，并电邀周绳武来。饭后便与绳武到其茂龄别墅寓中小坐。至史馆取薪。归后知崔华之母来约吃面，盖其孙百岁也，送礼二元。面后强邀至人民大舞台看《柳毅传书》，冒雨去冒雨归，殊不值得也。

十六日 写一信与马科，一信与郭晋稀。午后丙孙。来看十力，并将所假《漳浦诗》六本送去。连日夜间皆有雷雨。

十七日 天转寒，有晴意。午到复兴饭店，由匪石、眉孙等醵饮汪旭初与余也。饭后眉孙复邀往纺织工会听清唱。培儿来一片，言明日到沪。

十八日 十力来，会余出，未值。今日亚非会议开幕，到者二十九国。午后培儿来，住国际饭店。晚梁斌来，送余瓷制八骏，却之，坚留而去。邀吕、李二人在群众看戏，到后台由王文军介与迟世恭相晤。

十九日 缴煤气三元九角四分。午后到剧团看梁斌、贺梦藜，并以新买百二十回《水浒》一部送与梁斌。在土产公司买果脯三包，备送与三哥、三姊及天青街家中也。

二十日 午后一时十六分乘京沪车返宁，晚七时廿五分到，到红庙则已八时半矣。

廿一日 早到双石鼓，叔兄外出，未值。到天青街午饭，王绵、徐桂贞亦在，略谈近况，再回至长江路棋局访叔兄。抽空至长兴泰看周培，在叔兄处晚饭。

廿二日 到石婆婆巷吊苏宇，情不自禁抚几痛哭。便过振流家一看。午后邀同周培到莫愁湖，风景全非，虽改作公园，尚未修缮完毕。来去皆三轮车，车资八角。买烧鸭、油鸡，各五角，仍同周培回红庙晚饭。

廿三日 邀三哥、三姊、内子、德贞看昆剧《十五贯》，在天青街午饭。过青年会看诸培恩，培恩邀在其寓所保泰街二十一号晚饭，葛兴、潘鸿声、倪惠元皆到。九时葛兴送予归。培恩长子名尚耀，次子名尚宁。

廿四日 上花神庙、双桠巴树两处坟，回天青街午饭已二时半矣。胡少棠来相看，未值。

廿五日 早到竺桥桃源新村廿一号看胡少堂。

廿六日 上海转来正勤一信。晚与培闲步街头，约定星期五洗澡。

廿七日 连日候金煌不来，午前得伊廿三日信，言今日进城而终未到，不可解。本与叔兄约今日上牛首坟，乃草一字令人送去告以改期。傍晚有微雨。

廿八日　金煌来，乃知昨日不到因告假未准也。赠以《读风小识》一部，送予茶食四包，又邀至新街口北方同庆楼馆子吃薄饼。饭后同到新华书店买中华出版袖珍《管子》一部，价两元，复折回红庙小坐。金煌三时去。到棋局看叔兄，约明日上牛首坟。

廿九日　王天祚来。写一信与玉虬，将托东甫代写《钱夫人传》寄去，又眉孙寄来一词亦寄去。伍立仲来。上海转来孝老一函，约今日晚饭。在叔兄处午饭，饭后上牛首坟，坟主名赵华发，往返三轮车车钱二元。晚与周培在工人文化宫洗澡。

卅日　与叔兄在武定桥吃面，面后看郑亲家、伯沆夫人，过天青街小歇。今日苏宇下葬，本拟送葬，而因殡仪馆舛误，遂止。强天健来，与之到刻经处购《坛经》一册，备赠伍立仲也。

五　月

一日　望杏夫妇来，甘氏侄妇与秋儿来。午后又雨。晚与培在老广东吃馄饨与炒面，来去皆冒雨而行。赶此热闹，可笑也。

二日　午前理发。看伍立仲，并将《坛经》送去。午后培邀看扬州戏，在大鸿楼中山东路也。

三日　钱希晋来。午后看叔兄告别，在茶社值商藻亭。培送车票来，未值。

四日　早胡少棠来。乘十一时十九分车回沪，午后六时左右到。与三姊家、女佣二人各一圆。

五日　早李慰农偕王循序来，邀十一日来此午饭，并发伯宣、丙孙各一信片招其作陪。午后填户口复查表。看吕诚之，盖来沪就医者，并将三姊送我香肚四个转送与之。晚到崔家，崔华已移居宁海路矣。

六日　倪沧舲来，当将托带款物交与。到剧团，并通一电话与正勤。偕梁斌在复兴饭店午饭。饭后看李俊廷，未值。至黄棣路看丁月江病，昨日由李慰农说起也。归途过匪石处，值吴眉孙、陈蒙安皆在，因剧谈，五时始归。天又雨。马科由哈尔滨寄来一信。悌儿交来二十九元。写一片寄东甫。

七日　付日用十元，寄一信与马科，一信与周培。晚再看吕诚之。过坊口遇潘子石，因往居委会听唱《二进宫》，潘唱铜锤。

八日　午后葛一之来。买油六斤，内麻油一斤。三元七角。交十元与阿杭寄与龙女。晚吕小姐请看马连良戏。

九日　正勤来电话，言其父已归，邀吃晚饭，并观其在各处收来字画，中以陆包山山水四幅、夏羽谷墨竹四幅及恽南田四斗方山水最佳。今年桂秋五十，予以许乃钊、刘大观两长幅字赠以为寿，索得其画佛一轴而归。

十日　午后赴建国酒家茶会，会后到飞虹路回看李慰农。本日骤热，几可单衣。

十一日　邀李慰农、吴眉翁、宗伯宣、王循序午饭，丙孙回苏，未能来。看十力。晚看吕诚之。付自来水二圆一角四分。

十二日　寄一信与唐玉虬。缴电费二元八角。培来一信并附与其母一信。晚梁斌来，言十四晚将赴济南，并言其后父病危，有书来，不能即回一视，辞甚凄怆。当假与十金，令其寄返，聊助药饵之需。

十三日　王循序来一信荐女佣，为吕小姐觅也。午后正勤来送戏票一张，到大众看《猎虎记》排演。

十四日　早循序所荐女佣来，遣吴氏儿媳偕之去。看周孝老，已入病院，与其六郎谈甚久，送《废字废义表》三册。大致无碍也。到史馆取薪。晚吕小姐又邀看马连良戏。写一片与培，问其足痛，来信言须开刀也。

十五日　星期。付日用十元。章鋆来信，言其工作将有变更，当即覆一信，劝其早决。十力遣程一亭送来《原儒》一册。

十六日　缴房租十一圆二角四分，买米一百斤十五圆九角。午后丙孙自苏来，带来《白石山房诗文集》，装订已成，然甚劣。

十七日　在聚丰园为匪石、蒙庵补寿，到者十四人。饭后到茂名南路看临摹敦煌壁画展出。

十八日　付下月报费一元八角。伯宣邀李慰农午饭，到者有眉翁、丙孙、循序。托慰农带五元与孝宽，渠一二日内行矣。十力来未值，甚不悦，留一字而去。

十九日　吴润畬来一信。午后邀权陪同到第四医院看耳后瘤肿，挂号二角。医云非开刀不可，决意再觅中医诊之，看如何耳。晚过吕翼仁闲谈，并告以此疾，伊亦劝予慎重。

二十日　午前看十力。

廿一日　缴煤气钱三元二角三分，买煤球一担二元八角五分，又鸡蛋一元，看弄人八角二分。悌儿交来家用廿三元。偕周权到凤阳路新昌路口永年里觅朱少良朱少云之弟看耳后瘤肿，云系瘰疬之类。门诊挂号八角，内服药十包，每日早、晚各一包，二圆，又敷搽油药一小瓶一圆六角。写一信与萧一之，一信覆吴润畬。

廿二日　星期。发一信与叔兄。午后看翟医生，与之谈病理，甚晓畅。

廿三日　吕翼仁来，送点心两盒。崔妈妈约午饭吃饺子，因以一盒分饷之。在崔家盘桓至晚饭后始归，晚食油饼、稀饭，因徐幼云从汉口来，冯文生亦来，故今日请客也。唐玉虬来一信，索在所作其夫人传后盖章。

廿四日　付日用十万。覆玉虬一信。翟医生来书，约明日六时到其寓所，由第五医院俞院长为予诊察耳后硬肿。

廿五日　送书到来青阁装订。在伯宣处午饭，饭后复到朱少良处诊视，又买药一包，并访得外科医生所谓三六九者，在云南路近三马路处二四四弄七号。晚应翟培庆约到其寓所，由第五医院新任院长俞君检查，所云大致与翟先生同，但仍主开割。翟留晚饭，谈至九时后始归。金煌、梁斌、崔华各有信来。叔兄亦来一片，三嫂伤仍未愈。

廿六日 写一信覆梁斌。午后到工人文化宫一观。买《周易函书》一部，二十六册，价四圆五角。晚汪宜荪来相看。

廿七日 再发一片与培，问其脚疾。晚在工人文化宫看天蟾剧团《岳家庄》《李逵负荆》剧，并甚好。便过黄秋老问候，并将其小姐所画扇取回。过剧团看王文军，未值。

廿八日 写一信与金煌。午后到十力处，会羊宗秀来，因留吃面，八时归。

廿九日 一之来一信，去重庆矣。午后李永圻来。

卅日 买中白粳五十斤，七元五角六分。郭晋稀来一信。午后邀周权同到宛平路瘤肿医院疹疗，医师一王姓、一张姓，皆不能断为何物，但决其非癌也，约二三月后再去看。十力来未值，留一字而去。欲以观想法消之。

三十一日 孝宽来一信，吴润畲来一信。写一信与十力，又一信与王文军。

六　月

一日 付日用五元。培来一信。送新照照片一张与权，一张嘱转培。

二日 到云南中路二四四弄七号章姓女医处诊治，医金一元五角，与药丸十四丸，早晚各一丸，不知视朱少良何如也。来青阁装点书取回，付工资二元五角。午后写一信与一之，一信与振流。又一信与崔华，送与其母寄去。又一片与蒋云从，托探潘午印在杭否。

三日 写一信与梁斌，并附照片一张去。午后孙俶仁来，万少石来。

四日 早十力来，借得《家语疏证》去，旋送还。午后史馆茶会，黄松奏琴，吴梦飞弹琵琶，并有茶点。归途过眉翁，借《太极图说论》归阅之，《论》为清康熙中王嗣槐所作。

五日 付日用十元，洗衣一元。买油六斤、麻油半斤，四元。徐伯儒来。午后看眉孙，因同至棉纺工会听曲。

六日 梁斌来一信。写一片与十力。阅屠格涅夫小说《父与子》，此书善读之可发人天性而令人慨。以时代改变，父子必不能合意见之私，观之不免孤负作者苦心矣。

七日 蒋云从有信来，言潘午印已归湖州。潘本杭人，此说殆未可信也。十力又遣人送一字来。晚看吕诚之并还借书。

八日 写与梁斌一信，寄天津。晚毛德孙来，助之两元五角。本美材也，而今如此，不得谓非子巽之过也。

九日 付水钱二元四角六分。十力又遣人送一信来，仍言觅屋事。午后邀权看电影《苏沃洛夫元帅》。

十日 早起，九时在天蟾舞台听胡风一案报告，昨日史馆临时通知者也。归途过食品公司，买熟圆大腰一包六角，葡萄干一包五角二分。崔姆来，送包子及三角。五时看十力，薄暮返。韵媳以父病重，今夜回严，带去赙仪六元。

十一日 付电费二元八角一分。

十二日 买煤球一担，二元八角五分。午后看柳劬堂，病已得解。在余乃仁家晚饭。便过桂末辛一谈，归时近十时矣。

十三日 看吕翼仁，送明夜戏票两张。午后五时再看十力，晚饭后归。马科自富勒尔济来一信，言不日去长春矣。王文军亦自宁波来一信。李青崖来信，询南京清末高等学堂事。任心叔来信，邀游杭。

十四日 吕小翼送肴一品来。写一信与马科，并附去近照四张，分送章、崔、斌昆及其本人者。覆李青崖一信。又写一信与王文军，问其病。

十五日 到史馆取薪，先过孝老小谈。取薪后到汪宜荪家，托便寄五金与孝宽，留午饭。归后永圻来。一之自重庆来一信。付日用十元。

十六日 早匪石来。写一信与孝宽，劝其移居靖江。晚吕小姐邀在共舞台看戏。

十七日 文字改革委员会来信，欲余撰一文登北京《光明日报》，信由政协市委会转史馆送来者，不可推却，当穷两日之力成之。一之来一信。

十八日 文成，共约五六千字，挂号寄去。过十力小谈。梁斌来信，其继父化去。

十九日 写一信慰梁斌，又写一片与心叔。午前十力来。连日吕小姐皆有肴馔送来。付下月报费一元八角，买米百斤十五元九角。

二十日 缴地产税四元一角六分，煤气三元四角六分。写一片与黄桂秋，问正勤出国消息。晚到吕家小坐。

廿一日 买沱茶两饼，每饼一元八角，备送马湛翁也。早十力来。后丙孙来，将老夫子诗文集取去，并托带去十三元，三元买纸，十元第一次钞费也。付看弄人四角六分。连日吕家仍有菜送来。

廿二日 吴林伯来。李金煌来一信。发一片与周培。晚无聊，独到永安电影院看《乌沙柯夫》电影。吴常美有覆信来，言其翁在杭未回，故代覆。

廿三日 章鋆从长春来一信。史馆又送新发表一名单来，共八人。晚邀吕、李二人在中国戏院看李世济《窦娥冤》。十力有字来，言茂名路之屋不可住。

廿四日 吕小姐连日仍送菜来。

廿五日 理发。买鸡蛋八枚，每枚五分半。

廿六日 星期。邀吕、李二人在群众看高玉樵《武松》戏。崔华来一信。看十力。修天棚两元。

廿七日 寄一信与吴润畬,一信与郭晋稀。丁月江于二十二日作古,今日有讣来,已不及吊矣。

廿八日 付日用八元。写一信与丁直青,吊其父之丧。又写一片与叔兄。晚吕小姐邀在人民舞台看杨宝森戏。韵媳由建德回,言建城前日全没水中,损失不訾。看崔姆。

廿九日 写寄马科、章鋆、崔华各一信,同封寄去。

卅日 买糖一斤十四两、鸡蛋一斤,一元八角七分。修理阁漏一元五角。十力来谈。刘约真有信来,欲予为高吹万向史馆提名,此岂余力所能为耶。晚邀吕、李二人看杨宝森《捉放曹》。

七 月

一日 覆刘约真一信。一湖来一信,振流来一信。

二日 正勤由北京来一信。其父亦来一信,约明日相晤。晚永圻来谈。

三日 看黄桂秋,知其媳于一日生女,为命名曰蝶孙。过柳老,将《礼记读本》取回。吕小姐本邀看《失空斩》,而杨宝森突病停演,扫兴而返。万少石来。买煤球一担。叔兄来一片。

四日 交十元与阿杭寄龙女。写一信与正勤北京,一信与一湖,又一片与十力。连日热甚。

五日 丁顺兰来,捎来孝宽一信。梁斌由石家庄来一信,当即作覆。傍晚汪宜荪夫妇又来,盖万姑太太八十,皆来拜寿者也。夜有雨,略凉。

六日 悌儿交来廿九元。买米百斤十五元九角,付日用买菜钱十元、洗衣钱一元,又买油三斤,罄矣。吕翼仁仍将戏票送来。写一片与叔兄,告以韵媳已回。午大雨。

七日 仍雨。马科自长春来一信。史馆寄来“胡风漫画展览会”门券一纸。又陈蒙安有信来告,十二日在锦江饭店聚餐,为陆某寿,覆一片托病谢之。

八日 丙孙来一信。

九日 黄幼朋之女玉模持王循序函来,言将返苏,赠以川资二元而去。卫素存来。发一信与李金煌。付水费二元六角五分。

十日 赴吕翼仁之约,冒暑看《空城计》,先乘早凉一看十力。彭祖年来一信,移居双柏庙后街七号矣。

十一日 写一片与黄桂秋,告以杭州之行作罢。又写一片与伯宣,为黄朋孙告帮。

十二日 缴电费二元三角六分。晚请翟医生看杨宝森《起解》《打登州》。

十三日 付日用十万元。看《乌沙科夫》下集电影。黄桂秋来一覆信。

十四日 贝贝来信,并寄一照片来。看杜鹏程《保卫延安》。十力来一字,言已不作迁居想。

十五日 到史馆取薪,赠《对胡风思想的批判》一册。

十六日 再写一信寄一湖,又一信寄周培。

十七日 张允和来。本日星期。金煌来一信。寄五金与孝宽。晚过吕诚之。

十八日 郭晋稀有信来,径返湖南,不绕道至沪矣。

十九日 四国会议昨日在日内瓦举行。报载潘汉年与胡风同时逮捕,胡在意料中,潘却出意外矣。

二十日 看眉孙,还《庾子山集》。过伯宣午饭。饭后三时看竹庄,归途看李青崖。悌儿交来廿三元。

廿一日 付日用十元,油二元二角,煤气三元四角六分,米卅五斤五元六角，糖一斤十四两一元四角三分。吴林伯来。孝宽来一信。

廿二日 由银行取回利息五十四元七角，付下月报钱一元八角，买蓝夏布二丈七尺五寸九元六角三分。

廿三日 早十力来，仍为房子事也。

廿四日 寄一信与刘丙孙，并汇去十元，黄少怀钞书钱也。

廿五日 趁早凉剪发，并顺看崔妈妈。崔华来一信，梁斌来一信，龙女亦有一信与阿杭。

廿六日 写一信与崔华，一信与梁斌。薄暮一过十力。

廿七日 丙公有覆信来。夏布做裤两条，付工钱一元六角，又买西瓜两圆九角。晚王天祚来问苏宇碑文，为拟一简短文字而去。又高吹万之子来告贷，素不相识，忽有此求，拒之，怏怏去。

廿八日 买白斜纹布两丈五元四角，又添买蓝夏布六尺五寸二元二角八分，线球两个二角一分。

廿九日 付通沟钱八角三分，又日用五元。晚大雨。

卅日 仍雨。

三十一日 吕小姐送戏票来。

八 月

一日 到黄桂秋家，正勤之子依新历今日弥月也，见面礼龙头一个。留午饭，午后三时始回。晚践吕翼仁约，在人民大戏院看吴素秋演《香妃传》，改名《伊帕尔汗》，惟武把子差可观，唱工则无一人也。何翘森于昨日在沪续弦，偕其新妇刘中英来过，言住杭州直吉祥巷二十五号。收房租三十八元六角七分。

二日 付日用十元、裁缝夏布短裤工钱一元四角，买电灯泡两个七角，印花票三角。晚邀吕翼仁在群众看谢英庭《长坂坡》，迟世恭、张世奎《大保国》。叶华送白拌肉一盘来。

三日 梁斌自郑州来一信，言请假返西安省母，十一日后径赴芜湖，大约不久将回矣。晚永圻邀在高乐听大鼓、相声、单弦、拉戏，为之喝噱不止。买蓝光料斜纹布七尺，一元八角二分。

四日 写一信寄梁斌西安。交十元与阿杭寄龙女。晚过吕家小谈。

五日 未出门。悌儿交来二十九元。付油钱三元六角，洗衣钱一元，豆浆钱九角。

六日 作《咏蝉》七律一首，隐寓胡风、潘汉年事件也。买米五十斤，七元九角五分。

七日 谭淑常来一信，并寄还二十五元，又其弟妹与小孩照片一纸。付自来水钱二元九角五分。宋子玉来，留晚饭去。晚章鋆来，并捎得崔华一信，言卅日离吉林，三日到沪也。

八日 午唐玉虬托其姨侄王雨人捎来一信，并附有与十力、吕诚之两人信各一纸，皆问候而已。

九日 从邮政总局取回淑常寄款。作米色麻布西裤一条，八元五角。

十日 覆谭叔常一信。林伯来，王循序来。午后宗维恭欲将《钞本》一书留下，拒之去。晚过吕诚之，送交玉虬附来信一纸。付日用十元。

十一日 午后过十力，送交玉虬附来信一纸，十力正患感冒，未多谈。

十二日 晚吕小姐邀听昆曲。

十三日 看张允和，为吕小姐探听房子事也。

十四日 星期。付电费二元四角七分。

十五日 到史馆。在乃仁处午饭。送子将蟋蟀两头，连瓦盆一只，喜欲狂矣。饭后过汪家，交五元嘱交与孝宽，留食瓜，尽汁一碗。

阿杭取去五元。

十六日 悌儿交来廿三元。买米六十斤、粳籼各一半。面粉五斤九元四角三分，煤球一担二元八角五分，白糖三十两、黄糖六两一元五角五分，看弄人八角五分，又报费一元八角，缴房捐十一元二角四分。取裤子。

十七日 看眉孙，还所假书《太极图说论》，留午饭。饭后看伯宣，归途买《第一个五年计划》一本，六角四分。过吕小姐，覆其觅屋之托。

十八日 王鸢飞来一信，求为证明其过去在之江及大夏读书等事，云证件已焚去故也，当覆一信。又写一信与丁筱珊，托其为周权说项，从其师刘先生学医。

十九日 付日用十元，缴煤气三元六角九分。晚崔姆带小锡安来，托写信告知崔华。丙孙来一信，附来少怀问钞书格式数条。

二十日 写一信寄崔华沈阳。又一信与丙孙，并附去钞书费十元。李永圻送天蟾戏票来，退还之，因欲看姜铁麟《三叉口》也。

二十一日 马科来一信，当覆之。杨云汉来，留午饭去。

二十二日 付修钟钱二元一角。钟从乃仁处购来，价六元，渠朋友托卖者也。

二十三日 梁斌从芜湖有信来，丙孙亦有覆信来。陈蒙安于廿日病故，有报单来，今日午后在万国殡仪馆举行宗教丧仪，因邀匪石同去吊之，送仪二元。便过汪、余两家。再到剧院看章鋆，无意中闻陶雄在彼，陶前光华同事也，因见之略谈别后事，并一看郭秘书而回。

二十四日 写一信与梁斌芜湖。托张家蔚将徐浩所存画件带往南京。晚吕翼仁请看王玉蓉《孙夫人》戏，不甚佳。

二十五日 在周家。买虾干半斤，一元四角。

二十六日 丁筱珊来，周权学中医事已经刘仲华允诺，代为之喜，即介与丁相见。

二十七日 付日用十元。写一信与周培，因托张家蔚将徐浩所存字画带去,由伊处转交也。

二十八日 连日时雨时止,久晴,得此沾溉多矣。谚云“大旱不过七月半”,信然。

二十九日 过崔姆,约下星期一午饭。阿杭晚回校宿。

三十日 看孝老。便过杰甥处,知光琳已考入上海医学院,甚喜。

三十一日 送周权从刘仲华学医,刘送予旧印章一枚。过伯宣午饭,饭后到肿瘤医院复诊,三月满,无变化,心为一宽。做两用衫一件,半麻半毛料,十五元。

九　月

一日 家柟来一信片。晚邀吕、李二人在红都看《玉簪记》,饰潘妙常者殊劣,不足观。

二日 梁斌由芜湖来一信,今日去合肥矣。午后二时半在艺术剧场听报告,并有电影。报告为国际形势,电影名《火》,归家已七时半。买煤一担二元八角半,油四斤半三元二角半。

三日 史馆信来,介绍南京炮队李成美同志来了解李金煌过去历史,举所知以告之,不知者不敢臆对也,谈约三四十分钟去。写一信寄梁斌。

四日 交十元与阿杭寄龙女。宗瑾如侄妇来。王鸢飞来一信。《光明日报》将前文字改革委员会所索文字寄回,言不适宜刊登。不登甚好,可免唇舌。

五日 付日用十元。崔姥邀午饭,因俞会理将回西安也,与谈游华山事甚详。

六日 悌儿交来二十五元。付洗衣钱一元,豆浆钱九角三分,买米五十斤七元七角六分。到安康取衣并寻孙宝万理发。托周权将郑海藏书汉碑条幅送与刘仲华。

七日 买糖三斤，一元九角六分。薄暮到人民大舞台购《十一夜》戏票，请翟医生及吕、李二人看关正明《失空斩》，归途即送与翟，晚送票与吕。德贞来一信。

八日 昨日天特热，夜热甚。早仍无雨意，午后雨，旋止。夜复雨，稍凉矣。眉翁来一信，告十三日晚在叶子咖啡馆晚餐。崔姆来，并以其子华来信相示。

九日 付水钱三元二角三分。买D.D.T一瓶九角，力士皂一块四角一分。闻匪石伤足，特去一看，无大碍也。

十日 付电费二元二角二分。天又转热。培来一信。

十一日 杨云汉来，留晚饭去。晚看戏，吕、李已先买票，将票价退还。

十二日 仍热。看勃朗特所著小说《简爱》。匪石来一信片，言胃痛又发。

十三日 正勤自华沙来一信，八月十二日发，正一月矣。看十力，即在其处午饭。晚赴叶子咖啡馆，餐费二元。过匪石，匪石未能去。

十四日 付日用十元。晚有一名张咏者自杭州师范学院来，欲了解任、蒋二生履历，谈半句多钟去。

十五日 德庆来一信。到史馆取薪。买呢一公尺半，十四元八角七分。午后邀眉孙同访陈病树，谈不及一句钟回。付看弄、打扫夫钱八角二分，路灯钱一角二分。丙公来，未值。

十六日 缴地价税四元一角六分。

十七日 马科从鞍钢来一信，言不日去大连，即覆一信寄大连大众剧院。又写一信与培，一信与德庆。丙公来，将前买自黄少香一书札赠之，本是刘家故物也。

十八日 星期。章鋆来，言梁斌在合肥生病，即发一信讯之。看匪石，胃病已愈。

十九日 偕周权同至汪宜荪家看丁筱珊，谢其介绍之力也。交十元与筱珊寄孝宽。梁斌来一信，病已愈，殊慰。晚到吕家闲谈。

二十日 缴煤气钱三元二角三分。

廿一日 悌儿交来二十元。购米五十斤六元八角九分，付下月报钱一元八角。找孙宝万理发。

廿二日 文史馆将重印通讯录送调查表来，即照填寄去。

廿三日 买《高玉宝》一本送孙宝万，五角三分。夜到虹北工人俱乐部观《不能忘却这件事》电影，模糊甚，殆坐远故也。

廿四日 梁斌从合肥来一信，并寄还十元，言即日到常州矣。晚送《中医杂志》与吕诚之看，中间有关于眼科疗治方法。

廿五日 付裁缝做呢短袄工钱二元。吕小姐送来廿七日天蟾戏票。

廿六日 马科来一信。陈匪石来，言十月四日在翠竹轩为陆丹林作生日。

廿七日 寄一信与梁斌常州。晚看戏，天津来剧团也。付煤球钱二元八角五分。廿四日买。

廿八日 写一信与马科，寄青岛。午后到文化俱乐部听“五年计划”传达报告。在伯宣处晚饭。

廿九日 叔兄来一片。崔华来一信，廿五日由合肥寄者也。

卅日 中秋节。写一信与叔兄。付买油一斤四两七角五分。

十　月

一日 付日用十元。陈病树、李小鲁来，小鲁住千爱里十七号。晚偕周权到虹口公园看月。

二日 午后义侄夫妇来。

三日 早许公武来。交十元与阿杭寄与龙女。晚章鋆来。

四日 寄一片与崔华常州。晚在锦江饭店吃饭，为陆丹林生日作贺，每人出分两元，先过徐伯儒医室小谈。

五日 晚到吕家，并送七日晚昆曲戏票。本日起看《云笈七签》。

六日 旧料作西装背心一件，工二元。

七日 张允和来。晚邀吕、李二人看俞振飞《贩马记》。

八日 永圻再邀看昆曲，戏为《游园》《挡马》《见娘》数出。

九日 悌儿交来本月家用四十五元。付洗衣钱一元，豆浆九角，买油五斤三元。杨云汉来，午饭去。

十日 付日用十元。买米五十斤七元八角九分、糖二斤四两一元六角。杨姓房客迁出，收租金十三元八角九分。付水费五元五角一分，仍主客各出一半。林伯来。

十一日 付电费五元九角。理发。晚吕小姐邀看昆曲《风筝误》。

十二日 史馆通知，薪水每月分作两次发。王鸢飞寄来十元，写一信覆之。

十三日 午后看日本木板展览。便过柳劬堂，尚好无恙。

十四日 买《哈吉慕拉》一册、《竖琴》一册、《绥远散记》一册，皆特价，共八角八分。

十五日 到史馆取薪。过丁筱珊午饭，交十元寄与孝宽。梁斌来一信，已到苏州矣。付看弄、打扫及路灯，共八角九分。十力来一片。

十六日 写一信与孝宽，一信与梁斌，一信与十力。马科从济南来一信，前沈阳一信同时亦到，即覆一信寄去。

十七日 买蓝卡其一丈七尺十二元二角二分，白稀布八尺一元六角，白绒布一尺二寸一元一角，共十四元九角二分，交尤裁缝作皮短大衣一件、丝棉裤一件，言定工钱九元。皮与丝棉皆旧物也。晚邀周权看印度电影《两亩地》，甚佳。

十八日 午前看吕氏父女。买白斜纹布八尺，二元一角六分。丙孙来，即将返苏。

十九日　付日用十元。买米五十斤六元八角九分，缴煤气三元二角三分。

二十日　王文军来一信，随覆之。

廿一日　丙孙来一信。写一片与章鋆，问马、梁归期。付下月报钱一元八角。

廿二日　梁斌来，留请吃晚面去，昨日返沪。

廿三日　章鋆有覆信来。写一信与吴常美，问正勤行踪。午后崔华来邀余晚饭。刘约真来。王文军来晚饭，冯胖子与刘光华皆在。

廿四日　王文军来，邀看其所演《秦香莲》，在虹北工人俱乐部，留其吃面去，戏不坏。

廿五日　与周权看印度电影《流浪者》上集。

廿六日　看义侄、伯宣，未饭归，晚食粥、服药睡。

廿七日　祖年来一信。仍食粥。

廿八日　食面。买味精一瓶，四角七分。晚吕、李二人来谈。

廿九日　付日用十元。王文军来。

三十日　早看《流浪者》下集。晚吕小姐请看李元春戏。梁斌来，未值。

十一月

一日　午前看十力。午后到威海卫路看梁斌、崔华，不意正勤亦回沪，因邀至其家吃鸭子，伊到丹阳省其父带回者也。饭后到光华戏院看张文涓戏，吕翼仁约也。

二日　间壁吕家及一张姓来看屋，约定星期六及星期日来订约。晚过童载新家，因昨晚马玉瑞曾亦偕人来看屋并候余甚久也。

三日　买面粉七斤半，一元一角九分。写一片寄葛一之，昨有书来欲再假《三国志》过校，告以已卖去矣。

四日　买糯米十斤，一元七角三分。配三楼门匙两把，六角。

五日　看周孝老。到文史馆取薪。便过汪宜荪家，适丁尔柔有信，病似稳住矣，一慰。取改制短皮大衣及驼毛裤回，付尤裁缝工资九元。在乔家栅吃肉汤团四个，殊不佳。马科来一信。晚崔姆来，借二十元去。

六日　丁直青转来鲍韵高一信。余姓人来看屋，付定银三元去，因张姓者昨日未来，故允之。午后吕绍琪夫妇来写租约，先付定银五元。约未盖章，明日送来。杨云汉来，午饭去。买棉毛运动裤一条二元六角四分，拉线开关一只五角二分，邀周权来装置。交拾元与阿杭寄与龙女。

七日　买牙刷一柄四角六分，白玉牙膏一支四角一分。俞姓房客来言，明日迁入。晚看周亚平。

八日　付日用五元。覆鲍咏高一信，来信求在省文史馆探询斡旋，此非吾力所及也，直告之。写一片寄马科。余姓房客迁家具来，当写租约拿去盖章贴印花，用其新婚夫名曰顾宗高，在消防处任事，浙江人。付一月租金，连前定洋共十六元。晚看吕诚之父女。

九日　付水费三圆零三分。看蒋竹庄。在伯宣处午饭，饭后同到人民公园看菊花，随又到博物馆看“反对美国人盗掠中国文物”预展，在公园得遇眉孙，因同吃茶休息，归家已晚饭时矣。晚邀权权到三江浴室洗澡，权权带来丁孝宽一信。买衬衫一件，二元九角。

十日　买米五十斤六元九角，买腐皮一元。宋子玉有柬来，邀十三日午在锦江饭店吃饭，殆结婚矣。吕姓租户忽来毁约，今人性多反覆，可笑亦复可叹！

十一日　写一信与周培。木匠来修理地板，付工钱一元。付电费三圆八角四分，油二圆八角，糖一元一角五分，洗衣一元，豆浆九角三分。到剧团，只见梁斌一人。访赵德钰不值，买奶油一块而归，六角。又买海拉明片一瓶，四角七分。晚培儿来，盖参观捷克展览会者，住东亚旅馆，言后日晨即返宁。

十二日 付日用十元。晚培儿再来，言明日九点后返宁。

十三日 星期。午赴宋子玉之邀，新妇名张彩华，贺以瑶蛤制茶匙八柄，旧购于香港者也。归途理发。一湖来一信，马科来一信。

十四日 穿牙刷两柄，四角。不雨者几两月，夜忽得雨，檐声淅沥，为之喜而忘寐。

十五日 终日雨不止。鲍咏高又来信索寿诗，并附一信嘱转秋生。付路灯、警卫、打扫共一元八角七分。

十六日 缴冬季房捐十一圆二角四分。写一片与马科，因来信有买鸭子之说，阻之也。今日放晴转寒矣。

十七日 周培有覆信来。晚与权散步。买烤猪肉六角。

十八日 写一信寄一湖。缴煤气六元六角八分。看梁斌。

十九日 到史馆取下半月薪。交十元与筱珊寄泰。看黄秋生，前鲍韵高信来，有一纸属转交也。在乔家栅吃蟹面七角，归途一过匪石。心叔、马科有信来。阿杭通知，本星期不回矣。

二十日 星期。买米五十斤，六元九角。十力来一片。到天蟾看梁斌演出《挑滑车》，气力终嫌单薄也。

廿一日 写一片与任心叔。吕翼仁送其所译《活命的水》一册来。

廿二日 看眉翁，留午饭。饭后到师范大学回看刘约真。又看有瓛，未值。晚在天鹅西餐社公宴尹石公与赵苇舫，明日二人生日也，公份两元。章鋆来一信。

廿三日 付日用十元。午后看吕诚之，病已愈。晚李小鲁夫妇来，为其友人看屋也。史馆通知新发薪办法。

廿四日 德贞来一片，问赴宁期，随覆之。又写一信寄鲍咏高，并作一诗附去，因今年渠七十岁，曾索寿诗也。又覆章鋆一信。

廿五日 到煤气公司，为改装煤气事也，缴费十九圆五角二分。买皮蛋五枚五角，腊肠半斤一圆零七分。晚回看李小鲁。

廿六日 付下月订报钱一元八角。晚培儿来，言电力公司开会也。

廿七日 早章鋆来，刘静波、童载新来。午后培儿来，晚饭后去，言一、二日便回宁。

廿八日 午后梁斌来。写一信与中华书局，寄澳门路四七七号，以战前预约《辞海》一部，有通知来属登记也。晚培儿来，与同步至虬江路别去。

廿九日 买奶油两方，东北来者，每方八角二分。蹄筋四两，四角六分。熟肴肉一块，九两二重，九角。晚培又来。

卅日 晚看何亚谋。

十二月

一日 军医大学有宋文平者，来了解宋子玉过去历史，谈一小时去。

二日 马科回，在寓午饭，复至虹口公园周览至三时后始别去。便看十力翁。晚李小鲁来。付日用十元。

三日 到京剧院约马科同游西郊公园，章鋆无暇未去，孙江陵同去。在静安寺乐府午饭，吃咖哩牛肉面，转乘五十七路汽车去，四时返家。马科邀看《玉簪记》，晚饭后复到天蟾舞台，渠已候于门口，则票乃四日而非本日也，于是一笑而返。

四日 星期。午后梁斌来，晚饭后同行，彼到群众，予至天蟾，戏了甚早，乘电车回。

五日 到史馆取薪。在红榴村吃蟹包四个，充午饭，四角八分，逊南京包顺兴远矣。

六日　林宰平自北京来，住招待所，来相看，并约同看十力，匆匆旋去。买棉鞋一双五元，大虾米四两七角六分。

七日　稼生来，捎得鲍咏高信，诗已收到矣。王循序来一信，为鲍咏高催诗。马科来一信，言留院部导演组工作。看薛嘘云。

八日　史馆送新通讯录来。到上海大厦回看林宰平。收房钱十六元。

九日　寄一信与中华书局，为登记预约《辞海》事也，并将身份证明书及保证书（叶华作保）寄去。买白鱼一条三斤十五两一元六角五分，买米五十斤六元九角，油二斤一元二角，糖一斤六两九角九分。又付豆浆钱九角，自来水钱二元六角五分。理发。

十日　早隔壁张老来。叶华送来酥鲫鱼一碟。午后宰平来，谈半小时去。晚有梁麒者从北京来询徐浩在徐汇中学时事，其人为河南温县籍学工程者，在重工业部设计处工作，谈甚洽。交十元与阿杭寄龙女。

十一日　早陈憬初来。午后四时崔华继马科又来，同至崔姆处吃葱饼、馄饨。

十二日　付日用十元。午后严同志来，言有女同志周姓者为了解萧一之过去事邀到派出所一谈。林伯来问《诗经》数事，并借牛运震《诗志》一书去。

十三日　午后朱有瓛、章元石来，知金意轩、江载菁在合肥农学院任教，而金蔚农及朱劭丞皆于今年化去。为一之事写交往情形及所知各项约四纸，送交严可亭。

十四日　午后睡起无俚，独到永安看闽剧《炼印》电影，殊不见佳，而当时评此剧为第一等奖，不可解也。

十五日　正勤来电话邀晚饭，以常美新自北京归也，因过京剧院邀马科同往。同饭者有常美母、弟。董舜华及陈老初亦在，未饭便去。归家在九点后矣。

十六日 悌儿交来家用四十五元。缴地产税四元一角六分，电费三元七角七分。付洗衣一元，买油两斤十两一元六角，糖一斤七角二分。付看弄人一元六角四分，路灯二角五分。晚吕左海送团子来。

十七日 买米五十斤，六元九角。看翟医生，顺便洗澡。晚看吕先生父女，问中医眼科住址，以施学谦有信问也。

十八日 鲍韵高又寄诗来。覆施学谦一信。午后吕、李二人来邀游静安公园，并请在老松盛吃蟹黄馒头、酒酿圆子与鱿鱼。本日星期。梁斌来，未值。有何姓来订屋。

十九日 午后到文化俱乐部听陈市长报告，共五时馀始毕。晚请吕、李在群众看戏。陈墅有信与悌儿，寄来代收田租十七元，外邮票六角。

二十日 缪子彬生日，午在南京中路新村醵寿，出分二元一角，过途便看匪石病。何姓新租户付定银五元。

廿一日 缴煤气五元四角八分。翟医生邀在中国戏院看李如春《包公》。交五元与丁筱珊寄泰。

廿二日 心叔来一信。江艺云寄《汴行纪事诗》来。柳翼谋寄《青衿周甲诗》来。今日冬至，转寒。

廿三日 付日用十元。偕马、梁、章在杨公兴吃烤鸭，邀正勤、忆萱，皆未去。

廿四日 程七有信来告贷。付报费一元八角。

廿五日 星期。写一信与周培。吕小姐请看赵荣琛、梁庆云戏。何姓来毁约。晚缪尔庆又介一陶姓来，付定银四元。买肉九元，约十一斤馀，作咸肉备过年也。

廿六日 寄四元与程七苏州。买油两斤半。

廿七日 看特里佛诺夫《大学生》。史馆来信，年内有小款补助。终日雨。

廿八日 转晴。看电影《脖子上的安娜》。陶姓来定约，付租金一月。

廿九日 买面粉八斤，一元三角六分。程七覆信，款收到。写一信片回家。送缪尔庆两元。买参芪膏一斤六元四角，皮蛋十枚一元一角。

三十日 到史馆取补助款。便看孝老，知一浮已赴京矣。在老松盛吃菜饭。取款后到中苏友好大厦看“印度阿旃沱石窟壁画模本展览”，并看“保加利亚民间衣着用器展览”。归途一看匪石。

三十一日 买制服呢一公尺二分十五元九角二分，蓝里子布七尺五寸二元二角五分，送交尤在臻做裤子一条。便看柳劬堂，赠其所著《国史要义》一册。胡少棠来，住吴兴路二五六弄之五，近徐汇也。

一九五六年

一　月

一日　晚周家邀吃饭，周安及张家庆皆自北京来也。梁斌有信来，言胃病发入医院初出。

二日　付日用十元。交十元与阿杭寄龙女。晚陶姓房客搬家具来。洗澡。

三日　冒雨到复兴中路李俊庭家看梁斌病。便取呢裤，工钱二元。

四日　刘约真有信，并寄所作《曹俶补事略》来，属为删改

五日　史馆信来，约十三日开座谈会。早倪沧舲来。交六元与叶芬，修皮箱款也。午后送裤子改短，便到京剧院看马科，未遇。在土产公司买蜜枣三包，包各一斤，备带回南京送叔兄、三姊也。东甫、德贞各来一片。刘约老又来一信坚前约，因草一书覆之，告以原件携宁，得便着笔。

六日　到史馆取薪。理发。

七日　赴宁。十九日回沪。家用共用去四十一元馀。

二十日　午后看吴眉孙，因前数日有信来约谈也，留晚饭回。通

一电话与伯宣，尚未返家，遂未去。

二十一日 雨。上午看吕诚之，送板鸭一只。下午看十力，留吃馄饨，咸不可言。六时后归，再食烧饼两枚，饱矣。是日大游行。

廿二日 星期。微雪，午后雪渐甚。徐伯儒率其子来，辞腊月十二生日之会，遂将所送板鸭两只交其带去。看匪石，病发已愈，留晚饭，踏雪而归。

廿三日 晴，寒。午后看《安娜迦列利娅》电影，根据托尔斯泰小说编摄者。发一片告叔兄，一片与东甫。

廿四日 缴煤气费五元二角五分，付下月报费一元八角。午后到倪杰处送交所带款、物。看劬堂病。看章鋆、马科，与科食蒸馄饨后归。羊宗秀来，未值，留一字去。东甫来一片，言香肠、小肚皆煮熟者，不能久置也。

廿五日 付日用十元。叔兄来一片，房子已租出。看伯宣，送香肚两个，留午饭。饭后到澳门路中华书局取《辞海》下册，便过孙宝万理发。

廿六日 晚邀权、为两兄弟洗澡。

廿七日 发一片与德贞，一片与刘丙孙，又一片与梁斌。阿杭回，悌儿亦回。

廿八日 吕左海来。晚李小鲁遣人来告，复坚下星期二为眉孙祝嘏之约。

廿九日 午后梁斌来。悌儿晚复去学校。

三十日 买花生米一斤，四角二分。

三十一日 晚在聚丰园公为眉翁祝嘏，分金二元二角。

二　月

一日 在义侄处午饭，订八日晚在彼祭祖。看石公、竹庄，石公昨欲借十力《原儒》一书，故今送与之也。桂未辛来，未值。

二日 发一片与周培。刘约真来片约相见，亦发一片覆之。买白糖二斤，七角六分一斤，又黄者十二两三角三分，共一元八角五分。

三日 再发一片与刘约真，告以明日不能在家，因史馆改期，明日发薪也。

四日 付日用十元。午到史馆取薪，便过丁氏姐妹及倪氏甥女处一看。买鲜肉三斤四两，二元四角。十力有片来，问所引书，查后随覆一片。马科信来，言明日晚返里省亲。

五日 谭婿寄十元来，即以转寄龙女。买油六斤半，三元九角。李永圻邀看电影《贝多芬传》，实则听比看更好也。

六日 写一信与谭叔常，未发而鼎女亦自沈阳来一信，因并覆之。刘约真来商订所作《曹俶补事略》。买粉丝一斤八角九分，冬笋三斤九角一分。晚在群众书店买法斯特著《斯巴达克斯》小说一本，又《鞑靼故事》《蒙古故事》等书三本，共二元四角二分，故事书拟春节分与诸孙者也。又买花生糖半斤，四角二分。

七日 买冰糖一斤六两，一元三角二分。丙孙来一信，言卫素存已回苏。作《志喜诗》五古一首，稿别录。

八日 买米五十斤，七元三角一分。午后李永圻来，言吕诚之明日移居。午后王文军来还所借《墨子》。晚在义侄家祭祖，率三孙同去，饭后八时回家。家栋寄来十元。义侄送猪油年糕一盒。

九日 午后看"南斯拉夫画片展览"。便过眉翁以《志喜诗》相质，知劬堂已于三日化去。刘约真有一片来，即覆之。张家送来素十景菜一碗。

十日 付日用十元，缴房捐十一元二角四分。买参芪膏一斤，六元四角。晚同老为看电影《神秘的旅伴》。徐伯儒来，送油鸡一只、元宵一盒、烧卖一篮，未相值。

十一日 周培由南京来，带来白鱼一条、鲤鱼一条、香肚四个、香肠二斤、炒米一口袋。周家送来素菜一碗。今日旧历除夕。

十二日 丙申年元旦。周、张两家来九人。童载新来。夜有微雪。

十三日 看竹庄，会尹石公亦来，留吃面，盖今日其生日也。午后与石公同看周孝老病，其三子植曾出，言医属不能谈话，遂别去。到石公处小坐。出访眉公，家人云在红榴村，聚会者皆其乡人，点心尚可吃，以人多未多谈。到宗伯宣家晚饭。饭后再过眉翁，商酌柳劬堂挽诗，九时归。梁斌来，正相候，谈至十时半去。

十四日 正起床而十力来，盖自北京开协商会始归，以余未知其去，故来告也。宋子玉邀午饭，并约悌儿同去。饭后又到所谓新市区巡视，其父年七十四，本老农，亦同行，健力过五十岁人，余有逊色多矣。午后又以粽子、汤团相饷，饱食而归。晚饭仅食一碗，略加少许，腹犹果然也。汪宜荪夫妇来，送柑子、苹果一篓；王时炎来，送苹果一篓，并未值。彭祖年来一信。

十五日 章鋆、张信忠来，留午饭去。袁道仲持尹石老信来问熊十力住处，告之去。晚邀张家慰、周培吃饭，培以故未来，乃改约权，会刘静波亦来，因亦留其饭后去。

十六日 倪氏甥女来，送橘子一包。交六元与周培，托带宁还香肚、香肠钱。午后到南昌路吊柳劬堂，送供果三包，并把所作挽诗用旧绢誊写送去。又看丁氏姊妹，送猪油年糕一盒。看徐伯儒，未值，见其妇兰芳，送其孩子水果一篓。付自来水钱一元二角八分，看弄人一元零九分，豆浆钱六角三分，电费三元八角四分，共六元八角四分。陈憬初来，送猪油年糕一盒、苹果一篓。

十七日 看翟医生，为周权欲就问西医医理也，约明晚介与相见。以陈憬初所送年糕交周培带与红庙，培明日行矣。王敬老来一信。

十八日 覆王敬五一信，又写一信与马蠲叟。午后看熊十力。晚陪周权看翟医生，八时半归。

十九日 到余乃仁家，送橘子、苹果一筐，陈憬初馈也，留午饭。

饭后到复兴西路高邮路口看吕诚之。归途过重庆南路看伍丹伯，不见一年馀矣。江翊云、沈维岳各来一信，江并寄《咏儿儿花》一律来。王淮及其妇李梅先来，未值，送鸡卵二十枚，留一字言，仍住广元路二〇八弄四〇号，不在河滨大厦矣。

二十日 买米五十斤，七元三角。马科来一片，已自深州回。周绳武家有讣告来，绳武于昨日逝世，后日在万国殡仪馆大殓。昨见丹伯方谈及彼不久丧耦，不意其亦去矣。夜在群众看河南梆子。

二十一日 写一信与马科，约其二十六日来午饭。又买米二十斤二元九角三分，麻油一斤、生油一斤一元三角五分。龙女夫妇来一信。写挽章一联送周绳武。

廿二日 午后送周绳武，会值陈芸正送其翁周仲容尸到殡仪馆。仲容年七十九而素健，不意猝终，人命之脆如此，良可念也。归途理发。过匪石，喘发已愈。在一八〇弄家庭食堂吃炒河粉，石公所告也。东甫来片，年糕收到。

廿三日 作《自传》诗一首，稿别存。晚王天祚来，送板鸭一只。与权在三江浴室洗澡。付日用十元。

廿四日 修房门上锁并配钥匙，共工钱一元六角。午后派出所刘某介一束姓者来了解钱履周父子行履，谈一小时许，由其笔录，予签名后去。作《除四害》诗一首，稿别存。写一片与王淮。

廿五日 午后看眉孙，商酌所作诗，有罗、赵二人在场，谈至日夕始归。周行来，未值。

廿六日 星期。缴煤气费四元三角三分，付下月报钱一元五角。一浮来一信。午后杨云汉、马科先后来，并留晚饭去。写一信与周行，约其星期六或下星期来谈。

廿七日 付下月报费一元五角，买毛巾一条八角三分。午后林伯来。傍晚公安部门派一陈其者来，仍为了解黄仲素事，并涉及刘丙孙父子，谈后并望余写一节略，允其星期四来取。作《喜雨》诗一首，稿别存。罗至人来一信，为一湖索竹庄所作《因是子静坐卫生实验谈》一书。

廿八日　修改旧作五律共十五首，别写存之。晚为黄仲素事草一稿，约两千字，可以交卷矣。收前楼房客租金一月。

廿九日　看竹庄，问其《卫生谈》一书，在山东中路二十六号中医书局出售。随又看江翊云，以《除四害》及《喜雨》二诗相质，伊亦出示其《与河南靳君志倡和诗》，皆七律也。又过京剧院一转而归，马科喉痛已愈。

三　月

一日　到山东中路买《静坐卫生谈》一本四角，又在昭通路买《石门文字禅》一部八本一元，午后四时陈其来，将所写节略交之携去。陈君态度甚好，尚可谈。

二日　写一片与一湖，并将书寄去。午后二时到中苏友谊电影院听原子能报告，史馆转来政协通知也。周行有覆信来，言明日三时见过。

三日　午后到史馆取薪，赶回而周行已来过，乃于晚饭后到威海卫路五一九弄积善里回看其弟兄，孰知周行并未回家，想是天气不好，从我家又回学校了，怅惘而归。途中过陈憬初家，送其水果罐头一个、麦片两盒。

四日　晚写一信与周行，申说所以失约之故，未及发而周行来，谈至八时半去。

五日　付日用十元。送老夫子诗文集与北京路四九九弄十号沈松泉装订，徐少樵所介绍也。

六日　收顾姓房租十六元。买绵白糖、黄糖各一斤六两，价一元五角五分。买《旅行家》一册，三角。

七日 取新订书，付工价钱一元七角。在中国戏院看《八虎闯幽州》，戏后过威海卫路看梁斌，在伯宣处晚饭。王循序来信，为黄朋孙告苦。崔姆来，未值，留下崔华一信，言已迁至宁海西路一八二号三楼。

八日 寄八元与刘丙孙，由其转交朋孙，内四元伯宣所出也。买米六十五斤，内上白粳四十斤、籼米二十五斤，共九元三角八分五厘。

九日 看张文约，留午饭。饭后到史馆开坐谈会，研讨《农业发展纲要》，五时毕。过汪家，交五元与筱珊寄孝宽。在半斋吃肴肉面，不及义和园远矣。晚看梁斌等《八大锤》、王宝山等《打金枝》戏。

十日 写一信与梁斌。永圻来一片，告诚之处已装电话，号码为六九六二〇。

十一日 丙孙来一信，言款已全交。阿杭回，交十元寄与龙女。付自来水二元二角三分，油二元七角，洗衣钱一元。午后到科学院追悼柳劬堂。归途过南昌路一二五弄A字四〇四室看李青崖。悌儿交来四十五元。

十二日 午后二时正出门，梁斌来，因同至国际电影院看《大家庭》电影。黄玉果有信来道谢。

十三日 旧历二月初二，余生日也。缴地产税四元一角六分。午后送《洗冤录》与沈松泉修补。

十四日 买十六磅白布，六尺五寸，二元零八分，作衬裤，工钱五角。取书回，工钱一元。看二本《杨家将》。筱珊转来孝宽一信。

十五日 写一信与周行，约其星期六午后来取观音像，送与其母者也。午后洗澡，着凉不适，早睡。

十六日 付日用十元，看弄钱一元八分，豆浆钱九角。政协有通知，开汉字拼音会议，以不适，覆书不能到。又写一信通知史馆，因小组讨论明日在史馆开会也。晚由周权约翟医生来看，用开塞露后得大便，病渐解。

十七日 热度仅半度，午后退尽。周行来，留晚饭未肯，谈约一时馀去。夜燥热，又服青霉素后两股作痒，不能寐，后得雷雨稍安，始入睡。悌儿晚回。永圻寄廿二日晚人民舞台戏票来。

十八日 韵媳、文孙又俱病，命悌儿往叩翟医生，知皆流行感冒，病无大碍也。卫素存来谈。连日周权皆来，明日补习班开学上课，恐不能如是矣。付电费三元两角五分。

十九日 病虽起而口味未开，仍食锅巴粥。唐玉虬来一信，并附一信属转吕诚之，即寄去。

二十日 买米五十斤七元三角一分，又付居民委员会费二角二分。连日阴雨，今放晴。午后汪余卿来，数年未见矣。晚马科来一信。付下月报钱一元五角。

二十一日 写一信覆玉虬，一信与孝宽。看匪石，喘虽未发而卧床已十馀日，可虑也。金煌来一信，不通信者且八月，事已明，为之一慰。买皮表带一根五角，又买旧李俍民译美女士罗林斯著《鹿童泪》小说一本，三角。

二十二日 覆金煌一信，告以四月半后回宁。又写一信覆马科。午后史馆开购销公债会，予认六十元，至九月扣完。会后看"罗马尼亚民间艺术展览"。理发。邀小孙在绿杨村吃面。晚永圻邀看中央实验歌舞团歌舞，回家已过十一点。本日骤热，时有猛雨，归后揩身方睡。

廿三日 午后周行来信，其母于昨日病殁。本日史馆本有小组会，以体乏未去。

廿四日 写一唁信寄周行。夜有暴风雨。

廿五日 到宁海西路看崔姥。在半斋吃烧卖。午后在新光听评唱、相声，永圻所邀也，左海亦来。

廿六日 缴煤气四元七角九分。龙女来一信。吕小姐来片，邀后日在家中吃西餐。晚梁斌来，九时半去。

廿七日 写一信与心叔。晚邀周权洗澡。

廿八日 写一信与周行。看匪石病。应吕小姐召晚餐，与周万屿同回，周住长春公寓。

廿九日 付日用十元。午后得心叔一信。连日雨仍未止，闷极。

三十日 写一信与龙女。傍晚看翟医生。

三十一日 王敬五来一片。周行来，晚饭后去，以时逊堂评注《苏批孟子》赠之。

四 月

一日 星期。到广元路看王淮，淮不在，晤其岳父与其妻，随到林式超、阿慧夫妇处，留午饭。饭后一过倪杰而归。吕诚之来一片，问“龟龄集”购置处，“集”是误字，盖“龟龄膏”也。

二日 晚到萧家通一电话覆吕诚之，告以河南路广东药店可买。

三日 看十力，告以不日往杭州，伊不能同往矣。修理水落，工钱七角。交十元与阿杭交与龙女。晚邀周权看电影。

四日 看周孝老。晚在义侄处饭。十力来一片。

五日 便血止而忽患腹泻。午后史馆开会，勉强去。去前过匪石，则两月前喘病又发矣。归途过孙万宝洗头，以《浅野三郎》及《水浒外传》二书赠之。晚食锅巴、稀饭，又用周权说买消炎片 B. G. 服之。前法政大学学生居秉磐忽来一信，住平凉路四一弄（榆林里）二二号，现名居漱庵，言前年秋从佳木斯回也。

六日 写一片与张文约，本约今日在彼处午饭也。史馆取薪，令悌儿代去。午后黄正勤来，谈约两时后去。泻止，腹中仍不宽，食粥与烤馒头片许而已。修理东头水落，连白铁共一元四角。

七日 午前张文约来看。午后马科来看，以柳劬堂所著《文化史》一部六册赠之。德贞来一信。收顾姓房客房租十六元,外电费九角六分。

八日 付日用十元。写一片与德贞,令其陪同内子即来沪。天气又转冷。

九日 缴电费三元八角四分,付自来水两元四角八分。

十日 改诗。

十一日 买赴杭车票,后日午后两点二十分钟开车,价三元三角七分,发一片告知心叔。买沱茶一块一元八角,旅行袋一口三元九角五分,热水瓶一个三元二角七分。

十二日 东邻邱氏借《洛神赋》去。伯宣来,邀其在半斋吃刀鱼面、烧鮰鱼、肴肉,共四元三角。史馆开茶话会,每人点心费五角,到者八十馀人。归途交五元与丁顺兰寄泰州。

十三日 再买沱茶一饼。午后二时二十分车赴杭,八时十分到。住仁和路清泰旅馆,心叔已候于馆门外,同在锦林粥店吃粥,归旅馆便寝。

十四日 八时起,吃粥后搭汽车到镇海楼平安里看寿卿夫人,留午饭,饭后回旅馆。乘人力三轮车到蒋庄看马一浮,送沱茶两饼。陈撄宁及又一陈叔平者亦在,五时后同乘船循南岸而归。在奎元馆吃虾仁腰子面,六角一分。再乘三轮车到民权路看幼朋夫人并姚郁周,郁周夫妇不在,以龙川先生书对子一付交幼朋夫人转赠。送幼朋夫人二金。

十五日 八时云从夫妇挈其女同来,同吃粥,九时半去。心叔来,与同看郦衡叔,至十二时再去看袁心粲,稍坐即走。在"素春斋"吃素面,同回旅馆,至四时左右心叔别去。遂到姚郁周处,钱少群亦来,谈至八时后始回。所备油饼与粥并美,盖幼朋夫人佐之料理也。

十六日 早陆微昭来。十时左右搭汽车到蒋庄,移时撄宁亦来。湛翁备午饭,蒋苏盦,又一龚慈受及汤淑芳,共食二时。湛翁去开会,而心叔旋至,与三人共绕西山公园一周。晚樱未残,牡丹正放,柳絮漫天,嫩草如罽,亦可喜也。路遇心叔夫人,正偕其小学学生来游,可谓巧值。别撄宁、苏盦后，与心叔买舟至孤山图书馆看夏朴山，因病入医院，未值。便过罗苑看何鸣岐，小坐，即搭车至湖边买明日午后二时车票。在知味观食油包及小笼，皆不佳。回寓后衡叔来。

十七日　付房金四元八角，买香雪酒两瓶二元九角四分，在奎元馆吃虾仁黄鱼面六角五分。昨夜有北风，故今日转凉，上车后反须加衣也。夜八时前到沪。

十八日　吴氏媳交来用款单，悌儿家用五十五元，尚馀三十八元六角四分。午后理发。在食品公司买麻糕两盒一元，香糕二盒一元五角。归途看匪石病，留吃晚饭归。

十九日　看黄桂秋，以香雪酒两瓶馈之，留午饭。饭后看伍丹伯。又看陈勉斋，未遇。在永安看印度《流浪者》电影。晚看张允和，其弟寅和亦在，允和明日去北京矣。

二十日　买米四十斤，六元三角六分。到师范大学看刘约老，佛年适自京开会回，许士仁亦来，提及余复职事，漫应之而已，留午饭。饭后与约老同行至静安寺转八路车看吕诚之父女，又到张家花园看吴眉孙，又看梁斌、马科，与马科同吃面而回。崔华亦在院中，一见即去。陈勉斋来，未值。内子及德贞来沪。

二十一日　早看周孝老及其子植曾，问一之消息。看尹石公，还书。午后买南京车票六元四角三分。看十力。徐伯儒来信，邀明早在绿杨村吃点心，覆一片谢之。又写一片与吕翼仁，告以与张传芳接洽留□□事。

二十二日　付报钱一元五角，买帐顶布九尺二元二角五分，交家用三十元与内子与德贞两人。正勤电话，奉其父命邀听戏，覆一电话谢之。

廿三日　乘十一点五十三分车赴宁，老为送上车，以带行李多也。六点正到，由空军一朱姓者及他客陈姓者代搬箱子下车。乘人车三轮到红庙，车钱七角二分，亦言行李多当加价。送沱茶一饼，香糕、麻糕各一盒与三姐夫妇。

廿四日　午后将周家托带包袱送与周培，未相值，留之而回。午后寄一信与彭祖年，一信与李金煌。看三兄、三嫂，亦送麻糕、香糕各一盒。

廿五日　在叔兄处午饭，饭后到天青街。又到新桥看高培均，匪石所托也。因高培均谈及侯少韩住磨盘街十八号，相距甚近，遂同往访之。少韩已八十，不见盖多年矣。

廿六日　早看伍立仲。午后发一信与俭侄，一片与德贞。午后看徐桂贞，言其子缺学费六元，即以赠之。

廿七日　早叔兄邀在包顺兴吃包子、鳝鱼面，便看伯沆夫人。晚饭后看周培，与之绕新街口一周而回。

廿八日　早立仲来。看胡少棠。饭后李金煌来，送水果一篓，又邀往曲园吃晚饭，米粉甚佳，湖南做法也。

廿九日　上丁家巷、双桠杷树两处坟，去者老幼十一人，在天青街午饭。付人力车两乘钱两元五角。郑氏媳送松子糕一包、枣泥核桃糖一包。

三十日　伍立仲邀在老广东吃早点。过摊贩市场，忽遇陈病树与邓思庵，邓在江苏文史馆，病树则由汉口返沪过宁者也。在叔兄处午饭，三姊亦来。看三嫂，因同到夫子庙看京戏。胡少棠送来诸培恩一信，为予介与汉口青年会谋宿处者，而祖年覆信来则主予住一湖处，此则候至汉相情形再定矣。高培均、甘贡三来，未值。

五　月

一日　早少棠来。午后看立仲，本拟同至扫叶楼，以今日游人太多而回。

二日 早强天健来，午饭后去。晚在天青街吃饭，叔兄、郑氏亲家亦来，培儿后日去北京矣。余与叔兄同归。

三日 早看苏宇夫人。午后三时后看卢又同，看程希圣，留吃面，晚雇车归。

四日 在书琴侄女家午饭，在葛兴家晚饭。钱希晋来，未值。本日骤热。

五日 夜大风，又转凉。天健送来乌饭，午后又偕杨碧天来。洗澡。晚邀培在梁园吃饭，脑油银丝卷甚佳，因更买八枚归。听弹词，未毕便走。

六日 钱希晋来。金煌来，邀在中华剧场听河北梆子，未见佳。晚在老广东吃饭，因雨乘车归。与金煌盘桓一日，甚乐。

七日 终日雨，未出门。

八日 雨止，仍阴。到叔兄处送还所借书，并探江新船期。午后在中苏友谊馆看《旅行叙利亚》电影。

九日 发一信与祖年，告以候江新轮上行即赴汉。叔兄来。又雨。

十日 晴。早到天青街。午后探江新轮期，并过周培，邀其到时相送上船。

十一日 寄一片与德贞，告以乘本日船赴汉。二时买船票，头等十四元六分。四时后与周培同到下关江边候船处，六时船到，由培送到码头，箱栊有搬夫送至船上。同房者一复员军人，胡姓，麻城人。夜半过芜湖。

十二日 早过大通，午后一时过安庆，晚过小姑，夜十一时过九江。船上秩序粗可，而饭厅则颇紊乱，誉之者似过也。

十三日 八时过黄石市，俨然巨镇矣，此数年来进步之征也。午后三时到汉口，住黄陂路十四号青年会，培恩所介也。总干事名陈中浩，嘉兴人，沪江大学毕业，新自上海调来者。四时后到六合路看一湖，云盼予已数日矣。其幼子繁季已长成，在第二中学读书。次女定州在长沙工作，新因事回家。次子廉仲在北京，三子任叔在苏联，长子雍伯仍在乡。别后家人情形大致如此。罗松生亦住其家中。晚饭后谈及至人在汉，住江汉路，同松生同访至人，未值。

十四日 早八时后一湖来，旋至人亦来，因同到其家中午饭。饭后与至人在四维路乘汽车到武圣路看江汉大桥，风雨大作，裤袜半湿，回至寓所更衣，仍偕至人到一湖处晚饭。发一片与厚侄，一片与祖年，一片寄三姊，一片寄周培。

十五日 早起仍雨。十时至人来，同到一湖处午饭，饭后回寓小憩。买手电灯一个，连电池二元四分。雨止，偕至人过江，乘三轮车车钱三角八分至双柏庙后街访祖年，其妻云祖年拟晚饭后到汉口，幸不相左。由其子大中陪至云架桥十四号看钱子泉及石声淮，子泉留晚饭。移时祖年亦来，子泉并出所藏古玉及《熹平石经残本》《汉刘熊碑拓本》见示，以《刘熊碑》最精。八时由祖年送至江边。途遇何申甫，名潜汉，长沙人，席鲁思学生也，亦识陈病树，以病树常道予，知予来汉访子泉，遂至子泉处见予，而予已出矣，路上匆匆话数语别去。过江后已九时矣。

十六日 早到六合路，一湖本有与予同观苏联展览会之约，以昨夜失眠不能出门，予遂与至人、松生及定州同去，较上海所展览略有增加。午在回民食堂吃面，面后予先出，过中山公园小憩。回寓未久，声闻侄媳率其子等并持厚侄一信邀予到珞珈山小住，予辞以明日晚仍到六合路饭。本日午后又雨。晚在太平洋浴室洗澡，钱五角也。

十七日 在六合路午饭。饭后祖年来，同过江到厚侄寓看席鲁思、李剑农、刘洪度。晚饭后又看唐长孺，祖年晚归去。

十八日 天晴。上午参观武汉大学各处，登图书馆最上层，湖山约略尽收入眼中。鲁思邀午饭，长孺作陪。饭后与厚侄游东湖，来去皆以舟，舟人钱一角。湖上有行吟阁，屈大夫纪念馆也，所陈书画可观者甚少。晚洪度、长孺来谈。写一信与和侄，一信与俭侄。

十九日　祖年来，与祖年、鲁思、厚侄等同访卓刀泉。过体育学院便看陈葵生。在卓刀泉旁一农家煮泉啜茗。本拟再到南湖，以时已午，遂乘车回珞珈山，祖年别去。午后袁积诚来，积诚即住间壁也。晚过鲁思谈，洪度亦在。

二十日　星期。侄孙家懋来，前日所约也。厚侄夫妇、家懋、家柏、祖年同游洪山宝通寺，登塔之第三层，远见南湖，与亲历一般矣。回山午饭。饭后与祖年、家懋同搭车离山，厚侄夫妇送至山下车站。家懋归农院，余与祖年到云架桥再看子泉，子泉杀鸡待久矣。观其所藏铜、玉器，及唐人金粟山写经、赵松雪写华氏中藏经册，并赠予玉佩一。饭后祖年陪送过江回青年会。在云架桥得值王凌云、李修睦及途遇曹植福。

二十一日　早至人来，何申甫来。与申甫同访徐行可，名恕。席鲁思言其藏书甚富，可谈也。行可，武昌人，年六十七，今在武汉市文史馆。出所藏抄本、校本书数种，并王伯安、黄石斋手卷、墨迹相示。又欲余题所藏查东山为周栎园画山水册页，今已裱作手卷。此数种皆可谓精品。留余与申甫午饭，肴馔亦富，此公本素封之家，拥资巨万，故自奉亦殊丰也。饭后偕申甫归寓，谈至三时同到一湖处，申甫言也曾见过一湖也。申甫先行，余在一湖处晚饭。至人亦来，大雨，乃同车先送余归，而行可冒雨来访，至九时后乃同去。行可颇好雌黄人物，而鄂音未能尽解，姑漫应之而已。一之有信来邀予入川，然探问舟资甚巨，往返重庆即非百金不办，余何能行也。马科有一信，周培有一片，德贞亦有一信。

廿二日　早雨止。写一信覆一之，又写一片与德贞。在一湖处午饭。午后厚侄过江来，与同到永安市场一游，购得不锈钢面包锯一柄，价一元七角。在小陶袁汤馆食八卦汤，以饼及面包下之。八卦汤者，煨龟为羹，楚人嗜之，小陶袁以此出名。味虽鲜而胜，一啜可矣，不能常食也。厚侄去后，一人无俚，乃就近处看电影《钢铁两父子》片，至十时后归寝。至人来，未值，留下信三封，和侄一、周权一、梁斌一，和侄信内附来唐玉虬一信。

廿三日　早起徐行可即来，谈约一时去。仍在一湖家午、晚饭。覆玉虬一片，写一信与十力，一信与胡少堂、诸培恩。晚饭后祖年来，便与祖年、至人步行同归。作《杂诗》一首。五古。

廿四日　写一信寄金煌南京。过江，在祖年家午饭，便看张立民。到医院问老钱病，以非时为院中所阻，遂独游蛇山而归。在靠墙泰晚餐，六角五分。作抱冰堂诗一首。五律。

廿五日　午饭后陪一湖再游蛇山，过访刘味辛，未值。晚饭为设盛馔，糯米圆子甚佳。作《武汉长江大桥》诗一首。五古。

廿六日　寄一片与周权，一片与梁斌，一片与叔兄，一片与东甫。中、晚饭皆在一湖家。午后到徐行可处辞行。晚祖年偕何申甫来，申甫并出其所作诗相质。

廿七日　午前一湖、至人来送，祖年来送。厚侄夫妇来，同在靠墙泰吃午饭，并送上车，至人亦到车上。车两点二十分开，同上下卧铺者数人喧噪甚，至夜间失眠。过孝感，买麻糖一盒，五角。晚饭在广水买发糕两块，每块一角，食之甚甘。过郑州在夜中，未起视。

廿八日　午在车吃西餐，一元。过定县买烧鸡一只，九角，佐以厚侄妇所送面包，晚餐不恶矣。八时到前门车站，和侄来接，遂决宿和侄家。易亲家太太今年八十一，甚健，以待余未寝，可感也。

廿九日　南京寄来史馆调查表两纸，即填就，写一信与江、李两馆长，挂号寄还，并将《观长江大桥桥工》诗附去。又转来哲学及社会科学筹备会索填译著一表，懒填，依通知附还。午后三时半忽雷雨并降雹，北京气候乃如此哉！□成《舟行过小孤山》《武昌东湖》及《八卦汤》三诗，皆五古。晚饭后与和侄乘电车至前门大栅栏，买凉帽一顶八角五分，牙刷一柄四角二分。旋步行巡视天安门广场一周，仍乘电车归。

卅日　早看宰平，已于十六日赴南京、扬州一带视察，见其夫人。

再看贺昌群，竟在家，谈后邀往东安市场和平西餐社午饭，一汤两菜，食未尽已饫饱矣。发一片告厚侄，又一片与锦田侄女，告其来京。十力寄来一信，内转宰平夫妇并其女仲光一纸，真如、一平、居素一纸，又一纸复余前信并转一湖者。成《夜过邯郸》一绝。先寄一湖一片，又寄一片与周易。

三十一日　天阴。写一信与祖年，并将《长江大桥》《抱冰堂》两诗录去，属其转何、席、刘、钱、徐、何诸公。又写一信与马科。一之来一信，言马家驹住东单新开路五十二号。胡绍唐来信，附来诸培恩介绍住青年会函，现已用不着矣。午后独游中山公园，六时后乘人力车到辇儿胡同看郑德庆，其岳翁乔启明适回，移时德庆亦回。其妇乔金陵本住机关内，非星期六不回寓，以明日儿童节，七时亦回，因留晚饭，饭后德庆送至前门电车站。

六　月

一日　锦田来，与同至红果园其寓中，即铁道学院宿舍也。到时又大雨，午饭后稍睡。雨止，与其夫妇同至苏联展览馆，在莫斯科餐厅余饮牛乳一杯，锦田食冰结凝，王仲武则食果酱饼及柠檬茶。归时又小雨，幸带雨衣未至沾湿。

二日　早饭后与仲武同至西郊公园，半路大雨，余乘三轮到门口，仲武则搭汽车至园中。雨益甚，坐牡丹亭卖茶处，面对湖中水鸟，观其唼呷而已。雨稍小，至兽室一观，馀处皆未去。西郊公园今改动物园，所见仅其一小部分，为雨败兴，蹒跚而归。乘汽车至西直门外，候三轮甚久，冒大雨而归。午饭后小眠，五时四十分乘铁道学院院车到西直门改搭电车回。宝侄来，交五元，托其为鼎女买钢笔。

三日　维健来。与和侄同到小石作访一平与宰平，同出视察未回也。遂冒雨到北海琼华岛一游，由前门入后门出。午饭时阿兰来，湘湘亦回。饭后复冒雨到陶然亭，衣履尽湿。中途过北纬路旅店看王道一，未值。道一来京盖为民族教育会议，因阿兰得知之。湘湘由陶然亭径返校，阿兰则晚饭后回去。发一信与德贞，属寄款。成人美来一信。

四日 九时后与和侄游清太庙，今为工人文化宫。游清宫，今为历史博物馆。由午门进，为太和、中和、保和三殿，三十年前曾游过。再进乾清门，而乾清宫、坤宁宫，所谓大内也，单日开放东部，双日开放西部，今日初四，故只游西部。在御花园耳房食牛乳、面包、香肠等以当午餐，共一元两角六分。宫内各殿扁额大抵为清高宗与慈禧西太后所书，西太后昔日寝息之所仿佛可见。有时钟各种聚一室，别购票始许入，然此为老妪、小儿所爱观，实无甚意味也。游西宫毕，在隆宗门饮茶稍憩。观陶瓷馆，即慈宁宫正殿，未启，仅在两侧陈列。观毕，倦不可言，即乘电车归。晚饭后复与和侄到新开路五十二号访马家驹，一之有信相介也，谈甚契，九时半回。

五日 日间休息。晚邀静贞姊妹在大栅栏中和戏院看李万春、李庆春全本《连环套》，自《竹园打猎起》至《拜山还马》止，观至《拜山》时梁斌忽来，盖来京已数日，至北大街访我，知我看戏，遂寻踪而至也。与立谈片刻，订后约而去。叔常来一信，询余出关期。

六日 到草厂五条宝庆会馆访刘策成，此公于道家之学确有入处，皆于静坐得之，谈极洽。出《章太炎庄子解故驳义》相示，携归，约阅后再走谈。在都一处食水饺十五枚三角钱。当午餐。因到西柳树井华北戏院看天津扶新剧团戏，正坐七角，卖坐廖廖，戏不甚佳，但尚卖力。金煌来一信，事尚未定。

七日 九点后乘车再到故宫看东部，共五宫，自斋宫至钟粹宫所陈列为商周至近代手工艺品。在清乾宫两廊复观各国所赠各物，以波兰玻璃器皿、印度镂银器皿为最精，次则越南、日本嵌甸象牙与漆器，馀则自桧以下已。至四点后始出。午饭食面包、腊肠、红茶，共五角三分。晚马家驹来谈。

八日 午前畏热未出，午后洗澡。晚看贺昌群，于其所著引书错解者数处悉举以告。吾尽吾直道耳，听否则彼事也。德贞寄款来。权亦来一信，培不来京矣。道一来，十时后始去。祖年来一信。宝侄来，未值。

九日 发一片覆德贞，一片告祖源。到新街口旅馆看梁斌。回午饭，易秉钺亦来，同午饭。成人美来信，言十二日来顾。晚慈贞邀听戏曲学校学生戏，在广和戏院。成《雨中游陶然亭歌》一首七古。宝侄来，定明日游明陵。

十日 五时半起，六时四十分与宝侄同到前门候十三陵汽车。八时开，十时后到长陵稜恩门。先在门外吃面包、饭、茶毕，从稜恩殿进观宝顶，出后再观永陵，过景陵未入。此皆在长陵之左，其右诸陵以限于时刻，未能去。三时十五分再食茶点后，乘汽车回到德胜门，换乘汽车回北大街。阿兰偕阿十来，阿十于初二日到京，在石油学校当练习生。此子去年考大学未录取，今有所归，可喜也。宰平、一平来，皆未值。

十一日 看宰平，未值。再访刘策成，谈其生平甚悉，又谈静坐中所见与河洛之数，至一时后始别。在便宜坊食烤鸭一碟、三鲜汤一碗、薄饼十张，共八角九分。复过宰平，谈至六时乘二路汽车到北海看一平，留晚饭，饭后送予穿北海公园乘电车归。发一片与锐侄，言过津时将在其处稍留。

十二日 发一片与张允和，问其新址。午后梁斌来，同游北海，五时后始回。晚祖源来，言不日仍将去吉林。

十三日 未起宰平即来。去后一平来，言真公约五时会于宰平家。去时黄居素亦在，真如作东邀在东西食堂晚饭，有烤鸭、鲥鱼。鲥鱼虽不甚新，然总算今年未孤负此味矣。归时已近八点。

十四日 到前海一看。寄一信与一湖,将十力信附去。一信与伯宣,一信与胡绍唐、诸培恩,一片与周培。一片与宝侄,托买油毛毡,以备送与和侄盖一披厦也。宰平来,邀在中山公园来今雨轩晚饭。午后睡起看《牛虻》电影,毕即赶赴中山公园,真如、一平亦来。饭毕彼二人先去,予与宰平夫妇徘徊园中,至十时始返。

十五日 早周耀平夫妇来,知即住文改会内。午前十一时游天坛,虽有雨,未甚沾湿。在坛内食面包、蛋糕充午餐,至四时始回。回后大雨,彻夜未止。

十六日 再发一信与锐侄,信发覆书旋至,盖地名落一北字也。雨止,独游景山,白皮松甚多,北海社稷坛、天坛虽有之,不及也。午后游团城,仍穿北海而归。

十七日 与和侄夫妇游颐和园卧佛寺、碧云寺,在颐和园内午餐,食炒面、蛋炒饭、榨菜肉片汤,共一元六角。余在谐趣园盘桓最久。汽车站至卧佛寺约二里许,至碧云寺则约里许,晚归已八时后。宝来、家栋侄孙来,皆未值。家栋以开会到京,言将有二星期勾留。

十八日 午前到东安市场,午后重游动物园,归时约七点。家栋复来,馈予三十元,以十元与家铭、家湘姊弟各买衬衣一件。道一与阿兰来,道一明日返广州矣。

十九日 再访刘策成,邀其在大栅栏内湖南饭店(名紫竹林)午饭,麻婆豆腐一、回锅肉一、青菜汤一。策成食饭,余食肉丝汤粉,又白干二两,共一元七角馀,可谓廉矣。饭后往建国门观旧时气象台,共陈天文仪八个,俱在城上下。陈列室数间,则照片与张衡、祖冲之、僧一行、郭守敬四人范像皆新制也。归途过宰平辞行。十力附来一信,已移居淮海中路二〇六八号。买后日十一时五十分至天津车票,二元六角四分。晚培儿来,盖将去富拉尔济也。修脚,二角三分。

二十日 偕培儿乘三十九路车到卢沟桥一观,清高宗所作《重葺卢沟桥记》言曾欲改建,及拆,看路面知桥孔用石鳞砌,并以铁贯嵌,既不可拆，拆亦不能如旧作之坚。桥建于金明昌时，于今殆八百年，不为水败，盖有由也。十时去，十二时半回。在便宜坊吃烧鸭、烙饼，一元三角馀。归后小憩，洗澡。买笔一枝三角八分。阿杭来一信。晚乘电车到西单牌楼一看。

二十一日 乘十一时五十五分车去津，培儿送上车，三时后到津东站。值大雨，雇三轮两乘至六里台天津大学宿舍五村四十九号，车钱一元一角，车直至门口，因加钱二角。白氏侄媳闻车声即出门相看，幸免挨户询问。家桢、家幹皆长成，桢高中二年，幹初中二年，小女名琳五岁。

廿二日 天晴。午后由锐侄陪同至市区车站问去锦西车期，并买时刻表一本。到四面钟买二十四日早六时五十八分车票，价七元一角。又至人民公园及劝业场各处一看。晚看伍正英夫妇。

廿三日 终日未出校门。

廿四日 早四时即起，五时后乘汽车赴车站，由锐侄送上车。车六点四十分开，午后四点五十五分到锦西。雇三轮到三字楼，屋为日人旧所造，于住家殊不适。两外孙皆甚壮，可喜，鼎女亦尚好。

廿五日 早微雨，甚凉，非着绒毛衣不可，午后雨益甚。有之江旧经济系学生黄舜章，广东人，与悌儿中学同学，亦在此工作，晚间因偕鼎女同到其住处一看。其妻亦黄姓，宿迁人，前湖南提学使黄以霖(伯雨)之女。

廿六日 雨止。午后与两孙到合作社买得蛋糕等各半斤，花一元零一分。晚黄舜章来。

廿七日 早到车站探问火车时间，仍乘三轮返。午后洗澡毕，与叔常之妹到附近农家一看。

廿八日 决明日乘十一时卅八分车到山海关。鼎女夫妇相留，未允。

廿九日 与叔常一家同摄影，旋赴车站，由叔常买到天津票，鼎女夫妇送上车。二时五十分到站，住南关平安旅馆，每日一元二角，实即客店耳。雇三轮到东关，即所谓天下第一关，登城一看。又到旧都统衙门圣庙（今改小学）及西关三清观一看，车钱二元。三清观一古松绝可爱，令老道买茶饮之，与以四角。晚在中心食堂吃炒酱面一盘，三角五分，食后腹大胀，终夜未好睡。

三十日 乘八点十八分快车回津，加快九角一分，午后一点二十分到，仍住锐侄处。托锐侄买明日去济南车票，七元二角二分。买与娃娃们糕点，二元。收到静贞转来一湖一信，二十三日发者。

七 月

一日 乘十时二十分由京开直达车去济南，五时二十分到，雇三轮到东郊铁路运输机械学校宿舍，车钱六角四分。俭侄共三女，长曰新，次曰菊，小者曰科，仅两岁。

二日 与俭侄同乘车到徐家花园街文史研究馆晤其主任曰陈竹村，知山东馆员定额一百八十人，现才六十馀人耳。复到文物管理处见其处长张静斋，名龟年，黄县人，旧为中学国文史地教员，抗战后参加革命，今年七十。央写一介绍信到曲阜文管处为备住宿，当即允诺。继以典铃记者外出，约明日去取。此公老而健谈，与孙陶林相识，其次女名秀珩，亦党员，正调任华东师范大学副主任。博物馆与管理处屋，旧为红万字会所建，碧瓦高甍，甚壮丽。博物馆今日休假，未能看。出管理处不远即趵突泉。钟、吕二仙祠已易名，而牌楼、扁额尚在。饮茶以人计，人两角。午与俭侄同在纬四路又一新食饭，饭后雇船同游大明湖。历下亭殊俗恶，不如张勤果祠今改作曾南丰祠为幽雅。铁公祠今改工人俱乐部，旧楹联与石刻皆尚保存。五时回宿舍。知钟崇敏亦在此教数学，晚饭后因一访之。崇敏，江浦人，旧南京第一中学学生也。

三日　再到文物管理处取介绍信。到车站问豫买车票处，所知在经二路纬十路口，又一处在城内估衣街，乃雇车到纬十路买明日十一时七分到曲阜票，软席四元二角八分。来去皆乘三轮，故尚不甚热，共车钱一元一角五分。回午饭，蓝氏侄媳为炖一鸡。午后未出，理去曲阜泰山行装。夜有雨。买面包并蛋糕一盒，共一元六角五分，面包二斤，蛋糕一斤一两。

四日　雨止。出，雇一大三轮赴车站，索价九角，昂矣。火车依时开，在车午饭，亦九角。午后三时二十分抵曲阜，会雨后，三轮不能行，有一二驴车亦为捷足者雇走。不得已雇一挑夫，韩姓，挑行李进城。共行一十八里，路泥泞未尽干，挑夫云午刻有暴雨，仅尺馀阔，经人践踏者可以容足，踉跄而行，疲甚。保管所在旧衍圣公府，晤其所长王君，出示张静斋信，置余于三堂侧室，与福建邵武人俞渊同室。俞毕业复旦大学，在此专研究蚊虫病害者。晚饭以所带面包、蛋糕果腹，所中为余置帐，得免蚊扰，不能无感也。

五日　早餐亦面包、蛋糕。由所派一管理员名孔繁银同至孔庙，其管理者马君陪观全庙。棂星门内为圣时门、弘道门、大中门、同文门，门内皆置新获及旧有汉魏以下石刻。旁有一亭，贮汉翁仲。二则阮芸台，旧迁来者也。亭新建，是皆不必与孔庙有关者。后为奎文阁，有李东阳所作记。再后即至圣门大成殿，东毓粹门，西欢德门。殿上孔圣四配十二哲，皆塑像。两庑配享则神主乐器及俎豆，亦陈殿上。殿前一亭，有“杏坛”二大字，碑云古坛旧址也。殿左为孔圣旧宅，宅之北即崇圣殿。大致如此。午后稍憩，出北门谒孔林。过颜庙，则有军队抑机关调训人员住内，未细问，草草一看即出。午饭在所内吃，晚饭与俞渊出外吃。在第二食堂。买《圣迹图》一册，一元六角。

六日　上午与俞君同寻古泮池，池后为文昌祠。鲁泮宫遗址也，今为师范附属小学。午后同出东门谒周元公庙，中为元公像，旁鲁公像。庙新修，并远望鲁旧城城址，以天热未去。本日为集期，买得松绿石花押一枚,六角钱。到师范学校访其校长鲁兼三,路遇,因邀至孔府剧谈,至九时后始去。中、晚饭皆在所内厨房吃。夜失眠。

七日 天阴。卢君送其所作《曲阜名胜古迹介绍》来。与俞君同雇三轮至叔梁氏墓,墓距城二十五里,车钱来往二元。墓背泗水,面凡、戈二山,此则阴阳家不知何说也。午饭亦在第二食堂。归所稍憩,参观孔氏内室及所藏古器,中惟乾隆所赐古彝尊等十器为最可矣。晚以腹微泻,遂未食。

八日 仍阴。偕俞渊同到兖州,九时起程,三轮一元,十时半到。乘十一时十七分车到泰安,俞则去济宁矣。到泰安时两点十分,遂雇轿上山,轿钱每日五元,外一夫挑箱子二元半。过王母池稍憩,即由一天门经斗姥宫看经石峪,字多剥落矣,盖水冲刷故也。过雪花桥、中天门、云步桥、五大夫松,至朝阳洞宿。

九日 早起,复到云步桥看瀑布,因昨过时有雾,看不清也。付食宿费三元五分。再上经上天梯、南天门、前后十八盘到玉皇顶时,正过午。过碧霞元君祠,泰山各祠观以此为最大,方修葺,仅观万历、天启二铜碑,旁有唐玄宗开元十四年《纪泰山铭》及清高宗《登岱顶诗》。摩崖字皆完好,而开元一铭为□□矣。夜宿玉皇顶即天柱峰。日观峰在其左稍前,今为气象台,台前舍身崖、鹰愁涧皆险绝。若仙人桥则陨石相叠,其下空洞可通人行,不见奇矣。泰山各处如王母池、斗姥宫等处,皆动功修建石磴,破坏者亦正修补,往往须下轿步行,颠顿甚苦,若明年来则甚便矣。饮食惟挂面、鸡蛋,未携米与罐头来,亦一憾也(所买面包、蛋糕在曲阜半霉坏)。没字碑旁有一碑刻诗一绝云:"莽荡天风万里吹,玉□似是书字。金检至今疑。袖携五色如椽笔,来补秦王无字碑。"下署观无字碑,大□张铨书,不知何时何人,当捡山志一考之。

十日 四时即起观日出,因有蒙气,见日时日已高矣。由山下赶来者十馀人,皆为败兴。中一高姓名林生,南京人,在钢铁学院充研究生,因路过泰安,昨日上山,亦宿朝阳洞,言闻之人言,泰山观日出与上海阳台上看无异，若今日则信然矣。下山在朝阳洞朝食，付玉皇顶道士食宿费二元五角、朝阳洞七角（请林生食面一碗、鸡子两枚）。因欲看黑龙潭，为轿夫又讹索两元，共付轿夫、挑夫二十四元五角。黑龙潭在傲来山与黄龙岭之间，泰山瀑布此为最大，号百丈崖，去天台、雁荡、庐山皆远甚。特一路溪行却有致，苹果园甚多。日人于潭下筑一坝，拟利用山水发电，坝成已投降，今仍弃置。轿至车站，有一三轮，至岱庙一看。中途在曰“美而廉”饭馆午饭，一汤、一菜、馍馍两个，九角四分。殿额题“宋天贶观”四大字，正修葺，传殿内壁画为宋人笔，恐未可信。乘二时二十分车回济南。是日天极热，上车时在天中候剪票，苦极。四时二十分到济南，晚睡甚美，盖连日疲乏极矣。

十一日 畏热，终日未出。夜有雷雨，稍凉。

十二日 乘三轮到纬十路购车票，未得。因过图书馆，馆在大明湖旁，旧名遐园，略有树石布置，引湖水以为池，惜久未修葺，水多不洁。藏书外尚有各地送来石刻、铜像陈列，宣统元年罗正钧书颜纂书于庑下，亦凌乱，浏览一过而已。归途买西瓜一个，一元六角，约重二十斤，可谓廉矣。三轮车钱往返一元。

十三日 六时即起，在纬十路购得明日二时即当夜由京到沪特快车卧车票，共三十一日元九角五分。到徐家花园博物馆一看，近日出土器物不少，以沂南汉墓石刻为最可观。汉墓模型亦好，惜未能考其为何民之墓耳。来去车钱亦约一元馀。晚饭后即到车站，三轮车钱七角，俭侄付。皮包两个交寄，共费三元八角馀，此则意料外也。临行与孙大娘二元。上车后因顿已极，然睡仍不佳。买面包、蛋糕，六角，备明早吃也。

十四日 晚九时半抵沪，到家已十时后，卧时已近十二点。在车上中、晚饭皆不见佳。车站到家车钱五角五分。薛国安有一信，王鸢飞有一信，皆待覆。

十五日 闻崔嬷嬷来送还所借二十元，付内子与德贞。回宁车费十五元，理发五角，买六安茶二两六角二分。

十六日　寄还史馆送来《致台湾耆老稿》并署名，又将旧通讯录交还，因有新者送来也。发一片与李金煌，一片与汪宜荪。

十七日　午前看匪石。午后丁筱珊来，交与五元寄泰。晚看伯宣、眉翁。阿杭有信，将其母近信寄来一看。

十八日　覆鸢飞一信，国安一信并附一信与一之。四时后再看眉翁，因昨将眼镜失落在彼处也。归途一过陈病树。老妻及德贞今晚回南京，丁舜兰来送行。

十九日　吴林伯来，午饭后去。

二十日　夜访马科、章鋆，皆未见，因过程勉斋小谈。付买菜钱十一元，至月底止，又油斤半九角，馒首、鸡蛋钱一元一角。

廿一日　早曾金佛来，送红木嵌银丝镇纸一个。付电费三元九角，又买米五十斤七元九角五分。德贞来一片。

廿二日　看孝老，精神甚好，谈一时馀。看诚之，留午饭。饭后二时到十力新居，相距不甚远也，四时后回。

廿三日　到宝侄家一走。买固本皂两连七角六分。发一片与唐玉虬，一片与章鋆。金煌有信来。

廿四日　付煤气六元六角三分。永圻寄戏票来，约明晚看迟世恭《四郎探母》。

廿五日　十力来一片，属向吴林伯索回《原儒》上卷。晚看戏，来去共花车钱七角。

廿六日　章鋆来一信。

廿七日　作《苦热》诗一首，《枯柏》诗一首。

廿八日　晚看翟医生，未值。买火腿一块，一斤四两，二元六角八分。

廿九日　家枏来一信片。阿杭来，令其写一片与培儿。晚周易来谈。本日星期。

三十日　郑宝隆来一信。买油毛毡一丈六尺，价三元四角七分。覆郑宝隆一片，又写一片寄叔兄。

三十一日　王务孝来，曾金佛来。午后刘静波来。付豆浆钱六角四分，付韵媳十五元，又鸡蛋、馒头一元，皆下月用。

八　月

一日　发一片与俭侄。一信与刘约真，并将《谒孔庙》《孔林》及《天坛》三律写去。午后台风兼急雨，彻夜未止，几一夜未睡，后弄大树拔去者二。

二日　风仍未止，但稍减弱。或传午刻台风中心过沪，又说夜当有暴雨，幸未然，然亦懔懔矣。

三日　仍有风，报云当渐弱，然前夜已坏屋三千馀间，伤百馀人，死九人，可谓巨灾矣。买糖一斤，七角六分。

四日　刘约真来一信。晚看翟医生，其夫人及其子子雄并一女皆来上海，谈至九时后归。

五日　星期。交十元与阿杭寄龙女。付天棚钉油毛毡工钱二元三角。刘约真寄来《宁太一诗词合钞》一册。

六日　到史馆取薪。看张文约，又因病入医院矣。在汪宜荪处午饭，饭后食瓜。四点后看倪沧舲。又看徐伯儒，尚未返。归途过陈匪石。在凯乐饭店吃虾仁烩饭五角八分，买鞋子一双三元。南京托人转来鼎女一信，附注云瑜媳举一女，因命名曰杜，写一片回京。

七日　寻孙宝万理发。便看竹庄，家人云前月入京未归也。过张履娴问文约病况，履娴因更通电话问之陆季文，知无大碍，不日可出院。随发一片告知匪石，因昨谈及匪石，亦甚系念也。今日又转热。

八日　十力来片，言星期当来访，复一片却之，告以天热，数日后当相就一谈。又写一信与湛翁，并写数诗去。

九日　许公武来。俭侄来一信。

十日　买西瓜一个，八角二分。培儿来一信。徐浩之子玉书来，留晚饭去。买烧鸭，五角。

十一日　付鸡蛋钱一元。周权来，知已取入江苏医学院，其妹则取入北京医学院，可喜也。午后舜兰来。正勤领其弟克诚来，克诚曾于余离北京后到北大街相看，明日回北京矣。晚阿杭回宿。

十二日　杨云汉来，已取入地质学院，此亦可喜，留午饭去。章鋆自蚌埠来一信，附有马科地址。

十三日　发一信与马科佛子岭，未及发而马科信来，言十五六回上海，遂未发。午后看十力。在蓝村晚饭，送大褂与尤在臻，改作长、短裤两条。

十四日　易静贞来一信，并附有梁斌一信，则前月十四日寄至北大街者。

十五日　收顾姓房租十六元。覆易静贞一片。买白布二尺五寸，六角八分，作裤子口袋布用也。

十六日　王务孝来。看伯宣，未值。到京院，马科尚未回，见王奎泉、张信忠，信忠为我喊面一碗，甚不错。食后小休，与信忠同到团部见罗通明、王建华、小阳、小熊及正勤、忆萱诸人，盘桓一小时许。到张园看眉翁。晚何亚谋夫妇来。

十七日　民革有信，邀十九日听讲，置之。午后厚侄来，邀其在凯福饭店晚饭，两菜一汤，二元二角。丁筱珊来，约明晚吃饼。

十八日　付下月报费一元五角。晚在汪家吃饭，陪刘老师也。以肉买不得未作饼，火腿冬瓜极佳。

十九日　到启秀坊探张文约病情，言已回寓调养，能啖饭矣。熊十力来。谭叔常来一信，并转来彭祖年一信。午后罗至人来，到沪已一星期，后日回武汉转沙市矣。崔姥来一信。晚马科来，云昨晚回沪，以在曲阜所购绿玉石“气象万千”一章赠之，谈至十时半始去。

二十日　到华盛顿公寓看张文约，午饭后回。写一信寄彭祖年。

廿一日　付蛋钱一元。龙女来一信。寄一片覆叔常。

廿二日　覆崔姥一信，写与其子承文。又写一信与锐侄，并将《杜诗偶评》一部寄与家桢侄孙。

廿三日　看马科，会章鋆亦回，同到城隍庙松月楼吃素面，马科会东。在旧货商店买西装上衣，连背心共十六元。在北大有买风肉一块，二斤十两，三元三角。唐玉虬来一信。史馆民革支部寄来《民革的性质与任务》一本。

廿四日　未出门。

廿五日　看黄氏父子，未值。在乃仁家午饭，渠正出卖家具、旧书，而为余购白鸡、烧肉，饭后又饷以冰结淋，豪华之习终未改也。到眉翁处以近作诗相质，惧天雨，匆匆遂归。知许杰与徐中玉来访，正似有意避客也。薛国安来一信，其妻果白桂英之妹。

廿六日　写一信与许杰，辞其见招。午前宝侄来言，廿八九返京。

廿七日　写一信与龙女，交阿杭寄去。周权今日去镇江。傍晚到长乐路取改作裤子，工钱一元五角。归途便看匪石。

廿八日　许杰偕徐中玉来，约一时许，谈至十二时始去，此事煞费摆布也。梁斌由保加利亚斯大林城来一信，随覆一信廿九发航空，五角四分。晚饭后访宝侄，明早行矣。

廿九日　写一信问正勤，询其出国期。午后王善业偕一胡某来，言是胡宛春之弟，胡今在师范大学教化学。锐侄来一信。

卅日　午后俞荫五夫人来，带来香蕉一篮，言是杨云汉所送，并带杨一字条来，言已转，杨赴京。徐声越来谈师大研究班事。薛嘘云来，任寿南来。郑老送来归侨登记表，余五十年前在日本留过学，亦算归侨，要填表登记，可笑也。史馆民革支部寄来《上海民革》小册子一本，与登记表同一蹧跶纸张耳。

三十一日 交十五元与韵媳，下月饭钱也。又缴地产税四元一角六分，又付豆浆钱一元二角四分。买香皂两块八角三分，橄榄皂二角八分，白丽皂五角五分也。

九　月

一日 看马科未见，过程勉斋。在巴黎村食馒头三枚当午餐，二角四分耳。看眉翁，与商酌师范大学相招事，六时始归。寄一片与刘约真，约三日到师大晤面并与佛年面谈一切。

二日 星期。晚马科来谈，至十时半始去。

三日 到师范大学，由鸿兴路乘廿九路汽车去。先见刘佛年父子，后看徐声越，回刘家午饭。大致可依我主张，研究班先从读孔、孟、荀三氏之书入手，则予亦不坚却矣。饭后看朱有瓛，穿中山公园乘电车觅小孙理发，知小孙已娶妇矣。余曰包袱背上了，渠亦不得不绉眉也。汪宜孙来，未值。

四日 周权来一信，覆一信。又写一信与薛国安，一片与锐侄。夜有台风。

五日 风雨，前房又沾湿。

六日 史馆取薪，在张文约处午饭。饭后看尹石公，取回所假《原儒》上册，会宋小坡亦在，谈至五时始散。过伯宣，又未值。

七日 再到史馆看江、李两馆长，谈师范大学相邀事。过汪家，交五元与丁舜兰寄与孝宽。午饭在乔家栅吃鸡面，七角。周易夫人来。

八日 午后周行来谈。培儿来一信。买三十二支纱汗衫两件四元八角，白府绸衬衫一件四元八角九分，新光条子衬衫一件五元三角三分，共十五元〇二分。交十元与阿杭寄与龙女。

九日 星期。徐伯儒来。午后看匪石，为水阻不能达，废然而返。

晚马科来，九时三刻去，约下星期日十时在剧院相见。

十日 午后宗伯宣来。徐中玉与徐声越同来，并捎来聘书一纸。谭叔常来一信。史馆有信来问时事政策坐谈会编组事，覆以将在师大任教，不能参加矣。买蹄筋一扎九两三钱一元九角一分，又绵白糖一斤七角六分。

十一日 午前看匪老。买工农蓝布上装一件，四元〇五分，布票七尺。午后二时师大派车来接，并由助教马兴荣招呼，先至乌鲁木齐路邀汪旭初同去，研究班生初次相见开会也。四时后送回。

十二日 备课。

十三日 第一次上课，仍由校派车来接，略谈读书方法与《论语》辑纂经过。在声越家午饭。饭后看徐中玉，值午睡，遂寻洪范五问图书馆藏书情形。由声越送出大门，乃自搭车到复兴西路看吕诚之父女，归途便看叶普翁病。在静安寺买火腿一块，二斤馀，三元二角五分。又在四川北路买酱鸭一只七角二分。傅厚圻来一信。

十四日 阴，时有细雨。马湛翁来一信，并附一诗。阿南来一片，已考取数学分析研究生。

十五日 写一信寄刘策成，一片覆杨云汉，一片覆阿南，又写一片与培儿。

十六日 星期。十时到剧院，坐木兰阴下纵谈，甚适。与马、章、张、罗四人同到马全兴吃烧鸭，四人强作东，无力阻之，且作后图矣。饭后同到人民公园，又同看画展，稍觉乏矣。五时后辞而乘车到陕西北路看蒋竹庄，稍谈，复访伯宣。伯宣全家与予同到来喜饭店吃西菜，晚八时后始乘车归。鼎女来一信，并寄十五元来。阿杭馈月饼一盒。收顾家房金十六元。

十七日 缴房捐十一元二角四分。到校，在有瓛处午饭。饭后来谈者一曰王渭清，本系毕业任助教者，一曰郎焕文，河南师范学院毕业。

十八日 到邮局取款。买香蕉两斤二两，五角七分。覆一片与鼎女。林伯来。

十九日 备课，并填进度表。

二十日 到校。在林孟辛家午饭，进度表当交与徐声越。午后学生来问者只一吴绍之，又一助教名杨积庆。是日大雨。付洗衣钱一元五角。

廿一日 看十力，留午饭。

廿二日 张文约来。

廿三日 王会极来。黄幼朋夫人偕姚输卿之女来，言其子玉柱将去学习，当助之十元。晚邀眉翁、伯宣在红榴村小宴，煮干丝一碗、肴肉一盘、青鱼划水一盘、虾仁熬面一大碗，共四元四角。

廿四日 上课。课后朱国铎强邀去午饭，值大雨，为水所阻，乃跣足至佛年家。由车送归，便过许士仁一谈辅导事，遂已。一助教曰刘□□与朱同住，亦听余课者，四川大邑人，与之略周旋。今日取得本月薪。

廿五日 到史馆，拟退还本月薪。晤江、李两馆长，皆云师大聘请在发薪后，馆员入画苑者十馀人，与此一例，皆不退，遂已。在复兴午饭，一元。饭后看“墨西哥油画版画展览”与“匈牙利摄影展览”。买雨衣一件十八元八角九分，雨帽一顶一元三角，旧米色西装一套三十五元。

廿六日 买蓝条西装一套三件，六十元。

廿七日 上课。到图书馆一看。在声越处午饭，值戴家祥，略为周旋而去。午后戴世俊、黄正芳、吴绍之三生来问课，戴、黄皆川人，黄为女生。

廿八日 寄二十元与老妻，并附与叔兄及三姊夫妇各一书。付修路灯钱一元三角三分。

廿九日 看“国货外货展览”。晚在中国戏院看徐东明戏，永圻所送戏票也，其母与吕小姐亦来看。

三十日 收陶姓房钱十二元。交十五元与韵媳，下月用者。文史馆补发四月至九月薪共三十元，调整所加也。

十月

一日 午后五时偕阿杭到虹口公园一看，修缮尚未完工，从西边门入至池旁而止。买烧鸭五角，香蕉五角六分仅八枚耳。

二日 梁斌自罗马尼亚西那亚来一信。四时后看匪石，其外孙女小毛明日十岁，给与一元。

三日 购得徐东明戏票，送与吕小姐，留晚饭归。彭祖年来一信。

四日 上课。午后学生李清、张柽寿来谈，皆昆明人。又郎焕文、陈茂荪来问书，陈本校毕业，福建人，女生也。课毕访孟宪承。归途过翟培庆，亦赠与戏票一张。以时晏，在凯福晚饭。德贞及叔兄皆来一信。校内本日发薪。午饭在校门口中央饭馆吃面。

五日 午后寻孙宝万理发。晚看戏，永圻陪诚之来，此外则翟医师、小孙也。覆一信与祖年。

六日 在古籍书店买石印《圣叹外书》一帙八本一元二角，又在旧货商店买大衣一件四十元。钱履周来一信，言震夏于夏间赴罗马尼亚巴洪大学讲中国现代文学去矣。

七日 覆履周一信。寄十元与叔兄，今日其生日也。又写一信片覆德贞。买细绒绳一斤，廿五圆七角九分，以十四两织衣一件，言定二十日取。交十元与阿杭交与龙女。

八日 上课。午后黄立业、史年椿、杨良辰、郎焕文四生来谈，并问课。课后一过佛年。在周虎臣买笔三支，一元一角五分。

九日 写一信与马科。

十日 看师范大学所编《古代教育史资料》第二册“儒墨两家资料”，为之点正缺误若干处，孟宪承所托也。晚朱月轩来。

十一日 上课。刘佛年邀午饭，并谈及学生对授课意见。午后李清、胡炳华、王陆才、张仲明诸生来谈。吴德勉亦来，女生张顺琏亦来。胡，福建仙游人，福建师范毕业。王陆才，汉口人，中原大学毕业。张仲明，孝感人，湖南师范毕业。女生吴，四川华阳人，川大毕业，在上海第一师范任助教。归途过汪家，交十元与丁顺兰寄与孝宽。在凯福晚饭，十景烩饭，五角五分。叔兄来一信，薛国安来一信，马科来一信。

十二日 再写一片与马科，邀明日相聚。买褥单一条，七元八角九分。五时看伍胆伯，未值。

十三日 晚与马科、章鋆、罗通明、张信忠在燕云楼吃鸭子。在永安公司买腊肠一斤，二元八角八分。

十四日 午后王时炎率其两子来。十力来一信片。

十五日 上课。午后吴绍之、杨良辰、郎焕文来谈读书事。再过孟宪承，交还所托阅《教育史资料》。至六时后始离校，在中山公园对面吃面而归。中午亦吃面，与周缵吾同食，为之会东。

十六日 发一信片与德贞。

十七日 买蒙甘奶油三块，共六两，九角九分。

十八日 上课。中午仍吃面。午后张柽寿来谈，郎焕文来问书，吴绍之亦来问课。课后看十力，大谈《易》，刘公纯留吃面而归。德贞来一片。上课时遇侄女家敏，暑假后考入外文系者也。

十九日

二十日 午后史馆文史坐谈会，小坐即走。过眉翁一谈，赶回投选票。

廿一日 星期。黄彭孙偕卫素存之子士楷来。取回编织绒线衣，工钱一元九角五分。又付韵媳五元，以苦言家用不足也。

廿二日 上课。午后仅郎焕文、陈茂荪二人来问课。以天有雨意，校车送回。郑宝隆来一信。

廿三日　前寄梁斌罗马尼亚一信退回。覆郑宝隆一片，写一信与一之。午后程勉斋来谈。晚看周云亮《云霞》戏。

廿四日　东甫来一信，刘策成来一信。晚拱稼生来。

廿五日　上课。午后郎焕文、黄正芳来问课。晚在绿杨村吃螃蟹包子，甚不佳，而每个贵至一角五分。

廿六日　午后倪竹慈偕其友王建业来，留之吃蟹、吃面而去。

廿七日　瞿禅、心叔来，盖赴鄂参观过沪也。午后郑宝隆来，前所约也，与之谈诗多时而去，送蛋糕一盒。

廿八日　丁尔柔来。午后李永圻来。伯宣来约明晚在正兴馆吃饭，并将邀眉翁同来。

廿九日　上课。午后吴绍之介三年级生王益华来谈。王，砀山人也。五时到眉翁家，伯宣旋来，同到山东路正兴馆晚饭。饭后大雨，乘三轮车回。翟医生送来张君秋戏票，时已晏，雨又不止，遂未去。

三十日　付豆浆钱一元二角，洗衣钱一元。黄正勤自北京来一信，二十八日赴苏联矣。

三十一日　交十元与韵媳，下月家用也。叶华送酱油肉一碗，芋头作垫，芋头甚美。

十一月

一日　上课，今日起讲《孟子》。午后周子美来，言孟宪承下星期一邀晚饭。问课者今日只郎焕文一人。

二日　午后李慰农、张伯复同来。写一信与梁斌，未发。托伯复带两元与谢祖石。

三日　午后看秋生，约六日与李慰农在老半斋午饭。理发，与小孙在红榴村吃面。

四日　星期。写一信告慰农，六日午在“老半斋”相聚。交十元与阿杭交与龙女。

五日　上课，午后无人来。在孟宪承家晚饭，客人惟予与周子美二人。饭后到长江戏院看昆剧，伯宣所约也，吕、李二人亦来看戏。

六日　刘丙孙来一信。午与李慰农、吴眉荪、黄秋生及王循序等聚于汉口路老半斋，共用十一元。饭后看“宋元明清画展”，中以唐伯虎“骑驴归思图”为第一矣。

七日　覆丙孙一信。买旧呢西装一套，五十五元。便看程勉斋。

八日　上课，午后仍只有郎焕文来。午饭时值罗玉君，详述其受抑之苦闷，无以解也。过吕诚之，留晚饭。饭后吕翼仁请看昆剧，遇罗通明、张信忠。史馆介北京科学院汪奠基来访，未值。

九日　早十时人民出版社严忠树来谈审译哲学书事。严，镇江人，女同志也。丙公来一信，谢祖石来一片。汪浏转寄来孝宽一信。金煌来一信。史馆来信，十三日午后二时在文化俱乐部举行馆员茶话会。五时后将写与梁斌信由航空发出，邮资五角二分。

十日　回看汪奠基，住上海大厦，不意其过我，竟又相左。便看匪石，又小发病矣。

十一日　星期。早汪复来，言二十年前曾与陈斠玄看过我，全记不起矣。此来为编纂《中国逻辑学史》事，谢以无暇。其人议论甚正，言中国哲学不必与希腊泰西之说相比附，此则甚与鄙意合也，谈不及一小时去。写一信覆金煌。

十二日　上课。午后仍只郎焕文来问书。归途过孙宝万捶背，同看电影《伊凡从军记》后回。

十三日　看周孝老、倪氏甥女。赴史馆茶话会，由章君报告苏彝士河历史，甚详。得见王仲钧，不见三十年，初不觉老也。顾家付房租一月，交十元与亦韵。

十四日 寄一信与孝宽。晚汪浏来，言筱珊将带大顺子到南京医腿，欲借住天青街。

十五日 上课。午后郎焕文、吴绍之来问《礼记》。写一片与老妻，为汪家借住房子事也。

十六日 通一电话与顾裕禄，邀其星期午后来谈。

十七日 看电影《母亲》。

十八日 星期。午后顾裕禄来，送香蕉、苹果一篮，已娶妻生女矣。老妻有覆信，附照片一张，房子住不下，写一片告汪浏。

十九日 上课。午饭时遇王赣生夫妇，住宿舍三〇二三也。午后仍郎焕文来问《乐记》。四时后归。过中山公园一看菊花、金鱼，菊花已残，金鱼异种甚多。晚钱绍群夫妇、拱稼生、王循序、姚大姑同来。钱夫妇往苏州过此者。

二十日 早永圻托人送昆曲票三张来，明夜者，寄一张与伯宣。晚过翟医生，邀其看戏，言已有他约。乃送与徐伯儒，并约星期日九时在老半斋吃蟹包，并托代约程勉斋。

二十一日 晚与伯儒、伯宣看昆剧，不甚佳，十时半归。

廿二日 上课，四时后归。发一片与吴林伯，索还严华谷《诗缉》。

廿三日 付报钱一元五角。洗澡。买白手套一双五角五分，乃废棉织成，冤哉！

廿四日 午后林伯来，送还《严氏诗缉》。马科来，同在凯福饭店吃晚饭，饭后看电影《葛麻》。

廿五日 星期。早邀伯宣、程勉斋、徐伯儒在老半斋吃点心，用六元一角五分。蟹包未吃完者送与倪沧林，在伊家吃饭一口、肉丸一枚，午饭饱矣。便过汪家，知筱珊觅得彩霞街客栈住下。又看匪石，病喘未发，医者戒其食盐，茶烟亦须断绝。蔡树鑫自福建来，未值。

廿六日 金煌来一信，将来沪。上课，午后郎焕文一人来。归途过吕诚之，将《印度的发现》一书留下，伊欲借看也。方小喘未见，见着吕小姐，永圻则尚未回。

廿七日 蔡伯文来，不见殆十年矣，现在福建农学院任副总务主任兼仪器科科长，留午饭去。傍晚金煌令其甥送盐水鸭一只来，言三十或一日来见我。晚翟医生邀在天蟾舞台看戏。

廿八日 眉翁来信，问“贞下起元”出何书，覆以一片，云出《易纬》，但无书可查对。

廿九日 上课。午后学生开会，遂早归。晚请翟医生看张二鹏《武松》戏。

三十日 付豆浆钱一元二角，洗衣钱一元。到苏中友好大厦看“德国门米尔画展”。丁尔柔来。

十二月

一日 修木门一元。午后金煌来，晚同在红榴村吃饭。

二日 星期，未出。南京有信来言筱三送火腿一只，覆一片告以还他板鸭两只。

三日 上课。陕西师范学院有焦滔者，来问授课计画情形。过孙宝万理发。

四日 章鋆来一信。午后金煌来，晚同在周仁兴吃烤鸭，后日伊归南京矣。

五日 看学生《论语》报告并加以批削。

六日 校车未来接，遂未上课。写一信与徐声越，叩其故。吴绍之有电话来，复告之。

七日 午后声越与一人来，未值。

八日 看倪杰，即在其处晚饭。声越有覆信来，知同来者乃汽车夫，谓由汽车夫失记，昨来为道歉也。梁斌由柏林来一信，上月廿九夜发也。

九日 星期。交十元与阿杭寄其母，阿杭又借去二十元。到京剧院，在章鎏处吃涮羊肉，马科所办也。予亦在吴阿四家买酱蹄一只一元八角，足以二鸡卵，共二元。饭后与马科同到黄正勤家，吴常美不在，闻又有喜，明年二月当分娩也。回家晚饭。黄玉柱来，未值。

十日 上课，午后问者三人。赶至京剧院，与章鎏在红叶点心铺吃生煎包子、菜肉馄饨。同至市府会礼堂看戏，由老艺人赵如泉等演出，以《黄鹤楼》为最佳。戏散已十一时后，与郭秘书同归，至武昌路口始雇得三轮。午饭与施蛰存同食，予会东，一元。

十一日 傍晚看匪石，未发病，稍谈即归。

十二日 刘策成来一信。强天健来信告帮，寄二十元与之。

十三日 上课，午后并补一课。访声越，详谈授课情形，并便看胡赣生。屠基诒云顾裕禄约星期日午饭。汪浏来一片。

十四日 覆汪浏一片。

十五日 徐安定来谈。正勤从拉脱维亚都城里加来一信，并寄来风景表两张。午后周行来，送苏州糖果两盒。

十六日 王循序来，交四元转与黄彭孙。在顾裕禄家午饭，送小孩糖果一盒，三元八分。饭后看十力。归途过尹石公，未值，在伯宣处晚饭。

十七日 上课，午后郎、吴二生来问书。强天健款到，有覆信。周权亦来一信。

十八日 覆周权一信。陆五姑与吴二姑来。郑宝隆寄诗来，求改正。

十九日 覆宝隆一信，并将诗改好寄去。作七绝三首寿陆希鲁六十，在达仁堂买参芪膏一斤六元四角，在食品公司买咸鸭半只一元八角八分。

二十日 上课，午后来问者仍只郎、吴二生。课后过眉翁，大谈八股文，并留晚饭。通一电话与石公，问消寒会期。作者协会有信，星期日上午开讨论陶渊明作品会。

廿一日 午后请徐安定夫妇在永安看电影《夜半歌声》。

廿二日 冬至。培儿来一信，并附近照一张。付下月报钱一元五角，买肉四斤三元六角，作腌肉也。

廿三日 讨论陶渊明会懒去。午后请郑老看电影《匹克威克先生传》，英语原片也，未见佳。

廿四日 上课，午后郎、吴、杨三人并来谈。晚过孙宝万洗头，即在其店中食粥，以薄饼裹油条下之，甚可口，酱菜、乳腐亦佳。

廿五日 消寒第一集在周孝老家，每人二元，油票二两。午后得见朱少彬《上毛公论文言改革利弊书》。偕宋小坡看王仲钧，并一过倪氏甥女家。唐玉虬到沪来访，未值，从吕诚之家来一电话，言明早再来。

廿六日 玉虬来，谈一时许，留午饭，以已有他约辞去。买肉三斤，仍作腌腊用，二元三角四分。

廿七日 上课，午后并补一课。以下星期课通知改星期日上，发一信告石公，消寒二集不能到矣。

廿八日 许杏农来沪。晚与秋生、眉孙、伯宣、沈止斋公宴于红榴村，每人分金一元八角。买开襟厚棉□衣一件，六元四角八分。

廿九日 南京托丁顺兰带来鸭子、油鸡各一包，丁交悌儿带回。

三十日 上课，课后即返。在静安寺老松盛吃菜饭。丁筱珊来，交十元寄与孝宽过年。德贞有覆信，寄款已收到。

三十一日 午后丁顺兰来。付豆浆钱一元二角四分，洗衣钱一元。买腊梅一札，四角，可谓巨矣。又买福橘二斤，九角六分。颜克述自沈阳来一信，现在军区政治部，为 37 号，并附一照来。

一九五七年

一　月

一日　学生郎焕文、陈茂荪来，并带来全班一信，并附一照来，想其有受之也。午后义侄来，暂约定二十夕在彼处祭祖。马科有信来贺年。收陶家上月租金。

二日　徐玉书自北京工业学院来一信，现在一系三组任助教。

三日　上课，《墨子》完，并合《论》《孟》两书作一结束。午后郎、杨二生来问《孟子》，戴世俊来问《易》。经过孟老一谈。再过刘佛老，留晚饭归。尹石公来一信。消寒三集在九日。

四日　覆克述一信，徐玉书一信，又覆德贞一片。一片与石公，问九日会地。下午看《庵堂相会》电影，遇王耀曾。

五日　梁斌来信，已回到北京，当覆一信。

六日　卫素存父子来。江艺云寄来福建所作诗。看匪石。

七日　到校取薪。买旧呢打反大衣一件，七十元。近来旧衣贵极，比去年不啻一倍也。买镦鸡一只，又雄鸡一只，共十一斤，十元七角。

八日　马科又来一信，随覆之。

九日　在江翊老家消寒第三集，每份三金。饭前便过倪沧舲家，饭后送眉孙回家。到人民舞台买十一夜戏票送与翟医生，回家晚饭。李金煌来一信。

十日　送戏票与吕翼仁、李永圻。

十一日　理发。在五芳斋吃包子两个、虾腰面一碗。晚看杨宝森《朱痕记》、厉慧良《恶虎村》。

十二日　郑老送十六日马戏票一张。

十三日　梁斌回国来相看，留晚饭去，送北京密饯一盒、保加利亚陶制水盂一个。

十四日　在食品公司买板鸭两只，五斤十一两，七元三角七分。在"大光明"买十六日七时票两张，送一张与宝万。发一片与家敏，邀其来过年。

十五日　看学生读书报告。缴上季房产税十六元五角五分，收顾家房租十六元。

十六日　郑老邀看苏联马戏，十一时即乘汽车去。一时开始，三时半毕，仍乘汽车归。德贞来一信。晚看《马路天使》电影。

十七日　看各生报告毕，即写一信寄与徐声越。熊十力来信，言林伯已到曲阜。

十八日　午后到史馆，因《人民画报》来人要拍照也。归途过汪家一看。

十九日　消寒第三集仍在孝老家，分子三元。饭后过十力谈，将注《庄子》事告以大意，颇相合也。又一视吕诚之病而归。买皮蛋十个，一元。

二十日　看卫植贤，未值。家敏来，言将于春节结婚，送旧时香港所买细麻沙杯四方。晚在义侄家祭祖，带去野兔半只上供。

二十一日

廿二日　卫植贤来，余尚未起，言将在回苏前再来。写一信与金煌。晚买麂腰一只，四元二角。

廿三日　发一信邀马科等来吃麂肉。买绵糖一斤八角，蜇头二斤六角四分。

廿四日　倪沧舲与其女光薇同来，光薇由宁带来火腿一只、白鱼一条。

廿五日　到史馆取回前所存《庄子解》稿，并将由顾裕禄借来奥古斯丁《忏悔录》一书送还其家。又过京剧院邀章鎏等三人明晚吃饭。

廿六日　买洋河大曲一瓶，一元七角三分。晚马、章、梁三人来，十时始去。正勤有电话来，已返沪。

廿七日　早卫植贤来，言卅日返苏，托带四元与幼朋夫人、四元与谢祖石。周培昨晚回，送来所带鸭子一只，香肠、香肚、冰糖、面筋等物。鸭子及香肚四个，三姊所馈也，冰糖二斤则瑜媳所买。午消寒第四集。江翊云未到，石公云因中风入医院矣，拟明日往视之。买参芪膏半斤，奶油半斤。

廿八日　早周权来，昨晚回也。发一信与刘丙孙，并将寿陆希鲁六十三绝句附去，托其转致。午后三时半到尹石老家，邀其同到医院看江翊云，眉孙已先来，遂同去。翊云病已自转，能看书，但舌本稍强耳。本日眉孙生日，在红榴村有小宴，遂加入，出份金三元。未终席即到人民舞台看梁斌等归国演出，前日马科所赠票也，十一时归。陈憬初来，送松糕一盒，未相值。

廿九日　天雨，午后雨止。买牙膏一盒、白雀羚一盒六角五分、香蕉两斤十两六角七分。徐伯儒来，送油鸡一只、蜜枣一包。

三十日　宋子玉来信邀明日午饭。王敬老亦来一信。给诸孙每人押岁钱一元。

三十一日　戊戌年元旦也。到对门郏家贺年。在宋子玉家午饭，曹敏永夫妇、施学谦亦来，皆年馀未见矣。晚邀周氏兄弟吃饭。刘静波、徐安定、王耀曾、萧宇元先后来贺年。惟宗锦如侄媳携平子孙女来。童载新来,未相值。

二　月

一日　早廖茂如来。今日竹庄生日,贺年兼拜寿,旧例也。送松糕一盒,在彼午饭。饭后邀小孙到中山公园看盆景展览,松树、梅花有极佳者。吃茶时遇徐声越、史存直二人,四时后回。回看廖公。何翘森、陈憬初来,皆未值。郑老来。刘丙孙有信来。

二日

三日　回看何翘森,邀其夫妇明日晚饭。颜克述、彭祖年各来一信。丁筱珊来,送点心一盒、饼干一盒。

四日　正勤来,送白俄罗斯玻璃插瓶一只。舜兰来,留午饭去。饭后义侄夫妇来,送咸野鸭一只、桂圆一包。王淮夫妇来,送鸡蛋一篮。刘公纯来。翘森夫妇来晚饭。令兴悌送徐伯儒香肚四个、饼干一盒。周培回南京,令带桂元一包、蜜枣一包送与三姊夫妇。王敬老寄来黄雀三十只。

五日　发一信谢王敬老。午后吴寿彭自杭州来,盖事已明白,过此将归青岛、大连矣。留晚饭并宿谈至十时后寝。一之来一航空信,并附来马家驹所作诗。

六日　早饭后寿彭去。令兴悌送陈憬初荔支一包、香榧一包。俞荫五来,送柑子一篮。在三江浴室洗澡,老为同去。

七日　午后到汪家,送柑子一篮、糖一包。归途过伯宣,未值。

八日　崔华来一信。

九日　看孝老,遇王揆生,彼正与植曾同翻译一书,乃知《印度的发现》亦曾由彼分译也。在伯宣家午饭。晚与老为、家怡看《神花宝剑》电影。

十日 发一航空信与一之。

十一日 上课，说《庄子》读法，举《外物篇》尾、《天道篇》尾、《知北游》“冉求问仲尼”一段及《寓言篇》首数处为之例。在刘约老家午饭。饭后过声越，略谈功课事。

十二日 江苏博物馆及上海市历史建设博物馆两筹备处招在文化俱乐部开会，一时半起，由江苏博物馆徐君用车来接，五时将近始毕。到吕诚之家贺年，晚饭后回。

十三日

十四日 上课。课后郎焕文、杨良辰、胡炳华来谈。归途过王佩琤。在静安寺老松盛吃晚饭，四喜菜饭。

十五日 收顾家房租十六元。写一片与东甫，属代兑十元与强天健。午后人民出版社夏绍裘与一罗君来，欲代审查一讲《墨辩》稿件，婉辞，却之去。王佩琤与范、高二君来谈。

十六日 郑生宝隆寄诗来求改，为改好寄还。又覆崔华一信，航空寄去。

十七日 星期。到黄正勤家，送其女糖果一盒，一元。正勤夫妇都不在，桂秋因咳嗽辍演在家，留予午饭，饭后略谈。到余乃仁处，则上午已迁移至永康路一百二十号。路甚近，觅至其地，正忙于搬动家具也。与其子年包两元，乃仁送我馒头十二枚，遂归。

十八日 上课，午后仍杨、郎、吴三生来。看孟老后归。东甫有覆信来，陆希鲁寄一诗来。

十九日 十力来一片。

二十日 发一片与马科，约二十三晚去相晤。午后邀郑老看电影。

二十一日 上课，课后理发。尹石公来，未晤，留言一浮过此即去京，送所作《罗浮归后诗》、摄影一小帧。宋小坡来信约廿四日午饭。

廿二日　午前小坡来，重申廿四日之约。马科有信来，言晚五时半后候我。

廿三日　看梁斌，未晤，见张信忠、蓝煜明，交六元托其买戏票。过眉翁谈。践马科之约，同到三义楼晚饭。饭后到院部玩，一时回。斌有信来。

廿四日　星期。看十力。宋小坡、汪旭初、陈季明、缪子斌、丁蘧卿、许笑庫等七人作东请石公、佩诤、陈诒先、李释戡与余五人，盖皆今年七十也。

廿五日　上课。课后到威海卫路剧团见梁斌、小顾、王建华、正勤，旋同梁、黄到院部觅张信忠，取得托买后日戏票。正勤约在巴黎村吃饭，饭后拖去看《得意缘》《河桥饯别》两戏，随归。

廿六日　送戏票与永圻。晚看梁斌《夜奔》与陈大濩《乌盆计》即归。

廿七日　王务孝来，赠其祖所作《绍邵轩丛书》一部，皆《春秋》之文，留午饭去。饭后孝宽来，三点后去。晚与吕、李听俞振飞《辕门射戟》，遇王文军，文军与梁斌送至电车站。

廿八日　上课。课后再寻张信忠取星期六戏票，得后即送一张与翟医生。叔兄来一信。

三　月

一日　雨。

二日　看孝老，送《庄子注》两篇请其指定。在伯宣处午饭，饭后看孝宽。晚请翟医生、郑老看戏。强天健来一信。

三日　乃旧历二月初二，余生日也。陈憬初来，送蛋糕一盒、伊府面一盒。苏端贵送鸭子一只、玉带糕一条，并带来陈一讷夫妇所送蛋糕一个。尹石公亦来，并留吃面去。午后阿慈及王建业来。倪沧舲来，送橘子一篓、饼干一盒。写一信覆叔兄。

四日 上课。雨，午后渐止，转寒。

五日 买被里白布二丈四尺六元七角二分，绵糖一斤七角六分。金煌来一信。

六日 写一信与祖年。十力来片，言京行可止。阿杭来一信，已到广州矣。看匪石，甚好。买广州奶油一块九角，温州奶油一块六角。

七日 上课。天雨。席奇来一信，史馆来一通知，言有事径函馆长室，勿与私人接洽，不知何意也。

八日 寄二十元与龙女。

九日 伯宣邀孝宽午饭，到者秋生、眉孙与余共四人。饭后洗头。王循序送来丝瓜筋三个，未相值。

十日 星期。午前任彭善与对邻范君来。午后梁斌来，强予去到李俊庭家，晚饭后归，章鋆、王泗水、霍鑫涛、孙江陵四人皆在。

十一日 写一信与德贞。上课。晚在美琪看电影《母亲》。

十二日 午饭后马家驹来，盖因公视察粤桂各铁路，由浙赣路来上海者，谈甚久。留晚饭，会永圻来邀看新疆歌舞团，因同饭。饭后同乘电车到南京路，马住贵州路路局招待所也。下车后大雪，九时半余即出戏院雇三轮回，到家雪仍未止，奇寒。

十三日 唐玉虬来一信，已到南京中医学校任教，校在碑亭巷石婆婆庵八号。

十四日 上课。午后王陆才、胡允华、郎焕文三生来问书。晚在美琪电影院看《母亲》影片。

十五日 晚邀孝宽、眉翁、秋生、伯宣、宜荪、顺兰在乔家栅吃饭，用八元一角五分。

十六日 买衬毡皮鞋一双，三十二元。

十七日 星期。

十八日 上课。课后看刘约真，觅小孙理发后归。八十三号送粽子六只。

十九日 看孝老，尹石公亦在，《庄子注》两篇为其取去《养生主》一篇、《达生》一篇留在孝老处。吴寿彭自青岛来信，并寄其历年所作诗来。

二十日 永圻有一片来，言吕诚之邀明日晚饭。

二十一日 上课。学生言午后看话剧《家》演出，为本校包场。杨积庆助教为余弄来一票，价九角，因去看戏。戏后到吕家晚饭，烧鸡甚美。鼎女寄二十元来，为余生日寿。

廿二日 晚看《上甘岭》电影。

廿三日 黄秋生邀在其家午饭，孝宽、眉孙、伯宣与余也，至五时左右始归。归途便看匪石。

廿四日 星期。午一浮与寿毅成同来过，言昨从北京过兖州谒曲阜圣林归也，明日便回杭州，谈至五时去。晚梁斌来，饭后九时去。写一片覆鼎女。

廿五日 课后过孝宽，同在乔家栅吃青菜面，八时后归。

廿六日 作家协会屡有信来邀开会，写一片覆之。龙女来信，言款已到。

廿七日

廿八日 早王英业、蒋云从与林孟辛来，蒋、王皆到沪开会者也。云从送茶叶两盒、蹄筋一小篮。上课。午后出席讨论会，休息时便逃出。看马科，与同回寓晚饭。买白鸡与猪脚，共两元三角四分。

廿九日 尹石公来，送回《庄子注》稿。钱履周来，午饭后去。履周亦来赴会者。

三十日 送《人间世》注与孝老看。在伯宣处午饭，孝宽昨信来约在彼处相会也。饭后送孝宽回，便过余乃仁，未晤，稍坐即回。

三十一日 陶家交来本月房租。付洗衣一元，豆浆一元二角四分。

四 月

一日 天阴转寒，课后即归。

二日 午饭时北京高等出版社戴孝侯者来访，扬州人。午后看梁斌。阿杭带回萍乡蜜饯一盒，交其送与李先生。觅小孙洗头，七角。晚在绿杨村吃鸡煨面。

三日 唐玉虬又来一信，覆以一片。

四日 郎焕文、杨良辰、陈茂荪、胡炳华、戴世俊、王陆才六生来。周权由镇江回，晚邀其为悌儿夫妇量热度。

五日 看张文约，留午饭，路过十力还书。到小修院问前所赠书，不得要领而归。在汪家晚饭。邀小珊为悌儿夫妇诊病。

六日 蒋云从来一信，并寄其所作《淮南子校记》来。寄三十一日元回宁。

七日 星期。正勤邀午饭，盖为姚玉刚洗尘也，储金鹏大谈往事，为之大噱不已。归途过匪石小坐。

八日 校中来电话，言为流行性感冒罢课。午后葛一之与一严姓者来。

九日 丁小珊来，将龙所送纽丝糖带与孝宽。德贞来一信，款收到。龙女来一信。

十日 寄二十元与龙女，由阿杭写信寄去。理发。买本色棉毛衫一件二元六角五分，绿叶牙膏一管一元。永圻送票来，自送信还之。

十一日 上课，取薪，存款。晚看燕鸣剧团《恶虎村》《盘夫索夫》，在天蟾舞台遇正勤夫妇。

十二日 早看孝宽，亦病矣。午饭在大福里六号，共费一元。便过倪沧舲送其油票半斤。唐玉虬又来一信。

十四日　看周易兄弟，便过眉翁，留午饭。买布帽一顶，一元一角六分。梁斌有覆信，言星一晚来看我。史馆寄江艺老诗集一册来。

十五日　上课。从图书馆借得明方虚名辑《南华真经旁注》一部五册，清何如瀌《庄子未定稿》一部四本。何号澹泉，南海人，雍正进士，累官山左诸县，告归。晚斌来。周权来一信。

十六日　早罗至人父子来，其子名季伯。

十七日　王务老来。看孝老。在乔家栅吃面，后看孝宽，四点后归。写一信覆周权，一片与德贞，一片与马科。

十八日　上课，雨，车送归。金煌来一信，黄三嫂来一信。

十九日　缴房地产税十八元九分。画先父母像两帧，六元。天仍雨。

二十日　马科有覆信。与周行游中山公园，看盆花，石供并笼鸟，在园内午饭，咖喱鸡饭，每客七角。晚王循序来，带来数书托代卖。

二十一日　雨，未出门。

廿二日　上课。约老来谈。看洪范五，未值。过有瓛小坐，因雨，车送归。覆一信与金煌。

廿三日　孝宽来谈，午饭后去。

廿四日　马科来一信。

廿五日　上课。午后为杨、吴、郎、王四生更讲《田子方》一篇。晚周行请看赵燕侠《红娘》，未终戏便归。

廿六日　阿杭来一信，并寄来粮票十二斤。

廿七日　看孝宽，不意李蔚农亦来沪，正在彼处，同吃饭毕并与蔚农围棋一局而归。崔华自西安来信，已离新疆，又思回沪矣。天雨转冷。

廿八日　发一信与阿杭。梁斌来，同至虹口公园一游，晚饭后去。史馆寄新馆员名单一纸来。

廿九日　上课。李一平偕宰平来访，未值。

三十日　付豆浆钱一元二角，洗衣钱一元，收陶家房钱十二元。通一电话与伯宣，定星六邀李、丁二人晚饭，由我二人作东道。

五月

一日　早十力来，略谈即去，言以修屋故，暂回旧居。发一信片邀李蔚农。午后到上海大厦看宰平、一平，留在彼处晚饭。饭后二人有会，即顺过匪石，问候而归。

二日　上课，课后看画展。

三日　偕梁斌看刘万选，并到丁小珊处看病，始知孝宽已行矣。处方后与梁斌同到城隍庙吃南翔馒头与酒酿圆子。回家后张□来。覆崔华一信。

四日　午后任心叔来。晚与伯宣在其家中请李蔚农翁婿吃饭，并邀眉孙作陪，九时归。

五日　洗澡。晚伯宣邀看川剧《望江亭》。

六日　雨。上课，取薪。午后独郎焕文来。

七日　梁斌来一信。肚子又痛了。

八日　写一信与梁斌。买雨衣一件送丁筱三，十六元八角。在余乃仁家吃晚饭。

九日　课后看马科。

十日　阿杭寄所抄子慧申辩书回。

十一日　**十二日**　并未出门。

十三日　课后无辅导，到中山公园独游。理发，与宝万同看蔡少武汽车走壁，在红榴村吃面。

十四日　唐玉虬来一片。晚发一信问梁斌病。

十五日　覆唐玉虬一信。丁小珊来。

十六日　上课。买箱子一只，十五元。

十七日　未出门。

十八日　看孝老，送我旧著《周易杂卦证解》一册。在复兴中路梁斌那里吃午饭。十力来一片。

十九日　章、梁二人来，在凯福晚饭。

二十日　上课。在佛年家午饭，饭后到图书馆借书。

二十一日　十力又来一片。

廿二日　看十力，因修桥路不通，发一片告之，午后又来一片。

廿三日　上课。课后为郎、杨、史、吴讲《墨经》。绕道看十力，病已好。彭祖年来一信，德贞来一信。晚翟医生邀看京剧团戏。

廿四日

廿五日　买奶油两块，果酱一罐。

廿六日　顺兰来，留午饭去。罗至人来，言出月即归矣。徐伯儒来，送粽子一篮。交十一元五角与悌儿寄宁，一元五角上坟钱，十元则老妻医药钱也。鼎女自沈阳来一信。

廿七日　课后看吕诚之，并到襄阳南路交十元与顺兰，转寄孝宽过节。

廿八日　写一片与鼎女，一片与彭祖年。德贞来一信，并附来龙女一信。季家骥来，送咸蛋十个、送八个与周家。蜜枣一包。

廿九日　早王务孝来。周缵吾代李永圻送还《印度的发现》一书。

三十日　上课，课后仍为四人讲《墨经》。郑宝隆来一信。

三十一日　崔华从济南来一信，即覆一信，又覆郑宝隆一片。午后到天蟾买票三张。过剧团一看，票送与永圻，未遇，托叶伯丰转交，不意吕小姐又托永圻送票来。

六　月

一日　带武孙看戏。收前楼房金十二元。

二日 端午也。

三日 上课。在中山公园吃面。看匪石。晚邀翟培庆在曙光看《上海屋檐下》话剧。

四日

五日 午后在文化俱乐部听报告，史馆召集也。十力来，留一信去。

六日 上课，取薪，讲《墨经》上卷毕。晚吕小姐邀看戏剧学校昆曲演出。金煌自杭州三三疗养院来一信。

七日 看孝老，植曾新由四川回。在绿杨村吃泡饭，五角五分。十力又来一片。

八日 覆十力一片。匪石寄来文物展览参观券两纸。倪杰来一信。午后卢子安来，并言伯宣约下星期四晚在其家中聚餐。梁斌来信，约明晨同游中山公园，摄影。

九日 与梁斌、章鋆同游中山公园，摄影。在四马路清真食堂午饭。

十日 上课。课后看孟宪承，留午饭。理发。十力又来一片。

十一日 写一片与马科，问演期。一片与强天健，问愿否抄书，十力托也。

十二日 早真如来，小谈即去。曾劝其慎言，不知能听否。以王子慧申辩书一份交其携京。德贞来一信，即覆一片。又写一片与周行，一片覆十力。晚看范祥雍，未遇。

十三日 上课，还书。在朱有瓛家吃午饭。晚在伯宣家，与伯宣、眉孙、秋生共请卢子安，每人出份子两元。胡绍唐来，未值。

十四日 史馆开会。后会邀宋小坡在大福里吃西餐，餐后同看文物展览。在古籍书店买《春秋大事表》一部、《读左补义》一部，廿二元。

十五日 伍胆伯来，谈及立仲之病，交二十元托其寄宁。

十六日 周行来谈。阿杭回。写一片与金煌。

十七日 写一片与十力，因天健无覆而十力昨有片来询也。薄暮十力来，言安徽可觅得写字人，则甚善矣。

十八日 培儿来一信。写一片与马科，托买戏票。

十九日 早江资来，送乐口福两瓶。马科覆到。寄一票与周行，又写一片与培儿。

二十日 又买绒绳二两，二元七角四分。

二十一日 买毛巾被一条十元九角三分，府绸两用衫一件五元三角，麻布衫一件四元八角。十力来一信，金煌来一信。

廿二日 早何公敢自北京来，并邀在新雅午饭，同席有江铁及公敢之弟崇龄。公敢欲予校定其所作字典，婉拒之。饭后看十力，五时后归。

廿三日 早看孝老，并将所注《庄子》七篇交其录副。在沧舲家午饭，饭后偕周行看戏剧学院演莎翁《无事生非》剧，剧后一看马科。

廿四日 早回看公敢，便看匪石、江资。作白卡其布裤一条，六元七角。

廿五日 师大寄考试成绩单来。放皮包内。陈光颖忽自桐梓中学寄来一信。

廿六日 早金煌来，送茶叶两罐、藕粉一盒、糖胡桃一盒，留午饭去。市党委通知午后二时半在延安西路二百号开座谈会，五时半后用车送回。鼎女来一信。章鋆寄来中山公园所摄照片八张。

廿七日 江少甫来谈《易》。覆一信与陈光颖，空递寄去。晚在义侄家吃面，苏氏侄媳六十生日也。

廿八日 金煌来，与之谈《论》《孟》诸所疑者。晚在杭州饭店吃面，交一信托其带宁。天健来一片。

廿九日 江资来问《天下篇》疑义。伍立仲来一信，盖谢前由胆伯寄去款子也。

三十日 覆立仲一信，鼎女一信。季家骥来谈。梁斌来一信，言将往常州矣。

七月

一日 到学校还《庄子未定稿》。借《左传释例》六册，"丛书集成"本也。

二日 写一信寄梁斌常州。

三日 觅四号顾医镶牙。阿杭去南京，捎去各物送亲友。

四日 连日大雨。

五日 史馆来信，明午前在文化俱乐部开会。吴绍之寄来卷子三本。

六日 赴会，十一时半会毕。便过顾裕禄，未遇。正勤自宁波来一信，德贞来一信。

七日 覆正勤一信宁波。

八日 理发，未遇宝万。访张文约，病已好矣，留午饭。饭后拟看眉翁，以雨而止。

九日 缴房地产税（夏季）十八元零九分。写一片与德贞。

十日 回看江少甫。请周君尚父子看电影《流亡者》，法国片，未见佳。

十一日 钱子泉来一信。阿杭来一片，龙珠来一信。

十二日 江资来。寄一百五十元与龙女作回宁盘费。

十三日 德贞来一信。

十四日 写一信寄梁斌溧阳，一信覆钱子泉。马科来，晚饭后去。季家骥来。

十五日 史馆来信并一表格要填写，写"研究文史组《易》、《春秋》、宋明理学。"三项寄还。宋子玉来，江少甫来。十力来一片。

十六日 吕贞白来。

十七日 看孝老。并到襄阳南路觅丁筱珊开方治病,因连日溏泻,胃纳不佳也。在彼盘旋一日,午吃素面,晚吃粥,服药两煎,胸腹舒适多矣。

十八日 史馆通知,征求对文字改革意见,写五条寄去。仍服丁筱珊方。鼎来一信。

十九日 筱珊来换方。祖年来一信,陈光颖来一信。晚黄正勤来。

二十日 江公望来,言即日去京。写一片与十力。

廿一日 十力来一片,亦苦热。阿杭回沪。

廿二日

廿三日 热益甚,殆不可支。

廿四日 梁斌由丹阳来一信。

廿五日

廿六日 龙来一信,款收到矣。写一片与梁斌。午后郎焕文、杨良辰来,并带来卷子六份。

廿七日 得雨,天气稍凉。锦文来一信。写一片寄宁。

廿八日 付洗衣钱两元。

廿九日 马科来一信,到莫干山矣。

三十日 郑宝隆来一信。

三十一日 晚梁斌来,同至虹口公园茶室,并赴郑生之约。

八　月

一日 覆马科一信。晚看宝侄。

二日 收陶家租金十二元。王务孝来。

三日 徐声越来,留午饭去。

四日 理发。吕翼仁邀在和平饭店午饭。晚季家骥来。

五日 雨,未出门。

六日 看匪石。买皮鞋一双三元二角,草篮一只一元四角二分。

七日 史馆来信,明早开文史小组会。

八日 到史馆开会。便过丁小珊诊脉,告以服枳术丸,留吃面并午睡而归。在静安寺买苡仁斤半、红枣一斤,共一元四角四分。

九日 彭祖年来一信。师大研究生处来一信催分数,可笑。

十日 到师大取薪,言兼课八月无薪,合之昨日索分数事,办事之乱可知矣。便一过徐声越、刘佛年,告知此事。在刘家午饭。归途绕道看十力、倪杰、眉翁。金煌来一信。章鎏来一信,并附来布票若干。

十一日 写一信与祖年。马科来一信。午后王时炎来,送水蜜桃十二枚。又徐行可来访。

十二日 午后到广东路东安旅舍回看徐行可。买白布两用衫一件,四元九角。

十三日

十四日 写一信与金煌,一信与章鎏,一信与小珊,一信与马科。永圻来。

十五日 看《第十二夜》电影。买府绸六尺。

十六日 午后看梁斌,与梁、章、张三人在远东食堂吃面。

十七日 付报钱一元五角。

十八日

十九日

二十日 看翟医生。

二十一日

二十二日

二十三日 灌云邱立麒、梦麟。孙履三、达五。王惠畴来,皆前法政大学生,而邱、孙且三十馀年未见矣,留午饭去。

二十四日 看孝老,遇雨,幸未狼狈。过伯宣还书,留午饭。

廿五日

廿六日

廿七日　陈憬初来。连日温习《诗经·国风》，颇有新解。

廿八日　付修自来水钱三元。写一信与林伯，索还《诗小学》。午后宝侄来。

廿九日　付洗衣钱两元。写一信与章鎏，问马科回来否。

三十日　理发。

三十一日　晚正勤来送还雨衣及《三国演义》。

九　月

一日　自昨日又转凉。章鎏来一信。史馆又寄来新馆员名单一纸。

二日　寄二十元与伍立仲。

三日　到戏剧学院时正演毕，与马科一见。购五日夜票送与永圻，旋归。

四日　买汗衫一件二元九分，奶粉两瓶七元二角。

五日　请吕、李在戏剧学院看《无事生非》剧。便过梁斌，未值。

六日　祖年来一信。立仲来一信，款收到矣。

七日　写一信与斌，因昨有信来也。金煌来一信。

八日　交三十元与阿杭寄宁，十元与龙女，廿元则与老妻也。

九日　昨阿杭云龙珠款已寄，因将二十元别寄。又附十元属送叔兄，九月初四其七十九岁生日也。午后庄晴勋来，师大旁听生也。江公望来。

十日　到校取九月薪并还书。与梁斌在又一村吃虾仁小笼包子，甚美。买旧夹呢袍一件，三十三元。

十一日　史馆通知开文字改革会，以心不适未去。缴秋季房捐十八元零九分。再看《流浪者》电影。刘蕙孙忽来一信，并寄来《太谷学派的遗书》文字四份，福建师范学院学报分印本也。唐炳昌来一信。马科来信，并附来十九夜戏票两张。

十二日　德贞来一信，寄龙珠款收到矣。写一信覆马科。一信与周行，并寄戏票一张去。

十三日

十四日　覆唐炳昌一信。又写一信与马兴荣，催吴绍之卷子并索油票。午后学校寄课表来，十六起上课。

十五日　星期。史馆又寄一馆员单来。马科来一覆信。午后家慧、家敏、家铭、家湘四人来。家铭、家湘考入交通大学，新自北京来者。

十六日　马兴荣、周行各来一覆信。

十七日　到校上课，在声越处午饭。龙珠来一信，言子慧可于五九年一月离蒙，兴业亦移至南京，五九年四月期满，皆喜信也。

十八日　周行来一信，戏票收到。

十九日　四时到戏剧学院，邀马科、阿阳在大福里吃西餐。晚看《决裂》一剧，甚好，以明日有课，两幕后即回，然到家已十时半矣。

二十日　上课。课后看倪杰，仍在大福里午饭。饭后到汪家，将前李尧阶所送鹿胶转送筱珊，备与大顺子冬日服用，又交十元与舜兰寄泰州。

二十一日　林伯将所借《诗小学》三十本寄还。

廿二日　星期。晚梁斌来。写一信覆刘蕙孙。廿五日发。

廿三日　**廿四日**　连日备课。

廿五日　上课。课后在绿杨村吃煨面。便过眉翁，并将刘蕙孙所寄《太谷学派遗书》一文转交，五时后归。在食品公司买炼乳一罐、奶油一块。

廿六日　德贞来一信，言鼎女回宁，国庆节后返锦，问余能回去一行否。令悌作覆，告以不能去。

廿七日　阿杭转来龙女一信，如上言。

廿八日　上课。在有瓛处午饭，托其代领下月薪。东甫来一信。

廿九日　星期。覆东甫一片。

三十日　收到陶家租金。付洗衣钱二元。

十　月

一日　国庆。

二日　放假，未到校。义侄来，午饭后去。拱稼生来，欣欣然言已退休矣。沧舲来一信。

三日　看孝老，植曾胃溃疡病又发，便登楼一视之。过沧舲。在大福里吃西餐，餐后看十力，长谈。又看眉翁，赠予老夫子、蒋先生及毛、赵诸公遗墨数纸。

四日　午后与萧宇元看电影《如此人生》。

五日　上课。取得十月薪。在有瓛处午饭。

六日　朱月轩邀吃鸡。托倪杰带三十元回宁，并衣服数件，皆与龙女者。史馆来信问能否参加文字小组会，覆以无暇，并请开会假半年。

七日　理发。阿杭来信借二十元。晚梁斌来。

八日　付汤姆本月洗衣钱二元。

九日　上课。午后吴绍之、郎焕文来谈论文事。看孟老，知吕诚之病危进医院矣。过刘约真，亦方病偏中，稍愈，未脱险也。

十日　写一信与永圻，问吕诚之病况。马科来信。在有瓛家午饭。

十一日　阅报知诚之已故，午后到其家中吊唁。

十二日 上课，午后无人来问。约真病稍愈。过竹庄，未值。

十三日 饭后到万国殡仪馆视吕诚之殓，并与师范大学公祭。再过竹庄，正值顾伯叙讲《安般守意经》，寿毅丞亦在焉，因订下星期之约而归。

十四日 覆马科一信。

十五日 叔兄来一信，即覆一片。祖年亦来一信。

十六日 上课。课毕一过刘约真家即归，在静安寺午饭。

十七日 天转冷，由郑老通一电话到第六医院问周植曾病。

十八日 看梁斌、章鋆，与章鋆、张信忠在巴黎村吃面。

十九日 课后在孟老处午饭，并看刘约老病。还伯宣书，未遇。晚君尚邀在工人俱乐部看戏。

二十日 江少甫来。午后赴顾伯叙讲经之约，今日《安般守意经》毕。

二十一日 写一信寄彭祖年

二十二日 看埃及电影《我们美好的日子》。

二十三日 课后到剧院取戏票，未得。

二十四日 江资来还书。晚在中国戏院看《七侠五义》剧，最精采者为小阳之蒋平。

二十五日 王敬老来，久谈而后去，并送苹果一篮。金煌来一信。

二十六日 上课。午在声越家吃蟹面。看周子美，已移居三〇六号矣。看约真，正睡，与佛年略谈，约真病无大碍也。归途过吕翼仁，知诚之葬期不远。马科来一信。

廿七日 星期。到邢家宅路浙兴里看王敬五。午后到竹庄家，适午睡未起，遂先过顾伯叙，旋同返蒋寓，由周南陔讲"五蕴皆空"。在伯宣家晚饭。

廿八日 覆金煌一信。午后丁筱珊来。

廿九日 看王心刚《寂静的山林》电影。永圻托人带还诚之所借

《原儒》两本。

三十日　课毕看声越，邀其明晚在杭州饭店小叙，盖先与王敬老兄弟约好也，留午饭。一过中山公园小憩，随到陕西北路听顾伯叙讲《维摩诘经·佛国品》毕。永圻来一片，言诚之二日安葬，适余有课，不能送葬矣。

三十一日　早王敬老昆仲来，江资来。唐玉虬来一片问吕诚之葬期，即覆一片。又写一片与永圻，告以不能送葬。晚请敬老昆仲及徐声越饮于杭州饭店，酒、菜、面共五元馀。

十一月

一日　晚汪宜荪来。

二日　学校来电话，今日开运动会，遂未去。看眉翁，还书，留午饭，谈至四时许始归。

三日　午后季家骥来。到竹庄家，提儒、道两家无我之说，出二义以待后释：一云何无我，二无我究竟如何。到者顾、周、寿、袁四君外，一人先去，未问其姓也。与袁仲逵同乘电车归。

四日　买野鸭一只，一元。

五日　午后马科来，周行来，并五时左右去。买棉毛裤一条，二元九角二分。

六日　上课，午后又上一课，补二日所缺也。赶赴顾伯老家听讲《维摩诘经·方便品》。

七日　丙孙来一信，谈修理七子山坟事。夜出散步遇尹石公、梅鹤孙与一医师陈姓者，方从杭州饭店出，道旁小谈而别。

八日　梁斌寄来十一日夜戏票。

九日　上课。天暴热，晚有雨。下课后看约老病，佛年留午饭。

理发。归途过王相六，谈密、禅两宗，颇多独见语，临别赠予八字曰："了了分明，寂然无念。"当谨志之。马科寄明晚戏票来，分一张寄与伯宣，并将丙公信转与一看。又寄十一日二场电影票一张与孙宝万。周孝老寄来《念光绪甲午、丁酉》两诗，并邀茗话。史馆亦寄来十一日公园看菊券两张。

十日 看正勤，未值，留与一字。到李俊庭家看梁斌，留午饭。饭后一过林式超家，旋赴孝老之约。三时偕寿毅成到顾伯叙、蒋竹庄家，继上星期"无我"之论。在伯宣家晚饭，所寄戏票竟未到，因一人去看《决裂》话剧，剧未终便归。

十一日 午后与宝万看电影《仇恨的旋风》。晚看梁斌演《红孩儿》。

十二日 王驾吾寄来《先秦寓言研究》一册。

十三日 上课，午后郎焕文来谈。三时后到顾家听经。

十四日 伯宣来一信，王驾吾来一信。写一片与梁斌，约星期六相见。看江少甫。买旧布裤两条，五元一角。

十五日 写一信覆丙孙，告以修坟之费伯宣与我各任五十元。祖年来一信，钱子泉病益加矣。

十六日 上课，课毕觅梁斌同在巴黎村午饭。饭后看章鋆，值开会，遂归。倪杰自南京回，带来盐水鸭、熏鱼等。

十七日 分鸭子一半令悌儿送与丁筱三，并带十元寄孝宽。看王相六，未值。午后赴茶会，寿毅成谈"成己成物"。

十八日 买《拍案惊奇》一部，二元六角。

十九日 有旧日法政学生封元法来谈，并借去《参同契》四册。

二十日 上课，课后到顾宅听经。

二十一日 丙孙来一信。看王骧老，赠予《圆觉抉隐》一册。

廿二日 汪家转来孝宽一函，知款收到，又移居矣。

廿三日 上课，课后在公园门口吃面。看梁斌，未遇，值三住，托其转告。张信忠来一片，邀明日看其演《桑园会》，覆一片谢之。

廿四日　星期。午后三时半赴茶会，周南陔未到。顾伯叙谈“寡欲养生”事，寿毅成更取庄子《养生主》、东坡《养生说》、朱子《调息箴》敷衍之，六时散。叔兄来一信，游武汉毕，已回宁矣。

廿五日　看梁斌，同到复兴公园小坐。在洁而精饭馆午饭，饭后一路看伍胆伯、陈匪石而归。王秀培自苏州来一信，盖数十年不通音问矣，住包衙前十一号。晚与小弟看电影《章西女皇》。

廿六日　周权来一信。

廿七日　上课，课后戴世俊来问元次山文。《维摩诘经》讲至《文殊问疾品》。晚与周尚在俱乐部听京戏。

廿八日　晚袁仲逵来谈，九点后去。

廿九日　写一信覆王秀培，一信覆周权。

三十日　课后在静安寺老松盛吃菜饭。饭后看十力，三时半归。丁筱珊来约明日午饭。

十二月

一日　星期。江少甫来，吕翼仁来。在丁小珊处午饭。赴茶会。夜看电影。王秀培又来一信。

二日　将《师大学报》一本寄由彭祖年转与徐行可。

三日　卖旧报纸，得七元馀。

四日　上课，课后看刘约真病。听《维摩诘经》至《不思议品》。

五日　丙孙来一信，随覆之。

六日　史馆通知九时在文化俱乐部听报告，以黄幼南被捕也，十时后会毕。看程勉斋，未值，乃看张文约，留午饭，饭后二时半回。晚在三江洗澡。

七日　上课。课后看刘约真，服药未见有效，因取其连日药方，待与丁筱珊酌之。祖年来信，老钱死矣。

八日 星期。看孝老，未值。邀丁筱珊同到师大看约真病，在筱珊处吃面，中间一过余乃仁。由师大径至竹庄处茶会，六时散归。后知马科、章鎏来，留一字去。

九日 写一信与马科，一信与章鎏。午后梁斌来一信，病矣。随去一信，令就唐玉虬诊治，附一信与玉虬。

十日 四时后看王韉陆，未值。

十一日 课后看约真，服丁筱珊药后，已能安眠矣。《维摩诘经》讲完《观众生品》。

十二日 买火腿一块，三元一角二分。马科来信，言星期日来，覆以一片，约其上午来。

十三日 章鎏来一信，言将出门，年内归沪。

十四日 课后在长宁电影院看法国电影《四海之内皆兄弟》。

十五日 星期。马科与童正维偕来。童，南京人，家住马道街，请其在凯福饭店吃涮羊肉。先到虹口公园，后又到黄浦公园，再同到四马路旧书店始分手。赴茶会。

十六日 买猪肉，六元，腌之。

十七日 天转寒矣。

十八日 上课。课后听经，连说《佛道品》《入不二法门品》。

十九日 封生元法来还书，留之午饭去。丙孙来信，言七子山征用坟墓须迁，因访伯宣商议，由我二人合购一山穴，共一百五十六元。即写一信，将款交至伯宣，明日寄去。

二十日 孝宽来信，亦为迁坟事，即写一信覆之。又覆彭祖年一信。

二十一日 上课。看约真病，留吃面。便过眉翁，告以七子山迁坟事。晚与竹庄等在和平饭店聚餐。黄正勤来，未值。

二十二日 看"苏联画展"。史馆通知在市委会听整风学习动员报告，未去。

廿三日　早到政通路军医大学宿舍看郑亲家，便过拱稼生，午饭后三时回。史馆科员于芬来，并带来《学习参考资料》，因告以学习不能每次俱到，托其转告馆中。丙公将汇款寄回，言七子山诸坟可以不迁，此真天大喜信也。与正勤通一电话，约星期六去看他。

廿四日　梁斌从扬州来一信，即草一书覆之，告以听息可以治咳。

廿五日　上课，杨良辰来问陆放翁诗。在伯宣家晚饭，并退还所任迁坟款。《维摩诘经》讲至《菩萨行品》。

廿六日　午后江资来。史馆汪少咸来。

廿七日　写一片覆刘丙孙。

廿八日　上课后在大福里午饭。看倪杰。看吕翼仁，未值。过马科，约到正勤家晚饭，正勤并邀陈老、王文军来，八时后始回。言杭州姚某来访，当是郁周夫妇也。

廿九日　星期。颜克述新自沈阳军中转业到第一师范学校任教，来相看。江少甫来。午后到顾伯老家，《维摩经》讲毕。

三十日　蒋礼鸿来一片贺年。

三十一日　午后到市人民委员会听周恩来报告录音，分三项，一、国际形势及转折，二、十五年工业赶上英国，三、知识分子改造。史馆所召集，共听四小时。张信忠、梁斌来一片贺年。晚袁仲逵来，借去《易传》《易本义》共五本。

一九五八年

一　月

一日　季家骥、陈憬初、丁顺兰、汪宜荪夫妇先后来拜年。师大研究生亦由胡炳华等二人持全班贺年帖来。梁斌又来一贺年片。

二日　买贺年片分寄张信忠、梁斌各一张。彭祖年连来一信、一片，言刘策成逝于北京。薄暮看王相六，约谈一旬钟。

三日　史馆在文化俱乐部开会讨论周总理报告，发言者约十许人，初与关仲莹见面，十二时会毕归。薄暮看匪石。

四日　上课，课后看约老，属转邀丁筱珊再去一诊，归后因发一信片去。看王为庵，心湛弟也。

五日　星期。袁仲逵来，借《易传》《易本义》去。交十元与阿杭寄与龙女，又借二十元去。晚马科、章鎏来，章鎏并带来香肚、酱菜。

六日　看孝老。归途过石公，未值，留一名刺。王秀培又来一信问史馆事，随覆一信。

七日　买印度《阿巴斯小说集》一本，日本《志贺直哉小说集》一本。到俱乐部开会，并因易克臬发言，稍纠其失。

八日　上课。午后到研究生宿舍一看，戏曰“此亦下放体验生活也”。龙女来一信。

九日　旧历十一月二十也，悌儿生日，交二元与宜韵添菜。昨日信来，老妻所属也。买黎巴嫩乔治·汗纳《教堂的祭司》小说一本、英亨利·菲尔丁《伟人魏尔德传》一本。午在来喜饭店吃饭，复春间公请东也，出份四元一角。

十日　早又到文化俱乐部开会，会毕旋归。昨因多食腹胀甚，晚食粥。

十一日　上课。课后觅丁筱珊开方，未值。顺兰为煮面，飨我食碗馀。晚仍食粥。

十二日　星期。家敏等三人来，留午饭去。梁斌从淮阴来一信，即覆以一信。阿慧夫妇来。筱珊来，腹胀已好，不须开方矣。晚与君尚在俱乐部看京戏，竟有踹跷者。

十三日　在蓝村为眉孙、石公、丁蘧卿等五人作寿，分金二元七角。主人中有姜可亭、杨彬瑜、一两江附属中学学生、一法政学校学生，皆四五十年不见者矣。饭后到肿瘤医院看颈后肿块。医生一甘姓、一张姓，转外科王姓，再转X光室拍一胸部片。缴费共七元，约定星期四再去，

十四日　金煌来一信，

十五日　上课，课后一看约真。买羊毛手套一副，四圆零九分。今日大寒，昨夜已有微雪。

十六日　王为庵寄一诗来。午后到肿瘤医院再拍一后腮片，归途一过匪石。

十七日　写一信与祖年。

十八日　上课，课于本日结束。过江少甫小坐。晚梁斌来，言须出国，故早回也。

十九日　午后袁仲逵来，同到三江洗澡。

二十日　覆金煌一信。再到医院复诊，登记须入院。诊后看梁斌，同在大福里晚餐。

二十一日　到文化俱乐部，会期改明日矣。

廿二日　开会，有发言过激者，稍稍驳难之。此等人，佛所谓可怜悯者是也。午后看巴基斯坦电影《叛逆》，盖译音者，剧甚佳。

廿三日　未出门。

廿四日　看王相六。晚看袁逵。

廿五日　修面。在五芳斋吃春卷、汤团，请孙万宝母子也。

廿六日　袁仲逵来。午后任彭善来，言其弟有书，属来相看也。筱珊寄将孝宽书来看。

廿七日　写一片与十力，因来片言书允印存也。午后看眉翁，还书。看筱珊夫妇，交十元寄与孝宽，留吃面归。马科来信，言去京，将随剧团出国也。

廿八日　写一信与伯宣，并将孝宽信附去。晚筱珊来，送香肠一包、蜜枣一包，属带与老妻者。

廿九日　买骟鸡一只，六斤九两，共七元八角馀。又买柳条箱一只，八元〇一分。周培自南京来。王敬老来一信。

卅日　陆希鲁与姚大姐来。

三十一日　买火车票。晚梁斌来。宝侄来。

二　月

一日　午后三点十七分火车赴苏，住新苏旅馆。至醋库巷看丙公，留吃面。面后同到十梓街四十五号看希鲁、伊从等。

二日　早丙公与佩秋来。丙公请吃早点，同游拙政园、师子林。

属佩秋转邀花农、少怀同在松鹤楼午饭，酒菜共用六元馀。然后再到铁瓶巷、西美巷两家一看，后便过逸园一游。晚希鲁依从丙公、袁熙台、程伊文共请吃面，面后谈至九点左右，始由花农、少怀伴送回旅馆。

三日 早到包衙街看王秀培，九点后尚未起床也，稍谈史馆事即返旅舍。丙公与花农、少怀适来，花农弟兄旋别去。与丙孙仍在松鹤楼吃春卷、烧卖当午餐。旋乘三轮车至乌鹊桥弄访彭重熙家，知重熙仍在四川内江糖厂任职。其母尚在，然病卧在床，不复省人事矣，可哀哉！过濂溪坊问钱黼廷家，邻人云屋已充公，黼廷住东北塔寺巷其妻汪氏家，以急于上车，不及去矣。由丙公送上车。车上拥挤甚，八点五十分后到南京，乘三轮车至家已十时矣。送谢祖石夫人三元、黄小龙三元、张伯琼二元，皆由丙公转交。

四日 发一信与金煌，约见期。周培送所带物件来。午后看三哥，未值。看伍立仲，赠之双十之数。在三姊家晚饭，饭后再看三哥，谈至九时后归。培儿自无锡回。

五日 在三姊家午饭。饭后看强天健，同在温泉浴室洗澡。赠天健十金。买饼饵二元，回后分与大家食之。

六日 天雨。三哥来，同在刘长兴吃早点。到马道街郑亲家家、仁厚里王大太太家。回至文德桥棋局，邀叔兄在魁光阁吃菜包、油糕当午饭，并在包顺兴带回烧卖与大家食之。晚金煌来，约星期日同看胡允恭。

七日 晴。午后到桃园新村访胡绍棠，敲门无应者，其邻人言死于北京矣。看贾大娘，送钱二元。晚天健来。

八日 早立仲邀在奎光阁吃早点。到四象桥北北首巷访张孝侯，今年六十六矣。午后看望杏夫妇、葛兴夫妇。

九日 金煌来，同看胡允恭，留午饭，三时始回。金煌送蛋糕一包、糖莲子一包、白糖二斤。周氏弟兄来吃晚饭。郑仲青来。

十日　张孝侯邀在四鹤春吃早点。看钱希晋。到卫巷，送徐桂贞十元。尧阶来，未值。

十一日　看王天瑞、杨碧天。午后两人复来，钱希晋亦来，因同至东牌楼觅棋子，未得，吃糖藕，希晋会账。在刻经处买《梵网经》一本、《百法明门论》《五蕴论》合一本，一元三角二分。

十二日　午后看吕秋逸，未值，过伍立仲小谈。又到三姊家，阿慈昨日回矣。

十三日　早值王秉钧，因邀至其家小坐。买板鸭一只，三元五角。午后允恭来，出其所作《对山海关之战与李自成退出北京的探讨》一文相质。金煌邀在老广东晚饭，途遇秋儿夫妇。夫名周恺。

十四日　发一片至上海，告以托金煌带回各物。午后看天健、王惠畴，俱未值。看苏宇夫人，亦外出，与其诸孙戏笑一场而去。过秋儿家一看。晚在叔兄家祭祖。

十五日　早看林子硕夫妇。午后与老妻同到颜料坊看蔡少白夫人。

十六日　少白夫人来，送蔬菜一碗、猪油年糕一斤。与老妻看周子江之母，所住南京农学院宿舍去余少时读书格致书院甚近，书院旧址今为师范学院附属中学矣。子硕来，未值。

十七日　子硕又来。叔兄来午饭。上海转来各信。写一信寄王敬老。找洪范九看牙，挂号一角，诊费三角。

十八日　旧历元旦也。写一信覆孝宽，一信覆黄正勤与马科。周子江母子来，送蜜枣一包、西点一盒。王绵来，送元宵十枚。王光宲来。强天健来，午饭后去。

十九日　子硕邀在永和吃早点。王天祚亦来，原约刘叔黎、陈仲子皆未至。午后过叔兄家拜年，叔兄外出，未值。与天健、惠畴同至孝陵看梅花，惠畴昨日约定者也。晚望杏夫妇来、王中夫妇来。

二十日　叔黎来，钱希晋来。叔黎住殷高巷十二号。到红庙拜年、拜寿，叔兄亦在。午饭后看胡允恭，还其所作稿。晚王中送车票来。培来，尧阶来，留晚饭去。

二十一日 早叔兄来。午后三点四十五分第五次车返沪，由梅孙送至车上，夜十点到家。丁慰长送来所作《宗泽》《于谦》两书，并欲借《黄漳浦集》。

廿二日 看顾伯叙，始知竹庄去世之因，为之叹息。在伯宣家晚饭。写一信与德贞。

廿三日 写一信与史馆，并寄还旧发“馆员通讯录”，因有新发者也。华东师大来信，言本学期课停开。刘丙孙来一信，问金煌详历并索照片。江少甫来。苏贵端来，送鸡子一篓，留午饭去。午后回看江少甫，送板鸭一只，其子昨来曾送水果两篓来。命悌儿以水果送徐伯儒，答其年前发糕之馈。又以乐口福一瓶、年糕两块令送丁小珊。看王相六，明日去杭州，月馀方归也。

廿四日 看刘佛年，谈学校事，约真已大好，留午饭。饭后看声越，未值，因托胡赣生转达。又看孟老，孟老亦有退意，但恐不得遂耳。归途遇朱有瓛，因同车到威海卫路看梁斌、眉老，皆未值。晚邀袁仲逵在三江浴室洗澡，仲逵会账。彭祖年来一信，德贞来一信。

廿五日 写一信寄金煌，并将丙公信附去。看周孝老，背痛入医院矣，与植曾谈一小时归。午后看匪石。晚看吕翼仁、李永圻，复迁回兴业坊六十六号矣。肿瘤医院有通知来，言五日以内入院。

廿六日 午后到医院接洽，尚无床位，因过十力谈甚久，于“留惑润生”义阐说甚详。

廿七日 再发一信与史馆，言杜干全报告无寻处，请予处分。又写一信与章鋆。

廿八日 到史馆看李青崖，告以师大课已停，自三月起仍回史馆支薪。便过丁氏姊妹，筱珊方忙于应试也。师大寄作业来。徐声越亦来一信，言此事刘佛年预闻，可怪也。

三 月

一日 十力来一片。发一片到师大索分数单。午后洗头、修面。晚在石门一路吃煎面。看眉翁，九时归。

二日 覆十力一信，彭祖年一信，丁慰长一信。看学生作业毕，挂号寄由张柽寿分还。

三日 午后进肿瘤医院，缴款八十圆、粮票十三斤，住八号一四四床位。汪浏夫妇来看。晚检查心、肺各部，量血压。

四日 早五时半抽血，并留小便三次作试验。傍晚悌儿来。

五日 午后二时动手术，四时一刻毕，神经无损，幸矣。动手术者为谢、王二医师，皆极审慎，可感也。手术毕，悌儿送香蕉、鸡子来。中午未食，晚食亦牵动作楚，故啜粥而已。

六日 夜睡甚热，因门窗皆紧闭也。午后悌送分数单来，因填好令悌挂号邮寄，师大事首尾清楚矣。又捎来梅孙一信、章鋆一信。丁小珊来。

七日 早又令留小便、大便备验。重行包扎，一朱姓医生为之言，伤口甚好，未动也。

八日 梁斌来一片，已回来矣，当覆一片，约明日午后三时后相见。天气转热，又移房间，由八号移至三号，惫甚。丁氏姊妹来，并送熏鱼一盆。兴悌来，将丝棉袍交其带回。

九日 星期。贾谊诚午前出院。贾，精神病院医师，来开脚下一小瘤者，迟余一日进院。临行交换地址，言以后可常往来。贾，山东济南人。悌来，带来毛德孙一信，由龙华镇寄来者，欲告贷十金。会梁斌来，交三圆托其邮寄与彼，并告以余病。此子不长进，可悯亦可恨。毛公之孙如此，念之不能不慨然也。

十日　重新包扎。天雨，益暖。悌送呢衣呢，外套来。

十一日　洗澡。悌儿来，带来江资送西点一盒，将旧衣交其带回。

十二日　八时拆线，十时结账，十时半出院。晚发一信告梁斌。一片与丙孙，问前信何以无覆。

十三日　周家昨送来兰花一盆，满室皆香矣。午后看日本电影，根据八海事件改编的《暗无天日》，警察之草菅人命，于斯为极矣。

十四日　八时半史馆召集在文化俱乐部开谈话会。会后在远东吃面，过倪杰一看。晚梁斌来。

十五日　写一信与德贞，并写一信与培孙附去转寄。午后正勤来一信，并附马科一信。

十六日　星期。上午写大字报二十条。阿杭回，午饭后去。到医院看史学才，过史馆将大字报交与徐姓工友。看余乃仁未值，送其子肉松两瓶。晚从萧宇元借来小说两册。

十七日　看果戈里小说《彼得堡故事》。写一信覆正勤、马科，又写一信与一之。史馆送来征购公债单，认五十圆，按四、五、六、七、八五月扣除，将单寄还。刘佛年来一信。

十八日　江少甫来，将《朱子学归》一书赠其子江资，托其带去。

十九日　覆刘佛年一信。丙公来信，将金煌照片寄还。又写一片与梁斌。晚在朱月轩处饭，萧宇元明日赴奉贤海塘劳作也。

二十日　履周来一信，属以所作《又玄集跋》转致瞿禅。十力来一片，言韩元恺字阳生。已到。

廿一日　旧历二月初二也。在协商会议委员会听杜干全报告。义侄媳送腊肠一盒，因予不在家，遂去。晚梁斌来，吃面，送蛋糕一盒。

廿二日　覆十力一片。

廿三日　江公望来，托其将钥匙两把交还徐震堮，又校章一枚交还系办公室，并写一字条与郎焕文索还所借书。写一信寄叔兄，谈六月后移宁居住事。晚看吕翼仁，全家出外，未值。

廿四日 吕翼仁来，送橘子一篓。培儿来一信。

廿五日 开会。会后到威海卫路，正勤已回，言马科回深县，不久亦将返沪也。

廿六日 覆一信与履周，寄旧米仓横巷五号吕王芝。

廿七日 午后四时李青崖来问沈敬仲在复性书院经过，盖沈思进文史馆也，据实告之。

廿八日 看眉翁。在王家沙吃汤团，甚佳，似过于乔家栅也。晚在红都与宝万看黄桂秋戏，《群英会》，演周瑜者程正华不错。

廿九日 写一信与金煌，告以刘女事不成，当可另图。午后三时半有师大四年级生顾天德者来，言丁静涵下乡，丁伟长索借《石斋集抄补》本子归伊寄去，因取《解辽环》一册与之。看《群英会》电影，据云"打黄盖"一段剪去，可惜也。叔兄来一信，言房子事。

三十日 傍晚看傅墨正，住长春公寓三三六号十二室。上午江资来，借以《左传经世钞》一部、《左传句解》一部。袁仲逵来。

三十一日 到史馆，李青崖昨有信来约，盖市府高级干部有二三十人欲习古典文，欲予教之也。将予意略告之，候赞同再定。在汪家午饭。饭后过十力，晨有一片来。以此事告之，十力亦主予相就。再到医院看史学才，不久可出院矣。培儿来一信，金煌来一信，阿杭来一信。

四　月

一日 早到文化俱乐部开会。写一信与叔兄，一信与金煌，一片与培儿，一片与德贞。

二日 午后卫素存来。

三日 江少甫来。梁斌来一信，言将随二团往嘉湖一带，因往看之，同在巴黎村吃面。顺看章鋆。归后市人委会张脉奎南通人，秘书处副处长。来接洽文字工作训练班教古文事。傍晚傅墨正来谈。晚蒋云从来。

四日 叔兄来一信。

五日 听曾涛报告并领薪。

六日 交一元五角与悌儿寄宁，扫墓之钱也。午后袁仲逵来，同到虹口公园，海棠开矣。

七日 连日选训练班教材，并注释之，共得八篇，皆《尚书》与“《春秋》三传”文也。

八日 开会。午后市秘书处张铁城兴化人。来取教材，付之二十页。

九日

十日 并未出。丁慰长来一信，言《黄文端公集》一本收到。

十一日 早开会。晚到市府上课，听者约四五十人，先由张脉奎来陪同前去。

十二日 写一信与叔兄。摄一影，为去须后留一纪念也。

十三日 星期。看袁仲逵，留午饭。午后王时炎来。金煌来一信，到蚌埠第一中学去矣。

十四日 午后胡炳华来借《近溪语要》及《紫柏集》一本去。

十五日 开会。会后在三和楼吃面。到武定路周家邀同老六去华东医院看孝老病。买布一丈三尺，每尺二角七分。

十六日 买鲥鱼一块，八角四分。寄一片与李金煌。

十七日 张文约来，与同看匪石，并邀在苏领事馆对面西餐社午餐，用五元三角五分，餐后同送匪石归。

十八日 听金仲华录音报告，杂乱不成片段。在王家沙吃虾仁蛋炒饭，六角。同馆周承忠孝侯。寄所书篆字三幅来，周住合肥路一一七弄四号。晚到人委会。

十九日 写一片与章鋆。梁斌信来，便覆一信。阿杭来，交与二十元，十元为下月龙女家用，十元与老妻。

二十日 星期。访周承忠,谢其馈书。

二十一日 午后到史馆,因昨有通知开小组会也,实无一事,漫谈两三点钟而归。丙公来一信。

廿二日 早到文化俱乐部,史馆招待看电影也。

廿三日 封元法自西安交通大学一村十五舍二〇二宿来一信。

廿四日 林宰平来一信。

廿五日 覆丙孙一片,看工业展览,未去。晚到市委会。

廿六日 十力来一片。看江少甫。

廿七日 吕、李二人来,并送三十日戏票一张。梁斌来,同在杭州饭店吃面。

廿八日 覆十力一片。徐行可来一信,并附与王佩诤一信,又赠严又陵《庄子评点》一册。

廿九日 赴会,以徐行可与王佩诤信交与宋小坡,转尹石公交王。

卅日 覆封元法一信。

五 月

一日 房客陶姓无理取闹,要挟改订永租契约,拒之。因借不出收据为名,声言从此即不出房租,懒与争吵,然将来恐绝不免要诉诸法院也。德贞来一信。

二日 赴会,仍漫谈。张铁城同志来,送来市府四月车马费。汪浏夫妇来。

三日 覆德贞一信。有一刘姓自沈阳来查谭叔常历史,任金陵中学教员事。因令其到南京询问老妻,写数语附之去。

四日 星期。江资来。马科与其女友来,同在杭州饭店吃面,后到虹口公园。罗至人来,未值。

五日 午后培儿来，言昨在南京，花神庙坟已上过。晚饭后去，住招待所，明日回无锡矣。十力来，赠新著《体用论》一册。

六日 看孝老病。到史馆取薪。因明日参观农业合作社，八时在史馆集合，故就近宿于乃仁家中，并在乃仁家晚饭。金煌来一信。

七日 因雨不能行，乃改漫谈，至十一时散。在小珊家午饭。通一电话与周植曾，告以小珊医室门牌。

八日 覆徐行可一信，又写一片与德贞。

九日 市府上课，未去，发一信片告之。

十日

十一日 星期。任彭善与其表弟宗某来。袁仲逵来问《易》。

十二日 到嘉定徐行乡红星农业合作社参观，八时三刻由史馆出发，午后四时回至静安寺，由公家备车。上、下午听报告各一小时许，去者六十馀人。

十三日 九时到文化俱乐部听陶植报告，题为“社会主义建设总路线和当前生产高潮问题”。拢三团，偕马科在大福里午饭，马科会账。

十四日 写一信问刘约老病。

十五日 张铁城来。

十六日 会上发言，参观未能深入。晚上课。

十七日 看孝老病。晚吕小姐约吃饭，坐有伍汤予诸人。

十八日 星期。付报钱一元二角。写一信与金煌，一信与梁斌。晚请吕、李二人在群众戏院看戏。

十九日 昨日由悌儿将拯流所存之《二十五史》卖与旧书店，得价百金，因即汇寄德贞转去，并附寄十元为下月龙女家用。信刚发德贞信来，言三姑太太嘱代拨三十元与沧舲，相差一小时耳。

二十日 会后与关仲莹同看赵德钰，致福里三号。在梁园吃饼，喊肴三品，不知为关老抢会账了。饭后到其寓所小坐。金陵中路长安里第二个门。将钱送与沧舲便回。

二十一日 看江少甫、陈匪石。

廿二日 晚吕小姐请看高盛麟戏，戏为《拿高登》，未见佳也。

廿三日 开会。会后看梁斌，弄得明晚戏票一张。

廿四日 徐桂贞有信来，款收到矣。看顾伯叙，会楚湘慧亦在，谈《庄子》甚契。夜看高盛麟《三叉口》与《钟馗嫁妹》，甚好，杨正义亦配得好，做小鬼尤佳。

廿五日 星期。袁仲逵来，同到虹口公园茶叙。写一片寄德贞，告以沧舲钱已送去。

廿六日 听张耀祥报告农业大跃进形势。会后理发，同孙宝万看宽银幕电影。

廿七日 看“全国摄影展览”。章鋆自大连来一信，彭祖年来一信。

廿八日 看胡鲁声，住祥德路二〇八弄二十六号楼上。十力来一信，马科来一信。寄一信与周行。

廿九日 写一信片与马科。

三十日 开会。会后与关仲莹、王为庵、傅墨正在燕云楼吃炸酱面，另小盆二，共费二元四角五分。看十力。晚到市委会，多人开会未了，遂归。封元法又来一信。

三十一日 看眉翁、伯宣，在伯宣家晚饭。

六　月

一日 黄遂生与孙静山来，二人皆同馆，孙住邢家桥南路二三一弄二七号，黄住塘沽路七三弄一二号。

二日

三日 开会，听陈虞孙副馆长报告。

四日

五日　到馆领薪。先过汪家，后看张文约，在文约处午饭。

六日　开会发言。傅墨正拖去杭州饭店吃面。晚上课，先在和平饭店吃十景蛋炒饭。收到五、六两月车马费。

七日　写一信与金煌、一信与孙宝万，约星期一同去西郊公园。又一信马科、梁斌。

八日　星期。上午江公望来。午后张公直来，其弟妇母女随来，其弟亦旋来，盖余乃仁介之来看房子，言其弟有购屋之意也。晚看袁仲逵，未值，后仲逵来，九时去。

九日　午后与小孙夫妇同游西郊公园，在静安寺吃饭。

十日　开会。晚五时本拟看梁、马，无回音，遂未去。彭祖年又来信。

十一日　写一信与马、梁二人，问无覆信之故。又覆祖年一信。午后三时看黄遂生，并邀其到华东医院看周孝老病。又看余乃仁病，并过汪家问孝宽消息。在乔家栅吃菜煨面，二角五分。

十二日　午前李蔚农来谈，至十一时去。梁斌有信来。午后又开会，各组共三十馀人，李青崖主持。

十三日　开会检讨自己，发言未毕而止，时刻已到也。又发一信与梁、马，约明日五时见面，信发而马科信来。孝宽来一片，已到沪矣。

十四日　看孝宽，遂在汪家午饭。晚同梁、马在洪长兴吃花卷、油饼，滑溜里脊肉一味甚佳。看排演《红色风暴》，觉寒遂归。

十五日　傍晚看王相六。

十六日　到黄浦公园，前与孝宽约也。李蔚农亦先来，遂邀至和平饭店午饭。黄少香外尚有。

十七日　开会。

十八日　周行来信，约星期六相见，复以一信，邀其早来。付下月报费一元二角。

十九日　史馆通知，明日会停，在家学习。

二十日　市委会来电话，课不上。到福显坊晚饭吃炒面。后归。

二十一日　看江少甫。晚周行来。

廿二日　叔兄来一信。

廿三日　覆叔兄一信，又寄一信与金煌。

廿四日　早在文化俱乐部听顾维汉报告“总路线”。周行来信，欲借住三星期，覆信允之。德贞亦来一信，言泉官接其往吉林。

廿五日　选文。吕小姐送戏票来，邀后晚在大众戏院看戏剧学校演出，晚将票送还之。

廿六日　大热，夜几不能寐，成诗一首。

廿七日　开会，发车费。会后看孝宽，邀在乔家栅吃面。孙宝万已与倪有珠同进井岗铰链厂学工艺矣。彭祖年来信，言一湖经济困窘状。

廿八日　寄二十元与一湖，每月二十，约寄四个月。由祖年转。又覆德贞一信。看《红色风暴》，马科昨寄票来也。蔺德海又送晚间戏票一张，看《诈妮子》一半便归。

廿九日　周行本约今晚来，又来电话改期傍晚来，言明日准迁。苏贵端来。

三十日　寄彭祖年信今日始发。晚周行携行李来。

七　月

一日　开会，通知课不上。会后便归。

二日　金煌来一信。吕小姐请看《救风尘》，苏昆剧团演于大众。

三日　周行请看高重实等演《关汉卿》，在长江剧场。

四日　开会，将展开对平襟亚的批评，今日平自我检讨。梁斌来一信。晚到市人委会，到者仅数人。因与张铁城谈，可放假一月，候张与领导商夺。

五日 写一片与金煌，一信覆梁斌。对整理和出版古籍计划草案哲学部分提意见十条，此系上星期二李青崖召集十馀人提出者。国务院科学规划委员会发来，分史学、文学、哲学三部，哲学部与其事者予与沈仲九二人，下星期二交与沈老便完一事矣。草案殊芜杂，难一一与计议也。看江少甫，其夫人已于三十日去世。又闻王相六丧其长子，皆不幸也。看匪石，亦声音日低，可危。

六日 袁仲逵邀午饭。

七日 史馆昨通知在馆内开会，到者除沈仲九、李华英外，有十二人，盖为平襟亚事也。会后过孝宽，即在汪家午饭，饭后小睡。看倪杰，知怀端病已好转矣。孙宝万来信，言星期三过我。

八日 开会，群向平襟亚集矢，平似不甚动也。哲学古籍整理意见已交与李馆长。会后过剧团，一看梁、马。

九日 十时孙宝万与倪有珠来，同在虹口公园午饭。四时后邀周行同在永安看《三百年前》电影片。

十日 李金煌来信，又寄一照片来。

十一日 开会，王伯揆、贾粟香二人发言皆不甚妥。张铁城来电话言，如议放假，讫可小休矣。

十二日 祖年来信，款收到，以后汇款以民主路邮局较近。

十三日 星期。午前胡鲁声来，午后程勉斋来。

十四日 午后三时在史馆开会，昨日通知者也。会后过孝宽，在绿杨村吃面。面后看眉翁，九时归。

十五日 常会，一、四两组合开，李青崖宣告暂放假两月而成立特别组帮助平襟亚检讨，余仍不能闲也。

十六日 史馆通知后日午后二时半开会。美国陆战队在黎巴嫩登陆，中东从此多事矣。

十七日　早冯皓同志来，言今日午后在本馆开会，并邀余参加召集人。此事前沈仲九、李华英亦谈过，恐辞不得也。

十八日　章鋆自齐齐哈尔来一信。午后二时半在文化俱乐部开会，所谓特别小组也，到者三十三人。

十九日　九时又在本馆开会，为下星期一之会准备也，十一时半了，由予主席。会后吃馄饨面一碗。看十力，久谈。又到医院看孝老，已出院，昨夜因腹泻又入院也。晚周行来宿。

二十日　袁仲逵来谈。写一信覆章鋆。又一信与宝万，约星期三见。

二十一日　在俱乐部开会。会后到三团，梁斌不在，马科为我买酱肉三柱，为我作汤一盎，因即在彼午饭。饭后与马科到院部，困卧一时许，卒未入睡。陈西汀来相见，五时归。

廿二日

廿三日　在馆开召集人会议，即在馆午饭。饭后一过孝宽。到武定路理发，宝万脚压伤矣。

廿四日　看《理查三世》电影，恰与吕翼仁邻座。十力送二十元来，前谈一湖事，彼愿任一半也。

廿五日　在馆开预备会。午后培儿自无锡来，交二十五元转宁。写一信覆十力。

廿六日　在俱乐部开会，余主席。由平襟亚检讨，读检讨书几半时馀，仅一半也。梅立骧一时发言。晚培儿来，候悌儿至九时未归，遂去。周行去常熟。

廿七日　星期。早袁仲逵来谈。史馆通知冯皓代行办公室主任，因顾音病久不愈也。

廿八日　寄祖年一信，并汇往二十元，十力所送来者也，十力一信亦附去。看履娴，将李度相片带去，嘱转与纪文。

廿九日　早宋小坡来，因即要赴会，匆匆谈数句即去。会后在大福里吃西餐又遇之。到倪杰家稍憩，取回靠绸裤。到武定路周公馆将所校《庄子》内七篇注缴还，了一事矣。

三十日 早文约来，李、陆婚事无成望。终日在史馆开会，午、晚两餐亦馆中豫备。午餐两组召集人共六位，晚餐则予与沈、李三人耳，回家已九点。德贞来一信，梁斌来一片。

三十一日 写一片与龙女，一片与梁斌，又一信与金煌，又写一片问孙宝万脚伤。午后到史馆看平襟亚表明态度的书面报告。在汪家吃晚饭，冒雨归。夜又大雨，旱象一解。

八 月

一日 到俱乐部开会，平襟亚事至此可结束矣。午后郎焕文来还书，并代胡炳华还书。胡已归福州，郎将归河南。又张仲明同来，言将去西宁。买本月电车、汽车月票，六元。

二日

三日

四日 到馆开会。会后到汪家午饭，昨日孝宽来片约也，乃醵局，余亦出二金。午后梁斌来，晚饭后去。尔柔自靖江来，张老十之次子由扬州来。

五日 到文化俱乐部听胡其安报告国际形势。

六日 在馆开预备会。会后到乔家栅吃面，会李华英与高梨痕亦来，李会账。到孝宽处小谈便归。

七日 午后看电影《黑山阻击战》，在国际。史馆请客也。散后遇李华英，遂同来家中，本拟留晚饭，以有他约，七时后遂去。

八日 在俱乐部开第二临时小组会，专为刘华瑞者也。德贞自宁来信，言今日去吉林矣。

九日 傍晚黄佩秋来，因事到沪，即归去，抽暇来也。

十日 星期。季家骥来。看江少甫。看李华老，留午饭，谈蔡松坡讨袁之役与抗日战争之先到延安促成国共合作事甚详。

十一日 到史馆开召集人会。会后邀李、沈二位在乔家栅吃虾仁炒面，共用二元〇四分。金煌来一信。

十二日 在俱乐部开大会，先偕余芷江与刘华瑞独谈，后会上亦发言，斥其不诚实。家梅来一片，已考入市立五中，并言其父九日回宁，今十一日复返无锡。

十三日 到史馆开会，饭后续谈至两点。过孝宽小坐。金煌来一信。

十四日 再到史馆旁听第一分组开会。过文约午饭。周易信来，言其弟死于无锡，为之肉颤心痛不已，此子聪明，可怜！可惜！写一信覆周易，一片与梅孙。

十五日 第二分组开会，刘竟反噬及王震，因痛斥之。过三团，在沈大成吃面。

十六日 周易有信，再覆之，邀与一见。又写一片覆金煌，并将选文若干篇寄去。看孝老病。在伯宣家晚饭。

十七日 星期。天又转热，热伤风矣，一日未出户。

十八日 午前、午后皆在史馆开会。封元法来一信。袁仲逵命人送顾伯叙所作《九天生气恃风雷》一诗解来，说作气功，真戏论也。

十九日 周易来取其弟遗物去。写明日大会总结发言稿，昨日会上所推也，一时史馆来人取去。德贞来信，已到吉林矣。看王相六。

二十日 在文化俱乐部开大会。会后邀李华老在燕记吃西餐，用二元。看匪石。

二十一日 到史馆旁听第一分组会，史馆留饭。

廿二日 第二组开会，会后即回。看日本《浮草日记》电影。

廿三日 午后看《伪金币》电影，希腊所摄也。于影院得遇吕翼仁。

廿四日 星期。雨。午后王务孝来，生子已八月矣。彭祖年来一信。

廿五日　到史馆开召集人会。会后拢汪家。吃菜肉馄饨，四时左右回。丁蔚长寄还《黄石斋集》一本，并来一信。顾家搬走。买火腿一斤七两，四元〇八分。

廿六日　覆祖年一信，并寄二十元去转一湖。买白布一丈五寸，三元四角七分。倪杰来信，问丁小珊地址，言有人患黄胆病也，覆一片。午后十力令其侄媳送二十元来。阿杭自旅大来一信，言三十一日回沪。

廿七日　缴秋季房地产税十八元九分，付洗衣钱二元。理发。与孙宝万看“延安革命文物展览”，同在又一村午饭。饭后赴馆开预备会。

廿八日　预备明日发言稿。连日雨，转凉，夏布衣已收起矣。

廿九日　大会。会前访沈仲九，并以发言要点相商。午后二时开会，发言者多，久久不绝，时间不及，余遂得藏拙矣。午在昌龄家，其女光耀与其婿顾拔适将调至武汉，同来上海，遂得一见，巧矣。

三十日　九时史馆开会，到者六七人，因北京文学研究所来函将开文学工作协作计划会，商如何回覆也。会十一时散，即归。天仍雨。

三十一日　星期。封元法又来一信，要介绍工作，真不知时务者矣。

九　月

一日　午后看十力。到汪家晚饭，九时归。

二日　午后到史馆开会，因刘华瑞又有检讨书送来也。会后与李华英同看沈仲九，仲九小病，无大碍也。天又转热。

三日　写一信寄龙女，并寄十元去。阿杭回。午后看梁斌。晚访袁仲逵长谈。

四日　写一信与阿杭，因昨日渠留有一字，欲假款还卖表纠葛也，荒唐极矣。

五日　连日报载台风过境，幸不甚烈，但时有雨耳。周家讣告，孝老于三日午一时逝世，明日午后三时在万国殡仪馆大殓。因作一挽章挽之，文曰：“大错不可追一针，直等九州铁相知，难再得七篇，深赏未成书。”

六日　到馆取薪，顺过乃仁家。到殡仪馆吊孝老，并送殡至虹桥公墓，与郑老同回。龙女来信，款收到矣。

七日　星期。早李小川来，留午饭去。四时袁仲逵来，同游虹口公园，至晚回。阿杭又来纠缠，至又失眠。

八日　朱月轩来，介绍人租顾姓迁出房子。

九日　午后到馆开会，值大雨，会后遂归。晚培儿来宿，盖明日有会也。

十日　龙女来一信，盖阿杭有信去南京也。写一片回南京，索阿杭原信，并令悌儿通知阿杭来谈。

十一日　候阿杭，终日未来。拱稼生来。

十二日　令悌儿看阿杭，回报知已向税局交涉，款可陆续分缴，且由其自了矣。到馆开预备会。会后在丁筱珊家晚饭，送孝宽五圆。东甫来一信。通一片与念慈，令明日来谈。

十三日　李小川忽通电话，言已备晚饭，问何以不去。盖昨日会后言下星期一将往访，彼误听也，因急赴之，八时半归。念慈来。

十四日　阿杭来，令取子慧所遗书去卖，不知卖脱否。傍晚看王相六病，并送福建肉松四两。

十五日　龙女将阿杭原信寄来，覆以一片。

十六日　到文化俱乐部开会，刘华瑞顽抗如故，至此当告一结束，听上峰处理矣。与李小川在茜村吃油煎饼、乡下浓汤，甚饱，共用一元三角。今日大水，归时几为水阻。

十七日　寄三十元与龙女。午后黄遂生来，为孝老之妹淦培谋史馆馆员写公信事也。晚梁斌来。

十八日　刘天囚来访。午后到史馆开会，仍为文学研究所计划调查事也。会后过汪家，留吃百合粥而归。令悌儿送百元与阿杭，了其卖表被罚事。

十九日 看周植曾弟兄,留吃炸酱面。看版画展览,佳作不少。归途便看匪石。龙女连来两信,皆为阿杭事。

二十日 早到史馆开召集人会,便将文学研究所所要调查表填好带缴。馆中备午饭,后参观"工商界整风运动展览会",在民建会所内。

二十一日 写一片与龙女,一片覆东甫。回看刘天囚。午后江公望来。

二十二日 看梁斌、马科,因其将外行也。

二十三日 早在文化俱乐部开会,予在第三组。傍晚看王相六,病已愈。

二十四日 理发。看刘约真、孟宪承、朱有瓛,与孟谈较久。午饭在中山公园吃,坏极。晚在王家沙吃汤团。

二十五日 看向柳溪,留午饭,并赠予《柳溪长短句》一册。彭祖年来一信。

二十六日 寄一信与彭祖年,并汇二十元去。午后在文化俱乐部听金仲华报告中外形势会,后江翊云请吃点心。

二十七日 开会,谈昨日所听报告体会。晚在汪家吃肉圆。回后李小川来,谈至十一时后始去。今日中秋。

二十八日 晚看吕左海。

二十九日 看江少甫。阿杭来一信。

三十日 午后开会,仍谈文学丛书事。

十 月

一日 早袁仲逵来。

二日 晚看仲逵,借《人民日报》所登华罗庚、傅鹰二人文字归。

三日 晚到协商会听述周报告当前形势发展，共讲三小时半，归家已十一点多矣。

四日 到史馆。早看借来沈体兰等大字报。午后开召集人会，六时左右始毕。

五日 早向仲坚来。梁斌自常州来一信，言十一日后回沪。

六日 到馆取薪。交十四元与悌儿汇宁，十元与龙女，四元则叔兄八十寿礼也。

七日 写《交心书》。彭祖年来一信。叔兄来一信，言房子事。

八日 续写《交心书》，晚过袁仲逵商之。

九日 改写《交心书》，一日而成。

十日 将书送至馆中，交与冯皓。覆叔兄一片。

十一日 昨沈仲九来一信，亦为《交心书》事，因覆一片。午后访李小川，不值。

十二日 午后江资来谈。

十三日 午后在文化俱乐部听陈虞孙报告，前、后看梁斌两次未值。

十四日 午后在史馆开召集人会。金煌来一信。

十五日 俱乐部开会，予主席。德贞来一信。

十六日 寄一信与梁斌。

十七日 早在文化俱乐部开会，晚听介子元报告。李小川来，未值。

十八日 将《交心书补》誊一份存底。看瞿智严未值，在余家晚饭。

十九日 写一信覆德贞。翌日付邮。庞国钧寄一诗来。

二十日 到馆看大字报。便看张文约，即在他处午饭。饭后开召集人会。

二十一日 在俱乐部开会，李健青主席。会后看梁斌、马科，未值。叔兄来一信。

廿二日 写一信与金煌。

廿三日 开会,予主席。理发。

廿四日 到曹南乡七一人民公社参观,十时去,四时回,到家已五时后。

廿五日 写一信寄祖年,并寄四十元去。又将炼钢报纸一张寄与宝万。

廿六日 星期。午前、午后皆到南阳路看大字报。江少甫来,于路遇之。袁仲逵来还书,未值。拱稼生来,两次方遇。晚李小川来,谈至十时去。

廿七日 午后到馆开召集人会,在馆晚饭,直至九时后始归。

廿八日 午后在馆开会。会后过汪家晚饭,孝兄因失足蹉伤,方卧床调治。

廿九日 补《交心书》,计八条,信手写成,听人批判耳。

三十日 在科普协会。会后与王、李、汤、向四人在洁而精午饭,饭后在复兴公园小坐。

三十一日 午后到馆,本冯皓相约谈话,伊因须听报告,遂空行。过孝宽一视,仍卧床未起。

十一月

一日 仍在科普开会,予主席。会后仍与王、李在洁而精午饭。两饭皆各出资。

二日 星期。誊《补交心书》稿。午后在温泉浴室淋浴。

三日 发一信与马科。午后沈仲九来,谈至五时去。

四日 午后看眉孙,因有书来问交心事也。

五日 八时半到馆开召集人会,江、李皆未出席,由冯代主持。会后一看孝宽，在乔家栅吃虾腰炒饭。马科来一信。写一信与眉孙，促其写《交心书》。将十元交悌儿转阿杭寄龙女。

六日　在南昌路开会，予谈交心经过与体会二十分钟。会后乃与王、李在洁而精午饭，后沈仲九亦来，遂合一处。饭后与王、李、沈，又高梨痕、黄中同到复兴公园看菊花。

七日　悌儿觅阿杭不着，今日将十元自寄去。又写一信与马科。午后看匪石。

八日　续写《交心书》。

九日　星期。袁仲逵来，李小川来，午饭后去。马科来，晚饭后去。

十日　文学出版社赵其文来沪，午前在馆召集十一人开会，会后由向仲坚与予邀赵在蓝村午饭。午后开召集人会。晚与王震公在大世界旁教门馆子吃菜面，甚劣，果腹而已。

十一日　午后在馆开会，并将《续交心书》带交。梁斌来。

十二日　在文化俱乐部听陈部长报告。午后写大字报六条，所谓送礼也。午饭吃油煎饼，并便看孝宽病。

十三日　在文化部开会，分二组漫谈。龙女来一信，款收到。王星贤来，未值，留一字去。

十四日　发一片与彭祖年，问款收到否。正勤自漳州来一信。

十五日　在文化部开会，会后王震公邀在楼下午餐，俞诚之亦来。归途看"景德镇瓷器展览"并"比利时人麦绥莱勒与日人尾形光琳画展"。买奶粉一瓶、油炼乳一罐、福建肉松半斤。

十六日　午后在馆开干部会，胡德新发言甚激切，以此得知其为人。晚在青年会楼上吃饭，盖他处皆以时晚无可吃也。

十七日　汤立言来谈，去后因看向仲坚，亦为汤事也。午后写送礼大字报，朱铭功来，写未成，晚卒成之。

十八日　在俱乐部开会，仍予主席，因后结语用"《春秋》责备贤者”一词为冯皓同志所责，言此两条道路之争，拟不于伦，信是也。钱少群与姚大姐来，钱新到苏州也。

十九日 写一信与梁斌，寄绍兴路九号。

二十日 听柯老报告录音，十月三十一日及十一月一日所说话也，分三日听毕。

廿一日 仍听报告。过倪杰家，因往历史文献图书馆查《桐城县志》也。

廿二日 听报告毕。祖年有覆信，言一湖已于十月四日自缢死，哀哉！

廿三日 星期。覆祖年一信，令将前汇款寄回。缴冬季房地产税十八圆零九分。

廿四日 午后开预备会。

廿五日 大会，王老主席。梁斌有覆信来。

廿六日 在馆开会，被邀者四人，为明日骨干分子会上作检查事也。余与沈仲九任一题，由余发言。俞诚之与黄中任一题，由俞发言。会至四时散，同至仲九家商量如何着笔。在仲九家晚饭。饭后归来，傅墨正正坐候，谈数分钟遣去。李小川又来，再谢去。动手起草，起草完毕将十二点矣。午饭在馆附近合作食堂吃，馆中预备也。早发一信片与正勤。

廿七日 上午大会，李主席，即在俱乐部午饭，除昨四人外，江、李两馆长、冯皓同志共七人。午后三时始开会，因李馆长迟到也。余发言四十数分钟，睡未足，强打精神，幸无失误。十力来一信。

廿八日 沐浴。祖年将款寄回。

廿九日 上午大会，下午部分馆员坐谈会。午在乔家栅吃饭，遇黄在中母子，因为之会账。

三十日 早看吕翼仁老母。午后朱铭功来，江公望来，阿杭来，袁仲逵来。龙女来一信，为三姊命拨卅元与倪杰也。

十二月

一日　访李健青，同看徐忍寒，昨朱铭功来约好也。施养勇与徐同住一弄，因便看之。与李同在洁而精午饭，饭后同去看"铁路展览"，不意星期一休息，遂转看梅立骧。梅卧病在床，话数语便归，临出前向仲坚来商检查发言稿。

二日　听陈辅康部长报告，报告后分两组坐谈。覆龙女一信。

三日　看顾伯叙，看汤立言、庞蘅裳，在王家沙午饭。饭后到馆，与李健青、向迪琮、叶叔眉、纽孝贤、沈复初及朱铭功，又一新到工作同志名宣森者坐谈明日会上报告与检查事。后徐忍寒、张飞熊来，又与略谈，归家已七时过矣。晚饭后理发。

四日　大会，李主席。综合报告本组《交心书》上问题，后由向、徐、张三人检查，再分组漫谈。

五日　早到馆，与李、王两召集人及向、叶等五人谈明日安排事。

六日　在科技协会开会。会后冯皓、汪维坊邀余与俞、沈二人在淮海路午饭。饭后复至馆，与沈、俞、黄中诸人谈下星期会事。会后一过十力，并送钱与倪杰，即在倪处晚饭。

七日　看宝成鹰厦铁路及武汉大桥展览会，买《宝成铁路纪念集》一册，又《宝成、鹰厦两铁路简介》各一册，共八角五分。

八日　九时到馆开会，与会者向、沈、蒋、叶、纽及予与王、李、朱铭功共九人谈明日会事。

九日　写大字报两张送靳巩。午后在本馆开会。会后过孝宽，赠以四金。

十日　订作棉上装一件，九元二角。

十一日　在俱乐部开会，仍分四组。买斜纹布五尺，一元三角四分。

十二日　午后二时半在馆开干部会。会后到绍兴路京剧院看马科、梁斌，梁斌未见。

十三日　在俱乐部听杜秘书长传达中共中央已通过下届主席选举不提名毛泽东之提议，后日报纸可见全文也。听后各组坐谈，由予主席。会后过宗伯宣，未见。

十四日　星期。午后庞蘅裳、汤立言两君来。

十五日　朱月轩来。午后在馆开召集人会，江、李两公皆到。

十六日　在俱乐部开会，王震公主席。

十七日　午前到京剧院看梁斌等。午后在馆与庞、沈、李遵光、王幼宸四人谈明日检查事，王震公、李健青亦到。

十八日　上午在馆开会。午后大睡。吴林伯来一信。做棉上衣一件，九元五角二分。

十九日　看江少甫，告以王相六死耗。午后到馆开会，安排明日会事。彭祖年来一信。

二十日　在馆开会，分组后洪、李、梅三人检查。余对梅颇进直言，他仍是老一套也。吴林伯来一信。

二十一日　看金人译萧霍洛夫所作《静静的顿河》一书毕。覆彭祖年一信。

二十二日　参观工业馆，馆中所安排也。

二十三日　覆吴林伯一信。

二十四日　馆中来信，星期六早有报告。

二十五日　午后朱铭功、宣森二人来谈。德贞来一信。

二十六日　到馆还书、借书。过汪家午饭。晚梁斌来。

二十七日　在市人委会听杜干全报告。写一信覆德贞。看伯宣，晚饭后回。

二十八日　看李小川，晚饭后回。

二十九日 写一片与孙宝万，邀其后日来见。史馆转来文学出版社一信。

三十日 宝万覆信，无暇来，因今无假期也。午前吕左海来。午后看匪石。晚马科夫妇与章鎏同来，章言将调山东矣。

三十一日 覆出版社一信，告以我亦无《浮山集》，无从整理，并留一底，将交存史馆。

一九五九年

一　月

一日　实阴历十一月二十二日。写《自我检查书》。

二日　徐忍寒、施养勇二同馆来。晚过袁仲逵谈。

三日　在共舞台看三团演出。午与梁斌在青年会吃饭，先过京剧院看马、章诸人，皆不在。戏中章鎏来，戏罢因与至后台盘桓片刻而归。

四日　袁仲逵来问丁医师地址。袁去后李小川来，留其午饭，饭后谈至三时，同去看向仲坚，即在仲坚处晚饭。坐上一客何姓，系向仲坚学词者，言是南京人。

五日　十力来一片。从昨日起转寒。

六日　覆十力一片。到史馆取薪。过汪家，大顺子发高热已数日，便带黑色，化验言为血，疑是十二指肠出血，可虑也。在汪家吃面后到向仲坚处，与之同看沈仲九，未值。阿杭来一信，家梅来一信。本日到馆，将《检查书》及应缴还之件并交清。

七日 午后到馆开会，为收集上海历史资料事也。

八日 写一信与家梅，并寄三十元去。沈仲九来，留午饭，谈至二时后去。

九日 到博物馆看山西永济县永乐宫壁画，盖浙江美术学院所模写也。遇一青年，名施孝诚，住安庆路三五〇弄十五号，言好国画欲学之，问予画院地址，允查明后覆信告之。看眉翁，复到襄阳南路看大顺子病，则已于六日晚化去。丁小珊痛不欲生，极力慰譬之，想此痛非一时能止也。

十日 家梅来信片，言款收到矣。仲九来信，借十力所著《体用论》。晚袁仲逵来，与同散步至九时归。

十一日 发一片与朱铭功，问画院地址。

十二日 午后看《星际旅行》影片。将《体用论》邮寄与仲九。

十三日 朱铭功有覆信来，因将画院地址函告施孝诚。

十四日 龙女来一信，李度来一信

十五日 看十力，留吃面。到史馆开召集人会，为布置下一届学习也。会后到余乃仁家，晚饭后回，索得油票十二两。

十六日 写一信与李度，一信与龙女。章鋆来一片，去山东矣。

十七日 晚看永圻、翼仁，并托永圻借书。

十八日 星期。李小川来，同在春萝阁吃馄饨，又同去看向仲坚，会梅鹤孙来，因各散归。归后江公望来。永圻书已送来，人未值。

十九日 肿瘤医院有信来询近况，即填覆之。写一片与顾裕禄，约相见。

二十日 史馆通知，明日午后开会。

廿一日 付报费一元二角。送小说四本与余乃仁，便到馆开会。会后拢汪家。在陕西南路吃客饭，五角五分。

廿二日

廿三日 午后江公望来。晚李小川来。

廿四日　再写一信与李度，一片与梅孙。午后到馆开会。顾裕禄有覆信，移徐家汇办公矣。

廿五日　星期。午后访顾裕禄于其家中，未值。转回看匪石与仲坚，从仲坚处借得王揖唐所作《上海租界》一书。晚看永圻，托其觅光华成立始末资料。

廿六日　家梅转来王光熹一信，始知葛兴已移汉口胜利街三三二号过街楼上二六号房间。

廿七日　李度来信，言假中决来沪。

廿八日　看仲坚，抄得医方二，可以交卷矣。留午饭。饭后赴馆开会，谈巴西、刚果哥事也。便将沪史两题交去，一《租界迫害华人一重旧案》、一《从反帝斗争中诞生的光华大学》。中途一过汪氏。

廿九日　看江氏父子，而江公望正来我家，并送奶粉一瓶、饼干两盒，归去乃相见，以李度姻事相托。十力来一片，顾裕禄来一信。午后看《小木克》电影，德俭发片厂所出也。

卅日　看梁斌《八大锤》，遇正勤，留看伊晚上演出《玉堂春》，即在戏院晚饭，戏半即回。

三十一日　顾裕禄寄来《江南传教史》，共九册。

二　月

一日　正勤邀看其演《连升店》。早袁仲逵来。

二日　看李永圻，还书。

三日　馆中开联欢会，假座富民路口盲人福利会礼堂。会前便过倪杰一看。会后与沈、李二人在就近吃面，沈乘人力车去，予与李乘电车同回。周君尚由昆山回，送鸡卵六枚。培与恺亦同由南、北二京回。晚在周家盘桓少时。

四日 发一信与童养年，一信与彭祖年，并为光华建校史料事也。

五日 江公望来。刚走而金煌由蚌埠来，送点心两盒、饴糖一包，分点心一盒送周尚。偕金煌同看公望，因公望为金煌介绍女友也。回午饭，与金煌同看电影《心儿在歌唱》。晚十一点钟后梅孙来。本日寄二十元与龙珠。

六日 买糖果三包，四元四角馀，拟带回南京者。午后倪念慈来。金煌来，同至国际看电影，江公望所约薛女士亦来。

七日 午前江公望来，言薛女事不谐，午后金煌来，当即转告之。梁斌与李正恒同来，留晚饭去。马家驹来信，问一之近况，因与家梅同看朱月轩。

八日 到青云路看十力，知未回家过节，因发一片去。看袁仲逵。到朱月轩处午饭，昨晚所约也。午前丁尔柔来，未值。午后季家骧来，送点心两盒。义侄来，送糖果一盒、点心一盒。覆马家驹一信。

九日 宗伯宣来，颜克述来，袁仲逵来。晚祭祖，义侄亦来，昨约好者也。早徐伯儒来，未值。

十日 看江少甫，与李金煌同回，金煌午饭后去。宗瑾如侄媳带孩子们来，送蛋糕一盒。

十一日 带家梅与斌同看电影、展览会。彭祖年来一信。晚李小川来谈。

十二日 江少甫来。看乃仁，送其子香肠约斤许，留午饭。饭后看孝宽，送西点一盒，义侄所馈也，又别送四金。龙女来一信，十力来一片。

十三日 阿杭来。午后看伯宣，未值。晚梅孙回南京。

十四日 龙松生来。午后再看伯宣，亦未值。看眉翁，言林伯于前日到沪，昨在彼处，言今日将看我，因即回，而林伯已来过。叔兄来一信。

十五日 因候林伯未出门，而林伯竟未来。午后何禹昌来，念慈夫妇来。王敬五来一信。家梅来一片。

十六日　早林伯来。午后看“福建革命文物展览会”。晚覆叔兄一片。伯宣来一信。

十七日　看“苏联原子能展览”，馆所安排也。便看徐伯儒，未值。午后看《三海旅行》上集。江少甫来，并带来施月轩一信。

十八日　写一信与金煌，并将施月轩信附去。又写一信与王敬五。午后看汪宜荪之疾，并分鸡蛋八枚与之。归途过江少甫父子，留晚饭。订购《世界地图集》已到，续补价三元七角，盖先付过一元也。

十九日　写“近百年史料”一段。彭祖年来信，老钱日记多散失，托其搜寻光华大学成立之始末已无着矣。看张履娴，问张文约近况。

二十日　再写史料两段。缴房捐十八元零九分，付报费一元二角。午后看匪石。

廿一日　早看向仲坚，还所借王揖唐《上海租界问题》一书。午后看沈仲九、俞诚之。

廿二日　早李小川来，阿慧姐弟四人来，袁仲逵来。晚复过袁仲逵谈。童养年有覆信来。

廿三日　再写一信与养年。史馆来电话，明日午后开会，继又通知改期，不可解。晚看永圻，还书。

廿四日　早向柳溪来。

廿五日　看倪沧龄，并将南京带来肥皂三块送交。

廿六日　看张文约，即在其处午饭。饭后到馆掉书并与汪维坊略谈。转道看十力。晚从吴遐龄处借到约翰退学及光华成立史料两书，一曰《六三血泪录》，一则《约翰离校学校同学录》也。

廿七日　到青云路看十力，因昨日言将移回故处也，尚未到，未及待而归。晚看李小川，缴还托修改稿。

廿八日　刘公纯来，借《横渠集》两部去，因与同过十力，小谈便归。东甫来一信。

三　月

一日　早袁仲逵来，同到虹口公园茗谈并看梅花。午后看顾裕禄，未值。过孝宽，适李蔚农自江北来，王循序、罗静轩、戴一同等皆在，谈至六时始归。十力来，未值。叶华送鲫鱼干两尾。晚过吴遐龄谈。

二日　尹石公来一片，约六日在国际饭店为吴眉孙作寿，实则自图一快啖耳。东甫、江公望皆来一信。

三日　到徐家汇看顾裕禄，仍未值，留一字约星期日十一时在其家中相见。在三和楼吃面。三时赴馆开会，陈馆长亦到，言及提高待遇以示奖励，并约明日更约多人再谈，今日所约共八人。晚王循序代王树仁邀明日在其家午饭。

四日　十时到王树仁家，李蔚翁候于电车站。客有罗、戴与□□，馔甚丰。饭后即赴南昌路科技协会，到会者约六十人，发言者亦不少。晚汪宜荪来，送粽子八只。童养年有覆信。

五日　到师范大学借书，先看童养年，共借得书五册。在孟老家午饭。饭后看刘约真，已卧床不起，殆不久也。离师大后复往史馆，嘱其补一借书信到师大借书处王君。

六日　到馆取薪，加十五元，异数也。午在国际饭店公请眉翁，由尹石公提调，每人摊三元八角五分，可谓侈矣。连日大热，回家揩身后稍爽。

七日　雨，转寒。买布八尺五寸，每尺三角二分。

八日　江公望来，李小川来，李午饭后去。阿杭来还十元。顾裕禄来一信，并附有材料数纸，然皆无用。午后看孝宽。过途看伯宣，言有人请吃饭去，未值。

九日 看"园林技术革新展览会"。

十日 旧历二月二日，予诞辰也。苏氏侄媳来，送蛋糕一盒，吃面后去。金煌有信来，嘱转谢江氏父子。看《雪山血泪》，匈牙利所出也。

十一日 写《圣约翰学生离校成立光华大学始末》成。午后胡鲁声来，晚李小川来。

十二日 午前看"明画展览"，在博物馆。晚全秀之夫王传信来，带来糯米一包、家梅信一纸，言尚有咸鸭半只，传信忘未带来。

十三日 李小川来，未久坐。晚看朱月轩，问一之近有信否，抄得地址回，为长寿湖农场二鱼区建基组。

十四日 发一片，以一之地址告马家驹。又写一片与梁斌。晚悌儿去看传信，将咸鸭带回。王循序送来《神仙通鉴》一部，李蔚农物也。又唐玉虬托人送来《怀珊集》五册。

十五日 李小川又来商量一信，盖几费斟酌矣。到襄阳南路午饭，昨晚循序留言也，馔为王树仁夫妇、吴二姊妹所备，予亦买红肠一元带去。李蔚老小感冒，然尚能饮啖。交十元与循序，作为书价送蔚老者也。饭后吴宗李亦来，归时筱珊送我小烧饼六枚。到溧阳路看王传信，并将糖果一盒托其带去传信父字莘耕。

十六日 张文约来。晚梁斌来。

十七日 傅墨正来。午后看十力，并代唐玉虬送与《怀珊集》一册，晚又送与吕翼仁一册。

十八日 看孙宝万，已不在铰链厂而转入冶金通用机器厂矣。言乡间已不食粥而食菜，其母将来沪，此种情形不知省中曾闻之否？午后看眉翁，借得何泽翰《儒林外史人物本事考略》一册，归阅之。

十九日 午前徐伯儒来，午后江公望来。

二十日 看梁斌演《泉滩》戏毕，同在四川饭店晚饭。

廿一日 到史馆送新辑史料文四篇。午后洗澡。陈芸来，未值，盖报匪石丧也。

廿二日 星期。早到万国殡仪馆与匪石一诀。过眉翁还书，并将唐玉虬所赠《怀珊集》一册带去。看《淝水之战》，归来写一信与马科。

廿三日 午前看向仲坚，小坐。便看关仲莹，未值。

廿四日 龙女来一信，附子慧一信，又上周总理书文稿。

廿五日 就所借日文《时局与上海之劳动风潮》（上海日本商业会议所出版）一书写《一九二七年上海两大总罢工事》。

廿六日 午后看王树仁，去年李蔚农见赠石溪先生对联转赠之。小坐后又到飞虹路看蔚老，不数日即回江北矣。马科来一信。

廿七日 覆龙女一信。

廿八日 午后看"画像展览"并《三海旅行》影片，片前有《山之歌》一片，为吉尔吉斯风物，颇足赏玩，如登涉一番矣。看伯宣，以天变有雨，遂在博物馆旁转角处晚饭，径乘车归。

廿九日 星期。午前李小川来，午后汪维坊来。

三十日 午后到师大还书，便看刘约真病，又转好矣。晚过袁仲逵，未值。

三十一日 午前到博物馆看"顾氏过云楼捐献书画"。

四　月

一日 早周权来，昨日始由南京回也。《文汇报》记者徐洁人来采访史馆馆员生活景况及搜辑上海近百年史史料工作，谈约一时去。写一信与陈炳一，附去对宋、辽、金、元选文目录意见。

二日 倪杰来一信，言其媳因关节炎来沪医治。

三日 看倪杰，送辣油一小瓶、已用过些。沙丁鱼一罐。本拟约周权看电影而权已出。

四日 午后看江少甫。

五日 星期。袁仲逵来，与同游复兴岛公园。在食堂午饭，面炒黄鱼甚佳，会账共二元八角。回后谭子刚来、泉秀来，去后户籍警刘同志来、江少甫来。周权早回南京。

六日 早起到徐家汇煤矿设计院，本馆假其地开会欢迎新馆员也。会后拢襄阳南路丁顺兰，留吃面，送孝宽四金。归后梁斌来，留晚饭去。蒋九成来，新移居本弄五号。

七日 看《伊连克的曙光》。

八日 早向仲坚来。

九日 写一信与章鋆。

十日

十一日 大风雨。看高尔基的《夜店》。

十二日 星期。看汤城病，已愈，便过庞蘅裳。邀宗伯宣在来喜午饭。回看谭子刚，借得恩格斯《自然辩证法》一册。吴慈刚来一信。

十三日 午后到馆还书，并送缴第二次史料，又师大还书收条一纸。

十四日 买车票（十七日慢车），并买饼干、糖果若干。晚李小川来。

十五日 发一信片回南京，告以行期。又发一片告梁斌，言即去南京。

十六日 午前到馆开会，并托汪维坊代取下月薪。晚倪杰之媳来一信，又念慈送一包裹托带。

十七日 早慢车回宁，于五月三日午后快车返沪，在宁共留半月。花神庙、牛首坟皆上过。见胡允恭、唐玉虬各一面。在三哥、三姐及书勤侄女处吃饭各一次。请三姐在夫子庙过戏一次。请老妻与龙女在明星看戏一次。会马科，在南京邀其吃饭一次。约周权兄弟未来。送伍立仲十元、徐桂贞四元、贾大娘二元。与家梅、十三游灵谷寺一次。强、王、杨、张坊、李尧阶皆见着。又路遇胡祥三，后祥三与徐寿延来，未值。看伯沆夫人，后王绵亦来，未值。归后知马里千来，留一字去。

泉官来，亦未值。李度、章鎏各有一信。

五　月

四日　早史馆有电话来。午后陈炳一来。覆一信与金煌，又写一片与梁斌。

五日　到倪杰家，因三姊托带款也。本日理发。

六日　早起到科技协会开会，仍由杨伯庚主席。会后顾音邀余与沈仲九谈覆看史料事。晚宝侄来。写一信片与家梅。

七日　看向仲坚，未值，约明日再去，旋看江少甫，留午饭。饭时公望亦回。晚看袁仲逵。

八日　在仲坚处午饭，黄遂生亦在，知周植曾已回，可喜也。晚看李小川。

九日　午后看《骄傲的山谷》影片，黑人罗泊生主演，聆其歌声圆而润，真名不虚传也。过宝侄，见宗瑾如侄媳，知定十四日北行。

十日　看十力，留午饭，有蒸蛋与蚕豆，此公已不得日日肉食矣。赠所撰《明心篇》一册而归。

十一日　到馆开会，为下两次小组会预备也。会后一过孝宽。在淮海路吃九角五分西餐而归。

十二日　午后到倪杰家，送去蜜两瓶、《新编唐诗三百首》一本、线团两个，皆托其带南京物。

十三日　在南昌路开会，由予主席，谈《人民日报》七日社论《西藏的革命与尼赫鲁的哲学》也。会后在荣华楼午饭，炒黄鱼片连饭七角八分。看梁斌演《战濮阳》戏，场中遇王务孝，言下放半月，改在浦东教书矣。李小川来、张文约来，皆未值。

十五日　九时到馆与戏剧学院来人谈教诗事。来人名吴耀宗，为戏曲创作研究组副主任。向坚仲亦去，陈炳一同谈。谈后过襄阳南路，送丁小珊味精一瓶，南京所买也。午后看周植曾，归时甚晚，静安寺庙会，电车大挤也。

十六日 午后广播电台骆静婉来，昨日来过，曾留一字去。昨日来过未值，故再来也，谈解放十周年感想发言事。

十七日 星期。看正勤《雁门关》，回时梁斌送上车。袁仲逵来，未值。

十八日 午后三时正勤来，谈至五时去。蒋云从来一信。十力来一片，又回淮海路矣。

十九日 早宣同志来谈明日小组会布置事。午后到南昌路赴本馆所召迎接上海解放十周年坐谈会，到者二十人左右，余发言又录音。

二十日 开小组会，余主席，发言者十人。午后陈炳一有电话来，明日午后在市委会商讨审核史料事。看《平定藏乱》影片，史馆所布置也。

廿一日 写一信与德贞。午后二时半到市人委会开会，成立一研究小组，来去皆遇雨。

廿二日 九时到史馆接洽戏剧学院授课事，其主任冯少白，即文化局文艺处处长亲来，吴亦到，又有一陈同志。谈后看张文约，午饭后回。

廿三日 又到馆晤杨伯庚与宣同志，昨宣所约也。晚看李小川。覆蒋云从一信。

廿四日 汤立言来，江少甫来。看《红与黑》电影上集。

廿五日 正勤来。午后刘佛年来讣，约老于昨午后化去矣。过孝宽略谈。

廿六日 冒雨到南市丽园路海会寺视刘约真殓，朱有瓛亦来。素饭六簋，可食者豆腐数品而已。饭后又冒雨到南昌路开会，至六时始归。

廿七日 开小组会。在淮海路午饭。

廿八日 作《庆祝解放十周年五十韵》。

廿九日 诗成。缴夏季房地产税十八元零九分。

三十日　看《红与黑》电影下集。午后到义侄家。又看伯宣，伯宣请吃饭。

三十一日　袁仲逵邀往复兴岛吃饭，渠父女外尚有周某父子二人，饭后在人民大舞台看戏。

六　月

一日　晚看梁斌等戏，在天蟾舞台。

二日　早到馆开会，在衡山公寓，备有饭，饭后散。江西南康李凤山来信问《庄子》，覆一长函。德贞来一信，熊老来一片。

三日　开小组会，予主席，在复兴饭店午饭。回家稍息再过孝宽，尚未行也。晚周君尚来，送鲃鱼三条。

四日　写一片与十力。

五日　看“解放十周年画展”。遇向仲坚，因以所作《五十韵》长诗示之。

六日　到馆取薪。过孝宽，送四金以壮行色。复同访伯宣，在梅龙镇请吃点心。散后便一看眉翁而回。阿杭来一信。

七日　寄十元与龙女。袁仲逵来，王亚陆来，江公望来，晚小川来。

八日　天气大热，未出门。汪浏来一片，言孝宽将于端阳后一日行。

九日　午后看孝宽。龙女来片，款收到矣。

十日　今日端午。听陈虞孙报告，十时起，十二时止。在梁园午饭，吃红扒海蛰头，平生第一次也。路遇卖蛋者，买数枚，每枚二角，人言不诬也。

十一日　再看孝宽，明日行矣。午后到馆。立仲、文约来，未值。

十二日　午后到市府听柯市长录音报告，整整五点钟始毕。在东海饭店晚饭。看小顾《枣阳山》、梁斌与蓝煜明《丁甲山》。写一信寄老妻，阿杭信附去。

十三日 看伍立仲。写一信与梁斌，约下星期一来此。

十四日 午后开召集人会。会后沈仲九邀至其家谈心，而李小川亦到，因在沈家晚饭，饭后同车归。

十五日 午前正勤来。午后梁斌来，晚饭后去。南京来一覆信。又宋小坡寄《七十自寿诗》二首来。

十六日 到史馆开史料研究会，余与张锐、文俊先分在一组。

十七日 在科学会堂开会，杨主席。会后在东华吃饭，饭后看倪杰、熊老。

十八日 未出门。

十九日 晚在天蟾看《十二寡妇征西》。

二十日 选“四言诗”毕。看伍胆伯。

廿一日 **廿二日** **廿三日** 到市府开会。

廿四日 开会，余主席。会后看梁斌《乾坤团》。

廿五日

廿六日

廿七日 李凤山又来一信。

廿八日 念慈来。看向仲坚，托画扇。覆李凤山一信，并将前讲《庄子》两文印件附去。

廿九日 到市委会。午后看伍立仲。写一信与林宰平。

卅日 彭祖年来一信。史馆通知，三日李青崖报告后可放暑假矣。童正维代马科寄五日戏票两张来。

七　月

一日 在科学会堂开召集人扩大会。会后一过丁氏姊妹，知孝宽廿三日方行。

二日 写一信覆祖年,并附寄二十元与彭季繁。

三日 在联合诊所看牙。家梅来一信片,言托倪沧舲所带之物已由沧舲寄宁。

四日 马科寄来戏票乃是七月一日者,正面是四月五日,已过期,因写一信告之。

五日 写一信片覆家梅。顾裕禄来信,并寄来"天主教社会主义教育展览会"票一张。

六日 到科学会堂听李青崖报告。李凤山又来一信。晚江公望邀看电影。

七日 午后送还前借顾裕禄《天主教传教史》。

八日 彭祖年来信,款已收到。陈炳一来谈。午后宰平有覆信来。

九日 早到市人委开会。午后梁斌来,言明日去南通。

十日 覆一信与李凤山。

十一日 到徐家汇看"天主教社会主义运动展览会",遇沈毓元、张安石。在乔家栅吃面,扰丁小三家,知孝宽仍在苏州。

十二日 写一片与王循序,着邀吴宗李来谈。

十三日 连日热不可耐,自昨夜起有雨转凉,晚又大雨。

十四日 到市委会掉换阅件。丁小三来,送鸡子六枚。马科来一信。

十五日 覆马科一信。李永圻来,送荔枝一袋。

十六日 看江少甫。晚王、吴等三人来。

十七日 旧书店一王姓者来,欲买所藏书,却之。晚过袁仲逵谈。

十八日 请江氏父子看电影《三剑客》。

十九日 理发。

二十日 到市委会。请伍立仲在绿杨村午饭,其妹今日自嘉定回,初识面。

廿一日　悌儿由合肥回，从南京带来酱莴苣、肉松。

廿二日　再到徐家汇看展览会。过王家与余乃仁家。

廿三日　以一百元应建设储蓄。梁斌、罗通明来，各有馈，留晚饭去。晚吴宗李、王循序来谈。

廿四日　馆派人来取《四言诗讲义稿》去。写一信与李金煌。

廿五日　连日又奇热。

廿六日　星期。培儿来一片，言返宁在电气专科学校任教矣。晚袁仲逵来谈。

廿七日　到人委会。

廿八日　未出门。

廿九日　看《条顿剑在行动》。

卅日　在人委会开会。付牛奶钱。三哥来一片。

三十一日　李凤山来一信。

八　月

一日　金煌来信，言婚事又吹了。

二日　卢氏侄媳来，将前三兄托买麻油交其带去，又带十元与老妻。写一信覆李凤山，并寄去《庄子发微·齐物论篇》稿十四页。此信三日挂号寄去。

三日　写一片覆叔兄。午后王循序、黄玉柱来。黄遂生来，送来孝老之侄季悔。《孙子》一书，要求作叙。

四日　晚周权自南京回。

五日　报载有台风。

六日　到馆。归途拢汪家吃饭，顺兰已回。

七日

八日 看宋长荣、黄克孝戏。

九日 星期。江公望来问《论语》。周季悔来,《孙子》书稿交其带回。

十日 到人委会交还已阅《史稿》,复掉回《史稿》一卷。

十一日 黄中夫妇来。写一信覆梁斌,又写一信与培儿。悌儿今日去青岛。陈炳一来电话,戏剧学院授课事作罢。覆一片告知,代将《讲义》索回,不必更派人来。晚看伍立仲。

十二日 看仲坚,叩门无应者,遂去。看小川,正闹湿气也。李凤山有覆信。

十三日 写一信覆凤山,并将《齐物论》稿后一部附去。十四日交邮挂号寄去。晚请周权看宋长荣戏。

十四日 再看仲坚,仍不在家。写一信与王循序,约下星期四在虹口公园见面。

十五日 理发。买"癣可净"一瓶。

十六日 星期。阿杭来,午饭后去。

十七日 复着手解《庄子》。

十八日 晚循序来。

十九日 向仲坚来,痛已粗愈。配玻璃板一块,一圆九角。

二十日 寄款与培孙。午后到虹口公园,前与循序约定者也。到者循序外,有王树仁、洪禹玕、吴宗李及姚氏姊妹,吃素面,又减于前矣。

廿一日 卖旧瓶若干,得一元零三分,买瓜吃。

廿二日 梁斌来信,即覆之。又写一片与十力。一片与汪浏。卖旧报纸得二元馀。

廿三日 培儿有覆信,款已收到。悌儿晚由青岛回。

廿四日 十力来一片,多苦语。

廿五日 李凤山连来两信。

廿六日　凤山又来一信。连日酷热，旱已成矣。

廿七日　早立仲来辞行，言二十九日夜车归宁，赠赆十金。

廿八日　写一信与李凤山，劝其循序渐进，专力致精。汪浏来一信片。

廿九日　到南昌路开会，坐谈八届八中全会报告并增产节约号召，开者二十许人。

卅日　星期。公望来问《论语》。

三十一日　李小川、沈仲九来，同在虹口公园午饭，会账二元三角，三时散。寄《国学概论》一册与李凤山。

九　月

一日　到乔家栅午饭，遇乃仁夫妇与子侄与徐老师，母女。由徐老师会账。饭后看汪浏，病可虑。李凤山又连来两信。

二日　写一信覆凤山。祖年来一信。

三日　未出门。

四日　到市人会开会谈展览会事。会后看李小川，因邀至新亚午饭。途中遇小川之友刘某（亦参事也），小川亦拉之同去。饭后到淮海路看十力，归途过倪氏甥女家，其女光耀已产一男孩，与见面礼二元。

五日　到馆取薪。归途过丁氏姐妹，留十元嘱寄与孝宽。汪浏病稍可。会台风过境，大雨，匆匆遂归，下电车后衣履尽沾湿矣。

六日　晚梁斌来，饭后去。

七日　昨中华书局来信问七月间寄来选题计画问意见，覆以一片，病神经衰弱，原件已觅不着，请谅。又寄一片与宗李，说天凉可以来讲书矣。

八日　到市人会开会。会后与仲九同行至其家，借得《庄子》书数种。在绿杨村午饭。晚吕翼仁邀看福建梨园戏，未见佳，戏未毕即同归。

九日 金煌来一信。晚小川来谈。

十日 寄一片覆祖年。立仲来一信。王、洪、吴三人来谈。

十一日

十二日 午后《新民晚报》召开坐谈会，并备晚餐，在南昌路科技协会。招待者有副总编辑程大千，另一人曰唐大郎，又一人姓谢。史馆到者十二人。程住松云别业五十一号。

十三日 星期。早卫素存来、李小川来，午后周植曾来，言仍将去北京。晚看袁仲逵。十力侄媳送来刘公纯带还《张子全书》，并附有一函。

十四日 在三和楼午饭，吃小鲤鱼一条，九角五分，可谓贵矣。午后阿慈来，带来火腿、鲞鱼，三姊所馈也。

十五日 早居铭盘来，言五六年曾来过，现由钱自严等介绍到统战部，想入文史馆。李凤山又来一信，并前信一并覆之。将《五十韵》诗送交程大千。

十六日 写一片谢三姊送鱼、腿，又写一信与梁斌。

十七日 中秋。午后王树仁、王循新来，各有所馈。李凤山又来一信。

十八日 看汪浏病，不图筱珊又病矣。在露茜午饭，一汤一鱼，较东华好多矣。

十九日 九时到史馆开会，归途在露茜午饭。过张云鹄，现在师范大学。由复旦转去。看丁小三，已好转。

二十日 星期。李小川来。江公望来，带来《国学概论》两本。袁仲逵来。晚看梁斌，送梨四个、月饼一盒。

廿一日 在南昌路开会，会后再看筱珊，又渐好。

廿二日 邀江少甫在凯福午饭，一炒鱼片、一糖醋里脊、一开汤菜心，又小虾一盆，共四元三角八分。午后姚大姐来。李凤山又来一信，问东问西，合前两信并覆之，告以再问将不答。

廿三日　看电影《火焰驹》。

廿四日　理发。在凯福午饭，带半而归。取公债利息八元四角。《新民晚报》将予诗登出，而竟加以窜改，可笑也。晚与悌儿谈吴氏媳病事。

廿五日　访王树仁，送还所遗眼镜。

廿六日　看伯宣，留午饭。饭后看筱珊，病已大愈。看倪杰，未遇。看徐伯儒，亦不在家，与其夫人略谈家况。再过义侄，晚饭后归。

廿七日　与吴氏媳十元作医病之费。看袁仲逵，小谈。饭后史馆开联欢会，并在锦江饭店聚餐。李凤山来一信。倪杰来一信，明日去南京矣。

廿八日　龙女来信，言老妻生病，当寄二十元去。又写一片与循序，告阁楼已有人修。晚看小川。

廿九日　看电影《宝莲灯》。买鸭子一只，一元八角。十力来一片，问《易略例》，随作一片覆之。

三十日　午后到馆看书画展览，顺看小珊病。龙女来信，并附来德贞信一纸。

十　月

一日　早袁仲逵来，邀在山阴路口看游行。晚小川来。

二日　寄一片与龙女。一信答李凤山，信将发又有一书至，因并批答。又写一片寄伍立仲。晚路遇袁仲逵，因同至虹口公园一看。

三日　晚看朱月轩母子，送予葡萄面包一个。

四日　买野鸡一只四元，鸡蛋十一个二元，昆山带来者也。修理阁漏、顶篷共二十四元，付二十元。

五日　晨到史馆开会，上车时不慎颠蹶，幸未大伤。会中谈史料展出分类事。

六日　看《西双版纳森林里》。晚看小珊，已起床。

七日　寄十元与龙珠。晚吴宗李来，为之讲《论语》四章。

八日　参观工业展览会，馆中所排定也。在蕾茜午饭，饭后又看画展。三时半到复兴公园，昨宗李约也。其父桐孙与其母及姑丈王立亭、姑母吴二姐、吴四姐，又黄九之妇皆来。桐孙问"克伐怨欲"一章，为之讲解甚晰，六时不到散。王循序来，未值。

九日　午后游豫园，在青年会九楼晚饭，坏极。早姚大姐，来送罐头票两张。

十日　十力来一片，嘱为其女王再光写信与刘佛年，设法由沈阳调沪教书。晚看袁仲逵，漫谈。

十一日　龙女来一片款，收到。江公望来。写一信与刘佛年。又覆十力一片，又将孙景风所译《西藏医经》寄还与之。

十二日　李凤山来一信。

十三日　周尚自昆山来，其妹带来螃蟹，买四只二元，又买鸡蛋四元。

十四日　十力来一片。看丁小珊。晚姚、吴二人来，讲书。小川来，以有人，即去。

十五日　江少甫邀在燕记晚饭。饭后在外滩步月，甚适。早开坐谈会，真两种光景也。

十六日　写一信与蒋云从，问心叔近状。又写一片与叔兄，问三嫂病。晚袁仲逵来。午后看摄影展览。

十七日　午后看"历代书画展"，在博物馆，馆中所安排也。戴克宽寄一诗来。宗李来，讲书，姚未来。

十八日　看梁斌演《劈山救母》。戏后与正勤找晚饭吃，到处客满，遂归。孙廑才来一信，并附一诗。

十九日　回看万少石。沐浴。

二十日　午前看眉翁。午后看《林则徐》电影。蒋礼鸿来信,知心叔事如故,为之一叹。

二十一日　早看十力。午后到馆看史料展出,并开一小会。在蕾茜吃饭。叔兄来一信。覆一信与李凤山。

廿二日　看"农业展览会",馆所安排也。回时已一点钟过,仍在蕾茜午饭。

廿三日　覆叔兄一信。看胡鲁声,留晚饭归。李小川来谈。

廿四日　李凤山来一信。晚姚、吴来,讲书,程绍庸亦同来。

廿五日　宝侄来。午后丁氏姊妹来,袁仲逵来。刘佛年来一信。

廿六日　早到南昌路开会,谈王、胡二人演剧事也。午后念慈来,将伞取去。晚将佛年之信转与十力。

廿七日　又开会,坐谈参观"农业展览会"感想。午后永圻着人送来吕小姐所送饼干与面包,吕新由北京回也。晚看吕,谈至九时归。

廿八日　晚姚、吴、程三人来,讲书。

廿九日　午后宗李与循序来。

三十日　在科学会堂开会,谈书画观摩会事,到者卅馀人,予未发言。

三十一日　晚宗李来,讲书。

十一月

一日　晚看电影,三门峡治水,片名《锁住黄龙》。梁斌来,未值。

二日　覆李凤山一信,写一信片与梁斌。

三日　连日阴雨。有一牙未拔净者,今日拔去,花钱七角。买罐头两个,二圆六角,不要票也。

四日　龙女来一片,言锦田将来上海。

五日　寄十圆与龙女。连日丁氏姐妹与汪浏来相看。

六日 到馆取薪，遇孙景风，邀往茶陵路一九五弄四号看苏峄民。谈时知与曹赤霞为表亲，曹其表叔也。留吃菜饭，借得道家书三本。回时过襄阳路看丁氏姊妹，在乔家栅吃脚爪面。

七日 参观马桥人民公社，在闵行饭店午饭，回家已六点钟后矣。姚、吴来，讲书。

八日 在孙景风家午饭，以上次与苏峄民约好也。龙女来一信，言款收到。袁仲逵来谈。

九日 买《世界知识辞典》一本，三元八角。午后看江少甫父子。晚在西湖饭店吃羊肉面，五角钱。

十日 到史馆开会。明、后两日连续有会，且须早起，故晚八时后即睡。君尚送来螃蟹，买三只二元六角，又蛋十八个三元六角。

十一日 在南昌路开会。午后王树仁来，送蜜枣两包，与之同到虹口公园一走。晚宝侄来，邀其星期早来同吃饭。

十二日 仍在南昌路开会，在蕾茜午饭。归来锦田侄已从南京来，带来面筋、腊肠，伊并送我鱼松一包、点心四块。托带去蜜枣一包、饼干三盒、蜜饯三盒。姚□复来，谈至五点后始去。晚循序来、宗李来。李凤山来一信。

十三日 午后毛八姑、王老太太、刘、姚二大姐来谈，八姑并送藕粉一盒、梨子十五个，分送十个与周尚。

十四日 看牙齿。伯宣来，邀在天鹅阁午餐，餐后在东湖影戏院看《在十月的日子里》电影。

十五日 星期。宝侄来，邀其在蕾茜午饭。饭后看林式超，余因至大光明看《海之歌》电影。袁仲逵来，江少甫来，梁斌来，皆未值。

十六日 写一信覆李凤山，又写一信与丁孝宽。小川来，与同游虹口公园。

十七日 看江少甫，叩门久久无应者，遂回。晚看梁斌《夜奔》、张兰云与黄桂华《百花购剑》。

十八日　再看江少甫，值公望告假在家，小谈而回。买《唐诗三百首》一本，七角。晚吴宗李来，讲书。

十九日　在科学会堂开会。午后丁小珊来。

二十日　君尚托其妹带来鸡两只，共二十三元。晚送半只与吕小姐，赠余所译《粮食》一册，新出版者也。午后刘、姚二人来，刘又送金桔一包，谈至五时去。

廿一日　午后在温泉浴室洗澡。晚吴宗李来，讲书。

廿二日　星期。午后在永安看电影，遇吕、李与陈小姐。孝宽来一信。

廿三日　寻向仲坚看脉，坚留午饭。饭后看江资。在达仁堂买藿香正气丸二粒，晚服一粒。

廿四日

廿五日　史馆开会，谈史料进行事。晚看新民剧团《三盗芭蕉扇》，票送也。

廿六日　与宗李同到长风公园，饭后看孙廑材。归途一过姚家，循序与郁镇法亦在。归后二人又来谈，至八时去。李凤山来一信。

廿七日　在馆开会，海燕电影厂邀谈《乔老爷》拍电影事也。归途一过汪家。晚在天蟾看《长板坡》。李小川来，未值。

廿八日　在南昌路开会，听朱铁珊作《人民公社》报告。

廿九日　星期。看袁仲逵。

卅日　看丁小珊。

十二月

一日　联合诊所看牙。买被里一床，十元二角七分。

二日　夜来牙肿自破，再到联合诊所看牙，买得药水一瓶而归，价二角。晚看言少朋《柴桑吊孝》。看李小川未值,过江家无人。

三日 复李凤山一信,并寄去《四书集注》一部两册。汪浏来一信片。宗李晚来,讲书。

四日 在文化俱乐部开会,余发言指出公社要点在政社合一。会后看京剧院与戏曲学校会演。彭祖年来一信。

五日 到馆取薪。后看伯宣夫妇,邀在天鹅阁午饭,其弟仲远夫妇亦在,饭后冒雨回。晚到向仲坚家校《胡笳十八拍》。寄二十元回宁。

六日 邀袁仲逵在起士林楼上吃西餐。晚启秀与其子家翀来,当晚去北京。晚看江公望。汪浏来未值。

七日 午后在新华看电影《寡妇》,甚佳。归途过孙景风,将前借苏峄民书三本托其代送还。培儿来一片,款已收到。

八日 阿杭来一片。写一信复祖年,诗略为改正。龙女亦来一片。晚宗李来,讲书。

九日 早到馆开会,谈特赦与摘右派帽子事。在蕾茜午饭。陈蒙庵之子来谈。早姚大姐来,未值。

十日 姚以彝及王树仁夫妇来,循序来。

十一日 早在文化俱乐部与英雄们开坐谈会。

十二日 送野鸭半只与吕小姐。晚吕小姐邀吃团子。袁仲逵来。

十三日 江公望来。

十四日 到馆开会。在远东吃饭,遇王震、黄中。饭后看《上尉的女儿》电影。

十五日 李凤山来一信。在文化俱乐部开会,交流英雄们报告。与王、黄在美心午饭,饭后请二人在音乐厅看电影《寡妇》。小珊来,改文字。宗李来,讲书。吕小姐送鸡一只。

十六日 早倪杰来,从南京带来火腿一块、鲞鱼两块,三姊所送,香肚四个老妻所买也,倪杰亦送酥糖两包。丁舜兰来。午后在人民大舞台看越剧青年会演，史馆送来票子也。

十七日　到闵行参观锅炉与气轮机两厂，仍在闵行饭店午饭。同去者七十馀人，原车直送回山阴路。写一信与培儿。

十八日　午后馆中欢迎新馆员，邀出席参与。新馆员八人，到者六人，参与者余、沈仲九、刘棣怀、高梨痕、朱梦华五人，备有点心。祖年来一信。归途过倪氏甥女家。

十九日　覆李凤山一信。

二十日　晚看罗通明《醉打山门》，在沪东文化宫。晚宗李来，讲书。

廿一日　看《欢庆十年》电影，散场时下阶不慎又颠伤右肘。今年两次失足，危而不戒，愚哉！

廿二日　理发。买布八尺四寸。午后看对台湾宣传展览会，在外滩九江路口。

廿三日　馆中开书法会，未去。看王文军《探庄》。在凯福吃午饭。叶华回，带来咸鸡一只、兔腿三只、虾一包，共十元七角。

廿四日　晚王循序来，送麻油半斤，转赠兔腿一只。

廿五日　在文化俱乐部开会。晚看袁仲逵。

廿六日　作小褂一件，又修衬衫一件，约下月五号取。

廿七日　看李小川，未值。看江公望，谈片刻而归。

廿八日　看十力。在蕾茜午饭，饭后看黄秋生。李凤山来一信。季家骥来。

廿九日　在馆开会，会后仍在蕾茜午饭。晚看小川，候至九时始归，谈片刻即返。

三十日　昨晚累甚，睡至九时后始起。

三十一日　在人民舞台看淮剧会演，馆中送票也。

一九六〇年

一　月

一日　晚李小川来。

二日　吕翼仁邀午饭，晚上又在吕家吃团子。写一信覆李凤山，信才发又来一信。

三日　请吕、李看戏曲学校学生演出，吕未来，票送与其邻叶郎。晚宗李来。小川来，旋去。袁仲逵来。

四日　晚在邮电俱乐部看戏剧学院实验话剧团演莫泊桑的《吝啬鬼》。

五日　午后在衡山宾馆开会，坐谈“解放台湾宣传展览会”参观后的感想，并由联络部一季同志名挺者说话。会前在蕾茜饭，饭后便看张文约。

六日　购《庄子集解》两册，寄与李凤山。看“云南丽江壁画模写与年画展览”。看电影《忠诚》，埃及出品也，近数月来所看电影，《寡妇》之外，此为最佳矣。

七日　写一信覆李凤山。东甫来一信。晚宗李来送书，还与永圻。

八日　午后姚大姐、陆五姑、丁三嫂来谈。陆、丁皆今日始从苏州来者，住姚大姐家。

九日　早丁尔柔来，今日回靖江矣。包怡春之夫天民来，亦今日经常州回东北。午后看伯宣未值。看眉翁，谈一时许归。晚宗李来，讲书。

十日　到姚大姐家午饭，与丁、陆等谈至晚饭后始归。朱二姑娘及吴氏姊妹、宗李、循序等亦来，宗李并同晚饭。

十一日　覆东甫一信片。午后到汪家，夫妇皆外出。晚看小川，亦未值。

十二日　覆祖年一信。馆中徐君送明日话剧票来。小川来，留晚饭后去。宗李亦来，言吴氏姊妹邀明日午饭，以早与石公有约，为眉孙作寿，却之。

十三日　午前、后皆看话剧。午饭在梅龙镇，每人份子四圆，除余与蒙广之子外皆镇江人也。晚到建德新村送陆、钱两同学，明日回苏矣。周植曾来，未值。

十四日　午前看周植曾，由北京回已十馀日矣。

十五日　李凤山又来一信，未及收到《庄子》事，殆未到也。

十六日　约伯宣夫妇在蕾茜午饭，共六元四角，饭后与伯宣参观自然博物馆。龙珠来一信。宗李来，未值，传言父病，明日返江北矣。

十七日　午后看黄秋生，杨子吉夫妇亦在，黄荃微以姑病，久久始归，丁小珊未来。五时离黄家至太仓路，马科夫妇正忙于布置新房也，梁斌未见。寄十元与老妻，作来沪盘川。顶女有信来，并附去，又覆鼎一片。

十八日　在科学院听陈虞孙馆长报告国内外形势，十二时散。在丁小珊家午饭，始知昨日未到黄家，盖因汪宜荪病也。病已退热，大致无碍矣。晚看袁仲逵，未值。

十九日 在凯福午饭。饭后看周老三，还孝老稿，又借来两种。小川来，未值。

廿日 午后在南昌路开小组会。陈蒙广之子焕道来，未值，留下《哲学史》一部而去。写一信与李凤山。

廿一日 寄诗一首，贺马科新婚，并为李青崖书扇。周尚来，送黄雀四只。

廿二日 午后在长江剧场观昆曲《墙头马上》，史馆送票也。晚冯浩同志来，言明早有谈目前形势临时小组会，欲予主持，谈甚久方去。

廿三日 到馆开会，到者十三人，谈至十二时近散。到京剧院看马科导演《晴雯》。晚在宿舍结婚，与其夫妇及同学数人在顺昌路晚饭，盘桓至八时半，候梁斌回，谈数语始返。本日午老妻由宁来。

廿四日 看“朝鲜造型艺术展览”，油画颇有佳者。

廿五日 看向仲坚，留午饭。鼎女夫妇及两孙由锦西来，交五元与亦韵，作招待之用。

廿六日 看伍胆伯。晚祭祖，义侄来与祭。江公望来，送蛋糕一盒。李小川来。

廿七日 旧历除夕。九时到馆开会，会后在衡山宾馆午饭。除所邀与会四人向、易、谭与我外，李馆长、顾主任、冯陈于三人与李之孙，所谈为诗词小组如何进行事，二时后返。晚看周君尚父子。李金煌来一信。十力转来漱溟与他两片，皆言宰平入医院情形。

廿八日 元旦。刘静波来，郑仲青次女夫妇来。袁仲逵来，与之同到虹口公园看盆景展出，无佳者。季家骥来，送礼两包。颜克述来。午后汪浏夫妇来，送定升糕十枚。看十力，知宰平动手术后无恙，云李某某来信如此说也，甚喜。又云吴寿彭寄来所译《形而上学》二册，未及观而归。寄一信与金煌。

廿九日 赴小珊夫妇之约，与老妻到其家午饭，饭后乘三轮车回。回拜袁仲逵年。李凤山来一信，彭祖年来一信。王循序来送饼干一盒,未值。杨馥来,亦未值。

三十日 王敬五来一信。阿杭来,出龙女信,附子慧一书,南归已允准,不久可到,为之欣然。

三十一日 十力生日送蛋糕一盒,留吃水饺,谈至二时始归,借来《形而上学》。

二 月

一日 陈焕道来,未值,留一片而去。写一信覆李凤山。

二日 老妻与鼎女夫妇、小孩乘六时车去宁矣。午后看眉翁,并从眉翁处通一电话与陈焕道。晚李小川来。写一信问林宰平病。

三日 午后回看陈焕道,石公闻讯而至,谈至五时始归。

四日 王树仁夫妇来,送菜一碗、水果一篓、松糕一块。姚以彝与吴氏姊妹续来,吴氏姊妹送糖果一盒、饼干一盒。午后到锦江饭店后会场,本馆联欢会也。有馆员王、胡两老与京剧院共演《汾河湾》《阳平关》两戏,又有华华之《昭君出塞》。戏前宋季文市长讲话,戏后在锦江十一楼晚饭,梁斌、马科等皆来。饭后与向仲坚同乘四十九路车再转一路车回。

五日 覆王敬五一信。叔常由南京来一信、东甫来一信,李凤山来一信。

六日 早起到闵行参观电机厂,去者除市府工作人员外,约十三四人,其中人代代表不少。参观后仍在闵行饭店午饭,两点回。过馆取薪。晚看江公望,知其前数日曾来我处,家人忘未说也。

七日 看向仲坚,商量所作《庚子吟》一诗,会小川来,遂同至其家午饭。饭后同访沈仲九,谈至五时左右始归。晚饭后回看季家骥,并送其孩子糖果一包、水果一包。闻袁仲逵来,未值,因又过其家小谈,十时始归。拱稼生亦未值。十力来一片，孝宽来一信。

八日 送十力信片到四达里三十八号李立侠，因片中有言，属转其阅看，并将转与甘助予其人也。石公来一信，言金陵东路老三益纸店有玉扣纸可买也。午后感冒发热，服青霉素两片，晚起强食粥一碗。

九日 热似止而仍流清涕，未出门。写一信覆孝宽。晚更服优散痛一片。终日写参观电机厂报告。

十日 昨夜失眠，午后热又起。陈焕道来，交十元与之，托其买纸。袁仲逵来邀吃晚饭，谢之。

十一日 旧法政学生唐鸣凤忽来，今年八十五矣，在沪住其女沧淑处。午后郑老来，言江艺云已故，二时大殓，邀同去，以病谢未能也。发一信与陈丙一。

十二日 陈焕道送所托买玉扣纸来，因病未起。电话通知悌儿邀丁筱珊来，诊看、开方、买药，直至药煎好服下，九时后始去。宗李来，以其父桐孙名送虾米一包、皮蛋数枚。宗李回沪已三日，在家误服药几殆，到沪改服筱珊药始转好。陈丙一同志来视疾。

十三日 午后小珊复来诊，易方，连服两和。晚宗李亦来看视，送鸡子四枚，坚却之。

十四日 星期。姚以彝夫妇来，送苹果三枚。李老来。小珊来复脉，其药共两和，止其明日勿复来。

十五日 晚陈芸来，恳代匪石遗著作序，谈至十时后去，遂又失眠。馆中寄来通知，后日有两会，写一片与陈丙一，托告假。

十六日 看周盍，还前所借孝老《四书新译》。叔常来一片，已到锦西。李凤山又来一信。

十七日 馆中有会，未到。晚看李永圻，还所借书，未值，留书而归，过君尚小坐。

十八日 沈仲九来，因闻余病也。到食品公司买面包两个而归，每个八角，价贵故不需排队。梁斌从周浦来一信，随覆一信。晚循序来，知新春来送饼干一包者非他，而是王务孝也。

十九日 老妻来一片，言三嫂于十五日逝世。十力来一片，言病甚。看《万水千山》电影，未见出色也，不免负此好题目。

二十日 张亦若来，住永安里一百三十一日号，不见多年矣。看十力，病无大碍，但自言弱甚，慰之而归。叔兄来一信亦言三嫂丧事。写一片与周植曾，云杭州暂不去。写一信覆李凤山，信发又来一信。

廿一日 在袁仲逵家午饭。旧书店有一韩姓者来，言打听一个人，正倦卧，未见之。王揆生来，谈至六时始去。黄正勤来一片。

廿二日 写一信与叔兄。回看张亦若。通电话到馆，问会期。

廿三日 有一焦某从锦西带来麻油三两，梨子、苹果若干，皆已烂坏。写一片与鼎女夫妇，告其以后勿带。又一片与德贞。寄十元与培儿转老妻。汪维坊来，言明午后二时市府有史料会，转致顾主任意，上午学习之会可不必到矣。晚宗李来，言孝宽中风。袁仲逵来。

廿四日 午姚以彝来，适予出门相值，遂同车行，予在凯福午饭，姚云至吴氏姊妹处。二时在市人委会开审阅史料会，至五时始散。

廿五日 买旧大衣一件，四十元。午后看小珊，问孝宽病，有转机，甚慰。

廿六日 发一片与老妻。看十力病。午后看电影《雪崩》，途过姚以彝，告知孝宽病已转。

廿七日 看伯宣，未值。培儿来一片，款收到矣。午后看王树仁，送花生糖一包。半斤。李凤山又来一信。

廿八日 江公望来，宗李来。本与宗李约到大沽路，以公望在此，宗李遂走去。苏氏侄媳来，送鸡蛋十馀，始知今二月二日，为余生辰，留饭去。丁尔柔来一信。晚寄十元与孝宽，佐药饵之资。

廿九日 覆尔柔一片。李凤山又来一信，并寄三元来，托买《吕氏春秋》等书。午后在市委会开会，陈辅康出席，又欲改审核史料分类标准，五时后散。

三月

一日 沐浴。

二日 看李小川，病已起矣。

三日 覆李凤山一信。午后到襄阳南路，小珊已去泰。过汪宜荪，言孝宽病时有反覆，出示尔柔来信，似不易起也。归后知循序来，留一字，亦言王实秋有信，病难挽救。

四日 看宗李，因昨宜荪有信托转也，便过姚以彝看其病。又过十力，言一浮近有信，或将来沪，若此，则吾杭州之行可免矣。

五日 到馆取薪。便过余芷江视其病，已全愈矣。在蕾茜午饭，遇姚寒秀与施肇祥诸人。饭后到京剧院看吴士鉴，未值，因将所搜写剧材交人转去。又便过中华书局看吕贞白。看伯宣，则伯宣到虹口来看我，久候不回，遂留一字而返。晚袁仲逵来，借《吕氏春秋》与《淮南子》两书去。

六日 看摄影展出。

七日 再寄十元与孝宽。到馆开史料会议，与姚寒老同在蕾茜午饭。饭后看梁斌未值，值蒋云鹤，顺看黄秋生。循序来信，言孝宽服小三药后病大转，此真喜信也。谭叔常亦来一信。阿杭来片，言款已寄。

八日 丁尔柔有信，言与循序所传同，覆以一信。李凤山有信，决暂不覆，寄《易》《书》《礼》《春秋左传》共四册与之，"四部丛刊"缩印本也，书价及寄费共一圆三角四分。为匪石书作序。

九日 午前看仲坚、黄中，皆不值。晚在凯福吃蒸饺。再看仲坚，出序文与之商酌，八时半归。值梁斌候我不及，遇之车站，折回谈至十时去。

十日 修改匪石书序。晚循序、宗李来。

十一日 午后在市人委开史料审查会。

十二日 午前在市人委听杜秘书报告。午后看伯宣，后到京剧院。晚仲逵来。

十三日 仲坚来，王会极来。午后看《伐子都》。张安林来，未值，留一字去。

十四日 看史料，惟宋武骉参事者较可取。

十五日 午后在馆开组长会，至六时始毕，在锦江晚饭。饭后到小剧场看梁斌，十时归。十力来，未值，留一字去，言一浮不久来。

十六日 午后在科学会堂开小组会，会时忽腹痛，故会毕即回。循序来信，言孝宽又得解，病益有望。

十七日 早王亚陆送鱼三尾来，代买者价一元七角馀。午后看十力。晚循序、宗李来谈，为讲《论语·述而》四章，循序并代买面粉五斤。

十八日 午后看“人民公社摄影展”。理发，洗澡。筱珊从泰州回，来过未值。

十九日 早起刘公纯即来接，告一浮已于昨到沪，在十力寓相候。遂同到青云路，谈至十时，又一同过访沈尹默。一浮言石公约在红房子午饭，遂同至长乐路，石公与徐森玉正相候，余因加入作主人，出分资五元。赶回大解。复往襄阳南路看筱珊，知孝宽病情已稳，并见希鲁由泰来片，连日亦甚好，因过伯宣告之，留晚饭而归。

二十日 星期。午后三时到上海大厦看一浮。先过陈芸，陈芸不在，将为匪石所作序文，交其姑代收。在一浮处遇沈草龙，后蒋苏盦亦来，与一浮谈至五时后回。后日一浮生日，公纯、苏盦为其师祝寿，约余十一点后到。

廿一日 代李凤山买得《荀子》《论衡》《诗集传》各一部，价九角。李又来一信，尔柔来一片。

廿二日 九时到馆，谈诗词组事，昨函邀者也。十一时到上海大厦为一浮祝寿，席甚丰，薛子良夫妇及其女亦来，似亦一主人也。宴毕复到馆，听北京、武汉回者五人汇报，后日大会所谈殆同。沧舲来信请红庙托买灯泡,买得未必可用,当写一片告之。

廿三日 上午到新华电影院看《奥特金》电影。午后沈草龙来。晚看日本前进座演出,以明早有会,未毕而归。

廿四日 九时在科学会堂听朱、陈、徐、张四人汇报,大致与前日同。会后将沈简历与所为《柔佛记事诗》交李馆长,言是一浮所介,了此一事矣。午后四时看一浮告之,又言及会时遇到沈敬仲,谈至晚饭后八时始归,一浮准后日午后行。

廿五日 早得尔柔信,孝宽竟不起,于二十二日午十二时卅五分长逝,寄赙仪二十圆去。又将《荀子》《论衡》《诗集传》三种挂号寄与李凤山,寄费三角三分。午后二时在科学会堂开小组会,会后在蕾茜晚饭。饭后看小珊,劝慰之,宜荪正又发病,至八时半始返。循序有一信,亦报孝宽大去事。

廿六日 十力来一片,言宰平于廿一日晨八时卒于医院,黄艮庸函告者也。连日何多不幸哉！午后到嘉兴路戏院看兴化县儿童京剧,聊以解苦闷耳。戏后便一看黄中。回后颜克述来,言郭晋稀闻余有游西北意,云彼处可下宿,然予能否成行即亦难说。彭祖年来信,报一湖夫人于二月二十九晚病逝于协和医院,又一恶消息也。

廿七日 星期。写一片与伯宣,告以孝宽病逝,又写一挽寄北京林宅。张孝伯寄数诗来。唐玉虬来一信。

廿八日 九时在科学会堂开诗歌小组会,十一时半散。晚李小川来谈,十时去。写一片与十力。

廿九日 午后王拱生来。

三十日 九时在馆开召集人会,陈部长有指示。午在国际饭店吃一元西餐,李小川送的文化俱乐部票子也。回后在家洗澡。昨起大热,午后又转冷。十力来一片。覆唐玉虬一片,告以不能回。

三十一 午后参观望达路建设机器厂,所谓"蚂蚁啃骨头"者,其地则旧"半淞园"也。归时过汪家。

四　月

一日　王循序来信，言李蔚农继逝，故旧存者益稀矣。

二日　老妻来信问归讯。丁尔柔自靖江来信，告孝宽已葬。早在南昌路开会，午饭在蕾茜。饭后看伯宣，邀在梅龙镇吃点心，带两包子、两糕而归。

三日　发一片与老妻，一片与循序。午后看《生命在你手里》电影。便看江公望，留晚饭而归，以陈妈来，带得鸡与鸡蛋也。宗李来，未值，留言而去。

四日　李凤山又寄两元来。午后看宗李，亦未值。过姚以彝，尚未归。

五日　八时半到市府开会，商量编上海沿革事也。在蕾茜午饭。饭后三时又在科学会堂开会，听新、旧两馆长报告，亦关于写史料事也。报告后再坐谈，五时半散。

六日　写一片与凤山。看宗李，又未值，留一信，托人转交，将医生证明交还。到馆取薪，言在明日发奖金。顺过访蒋苏盦。在蕾茜晚饭，饭后到音乐厅听杨·贝莱仁斯基钢琴，十时后回，而宗李、循序方相候，循序并送面包五个。送李蔚农赙金六元，交循序带去。

七日　八时半在馆开召集人会，由新馆长陶菊隐指示明日开会程序。会后在衡山宾馆午饭，饭后便看张文约。阿杭来一片，已回沪，并云南京款已寄，覆以一片。

八日　八时半在科学会堂开小组会，余主席。会后在宝大吃饭，远不如蕾茜，而客餐价一元五角，坐客满坑满谷，异矣。到人委会看嘉庆、同治县志，五时后归。午前大雨。

九日　邀伯宣在天鹅阁午饭，有烩虾仁、鸭肉、烩面，连汤共五元二角。饭后到馆偕众参观联华带钢厂，所传七天革一个命者也。厂即在孙景风所住宁安里对面，因便过景风一谈。十力来，未值，留一字去。蒋苏盦着人送《宣南纪游百一诗》一本来。晚袁仲逵来。

十日　早李小川来。将《文心雕龙》寄与李凤山，书价六角，寄费二角一分。午江公望来，出父友蒋某信相示，似可为其父解纷也。

十一日　午后访姚孟埙，询上海宋以前史实，谈至五时后归。

十二日　九时到市府开会，为上海沿革参考材料事也。午后再到市府查县志。

十三日　八时半到科学会堂开部分馆员坐谈会，安排十五日会事也。会后到蕾茜午饭，遇余乃仁夫妇，为我会账。仍到市府看县志，五时半后回。姚孟老来一片。

十四日　姚以彝来。午饭后到姚孟埙家，谈至六时左右归。李小川来。循序、罗静轩、郑子立三人来，九时半去。

十五日　在科学会堂开会，三、四两组合并，陶公亦来参与。会后觅饭吃，不得，乃买两元一个面包一个，就大昌吃七角一杯咖啡充餐。仍到市府看县志，六时归。晚宗李来。马湛翁来，未值，住国际饭店十三楼三号。

十六日　午前、午后皆到市人委会看《上海志》，沈仲九亦来。打电话到国际饭店问马湛翁，云无其人。五时后至上海大厦打听，乃知仍住上海大厦，言是国际饭店者，系吴氏媳误记也。登楼后尹石公亦在，湛翁留吃西餐，谈至七时半后始归。

十七日　早唐玉虬来，盖至广州开会路过此也。十时后再到上海大厦，因昨与石公约今午合请马湛翁也。仍吃西餐，每人出四元，谈至二时散。湛翁今早去杭矣。归后看《猎虎人》电影，先看十力，六时后回。姚孟埙来一信。袁仲逵来，未值。

十八日　梁斌自宁波来一信。

十九日　覆梁斌一信。寄十元与培儿转老妻。午后到市人委看县志。

二十日　九时到馆开召集人会。在里弄食堂午饭，饭后访姚孟老，六时始归。

廿一日　早到市人委看县志，在四楼食堂午饭。饭后开小组会，张廷霖主席，五时散。晚宗李来，送面粉二斤。

廿二日　在蕾茜午饭，饭后邀丁小珊同看姚孟老病。陆希鲁、姚以彝来，未值。

廿三日　下午二时在史馆开史料研究会。晚李小川来，留饭。饭后过姚以彝家看希鲁，谈至十时后归。

廿四日　天转热。阿杭来。午后尹石公偕周迪前来访。

廿五日　到吴淞参观第五钢厂，在春光饭店午饭，去者约二十馀人。十力来，未值，留一字条去，当覆以一信。

廿六日　午后在市人委听陈辅康报告。晚再过陆希鲁谈，值循序亦来，谈至十时始回。周迪前来一信，李凤山来一信。

廿七日　到市府看《府志》。吴和士来一信，盖告假也。

廿八日　早开小组会。会后过乃仁家，叩门无应者，遂去。之小珊家，为我做面皮汤，始得饱腹。过姚孟老。仍续前谈。

廿九日　到馆。以游行支援南朝鲜被阻，乃过石公，适程勉斋、梅鹤孙亦在。小谈后转至义侄家，归后车阻于石门路，展转搭车始返。十力来一片。午在南昌路饭。

卅日　到市人委会，遇李小川，同到国际饭店吃西餐，用二元六角。饭后仍回市府，六时始回。车中遇袁仲逵，因约晚饭后过之，谈至十时归。东甫来一信，言杰女已回宁居住。姚以彝来，未值。

五　月

一日　覆十力一片，又覆东甫一片。午后季家骥来。翻《水经注》。

二日 午前到市府，午后看姚孟埙。江公望来，还《文文山集》，未值。写一信与梁斌。

三日 理发，洗澡。在凯福午饭。午后仍到市人委会。晚宗李来谈，甚洽。十力来一片。

四日 覆十力一片。午后到馆开小组会，黄景吕主席。阿杭来一信。

五日 寄十元与龙女。寄《吕氏春秋》两本与李凤山，并以一片告之，令勿寄款来。

六日 希鲁、以彝、宗李等来，希鲁明日返苏矣。丁舜兰来。午后到市人委会，六时归。

七日 在凯福午饭，天寒且雨，归后遂未出。十力来一片，覆以一信。龙女来一信，款收到。

八日 星期。早袁仲逵来，邀同至虹口公园盘桓至午始归。到"中国"看戏，本意在晤梁斌，而斌无戏竟未到。晚江公望来问书，并借晁公武《郡斋读书志》去。

九日 午后到市人委会开上海沿革编写会议，沈仲九未到，于是两人之工作将归我一人矣。

十日 在蕾茜午饭，饭后到市人委看府志，六时归。

十一日 在馆开召集人会，余未及发言。寄拾元与伍立仲，又写一信去。

十二日 午后访姚孟老。写一片与龙女。

十三日 午后在化工学会开会，会后过余乃仁，晚饭后归。循序来，未值，留一字去。

十四日 写一信与刘丙孙，一信与梁斌。晚宗李来。

十五日 星期。伍立仲来一信，款已收到。

十六日 刘丙孙覆到，小梅、玉春将来沪，去苏意因此暂罢。

十七日 早到市人委会，回家午饭，饭后访姚孟老。

十八日 早在馆开会，谈国际新形势，在蕾茜午饭。饭后看十力。梁斌连来两信，约明日到院部为大家说黄巢历史。

十九日 九时后到京剧院，十时讲起至十二时毕。在食堂吃饭，饭后稍息，候梁斌来始归。归后睡一时许，李小川来，晚饭前去。封元法自合肥来一信。

二十日 早参观长春里弄委员会食堂、托儿所并加工厂，即在徐庆坊跃进食堂午饭，饭后先回。晚循序、宗李来，宗李并带来面包不少，收其五个。

廿一日 悌儿回，带来阿杭一信。龙女亦来一信，并附照片一张，又子慧一信。李凤山来信，《吕氏春秋》已收到。缴夏季房地产税十八元零九分。午后本拟过孟老，以游行路不通折回。晚访曹仁忠，借到《弘治上海志》两本，孟老所介绍也。

廿二日 星期，未出门。

廿三日 在凯福午饭，饭后到馆开诗歌组召集人会。归后知姚以彝来，留有希鲁信，言彼与胡小梅、顾玉春将于星期五来沪，因复至以彝处，谈为胡、顾安排下榻处。写一信覆李凤山。

廿四日 覆希鲁一信。又写一信通知伯宣，邀廿八日同在凯福午饭。又写一信覆封元法。晚宗李来，送面包两个，报以椰子饼干一盒。下午到上海市人委会开会，仍是上海沿革事。周君尚来。

廿五日 午后访姚孟老谈。

廿六日 为吕老太太写信邀丁筱珊来诊病，后过吕家，吕小姐已回，知并未邀筱珊也。

廿七日 四时至建德新村，胡、顾、陆、沈四人正到也，晚饭后归。

廿八日 邀诸人在凯福午饭，胡、顾、陆、沈外，杨子吉夫妇、伯宣及吴二姊共八人。饭后到馆开诗歌组召集人会。

廿九日 到市人委，因徐心孚电话说《上海贸易地位观》一书已借到，故去取也。晚仍到建德新村谈并饭。寄二十元与龙女，来信要者。

三十日 写上海沿革两段。

三十一日 至市人委，欲还书交徐心孚而不值，至馆遇冯浩，乃转托之。本有诗词组会，告假访姚孟埙。在蕾茜午饭。晚过建德新村，伯宣亦来，邀星期六在凯福午饭。

六月

一日 金煌来信，言曾到上海，因不能离众请假，故未来。晚王树仁邀在建德新村晚饭。

二日 龙女来信，款收到。王树仁来，送猪油一小瓶。

三日 胡、顾同来过，姚以彝同来。晚袁仲逵来谈。

四日 到市人委会。伯宣邀在凯福午饭，饭后访姚老谈。晚饭后到建德新村，与宗李、肇庸谈甚久，胡、顾明日与陆、沈同去江北矣。

五日 早李小川来谈。

六日 到馆取薪。付牛奶钱四元五角。

七日 午后在市府听杜干全报告城市人民事也。

八日 馆中有电话，开召集人会，以写上海沿革未去。晚李小川来。

九日 八时半在文化俱乐部开小组会，十一时先归。阿杭来信，言本月南京钱亦代寄。

十日 大风雨，未出门。

十一日 午后到人委会。南京来一信。晚过汪公望。吴宗李来，未值。

十二日 早仲逵来，与同到虹口公园盘桓两小时。午后李小川来，六时去。

十三日 馆中送照顾副食品票来，有猪肉和鸡卵各一斤。封元法来信，欲我为之谋事，可笑也。南京亦来一信。

十四日 寄十元与老妻。写一信与龙女，并将阿杭一信一片附去。小组会未出席，昨日有便，已附一字与冯浩告假矣。午后过姚老谈。

十五日 到市人委。

十六日 阿杭来。晚宗李来。

十七日 南京来信，款收到矣。

十八日 到市人委。在凯福午饭。晚梁斌、王岭森来，时余已将睡，至近十一时始去。

十九日 早张亦若来。晚李小川来，留晚饭去。

二十日

廿一日 到人委取书、还书。午后在馆开小组会，便道过看丁氏姊妹。

廿二日 八时在馆开反美坐谈会。午饭于凯福。吕小姐送团子来。

廿三日 吕小姐又送馒头来。

廿四日 写稿。

廿五日 午后在馆开会。午在凯福饭。

廿六日 付报费一元五角。早黄中来，午后李小川来。

廿七日 在蕾茜午饭，遇庞国钧。饭后看钱慈念，正拟赴民革开会，勇哉是翁也。

廿八日 早到市人委会换志书。

廿九日 晚在凯福饭，饭后过姚以彝。

三十日 饭后万少石来。

七　月

一日 连日热甚，午改在馆开会。会后同唐碧澄到其家，借得《阅世编》与《倭变记》两书。

二日 李凤山来一信，随作覆。

三日 热益甚。季家骥来。

四日 在凯福午饭。饭后到襄阳公园看乃仁，同坐到晚，至其家晚饭，取得扇子回，钱子严所书。

五日 八点在科普开会。

六日 仍热，无雨。在凯福饭，归后竟微泻，晚遂食粥。

七日 寄十元与龙女。

八日 仍在科普开会。姚寒老邀至蕾茜，食一汤竟饱矣。李凤山又来一信。十力来一片，言大病新愈。

九日 看十力。午后在馆开会，原来为张铭也。借得小说三本，并交去俳诗一首。晚李小川来。

十日 星期。姚以彝来。

十一日 在科普开会，斗张铭，直至十二时始散。

十二日

十三日 再斗张铭。与王亚陆、易海翁在东华午饭，每人六角。

十四日 听杜干全报告，十一时散。与姚寒秀、施肇翔、唐碧澄在德大午饭，每人一元，尚不如东华也。晚江公望来。

十五日 到市人委会还书、交稿，并托程琛转交。遇李小川、张铭，馀人皆去参观矣。在蕾茜午饭，归途遇义侄，同回，至四时去。龙女来一信。

十六日 晚宗李来，九点去。

十七日 星期。晚袁仲逵来谈《易》。

十八日 在南昌路开会，谈杜秘书长报告。会后与朱梦华同在实验食堂午饭，每人一元四角。过复兴公园稍憩，午后又开会，为张镇问题也。唐玉虬托人转来一信。

十九日 唐碧澄来，约在国际饭店午饭，谢之。胡、顾二君自南昌来信，胡已回大茅山矣。午后陈丙一来谈，仍为张镇事。

二十日　付八月报费一元五角。看张屏青病，云是肾脏炎，已愈多矣。

廿一日　早到市人委开会，带回朱梦华《敌伪占领下上海概况》两本，要核看。在凯福。午饭晚循序来，送饼干一包。

廿二日　看姚孟老，还所借书。寄一信与梁斌。

廿三日　看伯宣，以顾、胡两公来信嘱转致意也，留午饭。饭后看沈草农，又看眉翁，眉翁病新起，嘱以仲素所写《天籁集》还之黄氏。晚宗李、肇庸同来，宗李以不适先去。

廿四日　写寄雨春、小梅一诗，诗云："东海文光旧烛天，西江剑气又腾渊。修途不隔三千里，名世难逢五百年。过眼往返乌兔疾，同心邂逅女牛全。此行羡煞归装富，多少云间五色笺。"午后江公望来，言将调苏州教铁路师范专科。

廿五日　早到市人委交还所看朱梦华稿件。在蕾茜午饭，遇庄慧与宣森。饭后过汪浏家，谈至四时归，丁小珊将在某医院任医师，此喜信也。黄正勤来一信片。

廿六日　早姚以彝来，出示陆希鲁信，言张仲友死后家人困窘状，赒以八元。又带来王树仁赠本月糕饼券八张，可感也。

廿七日　覆正勤一片，约星期日到其家一谈。封元法又来一信申前请，即覆之，告以无能为力。本日台风过沪，始得雨，然仍不透。夜续雨，农民当大喜也。

廿八日　宗李病，到其宿处视之，则云已愈，赠与鱼松一包，一元一角二分。便过李小川，谈时许归。午饭在凯福，仍是酱爆鱼丁也。

廿九日　昨夜雨甚大。今日始食瓜，悌儿由福州归，经杭州带来者也。

卅日　在新乐午饭。过益民食品厂，买点心一块送吕小姐，价二元。在吕小姐家谈至四时归，因永圻亦在家也。晚宗李、肇庸来，为说翁秀卿《四时读书乐》。

三十一日 早章承之之长子章子敦来。应黄正勤约到其家盘桓半日，午饮皮酒稍多，几至于醉。四时半到长宁路二九五弄访曹仁忠，还所借《弘治上海志》。

八月

一日 未出门，看《维摩诘所说经》。

二日 到俱乐部开会，仍为张镇事。会后唐碧澄邀往国际饭店吃饭，门首拥挤不堪，复乘车到凯福饭店，由唐会账。晚到姚以彝家回看章子敦。

三日 看《翻译名义集》，未出门。武孙由佘山公社劳动一星期回。

四日 晚彻夜大雨，午前雨仍不止，前屋又漏，未出门。

五日 晨又大雨，旋晴。作《安成香》诗一首，备七月交卷者也。买茶叶，竟无佳者。

六日 到馆取薪，并将诗两首交与宣森。在蕾茜饭，遇任海暹。归家经文华别墅，又遇汤城。

七日 早陈瑾瑜、李小川、季家骥相继来。本日星期。

八日 九时到馆开会，张镇也到。会后与王亚陆在蕾茜午饭，我会账，遇姚寒秀与其孙女。晚江公望来问书。

九日 晚江公望来问《离骚》。

十日 买鳝鱼斤半，一元八角，倩隔壁徐老调之。龙珠来一信。

十一日 寄一信与培儿，为龙珠信来，要筹款也。看向仲坚。午后周权来。

十二日 晚江公望来问《孟子》。

十三日 晚宗李来。

十四日　送吕师母蜜枣一包，前王树仁所馈也。看袁仲逵，邀往凯福午饭，人多如鲫，食毕汗如雨矣。

十五日　培儿、龙女各有一信来。

十六日　覆龙女一信。彭祖年由庐山来一信。

十七日　覆祖年一信，寄庐山宾馆。在凯福晚饭。饭后过杨子吉家，其子志忠、志信已回，但志忠外出，仅见志信，在南开大学学无机化学，明年毕业矣。

十八日　上午在美琪电影院看朝鲜纪录片《金刚山》，成诗一首。晚李小川来，江公望来。

十九日　早到馆开会，张镇仍多辩护，以陶公制止，未终言而去。李凤山来信，问书出处。

二十日　早到市人委开会。覆李凤山一信，责其要人代查书而不自读。晚程肇庸来。

廿一日　晚江公望来，言后日去苏州矣。

廿二日　复到馆开会，并还所借书。看小珊病，即在彼处吃面。过襄阳公园晤余乃仁，取还施氏父子书画、扇面。晚在凯福吃饭，饭后看吕师母病。

廿三日　付九月报费。老妻来一信，言家柟将结婚，覆信嘱以十元与之。午后程勉斋与其外孙张孝颍来顾。晚陈芸来，送挂面二斤、点心四个。

廿四日　下午到馆开会，为海燕电影片厂谈《关汉卿》剧拍片事也。交诗一首与陈丙一。晚饭在蕾茜。

廿五日　早仍为张镇开会，平、陈两馆长亦到，陈旋去。午饭在蕾茜，饭后看丁小珊，病已愈，送馒头四枚带回。

廿六日　晚过周权谈。

廿七日　晚肇庸来言黄六事。

廿八日　晚以无煤气，在凯福饭，又长价矣。

廿九日　早到馆开会，仍对张镇也。回后正饭间，王务孝来，谈至三时去。

三十日　午后看宗李及姚以彝夫妇。

三十一日　看向仲坚，在彼处午饭，后一同到馆开诗歌组四人会谈。中途过程勉斋，小坐。会后看张文约，留吃面后归。

九　月

一日　早陶公偕汪维坊来谈。午后五旬钟周植曾来，留吃面去，后李小川来。

二日　早蒋云从来，因《辞海》事来开会，会毕返杭，因过我也，送茶叶两盒。晚权来谈。午后本有会，写一信片，言腹泻告假。

三日　早看沈仲九、宗伯宣，皆未值。

四日　星期。午后海燕摄影厂支某来问《关汉卿》影片服装，略为指点之而去。姚以彝来，言希鲁身体尚好，为之一慰。钟文本日去北京。阿杭来，晚饭后去。

五日　老吴送通知来。

六日　在南昌路开会，陈馆长亦出席，张震事告一段落矣。前皆误作张镇。

七日　寄二十元去南京，十元为龙女家用，十元与老妻。

八日　晚肇庸与其妻杨小梅来，肇庸言调往山东薛城钢铁公司，后日启行，其妻则由苏州同来相送者也。晚饭前一过兴业坊，问吕师母病。

九日　早本馆开会，以腹泻未去，令悌儿电话通知。缴秋季地产税十八元九分。

十日　看周植曾，黄遂生亦来，以今日为孝老二周年也，留午饭。

饭后过伯宣。老妻来一片,款收到,并云家楠已于九月一日结婚。

十一日 午后卫素存来,前日方从苏州回也,问及拱稼生,即开地址与之。晚宗李来。老吴送照顾肉票十二两来,为九月份者。

十二日 买旧皮箱一个,廿五元。过姚以彝,知杨子吉因疝气动手术入医院,分肉票四两与之。

十三日 在馆开会,召集人与骨干先学习《以粮钢为中心增产节约运动》社论也。由苏峰主任主席,以后每学习皆如此矣。会后在天津馆吃饭,花钱九角。

十四日 以煤气断,过姚以彝午饭。馆中通知开书画坐谈会,予早声明不与,因未去。发一片与江公望。看张效林译《远东国际军事法庭判决书》,系从周三借来,五三年出版者。晚里弄开讨论候选人会,出席时拱稼生来,因略谈即别去。

十五日 看王树仁,会其戚钱某从江北来,送有火腿一方,因留午饭。饭后同过王循序,到和平公园盘桓时许,乘五十五路公共汽车回。本日周培结婚,送花瓶一个。

十六日 到第二开诊部,希望可得买面包证明,言必至胃溃疡始可发,通常胃病不发。不知事先防备,必待决裂而后始允调理,晚矣。所见如此,一何可笑。在凯福午饭。彭祖年来一信。

十七日 晚看袁仲逵,谈至九时半始回。

十八日 早江公望来,求为其将生之子女取名,男命之曰"和生",女命之曰"和荪",谈一时去,言明日返苏矣。午后发一片与金煌。

十九日 看卜迦丘所作《十日谈》。晚循序来。

二十日 到馆开会。午后过姚以彝,托其作焦面,晚饭后归。

廿一日 到美术馆看画展,在人民公园午饭。饭后看眉翁。归洗澡,天气忽又转热。梁斌从合肥来一信。

廿二日 送布到兴业坊四十四号作褂裤,交与一刘姓者。便过吕家小坐。家楠夫妇寄一信并结婚照片来,龙女亦来一信,并最近照片。

廿三日　看十力。邀小珊在蕾茜午饭，花去粮票换来就餐券八两。饭后到馆开会，诗歌数十首须评定甲、乙也。余与向仲坚、沈隐濂为一组，约于星期二午后三时在虹口公园共商订。

廿四日　写一信与家柟夫妇。

廿五日　在市人委听陈虞孙报告，知平海澜馆长于前日死于医院。晚李小川、袁仲逵先后来谈。

廿六日　未出门，看《楞伽》。

廿七日　在馆开会，会后在汪家午饭。饭后到虹口公园与向、沈二公同阅订诗歌组作品。晚循序来，交九元托其配八宝粉。

廿八日　在吕翼仁处午饭。四时后看王树仁，因昨循序言其病也，病已愈，留晚饭归，食煎蛋、白鱼甚美。

廿九日　寄梁斌一信剧院，并问及马科。市府送肉一斤来。看宗李，在杨子及家晚饭，子及已出院矣。李金煌有信来。

三十日　在凯福午饭，饭后到馆开会。

十　月

一日　晚宗李来，小川来，仲逵来，与仲逵同送小川至车站，散步而归。

二日　星期。早唐碧澄来，邀至其女婿高畔杰家午饭。其女为其继室前夫所生，名崔虹，生子满月，有照顾菜，故得以备有肴馔数品，皆其继室所手烹，甚精美。婿本解放军，山东安丘人，今复员在建筑工段工作。女亦在某厂工作，所住为大连新村廿二号新造之工人住宅也。去乘七〇路公共汽车，归以人多，适有三轮车，乃雇乘之。归小睡后程静宜来，至六时后去。

三日　午后访仲逵，留晚饭，其友周君来，因同伴归。

四日 在馆开会，会后过小珊处饭。

五日 寄十元与龙女，并覆其前信。又写一信与正勤，问梁斌等已否返沪。向仲坚来谈。午后看电影《攀登世界最高峰》及《新西伯利亚》。在温泉浴室洗澡、修脚，并交诗四绝及仲坚等所订前诗件甲、乙。过张文若，送挂面一斤，午饭后归。鼎女寄来十元，言与我零用，今日所缺岂钱邪？

六日 到馆取薪。

七日 早王树仁来，送酱肉、酱猪肝各一方，并约明日午饭，肉与肝皆其戚从江北带来者。午后到馆开小组会，黄主席。

八日 赴树仁约，将前买“霸王拳”一盆馈之。午饭后到沪东工人文化宫看“全国艺术展”，油画颇有佳者。发一信与梁斌。

九日 到天山路应王亚陆约，唐碧澄、高梨痕、靳巩亦来。午饭后游长风公园。散后过江苏路访沈仲九，适出散步，坐候其归，留晚饭，谈至九时后始返。

十日 马科来一信，姚寒老来一信。晚宗李来，送米、面两斤，谈至九时后去。老妻来一信，培儿所写。

十一日 早到馆开会。带饭盒，会后在小珊处倩舜兰炒热食之。上汽车时忽遇罗通明、马科、齐英才等人，因同至天蟾前台盘桓时许。将出门又见梁斌，又折回盘桓至四时后始归。寄一信与鼎女。

十二日 午后四时访孙景风，值外出，其夫人留令坐候。五时半景风回，留晚饭，有暴腌白鱼，纯然南京风味也，为之饱餐，八时后始归。

十三日 未出门。

十四日 午后到馆开小组会，予主席。晚宗李送来面包三个，杨志义送来细盐一斤。苏氏侄媳来，言义侄身体近欠佳。

十五日 看义侄，午饭后始回，确瘦多矣。过伯宣，未值。到美术馆看版画，遇张安石，言曾到安庆工作，因病而回，现在养病中。正勤来一信。

十六日 到启秀坊看寿卿夫人,昨由北京来,张履娴有信通知也。履娴留午饭,寿卿夫人后日回杭。饭后到天蟾看正勤演《打柴得宝》,颇有意思。

十七日 买旧呢大衣一件,因所着者去年即已敝矣。今年之价较去年不止长一倍,足见买旧衣者多也。又作布衬裤两条、衣一件,工钱二元。

十八日 到馆开会。唐碧澄邀至其家午饭,并邀王亚陆同去,饭后三时归。晚看《百花公主》,殊无意味。

十九日 发一信与正勤。午后看姚以彝,杨子及云伊晨间曾到我家,我不知也。我去则伊与吴氏姊妹到浦东去,因亦不值。晚到吕翼仁处小坐,永圻亦在家也。

二十日 午后睡起看周植曾,留晚饭后归,借书并归还。植曾病又发,方食粥也。王循序来,送面包一个、米粉二斤,未值。

廿一日 在实验食堂午饭。饭后开小组会,诗稿匆匆阅毕,交陈丙一矣。德贞来信,并寄来相片两张。

廿二日 到青浦赵巷公社参观,介绍情况者名陆鹤良,当地人,农委也。午饭在机关食堂吃,一青菜、一豆腐干,每碗六分。归途与王、朱、靳三人拢西郊公园一游,归家已七时后矣。

廿三日 在东海饭店午饭,汤肴并恶极。看新民剧团戏。覆德贞一信。龙女来一信。付报费。

廿四日 在蕾茜午饭。到馆开诗歌组会,四时半散。

廿五日 开召集人与骨干分子会,吴慈堪主席。会后与王亚陆在特约食堂午饭,二人共化一元。饭后过汪家,未及待小珊归便返。晚看《侠义江湖》。

廿六日 在凯福晚饭。饭后过杨子及家,其婿张子斌从山东来,谈山东灾情甚悉。

廿七日　写一信与培儿，问南京饮食情形。

廿八日　在南昌路开大组会，除苏、陶外，各组发言者六人，予殿之。在老松盛吃盖浇饭，五角钱。看黄秋生，复到襄阳公园看余乃仁，而吴氏姊妹与宗李及刘、曹、朱三人亦来园中，真意外之值也。邀乃仁在复兴路吃水饺子，又同至其家吃粥与咖啡，晚八时后回。

廿九日　在凯福晚饭，烧鸭块两团，皆骨头也。

三十日　李小川、袁仲逵来，仲逵借去《参同契正义》一部。

三十一日　下午诗歌组开会。会后过汪家，闻汪浏呕血进医院。候小珊归，因留吃面，而小珊至七时半尚未返，候之不及，遂回。培儿来一信。

十一月

一日　早到馆开学习会，本组召集人黄景吕改俞诚之。会后与王亚陆在新心吃饭，花二元三角六分。阿杭来，告以鹅绒小袄可以相与。金煌来一信，并附允恭一信。

二日　看薛明剑，见其有《旅行杂志》全帙，余曾有《罗浮游记》并诗登于一九三〇年七月即第四期第七号，因借归迻录之。薛又赠予《五五纪年》等小册子数种。便看眉公，作数语便归。晚过杨家。过朱月轩，未值。

三日　覆胡允恭一信、李金煌一信。又写一片与龙女，又写一片与正勤。晚过吕翼仁。

四日　在蕾茜午饭。午后开小组会，仍予主持，发言以彭重威为最警切。

五日　看《蓓蕾初开》电影，昆曲《挡马》甚佳，河北梆子《柜中缘》则无可取。

六日　星期。李小川来，邀吃馆子，其时已过十点，余又不适，坚却之。复经其邀至公园曝日，谓小小不适可以用此治之，勉强随往。不久即寒战，急归，加被而卧，未进食。李凤山来一信，龙女又来一信。

七日　浑身酸痛，左胁尤甚，至转侧俱难。热亦未退，不时作呕。仍未敢进食，但饮牛奶、米汤各一顿，而午饭咯痰时痰内有血不少，但胁痛似稍苏。

八日　悌儿主觅人医治，始觅向仲坚，仲坚发糖尿病，言将进医院矣。继觅丁小珊，因忙亦不能来。电话与朱铭功，托其请周作孚，铭功亦病。最后悌儿乃想起翟培庆，此公虽至好而忙更甚，于小珊且两年未通往来，不知是否仍在沪，又不知是否仍住原处。悌儿去后，其家竟未迁，但亦在开会，以为当晚必不能来，而八时半后余已将就寝，翟公竟匆匆来。诊断之下定为胸膜炎，幸初起，应阻其发展，勿令内部渗水。治用黑霉素开方，谈笑良久而去。其夫人已退休回沪，则仍可常往来矣。

九日　早丁舜兰来视疾，并致小珊意送面包一个。写一信与史馆馆长，主任欲其遴人相代。

十日　中午食煎蛋一个，晚间忽腹痛泄泻，且触发便血，旧患真不可不慎也。李永圻来视疾。吴宗李来。

十一日　早有沈韵笙为调解组主任来谈，因陶家要调换房屋也。晚陈丙一来，遴人代召集人事未采纳，听之矣。陈带来由馆代取之《毛泽东选集》第四卷。覆李凤山一信。缴房地产税十八元九分。

十二日　武孙由松江劳动回。写一信与江资，一信与梁斌，一片与十力。午后忽又怯寒，夜卧作战不止，下半夜始觉热发。

十三日　星期。命悌儿再邀翟医生，而翟自至，复为处方而去。李小川、沈仲九来视疾。本日未大解，午后乃用开塞露通之，卒未畅。

十四日　午饭食卷心菜少许，四时忽又泻，而腹不痛，但觉寒冷。晚食炒米面，又泻一次，脾虚极矣。十力来一片。夜不能眠。

十五日　泻幸止。午后姚以彝来谈甚久，忽出顾玉春书，则胡小梅于上月廿二日因胃癌逝世于大茅山矣。病中闻此噩耗,既痛且悚。生死呼吸,学不得力,强支撑,于临危将何及矣。晚以彝又率其女小兰来打针,针两腕,言可安眠也。又针腹脐上下,并以艾灸之。夜眠仍不甚安,多乱梦。

十六日 令悌儿从达仁堂买暖脐膏贴之。培儿来一片。午后得解,仍不正常。

十七日 寄一片与叔兄。江公望来一信。梁斌来一信,言与陈正柱掉换,演猴子也。晚循序来,送香草干汗一包。

十八日 早解甚少,然成条矣。覆顾雨春一信。晚翟医生来,又请其开方。买维他命 B 及安眠药等,维他命 B 本开一百片,只肯卖三十片,皆备作不适时用也。

十九日 昨夜眠又不安,决到筱珊处服中药清理,会王树人来视疾,因与同去,树人亦谓请筱珊看胃病也。买药归,自煎服之。中饭食粥与蒸鸡蛋,食后腹胀甚,因再用开塞露通之,得硬矢两块,胀乃消。树人送面包两只,余过陕西路又买豆沙包四只,晚即以豆沙包过稀饭,乃知馅心实是山芋也。

二十日 星期。仍服昨筱珊所开药。早唐碧澄与姜梦麟二君来看。午后江公望来,送枪子鱼一听,因以绿玉琢□美赠其生子和生。继公望又来,送精米二斤、味精一小包。晚筱珊来,复为处方。

廿一日 服筱珊药,大便仍未畅。叔兄来一片。晚宗来来,送饼干券两张。

廿二日 午姚以彝来,谈甚久始去。强至浴室洗澡、修脚,身体为之一松。

廿三日 晚叶华自昆山来,带来山鸡一只、鸡蛋二十枚。午有毛姓者,言从吴淞来,了解旧时住在新绿村十三号杨同书、杨同芳弟兄,因余曾住十四号,谓邻居必相识,但余住新绿村与邻居绝少往来,谈及此人并姓名亦不之知,因实告之,乃去。午后无俚甚,强起到永安电影院看《巴宁少尉》影片。

廿四日 午后舜兰来，晚循序来、宗李来。顾雨春来一信，李凤山来一信。再写一片与叔兄，劝其便血病宜速治。

廿五日 天转寒，改御丝棉袍。十力来一片问疾。

廿六日 写一信到馆，请长假休养。又覆十力一片。早周南同志来，因即将信托其带去。姚以彝与其子志礼来，并带来烧肉一碗。午后看王树人，并将山鸡送与半只，即在其家晚饭。鼎女寄来一信，又款十元。

廿七日 陈丙一来一信，言向仲坚已入第一医院。午后过袁仲逵，留晚饭而归。

廿八日 仍找筱珊复看，闻宜荪已出医院，因过其家视之，留吃菜饭。覆鼎女一信，属其款不用再寄。有张冠善者寄《七十述怀》诗来。傅墨正来。

廿九日 晚在凯福吃水饺与鸭骨汤，共花九角四分，可谓美而廉矣。龙女来一信，并附来子慧写与组织两律，迂得可笑。李青崖来一信，盖覆我告假信者。

三十日 早冯浩同志来相看。沈仲九来一信问疾。

十二月

一日 写一信与培儿，并附一信与龙女。覆沈仲九一片。傍晚看傅墨正，托其将《旅行杂志》一厚册带还薛明剑。晚宗李来。

二日 午后看孙景风，告以将回宁养疴。沈仲九又来一信，劝勿回宁。

三日 江公望由苏来一信。午后看伯宣，未值。写一片与李小川，问曾否看向仲坚病。

四日　星期。送呢大衣与服务店放袖口，一元，言定十二日取。晚饭前袁仲逵来。覆江公望一片。

五日　叔兄来一片，培儿来一信。晚在凯福饭，归后李小川来。

六日　伯宣来信，约星六在梅龙镇午饭。

七日　晨庄慧同志送本月薪与肉票、蛋票来。看向仲坚病，见其夫人，言前日已照常到中医文献馆上班矣，小坐即归。过杨子及家，将前时送肉来之碗带还。

八日　午在吉美吃饭，饭后到国泰电影院看《以革命的名义》影片，演列宁者为周正，颇有几分相似也。本想在老大昌吃点心，以人太多不耐等，改到蕾茜吃晚饭而归。发一片与培儿。叶华送来兔子一只，四元三角，乃煮熟者也。

九日　午后在永安看美国影片 The Salt in Earth。晚送兔肉一小半与袁仲逵分享。

十日　伯宣邀在梅龙镇午饭，一烩鱼丁尚可，一五柳带鱼则腥不可言。食后以二元三角在凯歌买栗子粉蛋糕一块，分一半与宗家，各人携一半而归，实不足充一顿点心也。

十一日　早袁仲逵来谈。午后过王树人，托其代买肉并代腌，备过年祭用也。

十二日　看向仲坚，坚留午饭，为之强食半碗而归。王亚陆、朱梦华来过，未值。

十三日　叶华有人带来火鸡，午后遂分一部送仲坚，并托其代领一月薪及肉、蛋等票。晚小川来。

十四日　梅孙来一信。写一片与王亚陆，谢其来顾。倪阿慈来，有少物托带宁。文孙亦来一信。晚仲逵来，十时始去。晚饭在凯福。饭后一过子及家，以彝不在，途遇黄遂生，立谈片刻。

十五日　到虬江路买回宁车票，十八日午前十时后开车，午后四时后到。写一片与家梅，令其来接。又写一信与陈丙一，告以去宁日期，并嘱转告青崖馆长，因前病中曾有信来问候也。

十六日 晚在上海西餐社饭。饭后本拟看筱珊夫妇，以雨折回。途遇永圻，因至吕家坐，八时半归。任心叔寄来手抄《康斋日录》一本，内附一诗，覆以一信。叔兄来一片，托买松节油等。

十七日 看周植曾，留午饭，饭后到汪家。便买到松节油、如意油等，共二元一角。在蕾茜晚饭。是日雨，转冷。

十八日 十时四十分车赴宁，由悌儿送上车。午后四时三分到，梅孙来接。进城三轮车八角五分，到家天尚未黑也。

十九日 午前看叔兄，知为自行车撞伤不能行动，除松节油等外，送肉罐头一个、香草饼干一盒。回午饭，饭后始大解。解后看三姊夫妇，送糖果一包，留晚饭，辞归。

二十日 午饭后看伍立仲，馈之十金。发一信片与十力，一信片与公望。看立仲后便过叔兄，足伤仍如故，遂至汉中门中医学院访唐玉虬，为叔兄所要枸杞双补酒、药五味开一分量方。玉虬坚留晚饭，至八时始归。除归时乘四路汽车至新街口，馀皆步行，为可暖足也。

廿一日 十元买得一雄鸡。午饭后看郑仲青，路遇郑养和，立谈片刻。看仲青后至仁厚里看伯沆夫人，会家杰侄孙在彼处，因与同归。写一信片与金煌，问其年假可否到南京一行。

廿二日 本日冬至。在三姊家午饭，有熏白鱼与红烧羊肉，皆可权前日吃馆子所馀也。归家后到三新池洗澡，因盆汤已停，遂罢。临睡前令梅孙以手巾蘸热水稍拭全身，此予抗战时在乡间所用法也，以是八时许便睡。

廿三日 与东甫姊丈在六华春午饭，吃炒三鲜、烧羊肉两样，钞由我会，餐券与粮票则东甫出也。饭各二两，未饱，又回至红庙加添半碗。看强天健，路遇王绵。

廿四日 看望杏夫妇，便过甘氏侄媳处小坐，送予馒头四枚。望杏夫妇留午饭，又送馒头六枚。足予十日早饭之需矣。归途步遇伍立仲及叔兄，叔兄足伤经擦松节油后有进步，可喜也。

廿五日 到红庙吃面，明日三姊生日，以今日星期，权甥夫妇在家，故改今日吃面也。面后看苏宇夫人，老多矣。看黄辑五、林子硕，皆不值。留一字与辑五家转寄辑五，因其在无锡休养也。

廿六日 在金陵刻经处买《罗湖野录》一本，一圆二角。午后到旧朝天宫夫子庙看“江苏工业交通展览会”。并看李尧阶，则云已回家久矣。发一明片与周培，令来取物。

廿七日 午在六华春吃西餐，一汤两菜，价三元，粮票三两，其就餐券则可权甥与我者。饭后在叔兄处谈甚久。归途走明瓦廊木料市、笪桥市，皆久不经行矣。林子硕来，未值。江公望来一信。

廿八日 武孙来信，将粮票与证明寄来。粮票共十五斤，合前六斤，为一月之数。午前未出门，有湖孰一老农来，谈公社事甚悉。午后逛夫子庙。晚周培来，将物取走。

廿九日 写一信片回沪。午后再看林子硕，先过叔兄。金煌来一信，不能来宁，已结婚矣。

三十日 午后到红庙，三姊丈留吃面，午饭所馀也。别有鳜鱼半段，尚可口，五时吃，回后七时半，再补粥一碗。

三十一日 午后到叔兄处。便买茶叶，袁仲逵所托，可以缴账矣。每两六角九分，四处共买半斤。

一九六一年

一　月

一日　在三姊家午饭，前日所约定也。去时路遇周培，言新居在延龄巷十六号，走巷内后门。归时过伍立仲，与之粮票半斤。覆金煌一信。

二日　在三哥处午饭，亦先约定也，谈至三时后始归。

三日　在水西门外三山桥堍买得小鲫鱼六尾，一元四角，殆即所谓自由市场也。

四日　龙女买得刘长兴爆鱼面与烧卖，迥非旧时滋味矣。午后看胡允恭，未值。便过徐桂贞问振流消息，仍在上海也。买花生米二斤，六圆，自由市场之物如是。

五日　晨十时再看胡允恭，邀至鸡鸣酒家午饭。饭后再返至其宿舍，谈至二时左右始归。值大雪，候电车不得上，因步行至红庙稍息。三姊买得大青鱼一尾，重七斤馀，价十四元五角，让与予，并命女佣送至长江路，雇得三轮车而归。悌儿有信来，并转鼎女一信。

六日　午饭食青鱼肚杂，久不尝此味矣。午后再看林子硕，邀其同至五老村一视，其花园建筑大似小儿玩具，以是得誉，真奇迹也。

七日　午后送《宋书》与叔兄，适卢又同亦在，畅谈昔时格致书院旧事，予已漫不记忆矣。叔兄买得一大青鱼，留晚饭，因过红庙后仍回双石鼓，晚饭后归。写一信片与鼎女。梅孙买得一草兔，将腌而带回上海。

八日　星期。理发。午饭后与梅孙同至白鹭洲公园一游。

九日　早起洗头，感寒即不适。午食面后欲至三兄处藉步行以驱寒，会天雨，因未出，未晚饭即睡。

十日　本长兄九十冥寿，以病遂未能行礼，终日僵卧至晚。梅孙云有牛乳，强饮一茶杯，值宝侄从医所回，依其方早服 ABC、奎宁丸各一粒，午后又服一次，因发汗热退，由三十八度七八减至三十七度三，遂未服药，而晚后热又起，今日只食粥半碗。本大哥九十冥寿，因此而多留一星期，然竟未能行礼（十一月廿四日）。

十一日　早起食粥，得大解，不畅，热又退。午食烂面，热又高，终未能净，因又服 ABC、奎宁各一片（早曾服奎宁一片）。晚仍食粥，夜无小便。

十二日　早热度减至三十七度，因肚饿起食粥两碗，得大便甚畅，而面部及两耳皆红肿。昨日午后拥被看书，戴眼镜即觉压鼻梁微痛，今揽镜乃知是肿之故，疑睡久致然，故起后即未睡，三时后仍拥被而坐。小便甚稀，色仍黄。金煌来一片。

十三日　由培儿购得十五日车票，系十二点多钟开十点到上海者。发一片告知悌儿，令其来接，信片系寄至斜土路上医学院者。昨晚已有一片寄家中，培儿所寄也。因脸肿就金鸣宇医师诊治，处方青霉素补药水一瓶，皆两日量，不知有效否也。覆金煌一片。

十四日　午后到三哥、三姊两处，告以明日行期。

十五日　十时后雇三轮车到下关车站，付一元四角，此旧来未有高价也。由培儿父子乘自行车相送，到车上安放行李毕始走。车于十二时四十六分开，过镇江后拥挤不堪，至苏州后稍好。车上买得面包二只，每只一角钱，远不如上海回宁时车中所购二角一只之佳。在车中约九时馀，幸十时准时到站。悌儿来接，出站后雇三轮车时有一车夫愿先送我，不必排队，感激甚矣。到家付以四角，出站时其管理人只云三角二分也，多八分钱不足为报，亦以示意而已。然到家已十一点，整理各物，几至一点始就寝。

十六日　早饭毕即看仲坚，取回代领薪水。其夫人坚留午饭，为强进半碗，所作豆瓣酱炒豆腐甚佳。晚饭后看仲逵，送托买茶叶。今日不时有飞霰。余未返前，吴宗李自富安回，送鸡半只，猪油一小瓶。

十七日　到姚以彝家，因在我返沪前曾使其子志义来问也，坚留午饭，为进一碗。午后君尚邀看电影《游园惊梦》。

十八日　过仲坚，送与沱茶一饼，并缴还为匪石所题《旧时月色斋诗》签面，借得《巢氏病源》归阅之。仲坚夫人答予赤豆一包，言北京人所馈。看丁小珊，送与味精八小瓶，小珊方病感冒也。

十九日　午前过虬江路看宗李，买得石灰数块而归。倪竹慈来，取去所带物，返时遇之于途。午后在国际看《父与子》电影，原本屠格涅夫小说也。买冬笋一斤，价二圆，晚用以炒南京带归兔肉，不减旧时建德麂味矣。发一信与陈丙一，托续假，并附一纸转王亚陆，欲其代觅赤豆也。阿杭来，取去所带丝棉袄，并还十元。

二十日　早卫素存来。午后看周植曾，不值，其姊在家，留待其归，至四时半尚未归，遂返。马老太太与老七旋归，送与花生米半斤。晚看翟医生，亦送花生米半斤，谈至九时后归舍。

廿一日　寄鼎女一信，告以维生素无买处，据翟医生说可以日食鸡蛋黄一个，连续十日肿可消。午后看王树人，晚饭后归。连日胃不舒，买“胃舒平”一瓶服之，亦遵翟医生说也。晚袁仲逵、李小川来，皆未值。

廿二日　胃胀如故，终日未出门。叔常来一信。晚仲逵来问《易》，谈至十时半始去。

廿三日　胃仍不舒，仍服“胃舒平”。五时杨云汉忽来，送扬州小菜一罐，留晚饭去，言其父身体近亦不佳，其母在南京因子宫下坠将施手术也。本日复理《庄子发微》，注“孔子见老聃，老聃新沐，方将被发而干”一段。

廿四日　晚王循序来。本日在温泉浴室洗澡，其盆汤水仅微温，匆匆而毕。近来百事皆有不可解者，此亦其一也。

廿五日　午后四时到凯福饭店，座已满，遂回。过杨家小坐，姚以彝言小苏打可解胃酸过多，赠予一小瓶，其前食剩者也。晚宗李来。陈丙一来一覆信。

廿六日　徐桂贞来，知振流已于十九日瘐毙狱中，伤哉！仲坚来，劝服香砂积术丸，因买一两，五角七分，用姜汤分三次服之，胃气渐舒矣。午后在国际影戏院看《三宝磨坊》神话影片，乃苏联与芬兰电影作家共摄者。

廿七日　再买香砂积术丸，重庆堂竟回无有，是亦近事之难解者。晚在凯福食水饺，每况愈下矣，银丝卷亦无有。李小川来，未值。

廿八日　午饭时有蔡某者来，问江资苏州通讯地址，云住留青小筑，殆江少甫之友，因以其学校名告。午后在百货公司买雨衣一件，二十二元馀。在建国酒家吃午点，豆沙包子一两一个，甜糕亦一两一个，此为首次尝试，食一而馀三，可供两日早餐之需矣。在弘仁堂买得香砂积术丸二两，北方人作生意较南方人为诚实厚道，于此亦可见也。归途在山阴路口买得白鱼一条，一元三角，言重十两。缴春季房地产税十八元零九分。晚拟看向仲坚，缴还托看《黄昇诗选》前言，为斟酌数处，以欲雨而止，过吕翼仁小坐。

廿九日　仲坚来，因将前言缴还。天雨，未出门。晚阿杭来，吃面去。

三十日 午后到达仁堂买香砂积术丸,亦回云无有。仍到建国酒家买包子两个而归。吕翼仁送馒头两个、发糕一块。午前李小川来谈。

三十一日 午江资来。史馆叠有通知来,于本日及二月二日开会,连发两信片,告以胃痛不能到会。我本在病假中,不知仍发通知何故?杨云汉由浙江衢州来一信片。

二 月

一日 连日无蔬菜食,在自由市场以一元买小青菜两斤归,留一半煮食之,美甚。鸡蛋五角一个,此胜食鸡蛋多矣。

二日 杨志义送代买虾米一斤来,价九元。培儿来一信。王亚陆来一信,回豇豆买不着。

三日 昨夜文孙女自北京回,予竟未知也。看仲坚。在雷允上药铺又买得香砂积术丸二两,以仲坚开方也。看翟培庆,求其开照顾面包单。

四日 早食文孙女带回玉米窝窝头,甚香,此予平生第一次尝食。未午即小雨,因此未出门。发一信与陈丙一,欲庄慧后日将薪水带来,并代向粮食店交涉加粮。

五日 天仍雨。本日星期,以雨亦无来客。

六日 午后四时由邓同志送来薪水,言庄慧感冒,未到馆也。邓言姚明辉先生于二日午后去世。邓又往粮食店办理加粮事,去未复来,想交涉未成也。十力来一片,言去冬曾吐血几殆,今已安矣。晚八时后袁仲逵来。

七日 看姚以彝送还虾米钱九元。因志义言虬江支路菜场附近王天吉药铺有香砂积术丸,乃购得一两。买四元一斤饼干二两五钱,十两制。价一元。又买高级糖果两包,各二两,五钱,价三元六角五分,是不需要糖票，故价特贵。然更贵有至十数元者，此尤其最贱者。十五元五角一斤，十六元一斤。午后看江公望，以日本人型一具送其子和生，会李老来，谈至四时许始与同走，到江家已五时。稍坐即至凯福晚饭，乃遇李老太太率领二女一子亦在彼吃饭，不知李老归去如何也。凯福菜比以前又长数倍矣。晚过朱月轩，言一之将归，甚喜。

八日 晨王树仁送来代腌咸肉两块，又风鸡一只，乃其弟由甘肃带回者，意以十金酬之。晚过周家小坐，君尚正当日回也。

九日 汇五十圆去南京，内十圆与老妻，四十圆乃龙女诸子学费也。写一信与培儿，告以汇款，并托朱如新带回鹅绒袄等。

十日 雨。付牛奶钱二元五角。江公望来，送大鲫鱼两条，晚自烹一条于兔腿汤中，蘸姜、醋食之，美极矣。午后到建国酒家，带回馒头两个、糯米饭一碟，足彀两日早餐矣。

十一日 十力来一片，已迁回青云路。午后看伯宣，未值，遂到义侄家。义侄正在家养病，已久不到厂，消瘦多矣。晚饭后归。本日早过虬江路，约吴宗李元旦晚饭。

十二日 季家骥来，送馒头六个、龙井茶一盒。午后看十力，饷予鸡子二枚，谈至五时左右始返。彭祖年来一信，浮肿仍如故也。看完刘德中所译《德国古典短篇小说选》，共十篇。惟席勒之《罪犯》、豪夫之《年轻的美国人》、维尔特之《普莱斯先生的烦恼》、史托姆之《木偶戏子保罗》、海舍之《小顽固》五篇可取。若歌德之《新美露茜娜》、海涅之《流亡的神》，则名不称其实，吾以为不如《聊斋志异》远矣。

十三日 午后江公望来，以旧钞《天籁集》一部赠之。史馆来信，明午市委会聚餐，由宋季文市长出名。晚到朱月轩处，知一之尚未回来确信。

十四日 在市人委会聚餐，肴馔六品，有馒头，有面，有饭。归后李老来。晚赴王树人约，同座有其弟树华、邻舍杨伯屏及其义子陈师敏。陈为吴二姐之子、王少棠之婿，在洛阳拖拉机厂工作，新告假回来省亲者。饭后由陈送予乘二十五路车至外白渡桥换一路车后始分手去。

十五日 周权父子来贺年。午后袁仲逵来，季家骥偕其妹婿张重华来。张为基督教徒，大谈其圣灵感应之事，盖妄人也。晚宗李应约来吃饭。萧佩礼来。本日辛丑元旦。

十六日 早刘静波来。写一信覆祖年。午后王时炎来。汪浏夫妇来，送干鱼一尾、四味蜜饯一盒。培儿来片，款已收到。王敬老来一信。夜左胁忽又作痛。

十七日 早起服黑霉素一片，痛渐止。周植曾来，邀往三八妇女饮食商店午饭，肴二品，一番茄鱼丁、一乳鱼羹，皆鱼也，花三元九角。五时陈瑜来，六时去。又服黑霉素一片。晚食粥。

十八日 王务孝来，王揆生来，拱稼生来。义侄来，送饼干一包。午饭后与义侄同行到陕西北路看宗伯宣，伯宣外出，稍坐拟即回。会其弟仲远来，留谈候伯宣返，伯宣夫人随备晚饭相待。饭后候至八时伯宣尚未回，乃归。夜失眠，获诗五首。晚王循序来，未值，留就餐券一斤、鸭蛋二枚而去。

十九日 早王树仁夫妇及其大女来，送鸡蛋六枚，家鸡所生也。沈仲老来，留午饭，将饭时李小川亦来，已在友人处饱餐矣。共谈至二时始散。写一信覆王敬五。回候对门郑老，因初二曾来过也。晚录昨夜所作诗。

二十日 阴雨，未出门。以脑部又隐隐作痛，早晚服合霉素各一片。前误以为是黑霉素多日，令悌儿买药乃知合字之误。午后杨氏志义、志忠、志信三兄弟来，志忠北京清华生，志信南开大学生，皆寒假回来者。

廿一日 理发。买青菜二斤一元，葱半斤三角，自由市场收歇后此第一次所见也。在三八妇女食堂午饭，遇徐烈，面色苍白，知非前时生活矣。史馆来信，言二十五日有诗会，索近作，写《悼卢蒙巴》诗一律应之。悌儿与居委会交涉加粮事已就，来告时谈及吴氏媳刻啬，不免小发牢骚。

廿二日 早十力来过，亦对其家人有怨责语，何乃与我同也，稍坐便走，令悌儿送之归。伯宣来信约定廿五日早来。史馆来信，廿五日午后有诗会并索诗，覆书写一诗，男儿为卢蒙巴作。寄于陈丙一。陈焕道来，值午睡，留一贺年帖去。

廿三日 午后蒋云从来，送罐头一。又同一洪姓者，安徽青阳人。云是王伯沆、钱子厚之学生，现在南京大学任教。此来皆为《辞海》事，住浦江饭店四〇一、四一三号，将有三月留也。买安纳素一盒，令悌儿送与十力。晚看袁仲逵，谈《中庸》，仲逵以为“致曲”应是致明，力与剂晰，终未能悟。

廿四日 十力令程一亭送来鸡蛋五枚、蜜橘九只，殆为安纳素药之报也。

廿五日 早特早起半小时候伯宣来，后同到虹口公园盘桓，至十二时始到三八饮食商店午饭，共花五元三角。饭后伯宣去看“明四家画展”，余过杨家小坐，惟志义在，志礼与新婚之妇何月露及志忠皆回原地去矣。傅德贞来一信，言其媳许菊英将回南平生产，过沪时借住一二宵，并附有致悌儿夫妇一信。汪浏来片问王树仁地址，即覆一片。

廿六日 早颜来述来。午饭后宗李来，与同至其姑母家，得见其长子陈宝舜、次子宴师敏与其妇王希南，则明日回西安矣。四姑亦在，并出自作豆沙包子以饷。五时复同赶至康福里看黄秋老，以时晚未多留。便道过兴安路二号回看陈焕道，未值遂归，宗李与同车至大马路口别去。

廿七日 到青云路看十力，留午饭，商酌与润公书，未及完，约明日再去。

廿八日 再到青云路，出版社有信来，《乾坤衍》已付印，书不必写矣。十力甚喜。仍留午饭，饭后与散步一周而归。在海宁浴室洗澡。

三 月

一日 天雨，未出门。晚仲逵遣其子送《人民日报》所载冯某论《庄子》一文来，昨在十力处已看过。覆仲逵一片，仍由其子携归。

二日 午后在永安电影院看《白痴》影片。蒋云从来一信，覆前所问马素娥地址也。

三日 雨，未出门。陈焕道来一信。午后徐伯儒来，劝服“胃宁”，言比“胃可舒”强也，送茶叶一包。

四日 仍雨。午后看江公望，已返苏校矣。其妇管绍烨留小坐，略与寒暄而归。途过杨子及家，盘桓片时，留晚饭，辞之。今日胃又不舒，买“安纳素”一盒，买“胃宁”则无有也。

五日 星期，仍阴雨。午后李老来。任心叔之学生吴广洋捎得心叔消息来，并代心叔问候，谈甚久始去。袁仲逵来。

六日 到馆取薪。在乔家栅午饭，遇王亚陆、张侠令及崔□女士，予食鸡片、鱼肚，三元八角也。过汪家，与明珠两元，又到新乐路医院请丁小珊开一照顾面包单。买奶油饼干一斤及点心四个，花粮票八两，钱则六元四角。

七日 早倪竹慈来，由南京带来赤豆一包、香肠两段，皆三姊所惠也。午后掉面包券、就餐券共五斤，又买米粉干一斤。晚仲逵来谈。

八日 在杨子及家午饭，带去狮子头罐头一个、肉票四两，价八角，谈至三时后始回。志信后日回天津大学矣。又买狮子头罐头两个、五百公分清炖猪肉一罐，票一斤，于是照顾肉票罄矣。晚蔡庆枣托人送来包一个，内有龙女一信，带来茶叶两小包、味精两瓶、丝瓜络一个。又旧汗衫，最得济者莫过汗衫，今非有布票买不到也。

九日 午前看周植曾，留吃包子与饺子，甚饱，谈至五时始回。所谈多闻所未闻，盖连日不到外间，几隔绝矣。旁晚任心叔来，送米粉麦稃一小瓶，言可治肿病。心叔亦为编《辞海》来，住浦江饭店，留晚饭去。宗李来，送来挂面与玫瑰糕，言系希鲁所送，又茶叶一小包，则张伯琼赠也。约希鲁星期日在姚以彝家相见，托转达。仲逵来谈。

十日 看向中坚，到中医馆去未回，夫人挽留候，十二时后回，留午饭。开香砂六君子丸方一纸，在“雷允上”买得一两，价三角。又在“蔡同德堂”买香砂积术丸二两，价一元一角六分。又在“树德堂”买如意油大、小各一瓶，大者七角，小者三角五分。写一信片回南京。晚李永圻送明日徽剧戏票来。

十一日 应伯宣约在四川饭店午饭。饭后到杨家，姚以彝看病未回。过吴宗李，知尚未与希鲁覆信，因自至永庆坊看希鲁，希鲁亦小病。卓大太太、程七姑、丁舜兰及洪雨甘之妇皆在，盘桓至五时，遂到红甜心面馆吃面。到中国大戏院看戏，与吕、李二人同回。

十二日 到庄慧家，知朱铭功下乡去矣。晚到杨家，遇循序，谈至九时回。

十三日 天雨。午后四时到杨家，希鲁已来，因同晚饭。饭后循序亦来，问“闻道”及“金刚”“五眼”话，畅谈至九时半始回。

十四日 晴。馆中来信，在文化俱乐部听报告，因便血甚剧未能去。晚仍到杨家与希鲁谈，循序同一王某亦来，十时后归。

十五日 未出门。十力来一片，已回淮寓矣。

十六日 午后到和平小吃部买得花卷四个，至建国时则座无隙地矣。

十七日 李小川来。晚过仲逵谈。

十八日 早宋小坡来借粮，会徐伯儒送面包券两张来，分以一张而去。半斤。伯儒又送小鲫鱼三尾。今日余生日也，晚食面。

十九日 雨。心叔来，带来纸一张，言云从索余书也。

二十日 王树仁来，邀廿二日在其家午饭，因希鲁于是日到他家也，便与之同到三八妇女饮食商店吃饭。饭后雨甚大，遂各归。

廿一日 看十力。在“野味香”午饭。傍晚洗澡。晚饭后到吕翼仁家，留吃赤豆汤及菜包子，并送六个带归。

廿二日 到王家，午饭后拱稼生来，希鲁外有吴二姐、拱三姑。谈至三时后到华侨饭店开诗歌组坐谈会。会后有晚饭。十力令人送来苹果十个，送四个与吕翼仁。仲逵来谈，十时后始去。龙女来一信，言其母望到上海来。

廿三日 再到王家，午饭后谈甚畅，王循序母子等皆来。张伯琼由苏州来，馈之四金。晚发一信片，约伯宣，后日在三八妇女饮食商店与希鲁一聚。

廿四日 姚以彝来，午饭到其家。看志义病，闻其将学书，因以《钟太傅法帖》一本赠之。看义侄，病稍可，留晚饭。饭后过伯宣，尚未回，留一字申所约，恐邮片不能准到也。写一片与十力。

廿五日 九时半到杨家，希鲁尚未来，迨出门始与刘大姐同至，因先到三八饮食商店坐候。子及夫妇，陆、刘两位继至，十一时前伯宣来，共六人。点乙种和菜外，加松鼠大黄鱼，共用十八元。饭后回至杨家，谈至四时半始归。令悌儿写信接其母来。晚仲逵来谈。

廿六日 星期。应昨晚仲逵约至其家午饭，有面与泥鳅羹、炒蛋等。李凤山有信来。

廿七日 理发。覆凤山一片。十力来一信，为表扬徐汇第一国药号景、陈二人，附文来欲予代书以赠之。

廿八日 午饭后赴和平公园，前与希鲁等约今日相聚也。今日为旧历花朝，距庚子之会盖百二十年矣。秋生亦到，可谓难得。五时后回。晚看翟医生。覆十力一信，劝其送报表扬。

廿九日 以连日腹泻，服焦山楂无效，乃买西药 SST 服之，于华药房中遇徐安定。到浦江饭店看任、蒋二生，遇华东师大旧人甚多。归途过凯福午餐。晚到杨家，约志义星期五同看翟医生。仲逵来，值余正腹泻，遂去。

三十日　连服SST，腹泻止，未出门。

三十一日　泻止，又苦便结，终日为此碌碌，连用两甘油锭亦无效。晚偕杨志义看翟医生。便买得开塞露两枚，将用之，翟君谓服胃舒平四粒亦可催大解，遂服胃舒平。

四　月

一日　早得大解，惜未畅。晚心叔来谈，去后又解，遂畅矣。

二日　在吕小姐处午饭，吃面，前日所约也。饭后到襄阳南路，亦前日所约也。在汪家与希鲁谈甚久，希鲁明日回苏矣。姚、吴、曹数人在乔家栅为余备得黄鱼面，留作晚饭，因至晚始回，稼生亦来。回后仲逵来谈。义侄来信，五日回南京，因令兴悌将如意油一瓶送去带与叔兄。

三日　以一之久不回，晚过月轩一询之。

四日　终日未出里弄。

五日　未出。

六日　到馆取薪。在洪长兴午饭。饭后看眉翁，不见数月矣，谈至四时后回。晚宗李来。

七日　午后在国际影剧院看《最后一步》电影，苏联列宁格勒电影脚片厂出品也。

八日　华侨饭店有报告，未去。午后二时在瞿桐岗家开小会，于芬主持，到者五人，瞿与予外，有黄晋初、周维屏、谭季陶，四时后散。晚过姚以彝谈。

九日　星期。十力来一片，七日回青云路，已遣程一亭返乡，午后因往会之，谈二时返。吴广洋、袁仲逵来，皆未值。龙女来信，言义侄已到宁，今日上花神庙坟，牛首以后去，又言其母将缓来。

十日 覆一信片与龙。

十一日 晚心叔来，将校过之《康斋日录》交还。李小川亦来。

十二日 参观“苏联卫星火箭展览会”，馆中所安排也。在洪长兴吃面。大便不出，不得已用开塞露通之。又买蜂黄浆一瓶五元三角。

十三日 黄佩秋来，当晚回苏。午后四时半到杨子及家，姚以彝坚留晚饭，吃煎饼与粥甚美。送张仲友之子四元，养病也，交以彝转。志义为我买得开塞露五个，又“一轻松”一小盒，临睡前服“一轻松”一瓶。

十四日 早大便通，微泻，腹仍胀。晚过袁仲逵谈。

十五日 发一信片与德贞吉林。晚出外，云从来未值，送予所作《敦煌变文字义通释》一册，五九年重版者也。

十六日 星期。早张豫若来，十力来。午后与武孙到永兴路取回所修浴盆，修工七元。梁斌由芜湖来一信，言十五到合肥，当覆一信寄合肥。

十七日 午后到复兴公园，前花朝日与黄秋生等约定者也。除旧人外，有王人杰，王念芬之堂弟；王修文，王少亭之长子；又叶广文，循序之表弟也。黄三嫂亦从苏州来，因提议本星期六在三八妇女饮食商店为卓老太太、今年七十九。黄三嫂、朱二姑娘、毛八姑娘今年皆六十，黄鳌六十。作寿。子及夫妇坚邀至其家晚饭，吃煎饼、菜。饭炒菜心最好。托小兰转告伯宣，伯宣本有信要酬谢子及夫妇及小兰，因小兰为其夫人针治有效，并邀予作陪。

十八日 晚仲逵来，借得倪文贞《儿易内外仪》以去。是日文管会沈崇威来，言匪石诗已印就，取予“钟山”印章为签面盖印。

十九日 写一信片与鼎女。午后到食品公司买得高级面包八个，粮票四两，每个三角二分，不知何以贵若此。晚宗李来。

二十日 天雨，未出门。午后洗澡，甚适。李凤山来一信。

廿一日 报载古巴已将十七日入犯之雇佣军歼灭，闻之大慰。到义侄家，义侄昨由南京回，带有鲫鱼、菊花脑，留晚饭归。循序来，未值。

廿二日　午在三八妇女饮食商店为卓老太等祝寿，伯宣夫妇亦来，共十七人，除寿星外，每人摊二元四角。饭后到子及家坐，理前罗静轩所问“安而后能虑”话，谈甚久，各散，予五时后始步行归。买虾米半斤，五元。王谨观上巳之聚有诗六绝、二律，六绝殊不恶。梁斌又来一信，言廿八去淮南。沈崇威来信，言印章已交与向柳溪。

廿三日　向柳溪来，《巢氏病源论》交其带去。袁仲逵来，王亚陆与其女婿韩钦生来。饭后李小川来。寄十元与老妻。

廿四日　雨，未出门。

廿五日　午后看仲坚，便将印章带回。晚心叔、云从来。培儿来一信，交悌儿覆。

廿六日　午后看周植曾，未值。看徐伯儒，送其虾米一包。在荣宝斋买抄书纸五百页六元。

廿七日　晚循序来。袁仲逵来，言明日将去常熟，约三数日回。

廿八日　午李小川来，与同访谭季陶，小坐即归。晚宗李来，言明日回富安接其母来沪就医，馈以饼干一盒，与同到建德新村盘桓至九时后归。买鸡蛋十个，四元三角。

廿九日　午前谭季陶来回看。午后看十力。复过江公望家探其回否，其爱人管绍烨言有信五时左右准到，因坐候之。移时果回，谈一时许，留食馒头，并馈数枚带回。在凯福吃酱炙鱼丁一盆，三元，旧时不过一元二角耳。

三十日　洗澡。

五　月

一日　寄一信片与培儿，问廿三日寄款何以无回信。薄暮过永安坊一顾张豫若。

二日 寄一覆信与李凤山，昨晚写也。晚心叔、云从来，云从带来笋二斤。去后仲逵来。

三日 初尝笋。

四日 九时到华侨饭店听李馆长作写史料报告。在西湖饭店午饭。梁斌来一信，今日到南京。

五日 看徐伯儒，送虾米一小包。

六日 到馆取薪，交诗一首。午在乔家栅请姚寒老吃饭。饭后过丁小珊、余乃仁谈。再到伯宣家，晚饭后回。

七日 早袁仲逵来谈《易》。季家骥来，以仲逵在，遂去。午后洗澡。付牛奶钱二元三角。写一信与梁斌南京。培儿来信，并附来祖源一信、鼎女一信。金煌来一信。晚到国际看《福玛·高尔捷耶夫》电影，前日永圻邀也，片甚不佳。

八日 覆金煌一信。

九日 看周三，送虾米一包，留午饭。饭后到馆开坐谈会，谈陈馆长报告。在吴淞路燕记西餐社晚餐，用三元二角五分。

十日 看十力，前日来片约也，赠予一浮摄影一张，午饭后回。

十一日 午后在永安看电影《伊万娜》，平平耳。

十二日 早十力来谈。梁斌来一信，十日发也。

十三日 覆梁斌一信。邀伯宣夫妇在燕记午餐，共用九元三角。散后便过李小川，少谈即返。

十四日 星期。李凤山来一信，问《西铭》。朱月轩来，交肉票一斤，托其代买肉。

十五日 瑜媳来一信，写一信覆之，寄府西街小学，并附一信令转培儿。午后看吴宗李，尚未回，过杨子及家小坐。晚在燕记吃苏式饺子。悌回后与谈南京家事，因之迟眠。十力来一片，托买蜂黄浆事。

十六日 李凤山又来一信，并覆之，劝其读书要记，不要专靠问人也。又写一信与三姊，托其劝老妻来沪，别在家闹脾气。又写一片覆黄佩秋，前有信嘱代介绍抄书事。晚过吕翼仁谈，送予干蕈一小包。缴夏季房地产税十八元零九分。

十七日　周植曾来电话邀午饭，吃蚕豆煮饭，甚佳。尹石公亦来，谈甚久，并借得学习资料一份回。放洗脸间书箱内。陈丙一送来评看诗稿一卷，所借《红日》小说即交其带还。

十八日　午后看十力，以有片来邀，谈觅人照料也，六时后始回。瑜媳又有一信来。诗看毕，无一惬意者。

十九日　晚过仲逵谈。

二十日　雨。伯宣邀在天鹅阁午餐，其夫人亦来。餐后与伯宣同看秋生，并将所作《福慧双修三图跋》带缴，值希鲁亦在，昨从杭州来也。三人同到复兴公园，拱三姑、朱二姑、曹大姑俱来，后姚大姑亦来，稼生亦来。散后过新大沽路，知宗李与其母已到沪。晚宗李来，送鸡蛋六个，又代吴三姊送鸡蛋十个、酒一瓶。李金煌来一信。

廿一日　星期。午后看王树仁，树仁谈泰州陈松遗事甚长。晚饭后回，更约明晚吃面，因其所养鸡误食人家毒鼠之药死去，即用鸡汤煮面也。李凤山又来一信。瑜媳有信覆悌儿。仲逵送馒头四只，人未值。

廿二日　付报钱一元二角。午前过杨家，问希鲁过江否，坚留饭。饭后又到大沽路，陈家举家皆外出，因即到树仁处吃面，八时回。

廿三日　晚履娴与伍正诚来，正诚因公事到沪，明日回南京矣。周老七来，借抄件与所买辣椒交其带去。马科从镇江来一信。

廿四日　翼仁邀晚饭，吃糯米团子与麦秤饼，皆芝麻馅心，甚不恶。梅孙来一信，附一照片。

廿五日　午后周南来，言明日九时金馆长约在向仲坚处相晤。晚过杨家谈。龙女有信覆悌儿，并附一信与余。

廿六日　早到仲坚处，原来金邀晤乃谈印馆中诗词事。到者尚有易克臬、沈隐濂两人，约下星期二午后再谈。仲坚留午饭，饭后回午睡。晚到燕记吃馄饨。先在国际看《伊里斯顿的儿子》电影，吃馄饨后过仲逵谈。

廿七日 希鲁、以彝来，谈至十时半后始去。以午后有复兴公园之约，到天鹅阁吃牛肉面，比前同伯宣吃时差矣。在复兴公园遇舜兰，知小珊又发病，托其带话回去，闲言闲语不必认真也。偕子及夫妇同回。晚覆龙女一信，又梅孙一片。顶女来一信，十力来一片。

廿八日 星期。写一片覆十力，言星期四当相过。

廿九日 在天蟾舞台观京剧院学馆青年演出，票史馆所安排也。遇王清廉、郭名远（民源）、高梨痕。晚在梁园吃馒头、兔肉，仅花七角六分钱。

三十日 树仁来邀明日午饭。十力来片，言照顾人已找到，好极矣。午后三时到河滨大厦再商诗歌修改事，不知昨日会已开过，与仲坚小谈而归。午饭在燕记吃公司菜二元。

三十一日 在树仁处午饭，到者希鲁、吴氏姑嫂与朱谪仙。一时后赶回，在瞿桐岗家开小组会，朱铭功来，到者六人，四时后毕。晚在翼仁处吃面，面后永圻邀看电影越剧《情探》片也。

六　月

一日 雨。午后过十力，其戚刘某正自德安经杭州来，言德安大、小麦丰收，可喜也。

二日 陆五姑、姚大姑、朱二姑来，姚邀往其家午饭。饭后卓老太与刘大姑、吴氏姊妹先后来，谈至四时归。

三日 赴伯宣约在梅龙镇午饭，吃粉蒸肉，饭后同看“农村画展”，又至人民公园游览一周而回。

四日 星期。写一信与鼎女及叔常。梁斌来，留吃面去。德贞来信言其媳许菊英即将来上海。

五日 午后看十力，来去皆冒雨。

六日 看文约病，已愈，留午饭。饭后到馆取薪，遇帅润身小谈。四时后到纺织研究院偕仲逵同至沪东文化宫晚餐，前晚仲逵约定者，西餐每客一元五角。

七日 十力来。希鲁与丁氏姊妹来。晚看《满江红》，票托梁斌买，昨寄来，归时已十一时后。

八日 史馆送票来，二时天蟾有新民剧团戏剧学校与京剧院二团彩排，戏皆不足观。

九日 午后希鲁与钟时来，言郁周暂不能来。陈丙一来催史料。晚宗李来谈。

十日 看十力，一定留午饭，直至二时始吃，吃后便归。李小川来。晚心叔来，仲逵来，仲逵谈至十时后始去。《辞海》编辑所寄来稿三页嘱勘定，会心叔来，交其代勘，省却老夫枉费精神也。龙珠有覆信来。

十一日 星期。许菊英有电报来，言乘民主十三号船，十三日下午三时到上海，停秦皇岛码头，属去接。姚以彝来，言王人杰由川沙来，约明日相见。

十二日 到姚以彝家，希鲁已先到，同午饭。后到淮海公园，候至三时后人杰等始来。今日天气闷热，坐茶室中，屋甚矮，人又多，颇苦。秋生、卓老太、吴氏三姑嫂亦来，五时后散。晚人杰又与宗李来谈，十时始去，于所作诗讥评先儒处颇致规戒。

十三日 许菊英来，由悌儿去接。晚在燕记饭，饭后过以彝谈。

十四日 终日阵雨不息，弄口水深没胫矣。十力来一片，言杜某已到，将回淮寓，覆以一片。又写一片与伯宣，约端午在燕记午饭。

十五日 午后菊英之弟来，菊英晚七时乘车回南平。

十六日 江公望来。郑瑜来一信。

十七日 在燕记午餐，伯宣夫妇与其女夫妇俱来，伯宣强会账，因与作下星期六之约。餐后同到虹口公园，其夫人等先回。公园之聚共十一人，初见面者梅隐庵之甥女曰王小梅，曾从丁大先生也，六时后各散。

十八日 午后到静安公园，前与秋生约定者。秋生赠予龙川夫子对联一副，乃为江子约先生所书，仿佛于江府曾见之，可宝也。卫素存亦自浦东来，陈晏与宗李后来，馀为陆、姚、曹、吴、丁舜兰等。又叶亚兰母女及王人杰之妹欲师予，各以四金为贽，托以仪代纳，予婉谢之，此端不可开也。归途与以彝过第一医院一看志义。发一片与孝儿，问其母能来否。十力来一片，已回淮寓矣，嘱到青云路取书。

十九日 祖年来一信。李凤山来一信，唐玉虬从北京来一片。到青云路取得《乾坤衍》一部。中华书局又寄校订底稿数页来。

二十日 午前到浦江饭店，将中华寄件仍交与心叔代订。写一片与十力，问张遵骝京中住址，玉虬托代问也。午后馆中有会，商谈诗歌付印事。履周来一信，不通音问者数年矣。晚袁仲逵来，送点心两个。

廿一日 写一片与十力。午后独游虹口公园。晚在燕记吃饭，归途过仲逵谈。

廿二日 午后到和平公园，罗静轩、徐子可来，馀皆女眷也。写一片与德贞，一片与李摩太。

廿三日 覆李凤山一信，痛箴之。又覆履周一信。晚到子及家谈。

廿四日 覆祖年一信。午邀伯宣夫妇在燕记吃饭。午后老妻来，武孙去接。

廿五日 午后送款与子及。与仲逵在燕记晚餐，廿一日约定者也，餐后到仲逵家谈。许菊英有信，已到南平矣。

廿六日 在杨家午饭，候希鲁未来。到淮海路看十力，言有一信片，归时始见之。李摩太亦来一信。晚宗李来，与之天干之数。

廿七日　八时到华侨饭店听陶馆长做学习总结。本拟在五味斋吃饭，人满无坐位，遂仍到燕记。饭后过建德新村与希鲁等长谈。叶亚男来，邀下星期在大沽路午饭。写一信与梁斌。

廿八日　午后看沈仲老，并还书。

廿九日　晚到杨家，雨甘、循序并在，谈至九时半回。为雨甘说“思诚者，人之道”及“不诚无物”甚详。

三十日　晚在凯福吃炸酱面，八角，二两半，不当一饱。到浦江饭店，以《辞海》编辑所寄来稿件仍交与心叔。

七　月

一日　买苋菜三角、瓠子两条，二角五分。晚仲逵来谈。

二日　到襄阳南路，叶氏母子兄妹及王静娟邀午饭，借汪家地方也，秋生亦到。此外希鲁、以仪等，后宗李挈其妻光芬亦来，回时与以仪同回。梁斌来一信。

三日　写一信与马科，寄天蟾舞台。全官来一信。

四日　连日热甚，今日至九十三度矣。

五日　在燕记晚餐，餐后过仲逵谈。

六日　到馆取薪。在乔家栅买包子两个、八宝饭一块，回至丁小珊家蒸食之。黄遂生画扇成。晚心叔来，又有校稿，并交其带去。

七日　寄拾元与立仲，并写一片去。午后杨志义来，言昨晚得一子，求命名，为取名“道生”，并为定“志道立诚，新民化国”八字以为以后数世行辈之名。晚在虹口工人俱乐部看京剧院二团演出，有王宝山《跑城》、汪正华《题诗》、梁斌、罗通明、蓝煜明《恶虎村》。马科来一信，十力来一片。

八日　写一信与龙珠，言房屋不能与人交换。午后到虹口公园，希鲁言后日行矣。

九日 向柳溪来，蒋云从来。午后陈芸来，送《匪石遗稿》一部。晚乃仁夫妇来。培儿、龙女各来一信，龙女信内并附有鼎女一信与老妻。

十日 树仁来，送“马鞍桥”一碗。李小川来。立仲有覆信来。

十一日 理发。

十二日 晚拱稼生来。

十三日 午后到和平公园，希鲁尚未行，亦来，此外则卓大太太、子及夫妇、拱氏兄妹、雨甘、谪仙等人。回到燕记晚饭。

十四日 买罐头四个、鞋子一双。

十五日 卓老太邀午饭，循序亦告假在家，希鲁、以仪、谪仙皆客也，盘桓至五时后始同以仪回。

十六日 早心叔来。午后到人民公园，人多，热甚，叶光文未来。

十七日 到史馆开会，为搜集辛幼安史料事。会后看十力。先在野味香午饭，回后洗澡。以仪来，晚李小川来。

十八日 晚在燕记吃十景炒饭，二元。

十九日 晚发一信与伯宣，约星期六午前同去看眉翁病。

二十日 取洗染衣服，共花三元左右。

廿一日 修棕棚、转椅，共花六元五角。

廿二日 早有谷枫者来，言廿四日《辞海》编辑部邀开会，峻却之，留一信件而去。以此遂过伯宣，约期到时已过十点。同看眉翁，病无大碍，然人则颓唐极矣。伯宣邀往绿杨村午饭，饭后同看画展，佳品不多。各散后到乃仁家，缴还赵蕴安《海沙诗稿》，并为题一绝句，食瓜而回。德贞来一信。

廿三日 季家骥来。心叔来，受谷枫托，央明日会必去。晚宗李与其妇来，其妇明晚与其姑还江北。袁仲逵来。叔兄来一片，属代买如意油与薄荷锭。

廿四日 到浦江饭店开会，与会者冯琦、周予同、沈仲九、汤志钧、予与心叔、谷枫外，尚有一刘老，《辞海》旧编辑也。午饭后车送归。

廿五日 覆叔兄一片。午后大雨，屋漏。

廿六日 早五时后章子惇来。午在燕记吃冷拌面。晚到吕家，因前与汤志钧约定也，翼仁以西瓜饷客。

廿七日 江公望来。史馆昨来电话，邀五时半在上海大厦晚饭，以雨甚水阻，遂未去。

廿八日

廿九日 午后过向仲坚，还所假书。在燕记晚饭，饭后在永安看电影，片名《欧也妮·葛兰台》，巴尔扎克小说改编也。

三十日 星期。午后念慈夫妇来，念慈将于七日归省。晚心叔来。

三十一日 周权自南京回，来谈。萧宇元来，言一之不日回沪。

八　月

一日 午前李小川来。晚过杨家。

二日 早以仪率志义、志忠二子来。缴秋季房地税十八元零九分。午后张立民来。晚宗李来，并捎来其父桐孙一信。看一之，尚未回。

三日 晚看一之，仍未回。看仲逵，亦未值。

四日 午后一之来，言在汉口候船耽阁也。许菊英来，住其弟处。

五日 到馆，将谭子刚属书扇面交还。过乃仁，邀往红房子午饭，乃赵蕴庵会账，望为其《海沙诗》作序也。

六日 心叔率其子任平来。午后周氏弟兄来，因同看一之。老七先去，老三与予同在一之处晚饭，予带去抱子鱼罐头一个。云从夫妇来，会予不在，未值，送火腿腐乳两盒。十力来一片。

七日 早一之来，赠之十金。写一信与吴桐孙，告以“知者乐水，仁者乐山”，动静交参之理。午后姚以彝来。许菊英来，买榛子糖一瓶送德贞，交其带去。

八日 李度来一信。

九日 覆十力一片。肿瘤医院来信问近状，覆之，并道谢意。医院今迁东庙桥路二七〇号，旧日治疗号为四二八。晚过袁仲逵谈。

十日 晚过一之谈。

十一日 彭祖年自京来一信。晚在燕记饭。饭后看江公望，其侄自北京来，名云聪，在师范专科学校学语文。

十二日 作丝棉袄一件，工钱四元七角；绸裤一条，工钱一元七角。理发。

十三日 星期。袁仲逵来。午后云从与其子蒋遂来。晚颜克述来。

十四日 公望来，心叔来，心叔与云从夫妇并明日回杭州矣。晚过杨家，志信昨日由天津回。

十五日 晚周权邀看《一九一八》电影，在国际。一之午后来。写一信与金煌。

十六日 买玉树油一大瓶、一小瓶，大瓶叔兄托买，二元二角，小瓶七角馀。写一信与斌。

十七日 早义侄来，以老妻诸人去游西郊公园，小坐即去。午在西湖饭店饭。晚袁仲逵来。

十八日 早姚以仪携其子志信来，并邀星期一午饭。余芷江来信，借五元，当交邮寄去。斌有覆信来。

十九日 请伯宣在老半斋午饭，花就餐券六两，两菜共四元二角。饭后到天蟾看梁斌等。付下月报费一元二角。

二十日 星期。阿南由南京来，带来鸭蛋两个、酱菜一瓶，晚饭后去。余老来一信言谢。

廿一日　杨家邀余夫妇午饭。便看宗李，上星期五回富安矣。午后张立民来谈。

廿二日　晚阿杭来，言阿南亦于昨日回北京矣。

廿三日

廿四日　看乃仁，并将新作丝棉袄交与在中装丝棉，留吃水饺。便过汪家及吴二姐家一看，知宗李回江北仍为其妇病发也。一之来。晚公望、叔侄来谈，周权亦来。上午余不在时祖年、克述来未值。

廿五日　祖年、克述来，留食面去，并开一罐头排骨佐餐。午睡后陈丙一来，言史党委书记有五六人欲邀予教古文。

廿六日　午前以仪来，午后其子志忠、志信来，皆于明后日将离上海，志忠来为执贽也。

廿七日　早王人杰来，以翁铜士所抄《通书》批本赠之。江云聪来，言公望邀吃水饺子，将去而胡才甫忽至，不见殆十年矣。由江家回，义侄来。晚过一之坐。

廿八日　早人杰再来谈，言明日归川矣。武孙应征入伍，今日去嘉兴，悌儿夫妇及文、斌并送之。午后公望来谈，旋祖年、克述来，遂去。与祖年、克述在万方并拍一照。修表。祖年晚来宿。

廿九日　早六时老妻回宁，悌儿父女送之，一夜未得好眠。祖年去后复来，船票已购得。午后宣森来，问上海沿革材料中《乾隆志》何处见之，答以当是《嘉庆志》所引。

三十日　晚仲逵来。祖年来宿。傅亮卿来一信，并转来杏城侄女夫妇、家人摄影。

三十一日　五时祖年去。陈景初来。人民出版社徐新园来，为接洽《庄子》出版事也。午在燕记吃鸭丝冷面九角，又炸黄鱼一元八角，食不一半，带回。过杨子及家，志忠、志信已于廿八日赴北，托买得糯米斤半。晚宗李来。

九月

一日 金煌来一信，言皖北丰收，殊可喜。培儿来一片，老妻平安到家矣。

二日 覆傅亮卿一片。

三日 星期。阿杭来，还所借钱讫。晚宗李来。桐孙有信，告以大意，由宗李覆之。

四日 人杰来信，附来诗六首，通信地址为川沙西市街七十五号。

五日 九时在华侨饭店听陈虞孙报告目前形势，即在彼处吃饭，饭票三两，钱由馆扣。

六日 到馆取薪。苏峰言陈辅康邀在华侨饭店午饭，盖为有数人欲读古文，要予讲授也。约定每隔星期一次，在机关管理处，从下星期三起，午后二时半至五时止。儿、媳夫妇又口角，闻之生恶。文孙女今日回北京。

七日 付亦韵三元，又牛奶钱三元。伯宣来函，言星期六过访。覆王人杰一信，又写一信与乃仁。晚看吕翼仁，送予大麦及元麦粉半瓶。余芷江寄还五元。

八日 到义侄处，未值，将傅亮卿寄来杏城侄女一家照片交与贵端侄媳，又交十元托买芝麻等，午饭后回。

九日 早素存来，去后伯宣来邀在西湖饭店午饭。写一片覆余芷江。自本日起衣服交由叶寄生之妇洗涤，先付肥皂一块，两月量也。晚看翟医生，未值，送龙井茶一盒交与翟师母。

十日 星期。晚在艺术剧院看苏昆剧，伯宣昨约也。戏散时遇刘佛年夫妇。午后王人杰来谈。

十一日 理发。便过一之。午后人杰来，借《御选语录·寒山拾得》一本去。晚一之来，带来面包一个，又面包票一斤。付还粮票二斤，钱三角。又交来为拯流卖书款七元二角，作废纸称斤也。瑜媳来一信。

十二日　写一信与金煌。为赵蕴庵诗作一序，未留稿。午后三时到杨家，卓老太与叶亚男已先在，言人杰因事回川沙矣。亚男送桃酥六枚，谈至五时半回。

十三日　午后到市人委会授书，来者八人，有四人因开会未能来。

十四日　早到馆开会，由金馆长主持。一为辛稼轩搜材料，一为广播吟诵诗词也。会后到乃仁家，将赵蕴庵所索诗序交与，留饭后归。

十五日　祖年来信。

十六日　午后梁斌来。树仁与姚郁周来，郁周夫妇新从江山来，将回江北省其姊，言有电报与希鲁，约在沪相见。晚宗李来。

十七日　早王揆生来。晚陈瑜来。季瑜不见二十馀年矣，现在回民中学教数学，学校在沪泰路一〇〇〇号，地名庙头，离大场十馀里。仲逵来。

十八日　培儿来一片。晚希鲁、以彝及郁周夫妇来，谈至九时半去。

十九日　午后到馆开会，并将《庄子发微·消摇游》与《秋水》两篇稿交与金馆长，前日伊所索阅也。会未毕先走，到复兴公园，希鲁、郁周诸人尚未散，至五时三刻始回。在凯福吃饭，素十景一盆二元。有刘佩宜夫妇来，未值。

二十日　写信与祖年，并将照片附去，又寄一帧与克述。写一片覆培儿。又将吟诵诗题并说明寄与冯浩，昨会上所约定也。洗澡。午睡后到杨家请郁周夫妇，假其地也。菜钱八元，还杨家粮票一斤。到者郁周夫妇及其小女维明外，有希鲁、谪仙，亦出粮一斤，八时后散。

二十一日　刘佩宜夫妇来。文史馆新馆员宝应刘氏语剌剌不休，告以有事乃去。晚看一之，一之来，竟相左。发一片邀伯宣星期六同游豫园。

廿二日 雨。午后看一之。郑瑜来一信,言梅孙已派往江浦国营农场工作,信当转郑璧庆。辽宁邮局寄来拾元,当是鼎女寄与其母者也,而无信。

廿三日 邀伯宣游豫园,人多买门票不得,乃罢。在豫园饭馆午饭,我会东,六元四角,吃得虾仁一小盆。饭后在春风得意楼吃茶,三时半始归。武孙来信,已进成都航空学校,可喜。辽宁汇来十元,无信,当是鼎女寄其母者。

廿四日 中秋。早志义来,送来托买猪肉一斤,价一元八分。午后到虹口公园,秋生父女已先到。陆月秋夫妇及其子存德、陈晏母子妻儿、王钟时一家、循序母子、罗静轩、谪仙、以仪、王静娟、叶亚男、吴四姐先后到,惟王树仁未来。曹师宽送予面包一个,六时后始各散。宗李以到川沙省其三姑病,故亦未到。

廿五日 写一信与培儿,并款十七元二角,十元鼎女所寄,七元二角乃徐拯流卖旧书之钱转与徐桂贞者也,并附一信与梅孙。晚一之来。

廿六日 午后到广播电台,为诗词朗吟录音也。毕后偕向柳溪过其寓小坐。十力来一片。

廿七日 覆十力一片。义侄送来代买芝麻与咸鱼。李永圻昨晚有信,邀午饭并同游浦东公园,以须到市委会上课谢之,今日送来蔬菜一小碗。作《国庆十二周年》五律一首寄交于太和。上课到五时半。便买雨帽两顶,前到城隍庙,不知何时将帽遗失也。锦文侄女来信,言叔兄便血病发。

廿八日 寄一信与叔兄,劝其就医,并戒多食盐。吕小姐又送来菜一碗。午后睡起过杨家。晚宗李来,一之来。统战部派陈姓女同志送二十金来,言是车费也。

廿九日 冯浩送来猪肉一斤,为过国庆节也。李凤山来一信。又无锡宣某来一信,系寄傅厚圻嘱转交者。午后王务孝来,言现在崇明,送饼干一盒。

卅日 晨厚圻来，言分派在吉林工作，即将王务孝送饼干转带与德贞。午后到虹口公园茶室买包子，遇劳琳等，同馆小坐。晚过吕翼仁，送与芝麻一包。

十 月

一日 早素存来。写一信覆李凤山。晚一之来。

二日 早公望来。锦文侄女来一信，言叔兄病未见减，且有时恍惚，深可虑，因令悌儿转寄与义侄一阅，信亦言叔兄，欲义侄一知之也。

三日 人杰来。梅孙来一信，并钞两圆，言与爷爷买茶叶，可笑也。晚过仲逵谈。

四日 人杰来，言光文已出医院，医言肝病在静止期，可喜也。寄一片与锦文侄女。连夜台风，雨不止。

五日 午后义侄来。

六日 到馆取款，顺邀乃仁夫妇父子在乔家栅午饭，晚在其家吃炒面后始归。小川来，宗李来，皆未值。

七日 寄十元与老妻，又寄去一信片。又写一信与家梅，寄江浦。袁孟纯来。晚翟医生来，送糯汁磷膏一瓶。袁仲逵来，约明日在燕记午饭。金煌来一信。

八日 与仲逵饭罢便过杨家，知江北尚无信来。洗澡。厚侄来一信片，言叔兄病有转机，甚慰。晚一之来。

九日 覆厚侄一片，欲其常来信，原信片转寄义侄阅。午后到虹口公园，买得包子四枚回。

十日 史馆来电话索纪念辛亥革命诗，成七律一首。午后赴纪念会，在市府人民大会堂，休息时便逃回，以烟味四熏，头眩不可耐也。

晚过一之谈。

十一日 早姚以仪来还钱。唐玉虬来一信，家枏孙女亦从南京来一信片。晚看翟医生，不值，便过李小川小坐。午后到市府上课，到者五人。

十二日 晚宗李来。再看翟医生，约下星期同访向仲坚。心叔寄来《穀梁隅闻》抄本一小册，并附一笺，《隅闻》乃丁丑间所记。闻予说《穀梁》者未完之稿也。又遇周家老六，言周权有一信，已来十馀日矣。

十三日 翼仁送来糖果一小包，百合、栗子、白菜共一包，当是苏州带回者。晚看仲坚，未值。宜之侄又转来锦文一信，叔兄病仍险。

十四日 覆玉虬一信片。午前江资来。午后看仲坚，五时后归，约定下星期与翟医生同去相访。晚一之夫妇来。

十五日 看袁孟纯，不值，遂过王树仁午饭，吃面。饭后邀宗李同看叶广文病，前约定也。看叶后访仲九，还所借《庄子阮毓崧集注》，并以《庄子发微》序文示之。与宗李在燕记晚餐，后又过江公望家看所藏扇面，有数面甚佳。

十六日 寄一信与心叔，并将《庄子发微》序附往。仲九来一信，李凤山来一信。晚过吕家。

十七日 到馆看"辛亥遗物展览"。过丁氏姊妹，留午饭，因令舜兰在乔家栅买冷盆一味，有熏肚、熏鱼。饭后筱珊又买擂沙汤圆四枚见饷，谈至四时后始归。晚约翟培庆同看向仲坚，而翟有会不能如约，改日再说矣。写一信与梁斌。

十八日 早到华侨饭店听严馆长作辛亥革命报告，十一时后散。晚宗李来还前假与十元。

十九日 看十力。在蕾茜午餐，回后过永安看《外套》电影，果戈里小说本子也。在旧书店买《纳吉宾短篇小说集》一本，九角钱。

二十日 午后到公园，买得包子、发糕。便回伯宣来信，约明日小聚。

廿一日　江公望来，袁孟纯来。赴伯宣约，在天鹅阁午餐，餐后同看立体电影《北京之春》，中杂技团表演自行车颇佳，然与题殊不类也。

廿二日　一之来邀午饭，因从嘉兴带回鱼、虾也。午前李老来，午后陈丙一来。梁斌来覆信，依旧午后在天蟾。覆李凤山一信，并将所问各条退回。

廿三日　十一时瞿禅夫妇来，新游南京、苏州回，明日返杭州矣。午后看梁斌，适遇正勤、马科。马科邀往其家晚饭。正惟颇能调理，肴馔居然有数品之多，且甚适口，可谓能矣。所生一女名朵朵，未足两月也。

廿四日　午后过以仪，取回炒面粉及糯米等，前所托买也。晚看《大墙后面》电影。

廿五日　午后上课，到者六人，许、颜二书记皆到，而陈辅康部长仍在病中。晚一之来谈。锦文侄女来一信，叔兄病如故。培儿来一信，并转来鼎女与老妻一信。

廿六日　午后市人委陈同志送本月车费来，言下月起由馆一并代送。晚到天鹅阁饭，后到乃仁家将绵袄领料及绊扣料交与之，谈至八时半始归。

廿七日　午后到公园，买得馒头四个，小坐而回。唐玉虬来一信。郑氏媳来一信，仍家中琐事烦恼，真不愿看也。连日写《江南格致书院旧事》，以陈丙一特来索取史料，不得不有以应之也。李凤山又来一信问东问西，决置之不覆矣。

廿八日　写一片覆培儿，一信与鼎女。又一片与心叔，索回《庄子发微》序。史馆人来，将《庄子发微》稿两篇送还。晚就一之家饭，买鸭子一只十一元，为其送行意也。

廿九日　早季家骥来。晚循序来，未值。看仲逵尚未回。

卅日　缴冬季地产税十八元九分。晚一之来，与同到永安看《马克辛青年时代》电影。

三十一日 午后到杨家，问希鲁等消息，便到凯福带回银丝卷两只、酱爆鱼丁一盆。史馆李广发同志约定星五午后二时在瞿桐岗家开小会。

十一月

一日 早王人杰来谈。锦文来一信，言叔兄饮食增加，但觉周身麻木，终可虑也。晚过吕、李谈。心叔覆信到，序文寄还。

二日 早一之来。《庄子》序用心叔意增加若干字，终未惬意。午后与一之同到同济大学宿舍看王耀曾。

三日 午后二时到瞿桐孙家开会，李广发早到矣。午在吕小姐家吃馄饨。晚姚以彝，来谪仙与宗李先后来。九时各散。

四日 一之送来代掉面包票。写一片与叔兄。晚程肇庸、吴宗李来。

五日 晚谪仙来，送鸡蛋四个，王循序亦来，并九时去。

六日 到馆取薪。在乃仁家午饭。三时看梅翁，病卧，未交一言。马科来，未值，留字去。晚一之来，约同看《黄河巨变》电影，以露满而回。

七日 发一片与锦文，言无盐、酱油，问南京买着否。又一片覆马科。一片与伯宣，作星期六之约。沈仲老来信，催作《易》《庄》文字，此老可谓热肠矣。晚朱谪仙来，言雨春、希鲁等不日来沪，谈至八时始去。

八日 市人委来电话，言午后课停。徐昌达来访，将《记格致书院》一文交其带与陈丙一。眉翁家有报单来，言于七日病故，明日午后在殡仪馆大敛，并附一单致伯宣，因于晚饭后送去，并约定星六在绿杨村午餐。

九日 覆仲老一信。午后到万国殡仪馆送眉翁殓，遇徐伯儒，见邀至海鸥西点馆食冰淇凝及煎饼，知伯儒以肺疾正假中将养也。马科覆信，言星期六午后来，告以有他事，嘱晚间或星期日午后来，写一片去。

十日　早李老来。午后到凯福尝所谓蟹粉包子，只是白菜混以螃蟹几星而已，而买五角钱一只，吓人哉！看仲坚，未值。付年奶钱一元四角四分。

十一日　十一时后到绿杨村，将午伯宣来，饭后同至艺术馆看金石声、刘旭沧等摄影及福州人某某画展。三时半后到杨家问顾雨春、陆希鲁踪迹，则正在坐，并云适从东照里见顾来也，因与谈至八时始散。杨子及夫妇备饭，谈及高仲常贫困不能饱，因托雨春寄与六金。

十二日　在吕翼仁处午饭。永圻本约晨九时许看电影，谢之。二时后马科来，为改《武则天》剧本，至七时后始去。一之来，九时去。

十三日　早邀姚以彝同过浦东到王钟时家，希鲁及薛家婆媳皆住彼处，顾雨春亦住浦东旅舍，赠之五金。本前日约定者，盘桓一日，至八时始渡江而回。晚饭时钟时亦由邵楼回舍。拱稼生午饭前到，傍晚先去。叶亚男偶因事过江，亦同耽阁同渡江回。锦文来信，言三哥病有起色，即转寄与义侄。彭祖年来一信，郑宝隆来一信，李凤山又来一信。

十四日　写一信与伯宣，告知明日午后在复兴公园相聚。前李凤山寄来《整理贾谊集的部分资料》一书寄还，并批示数言，又寄一信答其所问两函。梅孙来一信。培儿来一片与悌儿。晚过一之。

十五日　午后冒雨至复兴公园，伯宣、以彝、曹师宽俱未到，赠希鲁五金交由谪仙转，并以四金托希鲁带与张伯琼。

十六日　写一片与黄佩秋，一片与锦文侄女。又写一信覆郑宝隆，寄来之诗为点订数字。

十七日　陆、顾二人来，留午饭去，以仪亦来。陈丙一来，言《春秋大事表》古籍书店有，当交与十五圆托其代买。伯宣来信，言病始愈，故前日未到。

十八日　本有会，未去。看伯宣病，留吃八宝粥。到复兴公园，顾、陆二人言卫素存约也。归与杨子及夫妇同行，因挽至其家吃面。归后知吕师母病逝，吕小姐及永圻皆来报，时已夜，未及去。

十九日　早到吕家，吕小姐等已到殡仪馆去矣。以五圆购一花圈，午饭后送至万国殡仪馆。随到襄阳南路，丁小珊为备午点炒面见饷。在天鹅阁晚饭，后回。早乃仁所介木匠杨某来，以无梯，木搭无法修。晚吴广洋来，谈甚久，前心叔寄来《春秋隅闻》稿交其带去。

二十日　黄佩秋来，言定《庄子发微》抄费二百元，千字六角。先付四十元，又送来去火车费四元，并留午饭。李小川来。写一信覆彭祖年。又写一信与唐季芳，问其近状。

廿一日　陈丙一来一信。机关党委来信，属明日勿须去上课。晚过一之。

廿二日　午后看电影。晚在凯福吃面，一元二角。袁翊青来一信，佩秋来一信。晚与金馆长通一电话，知中华无意接受《庄子发微》，此固在意料中也。

廿三日　覆佩秋一信。在绿杨村午饭，饭后看“人面摄影展”，又在永安看电影《白昼》，用陀斯妥雅夫斯基小说改编者也。晚志义言明日邀午饭，为其干娘暖寿也。江云聪来一信。

廿四日　赴杨子及夫妇约，到者除王老太外，毛姑太太、吴氏姊妹四人，五时各散。晚过吕小姐。

廿五日　写一信与江公望，寄铁道师专，并将其侄云聪来信附去，又覆云聪一信。

廿六日　到飞虹路，王老太前日约也，直至晚饭后始回。早晨金馆长来访。

廿七日　写一信与梅孙，一片与陈丙一，又一信与金煌。旁晚丙一来，带来《春秋大事表》二十本，后四本多蛀烂，由陈携去交古籍书店修补。晚过一之。

廿八日　姚以彝来，王人杰来。心叔来一信，当覆一片。

廿九日　午后到西湖，以三角八分吃得一两米粥，又包子一个。

三十日　李小川来。又破除半日工夫写一信与袁翊青。

十二月

一日　午后《文汇报》卢侨生来，以张心征者所作《批评〈庄子探源〉》（任继愈作）嘱审订，谈至旁晚始去。卢，永定人，生于缅甸，故名侨生，社会学院毕业。晚看一之，未值。

二日　到建德新村，留吃馄饨，三时回。一之来，言四日船期。晚宗李来。梁斌来，盖后日赴香港演出，来告别也。

三日　回看金馆长。在天鹅阁午饭，饭后看十力，并一过乃仁。陈憬初来，江公望来，并未值。

四日　午饭后看一之，已行矣。又看江公望，未值。卢侨生寄来各杂志报纸，涉及《庄子》议论者共一卷。

五日　江公望来。本日移榻南房，避北窗寒气也。寄唐季芳信退回。

六日　到馆，在洪长兴午饭。饭后上课到者六人，颜书记先退。晚朱谪仙、姚以仪来，出示希鲁来信，言黄慕群死矣。袁仲逵来。陈丙一来一信，言修书事。

七日　邀吕家女佣王大姐来洗衣服。金煌来信，言其妻秀英生一女。本日报载外部有关中印边界的声明，西隅自此益多事矣。寄十元与老妻。买棉毛衫一、袜二、毛巾二，所有布票尽矣。佩秋来信，言抄稿有脱处，即覆之。

八日　草《谈研究庄子》文，应《文汇报》命也。午后看《被遗弃的人》电影,墨西哥片也,甚佳,足与《生的权利》一片媲美。杨志义送来鸡蛋六个,每个四角。

九日 写一信与卢侨生,约其星一来取件。又寄一片与老妻。午后到杨家还碗,而志义同时送来鸭子一只,竟相左,因候其回,还以鸭价每斤三元五角。晚看伯宣,自上次病后屡经反复,今虽愈,人犹软弱也。

十日 星期。余芷江来信借十金,午后亲自送去。便过乃仁,取回丝棉小袄,手工两元,又新加丝棉四两十六元,共十八元,旧丝棉则在中所赠也。

十一日 叔常来信帽子摘掉矣。随写一片答之。午后卢侨生应约来,文件交其带去。

十二日 戴刚伯忽来一航空信,言东北将邀予到长春讲学,此真新闻矣。当覆一信问其详,亦用航空寄去。培儿来一信,并附来叔常一信,与寄此者相同。又杨云汉一信。

十三日 市委来信,属未去,以此课未上。

十四日 馆内开会,讨论《辞海》语辞篇事。在天鹅阁午饭。午后看仲坚,留吃面归。家梅来一信。

十五日 覆家梅一信,并寄去二十元,十元还芝麻钱,十元买野味也,信寄江浦农场。又覆杨云汉一信。

十六日 早又到馆开会,谈苏阿问题、印度问题,十二时后始毕。过乃仁,乃仁已饭毕,为余煎饼、蒸蛋,并有菜粥,食之极美。二时半到复兴公园,前约也,到者稼生、树仁、朱二、程七,并叶亚男,五时散。冒雨看伯宣,已愈,树仁惠我鸡蛋六枚转送伯宣,留晚饭归。佩秋来一信。

十七日 谪仙来,带来代买鸡蛋三十三枚,价十三元七角。同到虹口公园,循序母子、雨甘、宗李姑侄、钟时母子夫妇子女先后来。以彝病,师宽因月秋病,静轩亦感冒,皆未到,五时各散。梁斌自宽州来一信。高仲常自泰县刀铺公社观五大队观音堂小队来一信。中华书局来信,约星二开会商讨新诗韵事。晚于太和送诗稿来审查。仲逵来谈。

十八日 覆佩秋一信,并寄去十元,豆价也。午后看以仪病,适往医院就诊,据子及说,似非大病也。

十九日 到《辞海》编辑所开会,为新韵事也。到会者约二十人,识者金子敦、傅东华、刘大杰、吴文湛、余在春,史馆到者金子敦外,予与谭子刚二人而已。备午饭,饭后散。晚洗澡。卖菜者来,托买青菜十三斤,送十斤与吕翼仁。

二十日 上课。课后看以彝,留晚饭,因张子彬由山左回带得鸡来也。

廿一日 过张履娴,知文约生日在明日,而于十七日已在美心请过客矣。午后看印尼电影《查雅布拉纳》。家梅回信来款收到。梁斌从广州来一信。

廿二日 到衡山路为张文约祝寿,送鸡蛋十只,请在衡山饭店午饭,义侄亦在。共主人、陆纪文,则四人也,饭后仍回其公寓小坐。便看伯宣,知已有信约明午在梅龙镇吃饭。佩秋覆信来。义侄亦有一信约后日晚饭,后日其生日也。

廿三日 赴伯宣约。饭后便过石公,石公须外出,故小谈即别。晚看仲逵。吕翼仁送来笋二只、马铃薯八枚。

廿四日 星期。早过翼仁,并与其王嫂一元洗衣费也。老妻来一信,易静贞代写,覆与一片。晚在义侄处吃饭,因其生日,送与银鱼罐头一个。

廿五日 早王树仁来,代买鸡蛋二十个,八元四角。午后李老来。戴刚伯来一信。晚看以仪病,尚未全愈。阿杭来,未值。

廿六日 江云鹏来一信贺年。午后到艺术剧院看电影《欢乐的节日》《黄河巨变》等,馆方所安排也。

廿七日 本定有课，来信言开会无暇，遂未去。寄一信与戴刚伯。

廿八日 午后再看以仪病，服中药好多矣，卓老太太亦在。晚看翟医生，未值，送其鸡蛋十枚。

廿九日 自昨日起天气大冷矣。余芝江寄还五元。《文汇报》来一贺年帖。武孙来一信。晚看向老，以叔兄病情相商。

三十日 写一信与锦文，告以叔兄小便不通，可服“通关滋肾丸”。又写一信覆武孙，告以孙思邈两言。龙女来一信。又写一信与陈丙一，附去小诗，转港《大公报》者。

三十一日 早树仁来，带到托买肉罐头四个，言江北有棉絮胎可买，托买四斤。重者一床，每斤五元，连工在内先付二十元。午后胡永恭来，明日回宁矣，送至横滨桥而别，因过仲逵谈。写一片覆龙女。梁斌由港来一信。十力来片，回到青云路。

一九六二年

一　月

一日　写一信与梁斌，寄广州转。午后看十力。

二日　午后再看以仪。

三日　午后上课，正将行而吴氏姊妹与阿娟来，阿娟带来豆粉等，又芝麻一斤。佩秋信云芝麻价四元，又磨豆粉索点心钱一元，因共交一百三十五元与阿娟带去，百三十元则豫付钞书款也。书钞好第五本一本，而版心太长，不中款式，既已钞成，无如为之何矣。

四日　买馒头不着，午后到虹口公园亦白跑，又是前年光景矣。与儿媳说定，十日后粮食各理。

五日　午后看乃仁，送其鸡蛋十个。便过汪家，惟丁舜兰在，小坐便回。晚宗李来，交粮票二斤，托其代买馒头。

六日　到华侨饭店听严、陶二馆长报告并领薪。在五味斋午饭，遇朱梦华，遂同到美术馆看摄影展。过采芝斋，买桂元、胡桃糖各半斤，贵极矣。

七日　星期。理发。写一信与黄佩秋。叔常来信，已迁回锦西市内。午过袁仲逵谈。晚过吕、李家。

八日　早□□志来，江公望来。欲洗澡而人多，遂回。

九日　早看宗李，托其买肉也。履周来一信，即覆之。又写一信与伯宣，约十三日在五味斋午饭。午后洗澡。晚朱谪仙来。宗李来，带来其父桐孙一信，又代买馒头八个。佩秋来信，言第三册由丙公写。

十日　写一片与鼎女。覆桐孙一信。午后看秋生，无大病，但舌苔白腻耳。

十一日　早送衣服与叶太太代洗，吕小姐所介也。午后过以仪，已起床矣。

十二日　看树仁，邀在杨浦酒家午饭，用六元有零。饭后到馆取购物票，共八张。又《忘老吟》已刻成，送两本。锦文来一信，叔兄病似益恶。

十三日　早王人杰来，告以下午之约，小坐便去。邀伯宣在五味斋午饭，用五元。饭后同至中山公园，则曹师宽、朱谪仙、吴氏姊妹、程七姑娘与其子俱先到，王人杰后到，五时将近散。便过师宽家一看。伯宣邀至其家晚饭，八时将近归。十力来一片，唐玉虬来一片。老妻与悌儿一片，芝麻已托郑瑜弟媳带来。

十四日　星期。覆十力一片。

十五日　覆玉虬一片，又写一片与金煌。

十六日　写一片与刘丙孙。杨云汉来一信，瑜媳来一信。

十七日　覆瑜媳一信，并寄去二十元。午后上课，而电话来告勿去，遂去看电影《木木》片，苏联出也。

十八日　午后看匈牙利影片《菲利与玛丽的故事》。志义送来代买风鸡一只，十八元四角。

十九日　早义侄来，约定三十日在彼处祭祖。江公望来问《孟子》。午后过以仪。晚宗李来，送板油一碗，江北带来者。

二十日　寄十元与伍立仲，并写一片去。叔常来一信，并附照片一张。午前再过以仪，托志义代买钢精锅，交与票七张，钱七元。午后看十力。

廿一日　江公望送白鲢两尾，未值。午后到虹口公园，买得赤豆糕六块，会见曹师宽夫妇及浦东王钟时一家与朱谪仙等，以幼朋所书阴长生《证道歌》送与谪仙。刘丙公来一覆信，瑜媳亦来一覆信。黄佩秋寄来抄件，并信一封。

廿二日　王人杰来还所借书。马科来改剧本，当场了之。覆丙孙、佩秋各一信。午后看向仲坚，托开方。在雷允上代叔兄购到“通关滋肾丸”三两，又自服“胎盘片”一瓶。

廿三日　午后过杨家，因前日志义送来塌科菜，问其价钱也。

廿四日　缴房地产税十八元九分。家铭来，当即“通关丸”等交其带宁。午后上课。课后李同志来，约星五午后在瞿家开小组会。上午馆中有会，未曾去。晚看仲逵。

廿五日　看王树仁，还代垫棉絮不足款拾元，并看其取麻油，午饭后回。立仲来信，寄款收到。丙孙亦来一信。伯宣来信，约星六在梅龙镇午餐。

廿六日　午后在瞿家开会，四时后散。子慧来信，已到北京，即来旋，可喜也。余芷江寄还五元。晚洗澡。

廿七日　赴伯宣约，先送衣服与叶太太洗，在吕小姐处小坐。晚仲逵来。

廿八日　王树仁来，五斤芝麻得油不足一斤，馀皆成酱矣。午后到虹口公园买得包子而回，足两日早餐矣。

廿九日　午后到杨家，取得代买铝锅一个、搪瓷碗一个，连前所买塌科菜，共六元，找回一角四分。

卅日　午后到馆取薪。晚在义侄家祭先，义侄送年礼，糖果半斤、奶油面包一个。龙女来一信，阿杭来一信。

三十一日 覆龙女一片。戴刚伯来一信。午后到虹口公园购得馒头。在永安看《哈蒂发》电影，甚佳。

（以下缺）

五月

廿一日 整理书籍、衣着。晚饭后与恽、吴二老回看匡亚明，小坐即返。

廿二日 改在阅览室上课，旁听者又增于前矣。得悌儿一信，言上海史馆将五月薪送至家中，当覆一信片，令其退回。晚戴正雄来，代买得小椅一张，价二元。得朱谪仙一信。

廿三日 写一信片与徐伯儒，因悌儿信中言其曾相过，并云其子乃昌亦在长春也。又写一信与苏锋、冯浩，为退回五月薪资事。上午及下午并到所听周恩来在人代会政治报告，上午由石静山宣读，下午由李所长宣读。龙女来一信。

廿四日 以仪来一信。写一信片与乃仁，一信片与陈丙一。得李所长电话，言吴稚鹤讲课时忽卒中，由石主任送省立医院，云是脑溢血，可虑也。午后佟、李两所长来，则吴稚鹤已于十二时半长逝，哀矣。王玉哲、陈桂英二人来问课，继之徐志锐亦来，约谈两小时许。晚应尔玉、刘淑琴来，因匡亚明校长来，遂去。

廿五日 上课。得树仁一信。发一信片与朱月轩，一信片与丁筱珊夫妇。一信片与郑仲青，问《补正字简》价。姚以彝来一信。

廿六日 雨，又转冷。边永孝由北京回，带来沱茶、萨奇马及糖果等。陆老字泳沂，名懋德。夫妇来。午后戴正雄来，与同到综合服务处洗澡，以须等，遂理发而回。四时后所内为吴稚鹤开追悼会，与恽老及张伯驹夫妇四人合送花圈一个。晚石、王两主任及边永孝来谈伙食事，言自下月起可分食。十力来一信。

廿七日 星期。写一信与姚以彝。李书记与金晓村来，佟所长来。戴正雄来，与同步行至长江路乌苏里西餐馆，人多菜恶，遂走去购糕点两元九角充饥。同乘电车至建筑工程学院其宿舍中，先过自由市场，以四元买得鸡蛋十枚，各煮两枚食之。其同舍者一周姓，山东人，一任姓，亦上海人。盘桓至五时后，正雄送予由新民路步行而归，晚饭后八时半正雄始去。家颖来，未值。

廿八日 发一信与家梅，并附去风景信片一份。又写一信与家颖。午后吴稚鹤夫人及其子来谢。应尔玉、赵华、刘淑琴、马孝兰、李纯德、高瑞宝、傅星先后来问课，谈约三时之久而去。仲逵来一信，希鲁来一信，秋生来一信附一诗。

廿九日 上课。接德贞一信。午后洗澡。正雄来，代买得麦精鱼肝油一瓶。

三十日 十力所寄书由边永孝送来，托边代取存款一百元。得星贤一信，江公望一信。三时后孙与常、范寿琨、陈福林来问课。晚金晓村来，欲予为人文科学会作一次讲演，谢之。佟老来。家颖偕其夫李铁羽来。《乾坤衍》四册送研究所、吉林大学各一册，佟老、金晓村各一册。

三十一日 发一信片与德贞，告以星期六将往吉林。边永孝送款来，交十五元托其代买车票。午后米治国、李长庆来问课。武孙来一信，随写一信覆之，并寄与风景信片一套。又寄一诗与王人杰。徐伯儒来一信，言其子乃昌在空军卫生学校，地点为隆礼十三号，又秦树岚次子裕琏在汽车厂工作。家颖送一闹钟来。

六　月

一日 上课，讲《里仁篇》毕。付上月十一日伙食钱十七元六角，粮票九两。得伯宣一信，刚伯一信，又得杨云汉一信。发一信与李金煌。

二日　寄一信与十力。午后乘二时零三分车赴吉林，边永孝陪行，六时半到，住市宾馆，即在松花江边。在宾馆晚饭后，乘小汽车到土城子看德贞，祖源夫妇并在家，小谈，仍原车归。德贞老瘦多矣。

三日　早饭后与老边步行到江桥一巡，复同乘车到北山，旧为关帝庙，后则三皇殿，又后为玉皇阁，盖道观也，今改公园矣。正值庙会，游人甚众，故仅及玉皇阁前而止。下山至土城子，边先回，余留连至晚饭，由祖源同乘无轨电车送至火车站，改乘汽车至南马路下，约步行十分左右即至宾馆矣。许菊英为买红烧鱼、炒猪肝各一盘，费颇不赀。晚饭则煎饼炒蛋、小米稀饭，亦甚适口。送德贞鱼肝油一瓶，送娃娃们糖果、点心，共四元。

四日　早仍与永孝沿江边行，值有渡船，因渡至江南公园一看，由江桥回。天转凉，午后乘三时火车回长春，七时零十分到。此行宾馆宿食费、火车、汽车费共用六十馀元。

五日　上课，讲《公冶长篇》毕。得家梅一信，文一信，乃仁一信，萧宇元一信，郑仲青一信。写一信与悌儿，催粮票。一信与徐乃昌，约相见，因前日渠曾有电话来也。信刚发而乃昌来，至晚九时后去。

六日　寄二十元与梅孙。覆陆希鲁一信、江公望一信，又写一信与鼎女。午后程迅、应尔玉、赵华、周学青来问。得任心叔信，言《四书纂疏》已寄三十部来。又得郑仲青一信，言《字简补正》已寄首册来。晚佟所长来谈。傅文骏送来汇款收条并新买邮票。

七日　叶老师来，将复性书院书价目录交与之。午后徐志锐来问课，带来汪、丁二人一信，金馆长一信。

八日　讲《雍也篇》。悌儿寄粮票信到。郑仲青寄《字简补正》亦来。又得仲九一信，袁康年一信。戴正雄来，留晚饭去。

九日　覆悌儿一信，并寄风景信片一套附与斌孙。看家颖，未值。到所内图书馆借得孙仲容《周礼正义》一本回。傍晚家颖来。晚饭后与恽老同过李书记家。

十日　写一信与王季老，一信与永圻、翼仁，一信与梅孙。一信与文孙，附去风景信片一套。又一片与萧宇元。午前两所长来。与恽、陆二老到博物馆看唐宋以来墨迹，戴正雄亦随去。戴午饭后前去。吴桐孙来一信，宗李终不免还乡矣。

十一日　所中送薪来，交五十元与傅文骏寄与老妻。午后刘淑琴、王树森、高瑞保、刘景禄、周兴来问课。晚所中为陆老夫妇洗尘，并邀于思伯、金晓村及余等作陪。家颖来。

十二日　龙女来一信，仲逵来一信，梁斌来一信。写一信与老妻，并附告龙女数言。又一信与陈憬初，一信与仲逵，一信与任心叔。讲《述而篇》未毕。连日天转热，虽有风，燥甚。又写一信与宜荪夫妇。叔常来信，鼎女入医院，病有起色矣。

十三日　汇四十元与任心叔。写一片与德贞。九时后天雨复转凉。戴正雄来，留吃面，七时后去。王树森、刘景禄、刘淑琴、周兴来问业，九时后始去。

十四日　瑜媳、悌儿、梅孙、武孙各来一信。午后马孝兰、周学青先后来问业。寄一信与杨云汉。

十五日　讲《述而篇》《泰伯篇》。写一信覆袁康年。

十六日　所内全体到净月潭野游。净月潭即本市饮水水源也，离市约二十公里，余与恽老乘大汽车往而乘小汽车归。在山间野餐，面包、酥饼皆宾馆作。得王人杰一信，寄来三律。又刘公纯一信，附来《四书纂疏》二十部提单。付上半月伙食费廿二圆一角七分。

十七日　星期。寄一信与悌儿，陶家减房租二元。午后徐乃昌与秦裕琏夫妇抱其小儿来，盘桓时馀去。晚家颖来。

十八日　将公纯信并提单统交叶幼泉，属由所作覆，并即将所垫寄费汇去。午后正雄来，晚饭后与之散步，至永昌路便看傅文骏，其夫人何氏在小学任教，所住吉大永昌宿舍三楼，其秽正与家颖住处同。

经济所限与？柳习俗本然与？

十九日 讲《子罕篇》，颇多新解，不知听者能接受否。得宗李一信，希鲁一信，陈丙一一信，永圻、翼仁各一信，又文孙女一信。龙女一信寄伯宣，并附一信与希鲁。

二十日 午后开会，谈台湾有蠢动之势，由李所长主持。晚幼泉来谈，邀金子敦讲学事。易氏侄媳来一信，言寄老妻款已收到矣。

廿一日 写一信覆吴桐孙，一信覆刘公纯。徐志锐、崔国玺、梁志忠来问业。写一信与郑仲青。培儿来一片。

廿二日 讲《乡党篇》。正雄、家颖来，并留饭去。约傅文骏同看金晓村，正雄亦同去，少坐即归。

廿三日 王玉哲、刘淑琴来问业。

廿四日 星期。金晓村来，两所长来。命厨师烹一鸡送佟老，三人共送者也。写一信与徐伯儒。

廿五日 得任心叔覆信，款收到矣。又得彭祖年一信。义侄一信，言杏城侄女寄来奶粉等，王实秋一信，附来其本人及冕甫、慎诸二人和愚《过草堂旧址》诗。又吴桐孙一信。午后应尔玉、赵华、傅星、李纯德、王树森来问业。

廿六日 上课，讲《先进篇》。悌儿来一信。希鲁寄《古文学馀》提单到。午后顾宝田、孙与常、靳树鹏、范寿琨四人来问业。理发。

廿七日 洗澡。希鲁所寄《古文学馀》由郭司机取来。

廿八日 写一片与培儿，一片与义侄。应尔玉、崔国玺、陈福林来问。翟医生、陈憬初各来一信。

廿九日 上课。得希鲁由上海寄来一信，附有各人所和诗。午后三时后，关山复部长由两所长陪来，与同住三人谈约二小时去。晚叶老师捎来十力一片、郑仲青一信、鼎女一信、丁筱珊夫妇一信、江公望一信。德贞由天津寄来一信。

卅日 寄四十元与德贞，由其婿王瑞卿转，昨来信借也。又寄二十元〇五角与陆希鲁，还《古文学馀》书价及包裹寄费。李金煌来一信。写一信与德贞，又一片覆十力。

七　月

一日　写一信与希鲁。一信与王实秋，并用原韵再作一律附去。金晓村来，出所作各文登于学报者以示，留之。戴正雄来，留午饭去。三时周兴介孙木寒、曹金二人来见。曹，周之同学，朝阳人，孙则吉林双阳人，皆在青年团工作，孙为宣传部长。连日有雨势而卒无雨，今日雷声甚猛，雨则点滴而已。

二日　伯宣来一信，仲坚来一信。晚关部长请客，即在本处，余不觉微醺矣。高瑞宝、马孝兰来问书。

三日　讲《颜渊篇》毕，《子路篇》发明“正名”二字甚详。三时后李所长来，邀三人同往一号回候关部长，谈约一时许，便过宋部长家，亦回候也。

四日　悌儿所寄药来。德贞来信，款收到矣。午后四时傅文骏来。

五日　写一信与梁斌，附一纸与正勤，一纸与马科。傅星、赵华、崔国玺来问课。晚厚圻来，开桃子一罐饷之。

六日　上课，讲《宪问章》毕。寄一信与吴桐孙。三时后天雨。家颖来，傅文俊来。

七日　天续雨，至夜方止，大半沾濡矣。龙女来一信。晚周学青来，出所作《礼记》笔记相示，杂乱之甚。

八日　午饭后厚圻送来油纸扇一柄、草拖鞋一双，问其价，坚不言，但言借二十元而去。写一信与全官，为掉换粮票也。

九日　寄十元与伍立仲，又寄一信去。又覆龙珠一信。寄戴正雄一信，邀其星期三来，雨甚则星期五来。傅文俊送报至，家颖送所洗衣服来。石静山来。

十日 本日行开所礼，余发言十馀分钟。午后三时会餐，归寓已五时后。戴正雄送果酱来，未值。宗李来一信。

十一日 午后戴正雄来，与冒雨至小南湖一看。因雨甚，遂转至红旗街乘电车归，正雄晚饭后去。

十二日 边永孝送冰片与甘油锭来。午后关部长来辞行，李所长、石主任与关之秘书贾君亦同来。

十三日 上课，讲《论语》后六篇次序大义。写一信覆吴宗李。希鲁来信，款收到矣。十力来一片，悌儿亦寄来粮票。正雄送代买绿豆糕与西点来，遂同去洗澡，归来晚饭时颖侄孙女来，因并留饭去。

十四日 陆太太送罐头橘子一杯，以绿豆糕与西点一盘酬之。陈冕甫寄来一信，并附有答诗，姚以彝亦寄来和诗并卫素存、洪雨甘各一诗。李小川亦来一信，寥寥数语而已。午后佟所长来，言本省协商会议想予列席，又谈及十月后南归与否事，谈甚久始去。晚王树森来谈。

十五日 星期。午前徐志锐、李长庆二人来问。晚饭后到儿童公园，从侧门出，几于迷路，绕道至解放大路而后归。

十六日 王树森、李长庆、周兴来问。北京中华书局寄还《庄子发微》。孙与常、李纯德、陈福林来问。得马宗霍一信、朱谪仙一信、刘公纯一信。石主任来，言后日南行，为写一信与任心叔为介，又写一信与刘公纯介看复性书院书板，又托带一信与悌儿。付上月十七日起下半月伙食钱十四元二角、粮票九斤一两。

十七日 讲《卫灵公》篇毕。晚看佟所长。

十八日 三时后戴正雄来，与同到隆礼路看徐乃昌，邀往长春饭店晚饭。饭后复与正雄到儿童公园盘桓，久久始归。希鲁来一信。吴桐孙来一信，附来顾二先生诗二章。

十九日 陶器成来一信。伍立仲来一信，款收到矣。协商会送通知来。

廿日 上课。托邓同志到协商会报到，取得日程单与餐券等。发一信与悌儿，并将陶器成信附去，嘱其保留。又写一信与姚以彝，将所改洪雨甘并其本人二诗寄去。家颖来，王主任与朱文才来。付上月鸡、羊肝、猪肉钱八元八角五分。

廿一日 李长庆、米治国、刘景禄三人来问业。午后佟老与宋心池处长来，宋为协商会议事介佟老来谈也。

廿二日 星期。午前李所长来谈减少课程事。金晓村来。午后家颖来。写一信与十力，一信与袁仲逵，并交家颖投递。晚正雄来，以雨大，遂留未去。

廿三日 协商会开会，至十二时四十分始毕。本拟即乘车回，遇关老招呼乃同至餐厅午饭，同桌者有吉林师范校长张□□、成盛三副委员长等。

廿四日 上、下午皆听周总理报告。午饭、晚饭皆在会。晚看评剧《武则天》，未终便回。

廿五日 心叔来一信，并寄来藕粉一盒。午前到会听吉林省工作报告，并印好发与各人。午后小组会议未去。郑仲青来一信。

廿六日 上午参加小组会议，午后未去。祖源来一信，言粮票不须掉换矣。

廿七日 上课，《季氏篇》完。午后开小组会。晚餐后登车时忽遇莽大令，亦来列席者，在吉林师范大学多年矣。因同归寓，谈至九时后始去。

廿八日 上午仍开小组会。午后正雄来，代买得热水瓶一个，晚始去。悌儿来一信，附来唐玉虬一信、徐新元一信。又季家骥来一信。

廿九日 写一信与任心叔。一信与老妻，属将到期息金转与龙女。又一信与朱谪仙，一信与唐玉虬。邀戴正雄来午饭，至五时半始至，晚饭后即去。义侄寄得猪油来，前杏城侄女所送也。

三十日 上午到会，午后未去。德贞来信借款，即覆一片。又梁斌、陈景初各来一信。郑仲青来一信，并附来证件，又转来李凤山一信。写一信与徐乃昌，托其打听军医大学能否医治号腿病，祖源来信问此也。

三十一 上午课讲《阳货篇》。午后到军医大学第二医院拔牙，由朱文才陪去，以其大夫张斌朱与之相识也。归途便过省立医院看佟老。发一信与悌儿，并附一信与徐新元，嘱悌将《庄子发微》稿面送与徐。

八月

一日 到会听大众发言，午后未去。乃昌来回复医治号腿事。家栋来一信，问何时可去哈。姚以彝有信，并附来王循序两诗。

二日 上午再到军大医院作牙模，仍由朱文才陪去。午后到会听大众发言，遇袁孟超，亦前第一中学学生也。晚饭后回。覆家栋一信。易静贞来一信，袁仲逵来一信。

三日 讲《阳货篇》毕。寄二十元与德贞。武孙由蚌埠来一信，通信处为西字信箱三十五号。午后列席人代会，盖今日结束矣。

四日 午前政协仍开小组会。写一信片与祖源，一片与郑仲青，又一片与宜之侄。午后会结束，未去。马宗霍夫妇今晚到，与两所长同到车站相接，马住国际旅行社。正雄来，晚饭去。家颖夫妇来。

五日 覆李凤山一信。覆武孙一信，并附一信与金煌，令武孙持此往见。正雄来洗澡，午饭后与同游胜利公园，回晚饭后去。周学青来问业。

六日 汪宜荪来一信。晚饭后访关老，相距甚近也。家颖夫妇来。

七日 讲《微子篇》毕，《子张篇》略半。午后宗霍夫妇来回看，佟老亦陪来，并会见陆、恽两老。晚金晓村偕张德钧来谈。张南充人，为晓村复性书院同学，现在北京历史研究所任职，因在海拉尔休养，遂过此间也。

八日 徐志锐来问。午后与陆、恽、马诸公同参观汽车厂。叶幼泉送本月薪金来。晚所长请宗霍夫妇晚饭，邀余作陪。

九日 午后佟老来，言石静山有信，杭州大学不放心叔走，因将刘小从略历交与佟老。赵华与一旁听生河南人名□者来问课。戴正雄来，晚饭后与同散步归始去。寄一信片与德贞，问寄款收到否。

十日 讲《论语》毕。借《吉林通志》一套审阅之。

十一日 午后邓秀芝来，言快车坐位虽无软席，而比慢车软席强，决星期一乘北京直达哈快车行。恽公孚今日回北京。

十二日 正雄来。午后乃昌来，晚饭后同到儿童公园，月色甚佳。

十三日 上海寄来衣箱并书一包，由邓秀芝送来。午后偕正雄同赴哈尔滨，邓秀芝送上车。六时后到哈，家栋侄孙夫妇又交际处李宝纯者并来接，因遂宿北方大厦即黑龙江省宾馆也。临行时得任心叔一信。

十四日 移住东北农学院招待所，与家栋宿舍密迩，甚便也。宾馆一宿并汽车来往共二十圆有零。晚家栋夫妇在哈尔滨旅行社为余洗尘，便至松花江边一看，所谓斯大林公园也。

十五日 参观博物馆。

十六日 游杨靖宇公园。午后全家与陈健夫、戴正雄在曙光照相馆拍一照，又与戴别拍一照，款由我付，共十六元馀。陈健夫侄女婿来，并带来鲤鱼一尾。

十七日 参观烈士馆。午后巡行农学院一周。陈一讷来。家栋又邀陈健夫与余等在哈尔滨旅舍晚饭，一讷因在江北休养，急想归，先去。

十八日 未出游。

十九日 乘午后一时车回长，家栋夫妇送上车，李宝纯亦赶来送。五时抵长，朱文才来接，遂同乘车回寓。陆老伤足，夫妇并住医院，遂馀予一人，因留正雄同住未去。郑仲青来一信，款及证件收到矣。

二十日 早叶老师来，带来悌儿一信，航空挂号，因内有所寄箱子、书等提单也。又武孙一信、丽官一信、朱谪仙一信、吴桐孙一信，又祖源一信。午后石主任与叶皆来，带来麻油及蜜各一瓶，谈与心叔、公纯见面及书版事甚详，石昨日始回也。因同乘车到医院看陆咏沂伤足，又同到旅行社看宗霍。发一信片与家栋，告以安抵长寓。

廿一日 发一信与悌儿。佟老来。偕正雄到服务处洗澡，午后同去长江路看西班牙影片《房客》。晚家颖夫妇来。连日皆留正雄同住，因小楼惟予一人也。并与佟老、老石言明，因将木床从间壁吴稚鹤房内搬至我里间。

廿二日 覆武孙一信，并附去一照片。又覆汪宜荪夫妇一信，信来已多日矣。叶老师送托借《孟子四考》来。周兴送来各研究生所缴文字二十一篇，为改定米治国、徐志锐、应尔玉、靳树鹏及周兴共五篇文字，以米治国为最优。后米治国又送来三篇，晚改李纯德一篇。

廿三日 孙兴常来，当即将其文字改正发还。袁孟超来。江公望来一信。蒋云从来一信，又转来郑宝隆一信。复改正高瑞宝、王树森、刘景禄、梁志忠、陈福林、范寿琨等文字共六篇。买得张舜徽所著《中国古代史籍校读法》一本，中华书局推销者也，价九角。

廿四日 覆吴桐孙一信。陈憬初之子海峰来，本在辽宁阜新煤矿学院任教，其妻在长市地质学校工作。来看其妻者也。妻亦陈姓，名椒。午后改王玉哲、刘淑琴、陈桂英、李长庆文四篇，陈桂英最明顺。

廿五日 叶幼泉捎来周学青文一篇，即为改正，又改马孝兰、傅星、崔国玺、赵华、顾宝田等五篇。陈福林来，王树森来，并将所改文字取去。

廿六日 早徐志锐、米治国来，旋应尔玉、赵华、刘淑琴来，旋梁志忠来。午后王树森、刘景禄来。徐、米、应、赵、刘、梁、刘七人将所改文取去。与正雄理发。正雄之友戴珊明来，晚饭后正雄邀同到军人俱乐部看苏联电影《体育之光》。家颖送枕头席来，未值。各文改毕。

廿七日　傅星、李纯德、高瑞宝、崔国玺、李长庆、程迅、陈桂英、马效兰、周学青先后来，各将所改文字指正发还。石、王两主任来。李所长送来在净月潭为摄照片。覆江公望一信。写一信与伯宣，一片与德贞。

廿八日　叶幼泉来，佟老来。刘公纯来一信，并附来湛翁一信，为书板事也。德贞来一信，家栋来一信。恽公孚来信，明日五时返长矣。夜以咳嗽，睡未好。

廿九日　午后由邓秀芝陪同到省医院诊视，大夫胡姓医师也，给青霉素、土霉素各一包，止咳药水一瓶。

卅日　早佟老来，因以马湛翁来信示之，备作覆也。午睡时忽陶器成来一电报，要装煤气，遂未能入睡。写一信告悌儿，令转告以后勿再来烦。顾宝田、范寿琨来取所改文去。

三十一　原定今日作《论语》总结，恽公孚商令让之，改下星期一。午后马宗霍夫妇来。

九　月

一日　袁仲逵来一信。唐玉虬来一信。有文化局与美术家协会寄来书法、篆刻展览通知，征集展品。午后四点半与正雄同至西康路看莽大令，其妻川人也，名杨素秋，留晚饭，辞之。李凤山来一信，又寄来李景春《周易哲学》一书令阅之。

二日　冯友兰来。下午偕正雄到长影影院看电影智利片《圣地亚哥之行》。归途过金晓村小谈，会天将雨，急归，而石、叶二君已候于门，言金子敦今晚到长，遂同乘车，复与佟、李两所长往车站迎之，送至旅行社始回晚餐。

三日　早到所作《论语》总结。文孙来一信。晚两所长在旅行社为金子敦洗尘，邀余作陪。寄一片与悌儿，令将毡帽、牙粉检出，候王贵到沪带长。

四日 金子敦邀往一谈，讲《尚书》大略。归途回看冯友兰。在寓烧水洗澡。武孙来一信。

五日 悌儿寄九月份粮票来。鼎女来一信。午后周兴来谈，彼盖欲学哲学者也。家颖来，取衬衫去洗。付上月伙食费三十七元四角四分。

六日 到所听金老讲课。十力来一片。覆鼎女一信、文孙一片，又李凤山一信。

七日 江公望来一信。萧宇元来信，已考入科技大学矣。晚厚圻来，还所借二十圆。

八日 寄四十元与老妻，并写一信去。午后家颖夫妇来。夜咳嗽甚，睡未好。叶老师送本月薪金来。

九日 米治国、李长庆来。薄暮与正雄同到财贸学院看袁孟超，其夫人曰王□□，广东人而生于苏州者也，亦在财贸学院教英文；一女廿三岁，在吉林师范学院读外语系。

十日 写一信与蒋礼鸿。午后叶幼泉来，言《孟子》从下星期开讲，时间仍为星期二、五。朱文才来。又写一片覆萧宇元。

十一日 晚偕正雄看哈尔滨马戏团表演。

十二日 听金子敦讲课。任心叔、王星贤各来一信。又徐新元来一信，似《庄子发微》人民出版社可以出版，但须圈点与每段作一总说耳。午后马老夫妇及金子敦、邓秀芝同来，马之来盖为辞行，星六将回北京矣。写一片与悌儿，属将毡帽等寄来。晚徐乃昌来。铁羽来。伯宣来一信。

十三日 中秋。正雄昨晚回校过节，有饮食也。写一信与袁仲逵，一信与姚以彝。刘公纯来信，言所内有电购《孟子纂疏》，已寄八部来。袁仲逵亦来一信。又家中转来沈瘦石八十近作。夜有雷雨。

十四日　看宗霍夫妇，言明日不送行矣。正雄午饭时回。覆徐新元一信，挂号。并将《发微》序寄去。

十五日　寄一信与心叔上海。叶幼泉来、边永孝来。吉大科学研究处朱纯与吴锦东来邀余讲演。晚偕正雄看电影《继承人》，苏联片也。

十六日　上午李书记来。下午宋部长来，旋于思白亦来。宋已饭，于则张伯驹留晚饭，共谈至八时始去。内子来一信，寄款收到矣。

十七日　写一信与季家骥，又写一信覆王星贤。

十八日　龙珠来一信，附来王子慧呈文与诗，不知能动当道之听否。又宗李来一信。买围巾一条，四圆三角八分。

十九日　**二十日**　无事。

二十一日　悌儿来一信，李度来一信。天又转凉矣。

廿二日　始讲《孟子》。

廿三日　星期。午前金晓村来，午后袁孟超来。写一片寄悌儿，属买丝棉半斤。

廿四日　寄一信与伯宣，谈及刘二先生欲分老夫子讲席事，又附去《中秋寄怀南中诸友》一律，欲其分示诸人。晚请陆太太母女看电影《冰海沉舟》，在工人文化宫，美国片也。杨志忠兄弟来一信，通信地址为北京西钓鱼台三十号东院空军第四研究所，志信仍在北京工业大学四系无机组。

廿五日　写一信覆吴宗李，令其寄二十元与陆希鲁。希鲁来一信，并附来顾雨村一诗，李凤山亦来一信。

廿六日　续讲《孟子》，仅毕两章。星贤来一信，因前信劝其北来，谢谢之。

廿七日　天雨，又转凉。午后傅文骏送《吉林通志》第二套来。

廿八日　讲《孟子》至“见梁襄王”毕。午后金子敦来谈，叶幼泉陪来。

廿九日 赵蕴安来一信,并寄来《海沙诗钞》两本。徐新元有信来,《庄子发微》稿即寄回标点校阅,大概可以付印矣。写一信覆杨志忠兄弟。

卅日 王□□送明日国庆观礼券来。午后三时到所聚餐,餐后五时有晚会,旋至八时始回。《庄子发微》稿寄到。云从有一信,言吴天五愿来。李凤山之妻王剑英来一信。

十　月

一日 寄云从一信,索天五详历。覆李凤山一信。写一信与陆希鲁,告以今年不能南回,促其去沪。又寄一信与王树人。九时半参与国庆,在观礼台站立两时,幸尚能支。

二日 早到所查书。午后在宾馆看电影《雷雨》。萧湄偕周学青来。蒋云从又来一信。姚以彝夫妇来一信。

三日 郑丽蓉来。

四日 午后唐长儒来。昨日到长,吉林大学约来讲隋唐史,因金晓村言知余在此,故过访焉。住吉林大学招待所,咫尺间耳。金子敦移来。

五日 上课,金子敦亦去听讲。赵蕴安《海沙诗》寄到。朱纯与张英华来,再定讲演日期。张,研究所主任也。

六日 吴桐孙来信,言苏州款寄去十元,馀十元续寄,余所寄存五十元殆已罄尽矣。晚胡珍生、沈焮两新生来谈,皆师大中文系毕业者也。覆赵蕴安一信。

七日 金晓村来,李所长来。午后佟所长来。上海寄毡帽、牙粉,由所取来。

八日 连日标点《庄子》,而金子敦时来谈,故进功甚缓。午后朱文才来装窗幔。

九日 上课。强天健来信告贷。悌儿寄粮票来。

十日 寄二十元与天健，十元与吴桐孙，还其寄与陆希鲁之款也。小邓送代取粮票来。

十一日 写一信与桐孙，一信与悌儿。

十二日 讲《孟子》至“好货好色”章。希鲁来信，劝南旋。梁斌来信告贷。吴桐孙、蒋云从亦来一信。

十三日 寄四十元与梁斌，由南通人民剧场转。写一信与王剑英，告以凤山无相从之可能。

十四日 写一信与梁斌。早南开大学四研究生偕沈炌、胡珍生与魏鉴勋来见。王树森与杨森来，金晓村来。午后与正雄同到第五百货公司，买得杏仁蜜与山楂酱回。

十五日 写一信与十力。晚看唐长儒，明日行矣。

十六日 上课。将云从来信，所附吴天五履历一纸交与所长。晚吉林大学请在招待所吃饭，因邀金子敦与余讲演也。

十七日 洗澡。晚金老过谈甚久。龙女来一信。

十八日 覆龙女一信。吴天五来一信，去北京矣，住东四十条五十一号其妹吴闻处。晚所内为金老饯行，在国际旅行社，邀余作陪。

十九日 上课，至十时便下课，送金子敦行。

二十日 家铭由南京来，带来黑芝麻二斤，颖之子亦随之来。铭将去哈尔滨电机厂工作，芝麻当交家颖代为炒熟研碎。

廿一日 星期。

廿二日 朱纯来，约定后日午后二时半在吉大礼堂讲“理学大概”，二时半起。李永圻来一信，并附来吕翼仁游太湖两绝句。

廿三日 叶幼泉来，知今日无课，盖连日储冬菜忙也。午后张广多来问课。应尔玉送代洗被头来。

廿四日 午后在吉林大学讲“宋明理学”，自二时半起，约五时止。匡、刘两校长及金、刘诸主任皆来听，听者约百馀人。

廿五日　写一信片与蒋云从，告以吴天五书稿迄未寄到。

廿六日　上课。收到梁斌、吴桐孙信，款寄到无误。又收到文孙女、李凤山信。姚以彝来一信，附来秋生一诗。十力一信片，言病久，今始复。晚与正雄在体育馆看国家体育队表演。前吴天五信托叶约泉转上佟老。

廿七日　得伯宣一信。晚过颖侄孙女家。王主任、朱秘书来，朱由北京代买糖果一斤来。

廿八日　星期。午后佟老来。

廿九日　李铁羽送代炒芝麻来。《庄子发微》标点毕，寄回上海人民出版社，并写一信与徐新元。又覆姚以彝一信，并附与陆希鲁一信。唐玉虬来一信。德贞来一信，言还款二十元。

卅日　上课。金子敦由沪来一信。

三十一　正雄明日去通化，送以鸡头两个。本日洗澡。

十一月

一日　上课。戴珊明来送正雄行。家颖来。正雄五时走。苏渊雷来一信，并附有诗及所作《论孔子与六经》文。

二日　寄一信与十力。一信覆李永圻，一信覆吴天五。午前徐乃昌来，带来其父伯儒所赠龙井茶一盒。

三日　覆苏渊雷一信。写一信与陈冕甫，问所辑师门事迹。

四日　写一信与徐伯儒，谢其馈茶。覆金子敦一信，又为强天健事写一信与朱励予。午后四时邀傅文骏同看边永孝，为家颖事也。便过石、王二主任家。

五日　云从来一信，季家骥来一信。李所长、叶老师来谈邀吴天五事，因发一信与任心叔，寄浦江饭店。

六日 上课,《公孙丑篇》毕。家中寄粮票来,信系斌孙所写。

七日 吴天五寄《杜诗选注》一本来。

八日 覆斌孙一信、文孙一信、李凤山一信、袁仲逵一信。

九日 上课。正雄有信来,六日发也。

十日 写一信与正雄。理发。

十一日 李书记来。晚所内安排在长影看法国片,贩卖黑奴事也。

十二日 从恽老借《崇陵传信录》阅之,其先人所撰也。徐伯儒来一信。

十三日 上课。

十四日 买衣料,表里各一段,共二十七元馀。

十五日 李凤山来一信。冕父有覆信,并寄来所作《师门与泰州学派》一文。王树人、叶亚男亦各来一信。晚叶幼泉来,言佟老在京检查未毕,归期尚有待。

十六日 上课,《滕文公上篇》毕。

十七日 写一信覆唐玉虬。在寓洗澡。

十八日 覆叶亚男一信。

十九日 吴天五来一信,李永圻来一信。姚以彝、陆希鲁各来一信,并附来曹、程各人诗。赵蕴安来信,为郑逸梅索写梅花诗。上海人民出版社来信,言《庄子发微》出版尚有待。斌孙寄来手巾两条。李所长来,当将吴天五信交其转寄佟老。

二十日 讲"外人皆称夫子好辩"与"陈代问""景春问""周霄问",共四章。朱纯来,约再作一次演讲。

二十一日 写一信覆吴天五。写一信与余乃仁,并将为郑逸梅所作诗附去,嘱转赵蕴安。又写一信与杨志信。诗云:"岂是梅花不耐寒,雪深亦自托根难。南人积好无由遣,置得盆栽闭户看。"长题谓:"东北无梅,有之唯盆栽耳。然亦南人携来,土著者未知好矣。允安来书,为其友郑君乞作梅花诗,念此亦谈梅者故实,不可不识也,为题二十八字归之。”

廿二日 到所查书，与陆老同去同回。

廿三日 讲《孟子·滕文公篇》毕。朱励予来一信。

廿四日 小戴来一信，鼎女来一信。写一信与李凤山。

廿五日 星期。李、石两公来，言佟所长今晚归矣。写一信与小戴，一信与鼎女，一信与伯宣。

廿六日 午后佟老来，言吴天五已约定。

廿七日 上课，讲《离娄上篇》。午后王、张两主任及边秘书来。

廿八日 发一挂号信与任心叔，为运书版事也。晚张主任来，写一信与吴天五带至北京为介。

廿九日 午后复在吉林大学讲“宋明理学”，大致继续前讲，归于“居敬穷理”两端。武孙来一信。

三十日 讲《离娄上篇》毕，下篇讲十馀章。家颖夫妇来，带来南京所寄酱瓜一条。

十二月

一日 早王树森来。

二日 佟所长与刘校长来。李铁羽送代做肘子来。金晓村来。

三日 写一信与杨子及夫妇，一信寄武孙。黑龙江五见习研究员李福财、董克昌、陶成、任中杰、林煊文来问“仁义与养气”，谈一时馀去。傅文骏来，送来老边代买苹果六个。

四日 上课。收到斌孙来信并粮票，又转来余芷江一信，随覆一信与悌儿。又得仲逵一信，杨志信一信，吴天五一信，叶亚男一信。李凤山一信，并寄来船山《庄子通》一本。

五日 洗澡。

六日　所内无米供应,以一元一斤之价买米二斤。任心叔由上海来一信。

七日　讲《离娄篇》毕。梅孙及吴桐孙各来一信。

八日　覆余芷江一信。鼎女自锦西与一安姓者来,言昨日到,将往化学研究所阅取材料,住应用化学招待所,午饭后去。乃仁来一信。

九日　鼎女来为余洗衣服,家颖亦来,共吃午饭去,鼎在颖处晚饭后始回招待所。

十日　彭祖年来一信。鼎来晚饭。

十一日　以任心叔信交与佟所长。上课,讲《万章篇》五章。午后李所长、边秘书来谈。金子敦来一信。

十二日　鼎女来,宿于此。夜大风。家梅寄芝麻、花生到。

十三日　鼎女赴沈,交与四圆买糖果带与小孩。写一信与家梅。午后家颖送所洗被里来。

十四日　讲《万章上篇》毕。覆金老一信,又写一信与袁仲逵,答以将南旋。

十五日　宋振廷部长到张伯驹处,曾过谈。

十六日　上午金晓村来谈,并送来山东纪念孔子记录及各家文字与阅。朱文才来。午后宋部长复来谈。朱纯来,邀往吉大看电影《蔓萝花》,看后便回候刘校长,索"理学书目",为开一纸与之。

十七日　德贞来一信,并寄还二十元。王人杰来一信,李凤山又来一信,宗李来一信。

十八日　为诸生讲理学与佛道两家关系,共讲三小时。写一信与彭祖年。一信与悌儿,告以粮票勿寄来。一信与李凤山,并将寄来《庄子通》寄还。宋部长来谈。伯宣来一信,由沪转来。

十九日　写一信覆吴桐孙,一信覆德贞,一信与正雄,一信与李度。吴天五到,所长等皆来过。天五送橘子十馀枚、蛋糕一盒,橘子分享陆、恽、张各家。

二十日 覆金煌一信。

廿一日 继前讲，为说“性即理也”“理学之各所由来”以及“主静主敬居敬之旨”。顶女来一信，叔常亦附数行，言学习已毕，照常办公矣。金晓村来邀后日晚饭。

廿二日 覆王人杰一信，并附去《咏暖气装置》诗。又写一信与心叔上海，附去《观滑冰》诗。又寄宝侄一片，问锐侄天津信址。

廿三日 傅厚圻来，借去六十元。晚赴金晓村约，佟老来邀同去。

廿四日 寄四十元与老妻。正雄来一信，随覆之，告以南归由天津径走，不转北京矣。午后毕万忱、王慎荣、杨明新来谈。王树森、李长庆来，言明晚有联欢会，欲予讲话。

廿五日 讲“穷理”与表章《大学》之意，课至此止。午后关部长有谈话，石主任来邀往参与，至五时毕。毕后有晚餐，诸老皆与，又有东北局副宣传部长于□□及宋部长。晚会有曲艺团以及乐队，外宾来者亦不少。

廿六日 早九时关部长续昨话，再往听。徐乃昌来，言月底将返北京。晚历史博物馆王、张两馆长、徐主任邀在长春饭店酒饭，得尝熊掌，味殆与猪肚之厚者无别，不知何以为珍品也。上下楼时由苏同志者扶掖，可感甚！袁仲逵来一覆信，苏渊雷来一覆信。又有吴忠匡亦从哈尔滨师院来一信，十年来未消息矣。李凤山又来一信。

廿七日 覆吴忠匡一信。写一信寄戴刚伯。送陆、恽二老行。午后四时关部长与佟所长来，贾秘书亦同来，关明日回沈矣。晚徐志锐、周兴、杨生才来。托傅文骏代买人参糖。

廿八日 宝侄来信，言锐侄在丁字沽河北工学院，住六楼十二号。

廿九日 正雄由通化来，珊明亦来，同在此午饭。正雄晚宿此。悌儿来一片。

三十日 覆伯宣一信，告以不日南旋。又覆凤山一信。

三十一 早王主任来，闻佟所长将去天津，即偕王同过一谈，告以将于三日南行。午后李所长来。倪庆业来，谈定乘车时间，与买车票。

一九六三年

一　月

一日　寄一信与金煌。一信与武孙，告以将于五日到蚌。又发一信片与悌儿。叶幼泉来，李所长、王主任、王老、朱秘书、傅文骏、丛佩远、宋德金、周程武、张辅麟、毕万忱来。午后宋部长来，边秘书来，皆贺正也。

二日　吴天五病，为之通电话延医，继又由所送往医院诊治，云是重感冒，无大碍也。邓季芝送托买山参来。

三日　乘十时五十分钟车赴沈，由倪庆业陪行，王贵、小邓、小戴并送至车上。四时五十分抵站，住旅行社，与倪庆业共一室。

四日　乘七时车赴蚌埠。

五日　午后一时抵蚌，李度夫妇及武孙并来接，住招待所，与倪庆业各一室。晚在胡秀英处吃饭，胡住凤阳路第二小学也。

六日　早武孙来，与倪庆业同至其营舍一观，见其指导员朱君、队长钱君、汪君，又同营数人，旋至第一中学午饭。肴馔由辛贤制作。

辛,度之同事也,上海人,住杨树浦。饭后偕武孙、李、倪游南山公园,所饲虎、豹等皆甚肥壮,主之者罗某,浙人也。

七日　午与李、倪在天津馆吃水饺,尚不恶。晚李又约在其妻处吃羊肉,中间至淮河堤一观。九时乘车赴沪,武孙同营汪遵元亦来送。汪家住留青小筑三十七号,与余家近邻也。

八日　早八时半到上海站,悌儿来接。庆业遂去杭州转车,由闽返其家乡潮阳矣。晚任心叔来谈。得王敬老一信。

九日　发一信片与王贵主任,告以已抵沪,并嘱转陈佟老免念。过杨子及家,谈至晚饭后回。写一信寄王敬老。

十日　看伯宣,邀同在红房子午饭。晚看袁仲逵,送人参糖一盒。

十一日　再过伯宣午饭。饭后看十力,便过徐伯儒家,未值,送人参糖一盒。回家后知李所长、叶幼泉两公已到沪,来访未值,留一字,住国际饭店,因到吕小姐处通一电话,约于明日相见。

十二日　九时到国际饭店,同李、叶乘车访尹石公,问瞿兑之等有无去东北意。石公略谈后声气颇有异,不料别后以电话相询,则已中风矣。在国际十四楼为两公洗尘,并到人民公园看月季花展览。遂看江公望,约明日同访吕贞白,仍望打听瞿兑之等事也。子慧来信,户口已移至南京。

十三日　覆子慧一片。又为吕诚之事写信与《文汇报》。偕江公望同访吕贞白,过国际饭店邀叶幼泉同去,谈约二时许,了解不少。旋与公望看程勉斋,未值,遂归。晚再过仲逵谈。

十四日　寄一片与培儿,问梅孙何以无回信,旋梅孙信来,遂未发。午后到国际饭店与李、叶两公同到图书馆与沈文焯会面,约谈一时许,留在国际饭店晚饭,约九时始回。

十五日　心叔来。希鲁、吴二姐、周如兰、叶亚男、宗李来。伯宣来,留伯宣饭。晚在杨子及家饭,王树人夫妇、朱谪仙并来,希鲁则先约也,谈至近九时始散。

十六日 希鲁、丁筱珊、亚男来。梁斌来,留梁斌吃面去。三时到国际与李、叶同到华东医院看金子敦。在业侄处晚饭。鼎女来信,已到南京矣。瑜媳亦来一信。

十七日 看向仲坚,送人参糖一盒,留午饭。饭后看黄秋生,送山药三大根,希鲁、伯宣亦在,谈二时馀。遂走看张文约,晚饭后回。永圻曾来过,再过兴业坊,谈至十时始归。

十八日 写一信并寄十元与伍立仲,又写一信与刘公纯。午市人委聚餐,同馆识者皆以相见。晚偕叶幼泉同看杨正宽。

十九日 午后偕斌孙在市人委大礼堂看馆员演出。

二十日 看心叔。过国际饭店送李、叶两公行,未值,言行期改晚间矣。看乃仁,杨柳风亦在,同午饭。饭后与乃仁偕看赵蕴安,别后看余芷江,归赴吕翼仁约。通一电话与叶、李,旋小戴有电话来,已到沪,即来过谈,归时已九时半矣。袁仲逵、王循序、王钟时来,皆未值。

廿一日 周权来。希鲁来,明日返苏矣。再写一信与《文汇报》。又写一信与东甫姊丈贺寿,一片覆鼎女,一信与正侄。晚在义侄家饭。本日杨志忠兄弟来。

廿二日 早过周权谈,又看朱月轩,晚在义侄家祭祖。有陈微茶村者来,未值,吕诚之门下也。

廿三日 正勤来,送磁盖杯一个,并留戏票一张。午后到天蟾看戏,戏为《杜十娘怒沉百宝箱》,未见佳。晚过仲逵谈。云从来一信,立仲来一信。鼎女来一信,言春节后二三日将来沪。

廿四日 写一信寄戴刚伯。徐新元来一信,刘公纯来一信。午后看卓老太,送罐头二品。

廿五日 癸卯元旦也。循序来送枣子一包,与同至虹口公园看梅花盆景,无足观者。又与登山,盖试试足力也,留午饭。饭后丁氏姊妹与汪宜荪来,邀明日午饭,并送蒸糕一盒。袁仲逵来,邀今日晚饭。志义、志信来,邀初五午饭。看李小川,谈时许遂归。赴仲逵约,八时半返，值马科于弄口，遂同至寓，十时马科始去。

廿六日 赴丁筱珊约。覆徐新元一信。午后四时归，颜克述来，未值。

廿七日 王钟时、王人杰、叶亚男、送蜂蜜一瓶。杨志忠母子、朱谪仙母子、周如兰来。王务孝来，送糖果一盒。午赴王树人约，洪雨甘亦到，送茶叶一包。王循序等亦赶到，由循序送予归。东甫及正侄各有覆信。

廿八日 赵蕴安、乃仁父子来，乃仁送八宝饭一盒。王人杰来，拱稼生来。午后看十力，十力今日诞辰也。鼎女由宁来沪，带来各人所送物。

廿九日 义侄来，伯宣来，王树仁来。与伯宣、树人同赴杨子及约，秋生父女亦来，继之伯宣夫人亦来，吴二姐姊妹、丁舜兰则不约而自来。午饭后朱谪仙、周如兰来，同晚饭。晚饭循序、徐子可又来，子可送酒一瓶、茶叶一包，收其茶叶，酒退还，谈至九时后始回。吴二姐曾过余家，送猪油年糕一盒。戴刚伯有覆信到。

三十日 午后三时看程勉斋，并取新做衬衣，尤裁缝做。赴秋生昨约，在其家晚饭，有伯宣、以彝及吴氏姊妹、秋生之孙婿郑雨庄，八时后归。梁斌、王揆生来，皆未值。

三十一 鼎女七时车去宁，托带四十元与龙女，孩子们学费也。还李永圻书，送吕小姐蒸糕一盒。姚以彝率其子志礼来，并约晚饭。吕小姐送来白芹鸡汤。午后四时赴以彝约。买得旧柳条箱一只，十六元。

二　月

一日 吴宗李父子来一信。黄遂生来，傅墨正来。周权、周培来，周培午后回南京矣。午后看金子敦，谈甚久，由其戚何肇华送上电车。

晚心叔来。

二日 徐伯儒来，邀明日午饭。午后洗澡。晚过仲逵谈，仲逵明后日将赴京开会。

三日 李永圻来，言吕小姐邀后日在新亚晚饭。张文约来。午赴伯儒约，程勉斋亦在邀。饭后同过秦树岚，未值，坐到三时同往第六医院省尹石公病，已能坐谈，大致无碍矣，为之一慰。

四日 午后到茂名北路访薛学潜，谈甚久，赠《谈天文文字》讲稿一册，钞写甚精。过伯宣，同到梅龙镇食油糕、锅饼，即作晚饭矣。又到凯歌吃牛奶可可而归，并以四月取款事托伯宣。

五日 看江公望。晚吕翼仁邀在新亚酒店晚饭，有汤志钧、李永圻兄弟。

六日 看任心叔，并以送马湛翁人参二支托其转交。

七日 雨。午前到四达里访陈式堂，并与同到九十九号访邱琼荪。午后至复兴中路一三五〇弄三号潘雨亭家听讲《易》，前与薛学潜约定者也。讲者三人，薛与杨中一、潘本人也。薛送我《超相对论》《易与物质波量子力学》二书。王撰生亦到。会后与王在常熟路吃面，由王陪至静安寺而归。

八日 写一信与佟、李、叶三公。午后志义兄弟来，与同看电影《运虎记》，遂邀至其家晚饭。文孙今夜返京。

九日 素存来。秦树岚来，托带物与其子裕琏。看程勉斋，取还所作绒布裤。戴刚伯来一信，并附与心叔一信。

十日 陈式堂来。午后过叶亚男家，视其母。看油画展览，佳者不多。前向柳溪送来其所刻词，因邮寄与佟所长。

十一日 午后邱琼荪来。程勉斋来，借去《观楞伽记》六本。晚过吕家谈。梁斌来一信。子慧来一信，并附来十四诗。覆刚伯一信。寄心叔一信，将刚伯信附去。

十二日 早心叔与吴广洋来。覆梁斌一信。午后看伯宣，看乃仁，晚饭后归。吴天五自北京来一信，言十四日去长，与恽公孚同行。

十三日 写一片覆子慧。午后王循序来，约十七日午饭，彼与洪雨甘、徐子可请客也。晚吕翼仁邀在其家食咸内。

十四日 志忠母子来，希鲁、黄三姑娘来。以彝邀至其家午饭。饭后伯宣、周如兰亦来，后周去。晚饭后始同伯宣各回，希鲁宿以彝处。史馆送肉票、糖票来。梁斌来一信。

十五日 写一信与吴天五长春。晚拱稼生来。朱谪仙来，送山芋四个。

十六日 午后陆月秋夫妇来。晚伯宣邀同人吃饭，九时后始回。李所长有电报来，言二十日来沪。

十七日 覆李一电。王循序母子、洪雨甘母子、徐子可夫妇邀午饭，盘桓至晚饭后八时始归。李凤山来一信。

十八日 张伯琼来，昨夕由苏来沪，住循序处。午后顾二先生与志义、小兰来，与同至虹口公园茶叙甚久。

十九日 王树仁邀午饭，顾、黄、宗、陆、姚、张俱到，三时三刻回。便过陈式堂，告以东北将有人来洽。过吕、李谈，送白糖一斤与之。

二十日 罗静轩、吴二姐、程七姐、黄四嫂约在南市西育婴堂路七十四弄一号静轩家午饭，静轩三子宝柱、宝炼、宝范皆在，宝炼欲求一号，为字曰"克柔"。顾、张皆住罗家。来去皆与以彝母女同行，伯宣亦同回，回时过向柳溪小坐。寄一信与正雄，会正雄来，遂以信与之。

廿一日 写一信与梁斌，并附去近影三张，又写一信与李度。午后梁斌来，会予在永安电影院看法国影片《仅次于上帝的人》，未值。

廿二日 长春款到。检书。晚到建德新村，顾雨春、张伯琼亦在，因将四十元交与雨春托转希鲁带与黄佩秋，酬其公债数也。

廿三日 午以彝母子来，带来谪仙所送杏仁酪一瓶、芝麻一瓶，杏仁酪转馈志义，并以雨春所送扬州酱菜一罐与之。晚李所长有电来，言廿五日到沪。程勉斋送蒋瑞生所撰《甲文校□》来，未值。

廿四日 伯宣来，留午饭后去。

廿五日 李所长到沪，有电话来291010，因至国际饭店291010八楼十号谈明日如何与各处接洽事，即邀同在十四楼晚餐。

廿六日 李所长来，与同访陈叔言、邱琼荪两君，略谈定主讲事，留李午饭去。程勉斋来，晚李永圻来。

廿七日 写一信托李带交任心叔，李将去杭州也。与同看金子敦，金老邀在文化俱乐部午饭。饭后回国际饭店稍憩，再同看向柳溪，约其夏秋到长讲授“词选”。晚吕翼仁约吃圆子。为写一信与《辞海》编辑部，由陈式堂起稿。

廿八日 午后四时到建德新村，晚饭后回，顾二先生因病未到。李所长今日去杭。

三 月

一日 由杨志义将柳条箱一只内装书籍与衣物交铁路运长。午后看顾二先生病，馈以十金，又馈伯琼五金。归途与陆、姚过秋生辞行。又过程勉斋，告以蒋瑞生书稿已交与金兆梓矣。

二日 徐新元有信来，《庄子发微》稿已转与中华书局矣。戴正雄来，取去全国粮票拾斤。晚过以彝，以十金托转馈希鲁。

三日 李所长由杭回，因过国际饭店同金老通一电话，以《庄子发微》出版事相托。早江公望来。

四日 午后看李所长，知明日车票不可得，因同至中山公园一游。写一片与梅孙。一片与朱文才，告以运书事。

五日 午后再至国际饭店，会吉省驻沪办事处叶君送车票到，明日午后得行，方慰。

六日　由悌儿将衣箱与行李先交铁路寄长，运费廿四元八角。写一信片告李凤山，一信片告吴宗李，一时廿五分离沪。

七日　午后五时半到京，与李所长同住煤市街四十六号吉林驻京办事处。与戴刚伯通一电话，刚伯在香山饭店《辞海》审查组也。

八日　早起大雪。与李所长同看陆老，留午饭，其长子柏年亦在。归办事处候刚伯，至傍晚始来。午后雪止。

九日　早乘汽车邀刚伯同至中关园七十五号看朱谦之，谈约一时许，赠予所编《日本古学及阳明学》《日本哲学古代之部》各一册。回至刚伯家午饭。晚乘九时车返长春，李所长外尚有陈玉文同行。

十日　午后六时到长，石、王两主任来接，佟所长与叶幼泉则在小楼相候。收拾各物，至十时后始睡。

十一日　午后邓秀芝送代取衣箱、行李来。叶公来，课仍订在星期二、五。

十二日　早吴天五来。洗澡，遇任□□，让予先洗，可感也。午后米治国、范寿琨、李纯德、周程武、杨生才等九人来。晚李长庆、孙兴常来。寄一信片与德贞，一片与鼎女，一片与家颖。傅文骏送来各处来信八封。

十三日　午后徐锐、周兴、傅星、谭译、黄中业、张本政等先后来看。午前以课程事曾到所一谈，并看吴天五。由图书馆借得《周易折中》《易经注疏》各一部。

十四日　写一信覆苏渊雷，前书来正吾南归时矣。寄二十元与宜之侄，盖立墓碑款，又寄一信片去。午后毕万忱、王慎荣、马孝兰、王玉哲、刘淑琴、陈桂英、杨静婉来。晚应尔玉、高瑞宝、杨森、薛洪勣、蒋秀松来。家颖来。梅孙来一信。

十五日　覆家梅一信，又写一信覆李凤山，又寄一信片与以仪。午后魏鉴勋、刘国梁、郑丽蓉、张辅麟来。

十六日　寄一信与伯宣，一信与仲逵，一信与陈叔言，又一信与莽大令。看关老。午后家颖来，借五十元去。晚金晓村来，言不日将往武昌大学讲学。

十七日　星期。王树森、梁志忠、张广多、孙玉良来，李所长来。晚乃昌来，取所托带物去，送来其父所赠沱茶一饼、龙井一包。

十八日　寄一信与武孙嘉兴。靳树鹏、郑英德来。与李所长同到省医院看吴天五病，又到所看王老病，与两所长同车回。写一信寄唐玉虬，玉虬有信来也。

十九日　到所上课，讲《孟子·万章下篇》粗毕。午后与傅文骏到二商店买闹钟一具，十七元八角。

二十日　寄一信与戴正雄。买野鸡一尾，两元一角一分。

二十一日　莽大令来，言师大须英文教员，因发一信与王揆生。又寄一信片与梁斌。

二十二日　讲《告子篇》首二章。

廿三日　袁仲逵来一信。

廿四日　吉林师范大学关正礼者来问书。义侄来信，款收到矣。李所长来，言聘向、邱两公书已发。李铁羽来。

廿五日　为吴天五户口事写一信与心叔。隗芾来问《论语诗》。家梅、金煌、桐孙、凤山各来一信。协商会议又寄来提案处理报告一份。

廿六日　讲《孟子》至“牛山之木”章。伯宣来一信，并附有诗，又秋翁之作一首。自昨日起即大风，今晚始止。

廿七日　黄中业来问业。午后李长庆、孙兴常来问。

廿八日　洗澡。

廿九日　讲《孟子·告子上篇》毕。小戴来一信。

三十日　午后陈福林来谈。

三十一日　星期。李所长来，言沈文焯有信，允六月来，并荐其同门袁鸿寿，袁今在乌鲁穆齐。晚杨森来问业。

四月

一日 覆伯宣一信。袁翊青来一信问《易》。晚丛佩远、黄中业、张本政、袁间琨、周程武五人来，言将办一壁报，题曰《小小春秋》，要余为题数字而去。

二日 讲《告子下篇》至“先名实者，为人也”章。得希鲁一信，沈文焯一信，彭祖年一信，李凤山一信，又梁斌来一信。

三日 昨夜大风，广播云有雨雪，晓起日出杲杲，绝无雨象，久旱望雨，其难如此。买《费尔巴哈哲学选集》一部，六元四角。

四日 厚圻由图们来一信。陈叔言有覆信。邀傅文骏同到鼎丰臻买得黄油与糕点。

五日 讲至“好善优于天下”章。德贞来一信，仲坚来一信。李凤山来信告贷。

六日 顾宝田来问“性善”，覆袁翊青一信，德贞一片。寄二十元与李凤山，并去一信。

七日 写一信片与德贞，问厚圻地址，又寄一信片与希鲁。李所长来，家颖来。

八日 覆仲坚一信。又写一信与金子敦，问《庄子》稿事。

九日 讲《孟子·尽心篇》首尾两章。十力来一信，寄来二十元，云还海参钱，异也。悌儿寄粮票来。

十日 写一信覆十力，一片覆悌，一信覆沈文焯、一信覆彭祖年。祖源来一信，心叔来一信。并覆与天五一信。黄中业、张本政来问业。

十一日 午与傅文骏在乌苏里吃西餐。看意大利人拉·乔万尼奥里所作《斯巴达克思》，李俍民由俄译本转译。

十二日 讲《孟子》至“子好游乎”章。许菊英母子由吉林来，厚圻亦同来，晚厚圻来吃饭。本日洗澡、理发。李凤山连来两信，答不胜答，惟有不理耳。又上海转来张曦一书，问老夫子著述，通信处为甘肃天水市砚方背后十二号。

十三日　午后丁盛文来谈。丁，字翰章，住师大第一教职员宿舍一三九号，方编著《论理学》以教。晨有微雨。

十四日　覆张曦一信，挂号寄去。厚圻来晚饭。

十五日

十六日　讲《孟子》至“君子所性”章。

十七日　菊英母子与厚圻同去吉林。午后三时独至工人文化宫看摄影展览。

十八日　仲坚、伯宣、云从、渊雷各来一信，渊雷信并附有陈登原一信。又十力来一片。午后傅星、赵华、杨静婉来问业。

十九日　《孟子·尽心上篇》讲毕。晚佟老来谈。小戴来一信。

二十日　覆仲坚一信，正雄一片。又写一信与梁斌。买呢料二米六角，工业券七十八张，价六十一元四角。陈丙一来一信，祖源来一信。

二十一日　家颖夫妇来还所借款。覆丙一一信，并寄去本所开学照片一张。又覆伯宣一信。李所长来，陈丙一信遂未发。伯宣信附去诗一首，文如下：“春晚长春始见春，柳眉杏靥一时新。未妨游赏迟人后，且喜芳菲尽此辰。老去离群怜独志，静中观物识吾仁。定知情不殊南北，时有嘉音慰远人。”

廿二日　写一信与吴寿彭，由许息园转。又为陈叔言事写一信与李永圻，又写一片问德贞病。姚以彝夫妇来一信。

廿三日　上课，讲至“高子曰禹之声，尚文王之声”章。李凤山来一电，索再寄二十元。晚周学青来。

廿四日　覆陈登原一信，信刚发又来一信，盖已接苏渊雷信，知此间地址也。董克昌来问。董，黑龙江师范学院派来进修者。

廿五日 再寄二十元与李凤山，又寄海参一盒与十力。覆姚氏夫妇一信，又寄一信与程勉斋。吴天五来，石静山来。希鲁自苏州来一信，并附有各诗。宗李来一信。陈登原寄来《国史旧闻》第二册，又有一信。李凤山又连来两信。

廿六日 讲《孟子》毕，可以休息一星期矣。悌儿来一信片，陶家已迁，新房客甚好。

廿七日 午前杨森来问书。午后丁翰章来，并带来一信，叙其生平为学次第文甚佳。洗澡。

廿八日 访金晓村，未值。丁翰章来谈。石、王两主任来，言《易经》可再迟一星期讲，见习员要求如此也。晚饭后过李所长，遇诸途，同返至其家小坐，后看叶幼泉，至八时半后始归。

廿九日 寄陈丙一一信，附有摄影四张，故用挂号寄去。又寄一信片与悌儿。晚佟所长来。

三十日 吴天五来，遂与恽老、天五同至所谓转楼者一游。便过新华书店旧书部一看，无甚好书也。晚过金晓村谈，午后叶老师来。

五 月

一日 袁鸿寿来一信，适李所长来，因即交其阅看并转与佟老。李凤山亦来一信，言其妻已离异，殊怪。午后李铁羽夫妇来。袁又寄所作诸稿来。

二日 寄一信与宗李。一信与李凤山，告以两次汇款。午后偕佟、恽二老到长影看电影，片名《万木春》。永圻来一信。

三日 看匡亚明校长。午后匡来，同参观银行金库。伯宣来一信，仲坚来一信。陈登原又来一信，并附来所撰各书目录一纸，因于晚饭将此信并袁鸿寿寄来稿件送与佟所长阅看。

四日 覆袁鸿寿一信，苏渊雷一信。寄四十元与老妻，并发去一信片。

五日 天五来，佟老来。边永孝与傅文骏来，托文骏买得黄油一块、面包十个。还张家五个，抵前两半个方块面包也。午后金晓村来，晚孙兴常、李长庆来。付伙食钱四十一元馀。

六日 十力来一片，海参收到矣。覆伯宣一信，又发一信片与薛祖源。中华书局有信来，书稿即寄还。程勉斋来一信，蒋某稿亦退回。傍晚李所长来，言将于九日与张主任去沪。

七日 王树森、杨森来问业。希鲁从杭州来一信，雨春径归南昌矣。书稿寄到。

八日 覆陈登原一信，又覆希鲁一信寄杭州。王主任、赵秘书来。宋焮来问业，并带来徐志锐、周兴等文七篇。晚丁翰章来。张主任来，言明日南行。刘国梁来问业，九时后始去。

九日 义侄来一信。理发。午后吴寿彭有信来，并寄来《形而上学》一本。厚圻来一信，志忠、志信来一信，仲坚来一信。

十日 王玉哲来问。李所长来，言午后南行。魏鉴勋来问。米治国来谈，并缴所作文字。正雄寄来粮票二十五斤。

十一日 李凤山又来一信，欲借十金，盖买药费也。

十二日 家颖来为我绽被。

十三日 写一信与杨志忠兄弟，一片与义侄，又一片与李凤山。子慧来一信，言寄内子款已收到矣。武孙来信，言去嘉兴时提包被窃，索寄五十元。杨生才、蒋秀松来问业。

十四日 王玉哲送卷子来。洗澡。午后崔国玺来问，继之王铁林、金增新来问。石静山来，言《易经》课定于星期二。张云石曦又来一信，言其所读书及用功之方甚备。袁仲逵亦来一信，谈《易》。

十五日 寄五十元与武孙，十元与王剑英。写一信片寄十力，又一信片与武。午后周兴、黄中业来谈。梁斌来一信。

十六日　龙女来一信，写一片覆之。

十七日　德贞来信，已出院矣，草数字将信转去南京。覆袁仲逵一信。又写一信与袁翊青，索还《周易折中》。苏渊雷寄所作讲稿来。晚叶幼泉来。

十八日　佟老来。午后王树森、金增新来，并将所改卷取去，馀卷亦于昨日全送来。叶亚男来一信。

十九日　午后石主任来。

二十日　写一信片覆亚男。午后米治国来取所改卷子去。袁鸿寿又来一信。

廿一日　始为诸生讲《易》。说孔子之《易》与《春秋》皆成于晚年，因建立六艺之教，与顺先王《诗》《书》《礼》《乐》以教士，有先后时之不同。《易》之传授次第，《史记·仲尼弟子列传》述之最详，因司马谈受《易》于杨何，故知之甚悉。其论六家要旨及迁论《春秋》弑君亡国，皆引《易传》为说，此学《易》之的髓。如《汉书·儒林传》云秦禁学，《易》以卜筮之书独不禁，故传授者不绝，尚属皮相之论。孔子与卜筮之书之《易》，纯系两事，当分别观之。大意如此。午后黄中业、王铁林、徐志锐来谈，黄、王取所改卷去。

廿二日　寄苏渊雷一信。李永武来，留午饭去。仲坚夫妇及丘琼老由王主任偕同由津。到长，偕佟老与石主任到站相接。

廿三日　午后徐、王、金、周、黄、王六人来谈，周、徐并将所改文取去。晚所长请向、丘吃饭，余与恽公孚作陪。

廿四日　杨生才来，取其文字去。崔国玺来，李永武来。武孙来一信，并转来钱履周一信。晚戴正雄自北京来，宿此。

廿五日　覆履周一信。米治国送代钞《庄子发微》序来。萧湄、刘国梁来。李所长来，昨日回也。李永武来摄影。伯宣有信来。

廿六日　张广多、蒋秀松、薛洪勣、王玉哲来，薛取所改文去。

廿七日　覆袁鸿寿一信，佟、李两公意也。傍晚与丘老到儿童公园散步，水池全竭也。

廿八日　小戴今日回通化。讲《易》，引《左传》王子伯廖、知庄子、太叔、医和说《易》之言，以见孔子前《易》即不专掌于卜人筮人之宦，《易》之卦爻辞皆古先民经历之所表见，其可取者在此，不必为卜筮也。

廿九日　小戴有兰州信来，为转去，敦煌事果不成，因戒其不得再妄动。

卅日　寄吴寿彭一信。吴天五来，言明日南归交涉迁户口事。洗澡。杨森、张本政来。

三十一日　早到所查书。看辛绍业馥千《易图存是》，豫章丛书本也。文来一信。李凤山寄一刊稿来令看，交邮却还。武亦来一信。午后为黄中业、金增新等九人讲《大学》首章。

六　月

一日　李凤山又来信、来电索寄十元，复书质之，此子真不懂人事也。又写一信与彬孙。武孙来一信。

二日　小戴托其同事宋鼎书持信来取所遗肥皂盒去。晚与诸公看吉剧《夺印》。

三日　看莆田郭镂龄山民《周易从周述正》书一卷，《序》云"《周易从周》八卷续刊"，此书少见，恐不易得也。李凤山又来一信。

四日　讲《易》，汉诸家之派别与其杂入阴阳灾变，非孔《易》之旧。午后周学青来。陈登原来一信，任心叔来一信。

五日　写一信与文孙，一信与张晴麓，并附去《庄子发微》序。袁翊青来一信。改见习员作业四篇。

六日　沈文焯来一信。袁鸿寿来一电，言别有信。改作业。

七日　到所，以陈登原信、袁鸿寿电交与两所长。听丘老课。午后诸生来，为讲《大学》“诚意”章。今日多一蒋秀松，因以所文与之。米治国来信告退。晓村来。

八日 早有雨，又转凉矣。晚饭后金增新来，借所著《哲学史》去。改作业四篇。

九日 改作业四篇，以刘景禄、丛佩远者较胜，蒋湄则颇有文致。晚过晓村，新居甚近也。

十日 改作业，以谭译《孟子春秋之馆辖》为胜。江资来一信，求为其孩子命名。

十一日 有雨而尚未透。理发，洗澡。心叔寄来《龙川诗钞》一册，刘季英所印也。袁鸿寿信来。彭祖年来一信，并附来唐季芳致伊信一纸，看来神经病已愈矣。

十二日 将袁鸿寿信交与李所长。又改作业四篇。覆江资一信，命名“和民”或“庆生”，女则名“榴生”。

十三日 又改文四篇，无一佳者。渊雷来一信，厚圻来一信，宗李来一信。铁羽来，言家颖生一女。

十四日 到所听丘老课，渊雷信即交两所长矣。下午诸生来，为讲“正心”“修身”“齐家”三章。上海寄粮票来。

十五日 写一信片与厚圻，又寄《人民报》一卷去，一信片与斌孙。改文四篇。

十六日 金增新来为余晒衣。

十七日 张广多、刘景禄、梁润珊来，以所改文与之。刘、梁文相较，梁似又胜于刘也。伯宣来一信。写一信寄心叔，并附一信与沈文焯。

十八日 到所听丘老课。洗澡。

十九日 写一信与马湛翁，又覆袁鸿寿一信。午后萧湄、应尔玉、陈桂英、周学青来取所改文去，又王玉哲文交与应尔玉。晚周程武、隗芾来取所改文去。

二十日　曹大中、魏鉴勋来取所改文去。

廿一日　午后讲《大学》毕。晚宋烋、李长庆来取所改文去，张本政、杨森二文便发还。

廿二日　早听丘老课。文孙来一信。李凤山又有信来告贷，当即退还。赵桦等来取所改文去。

廿三日　高瑞宝等先后来取所改文去，至是旧见习员者皆发还矣。又傅长胜、柳继本、杨明新三人亦来取。

廿四日　李吉奎、王慎荣、郑英德等先后来取所改文去。

廿五日　听课。午后任中杰来取所改文去。

廿六日　写信覆祖年，又一信覆宗李。

廿七日　午后洗澡。

廿八日　听课。午后为见习研究员讲《学记》一段。

廿九日

三十日　看柯切托夫作《叶尔绍夫兄弟》小说。

七　月

一日　丁盛文来。午后张主任、傅文骏来。武来一信，杨氏兄弟来一信，陈登原来一信。

二日　上课讲"《易》一名含三义"、卦爻，卦爻未毕。袁鸿寿来一信。洗澡。晚金增新送所记讲《易》稿来。

三日　覆伯宣一信，并寄去四绝，又写一信与武。与恽、向诸公同到所一行，关部长来也。为王铁林改所记讲理学稿。午后金增新来。晚萧辉华者代杨云汉送借款三十元，萧，湖南武岗人，云汉同班同学也。

四日　为金增新改所记讲《易》纲领(上)。午后增新来，与同至工人文化宫看书法展览。心叔来一信。

五日 本所周年纪念。午后关部长来过。晚聚餐，餐后有馀兴晚会，摄影。哲学组六人又别摄一影，关、宋两部长、两所长皆同摄。

六日 杨子及夫妇来一信，随覆一片。又写一信覆陈登原。

七日 午后有王雨人来，带来唐玉虬一信。王，唐之姨甥，现在吉林大学中文系读书。

八日 马湛翁来一信，钱履周来一信，并寄来徐宗元《逸周书正义》卷第八“祭公解”一篇。家颖来。

九日 上课，续讲卦爻毕。

十日 晚过金晓村谈。

十一日 访袁孟超，未值。

十二日 早听丘老课。午后讲《学记》毕。上海寄粮票来，武孙寄还五十元。梅孙来一信，李度来一信。小戴自四平来，宿于此。

十三日 覆唐玉虬一信，覆斌孙一片。在二百货商店买人造棉西装裤一条，十五元四角。晚张广多来，言失眠，将回沈阳休养。

十四日 星期。与小戴共看李所长，顺买菜。金晓村来、戴珊明来。写一信与梅孙。

十五日 在市机关服务社买床单一条，十七元。午后金增新送萧霍洛夫所作小说《被开垦的处女地》来，由吉大借来者。

十六日 讲象数毕，下星期可以正式讲书矣。鼎女来一信。

十七日 寄一信与吴立仲，并寄去二十元。戴正雄今日回通化。

十八日 午后黄中业来问。张晴麓来一信，陈登原来一信。

十九日 早听丘老课。午后为诸生讲“经解篇”。滕非同志送来问题数条求答。

二十日 祖源来一信。写一信与鼎女。寄五十元与老妻。

廿一日 写一信寄老妻。

廿二日 覆祖源一片。

廿三日 上课，讲乾卦，未毕。莽大令来，未值。午后洗澡。连日雨不止，闷热甚。

廿四日 夜大雨，又转凉矣。买香蕉一斤，此去年所未见也。

廿五日 早滕非同志来谈。

廿六日 上午听课。下午为诸生讲《坊记》，及半而止。立仲有信来，款收到矣。武来一信、伯宣来一信。渊雷来信谈及来长事，因到所长家一谈。

廿七日 希鲁来一信，魏鉴勋来问《易》与《论语》。午后与傅文骏到南广场美术艺品社买得柞蚕丝裤子一条十八元，又拖鞋一双一元五角。

廿八日 覆渊雷一信、武孙一信、文孙一信片，又写一信与梁斌。

廿九日 易氏侄媳来一信，寄老妻款收到矣。

三十日 上海文史馆寄表来，填好寄还。讲《易》乾卦彖、象完。晚徐志锐来问课。

三十一日 晚厚圻来。

八　月

一日 培儿来一信。厚圻与萧辉华来午饭。

二日 午前听课。午后讲《坊记》，先《表记》亦略讲大义。

三日 苏渊雷自哈尔滨来，捎来其院长杜君与佟老一信。渊雷去后会佟老来，因转与之。滕非持《坛经》来，为之谈约半小时去。

四日 金晓村来，李所长来。邀渊雷来午饭，仲坚作陪。

五日 丁盛文来。午后理发、洗澡。

六日 上课，讲乾卦文言末一章，未毕。吴桐孙来信，宗李生一子，嘱为命名。

七日　渊雷来，言今晚归去。许菊英带来老妻托带香肠、豆腐干各一包，回吉林路过此地也。江公望来信，言新生一子，取名“和民”。

八日　滕非来。覆吴桐孙一信，为其孙命名曰“锡英”，并寄与十元为贺。

九日　听课。为诸生说《表记》毕。上海寄粮票来，信为文孙所写，知回沪矣。

十日　李铁羽来，送来代买芝麻酱一瓶。

十一日　星期，无事。

十二日　滕非来，送来代借《相宗络索》一本。

十三日　讲坤卦，未毕。覆文女孙一信，覆江公望一信。洗澡。晚家颖夫妇抱新生女孩来。

十四日　写一信与伯宣，因前书索墨迹，写龙川夫子一诗去。

十五日　写一信与希鲁，并附寿薛老太太一诗去，托转寄。陈登原来一信，小戴来一信。厚圻来一信，并附来照片。武来一信。晚与丘、向两家看川剧。

十六日　未去听丘老课。午后为诸生讲《礼运篇》。寄《人民报》十份与厚圻。

十七日　覆陈登原一信片。又寄一信片问马科病，由京剧院转。

十八日　与王铁林同到第五百货公司购小电炉一具五元，衣里料四米十四元。又到高级服装店作呢衣一套，料前所买也，工钱十七元一角七分。晚两所长为纪、向、丘诸老饯行，邀作陪。滕非两次来，皆未值。

十九日　寄一信与袁仲逵。

廿日　袁鸿寿来一信，并附一信与李所长，当转交。上课，讲坤卦毕。

廿一日　看《布莱德尔小说选集》，东德作家也，张威廉译，五八年出版。

廿二日 覆正雄一信。到高级服装店试衣。午后洗澡。看萧辉华,未值。

廿三日 听丘老讲《集律》毕。下午仍为诸生讲《礼运》。晚偕徐、金二位到长影看《中锋在黎明前死去》影片。培儿、文孙各来一信,培孙信言栖孙已考取海运学院。

廿四日 午后滕非来谈。

廿五日 午饭后萧辉华来,同到长春电影院看《偷东西的喜鹊》影片,并在"真不同"吃天津包子,回时已七点矣。过仲坚处小坐,因其不久将南旋也。

廿六日 王子慧来一信,十八眼伤已好,并附来一诗,与诸子游牛首作也。

廿七日 上课,讲《序卦上篇》毕。正雄来一信。写一信与悌儿,并附去本所与虹口粮食科粮食零售站一证明,请按月发给粮票。陈海峰来。吴宗李来一信,吴天五来一信。

廿八日 晚胡珍生来。

廿九日 寄培儿一信。江公望来一信。洗澡。买衬衫一件,七元〇五分。

三十日 到所借书。午后继讲《礼运》。

三十一日 送向、丘两公南还。覆吴天五一信,又寄报纸一卷与云汉。晚到宾馆看北京京剧团演《百岁挂帅》,王树森陪去陪回。

九　月

一日 到高级呢绒店取新做呢中山装回,工钱十七元一角七分。

二日 子慧又来一信,覆一纸。

三日 上课。续讲《序卦》,未毕。叶亚男来一信。理发。家栖来一信。

四日 覆家栖一信，覆小戴一信。

五日 再讲《序卦》，粗毕。鼎女来一信。

六日 洗澡。午后到所，讲《礼运篇》，徐志锐以伤足不能来也。伯宣来一信。

七日 寄一信与顾寿白，一信与杨志忠。晚王铁林来。

八日 忽腹泻，乃减食以治之，中、晚惟粥一碗而已。午后金增新来，将夕王树森来。

九日 仲逵来一信。寄一信与伯宣，一信片覆亚男。

十日 上课，《系辞》第一章毕。陈登原今日到，与所长等到站接之。傍晚徐志锐来问。

十一日 上海寄粮票来。午后高瑞宝、李纯德来。培儿亦来一信。

十二日 上课，登原随去听讲。

十三日 寄五十元与家栖大连，寄一信片与杨云汉。又写一信与李永圻，为邀杨宽正明年来，此事佟所长嘱写也。佟老来，石主任来。午后为诸生讲《仲尼燕居》。

十四日 傅文骏来，交与二十元，嘱买到鞍山车票，拟十八日往游千山也，所内定派傅同往。

十五日 寄一信与鼎女。傅文骏来，李所长来，傅星等四人来。为王树森改《易经》笔录。

十六日 余芷江来一信，系由家中转来者。

十七日 上课，讲至"阴阳不测之谓神"止。寄一信片与悌儿。永圻来一信，并附一信与其弟永武，当托恽老候其来时代交。杨志忠亦来一信。

十八日 偕傅文骏同乘十一时车赴沈，午后四时余到，住沈阳旅行社，临行王主任送上车。

十九日 乘九时车到鞍山，在宾馆午饭。见文骏表兄李永祺，随由宾馆备小汽车至千山住旅行社。至无量观及八步紧而止。欲到一步登天,为文骏劝罢。

二十日 游龙泉寺及南泉庵、祖越寺。

廿一日 经鎏金庵、洪谷庵、慈祥观、五龙宫、鱼庵,至中会寺而止。去由洪谷岭,归由大路,由一张老道领路。

廿二日 上午休息,午后寻圆通观遗址,屋宇无恙,已无人住,即在旅行社山上不远。

廿三日 再由张老道领路,由南泉庵过岭至太和宫、香岩寺,寺僧招待甚殷,他处所未有也。由大道回。北、中、南三沟大致略尽矣。夜大雨。

廿四日 午后雨止。乘公共汽车回鞍山,随搭火车到辽阳,由傅文骏借住其父旧居王姓家。

廿五日 由文骏父及其友边君陪至白塔公园观白塔浮雕并摄影。午吃天津包子,文骏之友请也。乘午后四时车回长,午十一时到,文骏父及边、麻三人并送至站台,王主任到站来接。收到任心叔一信,向仲坚一信,李永圻一信,陆希鲁一信,杨云汉一信,文孙、栖孙各一信,叶亚男一信,又徐尊六一信,吴天五一信。

廿六日 石静山来,李所长来,傅文骏来。洗澡。晚徐志锐等四人来。与永圻一信,为请杨宽正事,并天五一信并交与石静山。过沈凤笙谈。

廿七日 写一信与李永武,并将前永圻寄来托转一信附去,到所已数日矣。又寄报纸一卷与杨云汉。午后为诸生讲《孔子闲居》。

廿八日 寄一信与任心叔。袁孟超来,送人参糖一盒,转送陈登原。晚王树森来,同出散步。回后袁闾琨、丛佩远亦来,谈至九时去。

廿九日 寄与余芷江十金,并去一信。与向仲坚一信,苏渊雷一信,徐尊六一信。李所长送一日观礼券来。

三十日 伯宣来一信。晚视佟老疾,与贾助教同去。

十　月

一日　国庆。到地质学院楼上观礼，约二时馀而毕。午后李铁羽夫妇来。

二日　中秋。午后王树森来。晚金晓村来，王铁林来。

三日　午后过傅文骏，留吃饺子，勉进两个，丛佩远等俱在也。李永武来一信。晚石静山来，言以后《易经》课定在星期六，从下星期起。

四日　午后为诸生讲《中庸》，黄中业未到。

五日　偕王铁林到高级服装店改裤子，又到圈儿楼一转，买得笋干一斤归。午后与陈登原同看金晓村。丁盛文来。

六日　星期。徐志锐来。萧湄、王玉哲、米治国来。傅文骏送龙泉寺所照照片来。夜有雪，晓起枝头尽白，然不甚冷，口占一绝："中秋过后逢初雪，雪压枝头柳尚青。晓日一窗风起处，真疑飞絮舞中庭。"

七日　梁斌自成都来一航空信，因即覆之。小戴亦来一信。余芷江款收到，来一信。

八日　写一信与小戴。悌儿寄粮票来。

九日　写一信与戴刚伯，并附一信与朱谦之，托其代转。取裤子，在五商店买皮大衣面子二米六，八十四元五角。

十日　萧湄与米治国来，萧送所代补绒线衣来。黄中业来。寄一信与悌儿，嘱将猞猁皮袍寄来，备作大衣用也。

十一日　寄报一卷与杨云汉，写一信片与十力。云从来一信。午后为诸生讲《中庸》至十三章。

十二日　讲《易》至"鸣鹤在阴，其子和之"节，未毕。午后洗澡。有弹棉社人李香德来，以旧被交其重弹放大。吴宗李来一信。

十三日　正雄自通化来，李所长来。晚王树森、曹大中来。戴珊明来。棉被弹好送来，工、料共四元二角。

十四日　与王树森等看《罪恶之家》电影，英国片也，甚有思致。

十五日　续讲《中庸》至“武王、周公，其达孝矣乎”章。立仲来一信，言滕伯死矣。

十六日　昨夜雪，午后日出消矣。与正雄同看莽大令，未值，再看徐乃昌，少谈即归。

十七日　戴刚伯来一信，言将去访朱谦之。

十八日　佟所长来，言明日与石主任经沈阳去北京开会并聘人，约一月可回。武孙来一信，姚以彝来一信。午后傅文骏送在辽阳白塔下所摄影照来。晚饭后偕登原同到所长家，未多谈即回。

十九日　讲《易》至“作易者其知盗乎”止。覆武孙一信，并写一信与悌儿，嘱将黑兰皮袍寄与他。又写一信与吴天五，将证明文件挂号寄去。又覆余芷江一片，告知丁筱珊医师地址。袁仲逵来信，言将至沈、辽，并将至长春见访。晚与正雄散步，同至戴珊鸣宿舍一看。

二十日　覆仲逵一信，又覆云从一信、立仲一信。寄五十元与老妻。十力来一片。李所长来。晚金增新来。

二十一日　姚以彝来一信。叶幼泉来，言见习研究员劳动一周，本周无课。

二十二日　理发。覆姚以彝一信。戴刚伯来信，言已与朱谦之接洽过。晚过李所长，将信交其转与佟老。佟去沈阳，即日可到北京也。

廿三日　晚与正雄在五商店对门吃牛肉烧卖，此为长春最好食品矣。向仲坚来一信。

廿四日　晚戴回通化，由崔君送上车。

廿五日　覆仲坚一信。

廿六日　洗澡。

廿七日　早傅星、赵华来，李所长来。家颖来，送来香肠、芝麻、花生、鱼松、面筋等，皆由家铭从南京家里带来者也，家铭已回哈尔滨。

写一信与吴宗李。

廿八日 许菊英拍来一电,言德贞病故。祖源外出,欲予到吉林一走,当覆一信,告以不能去,并嘱照去信办理丧事。又写一信通知厚圻。又写一信告培儿,带来各物都收到,并转龙珠一看。

廿九日 厚圻来,言廿七日曾在吉林送德贞到诊所看过,恐经此一辛劳病遂变矣。上海寄皮袍到。

卅日 老妻来一信。

三十一日 武孙来一信。

十一月

一日 寄十元与王姑太太,为八十寿贺礼也。许菊英有信来,即覆一片。正雄来信,仍回省建公司矣。晚倪庆业偕姚福堂来,姚,新到秘书也。

二日 上课,讲至第十章。晚厚圻来,言明日回通,回通后即将去北京开会。伍立仲来一信。

三日 午前李所长来。三时后李吉奎来。晚徐志锐来。

四日 伍立仲寄《百喻经》到,当覆一片,并寄还书价、邮资二元。希鲁来一信。

五日 到高级服装店作皮大衣一件。覆希鲁一信。斌孙来一信,当覆一信,问粮票寄否。午后讲《中庸》毕。

六日 与王主任到师范大学印刷部接洽印《庄子发微》事,其主持人赵姓,旧为排字工人,今为厂长矣。午后徐志锐来,同到二商店,一商店买棉花与厚棉绒,皆无有,买得香蕉两斤与鸡蛋十枚而归。薛祖源来信,言其母已火化,候有便将骨灰运回南方。

七日 上海寄来粮票二十斤。十时后起大风。

八日　徐志锐代买得棉花厚绒衬来。午后雪止，随送与服装店。

九日　讲《易》至十一章毕。午后洗澡。

十日　午后偕王、徐、金、黄、王五生同到南湖踏雪，归后将汗衣交王树森代交洗衣妇去洗。

十一日　李铁羽来，交与棉花一包、布两块，做棉袜用也。

十二日　寄一信与伯宣，覆祖源一信、正雄一信。午后为诸生讲《儒行篇》，周兴因病未来。朱谦之来一信，当交金增新转与李所长，再转京与佟所长。袁翊青亦来一信，问《易》。

十三日　厚圻由通化来，当日到京开会，留午饭去。余芷江来一信，言已请丁筱珊服药矣。

十四日　立仲来一信片，书款收到矣。覆余芷江一片。

十五日　到转楼一转，买得皮蛋五枚而归，想买苹果竟无有也。李风山又来信借贷，置之不覆。

十六日　讲《易·上系》毕，《下系》至"尧舜垂衣裳而天下治，盖取诸乾坤"止。午后到高级呢绒店试衣。希鲁来一信，言蒋循伯与黄三嫂困窘。

十七日　星期。徐志锐来，李所长来。李铁羽送请人代作布靴来。午后寄三十元与刘丙孙，二十元托送蒋循伯，十元托送黄三太太。

十八日　寄一片与丙公，告以寄款事。

十九日　祖源来一信，吴天五来一信。讲《乐记》"乐本""乐论"两章。徐乃昌言将因公去宁、沪，因交与五元托买胎盘片与"安幼熹"，留晚饭去。

二十日　吴天五来一信，寄还证件收到矣。

二十一日　再偕王主任到师范大学接洽印《庄子发微》事，改铅印作影印，如此可不需校对，亦省一事也。但字缩得太小，终未满意。午后理发，并到医药公司与圈儿楼一转。鼎女由沈阳来一信，考工程事已通过。寄一信片与老妻，问一日款到未。

廿二日　寄一信片与义侄。表坏，送四分局小店修理，当日取回，仍停不走。

廿三日　上课，讲至“穷神知化，德之盛也”止。表复送修。午后请小贾洗澡。梁斌从西安来一信，信发后仍回成都矣。

廿四日　星期。袁孟超来，金晓村来，李所长来。午后陈登原来谈。姚福堂来，王树森来，晚饭后去。

廿五日　早到图书室借得李安溪《周易观象》及《书经传说汇纂》回。丙孙有覆信来，寄款收到矣。

廿六日　午后讲《乐记》“乐施”“乐言”两章。伯宣来一信。张伯驹代买得松花江白鱼一尾，与恽老对分，两元八角九分。

廿七日　姚福堂陪同到省医院看胯下所生疙瘩，言是毛囊发炎，取得敷用药水与服用土霉素而回，约后日再去。

廿八日　午后到桂林路买油菜，遇丁盛文，言近心脏病作，无怪久未来听讲也。

廿九日　又到省医院复看陈大夫，所言与前看大夫同，仍取得外敷药水回。心叔来一信，东甫来一信，金煌来一信。晚佟所长来谈。

三十日　上课，讲至“言致一也”。晚所内为陈登原饯行，邀作陪。

十二月

一日　登原乘十一点三十分车行，送至门外。午后王铁林来。

二日　吕翼仁来一信。晚赵秘书来。

三日　寄一信与心叔，一信与金煌，一信与鼎女，一信与东甫，五日补发。一信与伯宣。易氏侄媳来一信。

四日　厚圻自北京托其同事李华昌带来酱瓜一篓，并附一信，言须至下旬始回。宜之侄来一信。

五日 写一信与梁斌。家颖来。

六日 买白布十二尺，每尺二角七分。

七日 讲《易》“三陈九卦”未毕。午后洗澡。过沈凤笙谈，沈不日将南归，托其打听范祥雍愿来否。小戴来一信。

八日 祖源到京开会，过此来顾，稍谈即去。李所长来。

九日 写一信与洪自明，邀其明年来此讲《周礼》，佟所长嘱也。又写一片与袁仲逵，寄上海。武孙来一信。

十日 佟所长来。沈凤笙今日南旋。午后二时到宾馆开会（吉林省哲学社会科学联合会），听转报刘主席在京对哲学社会科学会议上讲话。龙女来一信。斌孙来信，寄来粮票二十五斤。

十一日 寄二十元与王继宣，龙女来信所说也，并写一信去。午后在吉林大学图书馆礼堂听刘校长传达周扬部长报告。

十二日 写一信覆斌孙，一信与余乃仁。午后听传达周扬总结、宦乡关于帝国主义报告。

十三日 覆武孙一信。

十四日 午后听传达林默涵发言。晚到空军礼堂看电影。

十五日 星期。标点《庄子发微》第一册完，托傅文骏带交王主任送师大影印。

十六日 心叔来一信，乃仁来一信。听省委郑书记报告，在工人文化宫，自三点至六点半。

十七日 寄一信与小戴，一信与陈登原。午后听报告，薄一波与潘梓年者。仍在吉大图书馆。晚在师大附中看电影《白雪》，东德片。

十八日 仲逵来一信。午后听艾思奇发言，佟老传达也。

十九日 洪自明有覆信来，云明年八月可来。晚看电影，苏联片《两种生活》。

二十日 八时半在工人文化宫听富书记传达周总理在人代会上报告。洗澡。晚石主任来，将标点好《庄子》第二册交其带去。

廿一日 午后丛佩远来谈，十三日自徐州来信，寄款收到矣。

廿二日 贾正中来一信，覆洪自明一信。李所长来。

廿三日 关部长偕两所长来。晚在吉大礼堂看电影，旧片《百万富翁》，今改名《十块美金》。

廿四日 早到文化宫开会，董连部长作总结报告。午后三时与佟所长同至省委照相，照相毕看电影，新疆片子也。吴宗李来一信。

廿五日 伯宣连来两信，有诗索改也。文孙来一信。

廿六日 寄一信片与苏渊雷，告以向仲坚所题卷子已交董克昌带哈也。

廿七日 覆吴宗李一信片。晚所内为恽公孚饯行，邀作陪，恽明年不来矣。

廿八日 恽老今日行，未送上车。寄十元与文孙，并写一信片告之。贾正中寄柿饼来。乃仁来一信，金煌来一信。

廿九日 祖源来一片，言菊英生一男孩。

三十日 写一信与贾正中。伯宣又来一信。写一片覆祖源。

三十一日 覆伯宣一信，并将寄来之诗改正若干字附去。

一九六四年

一　月

元旦　同学们来拜年。李所长来。晚莽大令夫妇挈其子学斯来。

二日　金晓村来，佟老来，姚福堂来，袁孟超来。午后同学续有来者，石、王两主任、李所长、赵景慧同来，并斗牌为戏，至夕去。洪自明有信来，赵蕴安亦有一信。

三日　到佟老家贺年。在长影看盖叫天《武松》片子。叔常来一信。

四日　在朝阳区医院看腹上小疮，省到省立医院矣。

五日　覆叔常一信。回拜金晓村。午后理发。马孝兰、陈桂英来，以《庄子发微》后三本交其带与王贵主任。

六日　潘素交来恽公孚信一纸。子慧来一信，附诗数首。

七日　覆恽公孚一信片。上课，讲《系辞》略毕。邱老来一贺年帖，亦覆一信片。徐志锐来问业。

八日 王凤梧捎来本月薪资。文孙来一信，款收到矣。伯宣来一信，仍谈所作诗。到医院换药。

九日 午后为六人讲《乐记》毕。沈文焯来信介绍胡吉宣，并附来范祥雍致彼书，范住大陆新村五十六号，信中并提及翁闿运其人。

十日 讲《说卦》至五章。看泰戈儿小说《戈拉》。

十一日 早傅文骏又送油果来。梁斌来一信。

十二日 覆梁斌一信，伯宣一信。晚在傅文骏家吃酥合子，有其同乡程、汪两人，皆长影工作者也。王树森来问《易》。

十三日 彭祖年来一信。

十四日 讲《说卦》毕。祖源来一信片，已回吉林矣。伯宣又来一信，并附诗两首。洗澡。

十五日 午后六人来讨论《中庸》。小戴寄还二十三元。伯宣又将诗修改寄来。

十六日 覆伯宣一信，小戴一信。

十七日 悌儿寄粮票来。上课，讲《尚书·尧典》至"黎民于变时雍"止。覆悌儿一信片。

十八日 覆彭祖年一信。

十九日 寄二十元与彭祖年，令转寄唐季芳。李所长来，姚秘书来。姚以彝来一信。覆王子慧一信。午后徐乃昌来，带来胎盘素、安纳素，又其父伯儒送茶叶一包。

二十日 伯宣又来一信。

廿一日 上课，讲屯、蒙二卦，未毕。杨云汉托其同事带来沱茶两块，附信一封，沱茶薛祖源所买也。晚徐志锐来问课。

廿二日 到转楼买得铁雀十许只归，炸而食之，未如江南禾花雀味美也。伯宣又将修改诗寄来。

廿三日 覆伯宣一信，以彝一信。

廿四日 上课，讲《尧典》过半。苏渊雷来信，附一长诗。王雨人唐玉虬之亲戚。来信，言将南回，问有无物件托带。周成武带来丘琼荪一信。寄二十元与强天健，有信来告帮也。

廿五日　伯宣来信，言希鲁到沪矣。

廿六日　王雨人约来，未来。

廿七日　张氏夫妇回京，门匙托代存。恽公孚来信，托向佟所长介与中华书局，还其旧时校勘之务。余芷江来一信。

廿八日　上课，讲屯、蒙二卦毕。课后过佟公，为公孚事也。

廿九日　覆公孚一信。写一信与渊雷，索其《十讲》讲义，又覆余芷江一片。佟所长来，会余将出门，遂去。家栖来信，言将去京至家枏处度寒假。家颖来。

卅日　龙女来信，言东甫中风，于廿四日晨二时去世矣。

三十一日　讲《尧典》毕。寄一百元与老妻，内十元为吊仪，四十元是王家孩子们学费，并送贾大娘五元。

二　月

一日

二日　星期。寄家梅拾元、伍立仲二十元。金晓村来，姚福堂来。徐志锐来，从图书馆借来《参考消息》六张托徐带还。洗澡。强天健信来，款收到。

三日　午后徐志锐来所，昨《说序卦》文阅改毕交还。

四日　佟老来电话，邀后日晚饭。

五日　恽公孚又来一信，有所嘱托。

六日　李所长来。晚应佟所长邀，与金晓村同往，坐客予与金外，叶幼泉与宋而已。贾正同来一信，言西安人民大厅可住。

七日　龙女来信，三十一日寄款已收到矣。袁孟超来，送点心一盒。徐乃昌来，言今晚回北京度春节。

八日 理发。徐志锐来，未值。午后王树森来。陆希鲁来信，已由上海回苏州，并附来蒋同曾一信。

九日 姚秘书来。金增新来辞行。王铁林与李吉奎迁来，同到春城看电影《金沙江畔》。傅厚圻由北京回，过此，送酥糖一包、芝麻一包，晚饭后去。培儿来一信，附家梅一信并照片数张。

十日 上海寄粮票来。李吉奎复迁回所。家颖来，给苹果八个带回。覆伯宣一信，又覆斌一信片。义侄来一信。彭祖年来一信，言寄唐季芳款由文代英转回，暂存彼处。

十一日 覆义侄一信片。伍立仲来一信，袁仲逵来一信，沈凤笙来一信。

十二日 旧历除夕。早李所长来。晚厚圻、李吉奎皆来吃饭。

十三日 甲辰年元旦。金晓村来，傅厚圻来，傅星夫妇等来。张主任、叶老师来。周兴夫妇来，送方糖一包。李所长来，邀至其家晚饭，饭后王凤梧接回。

十四日 早到佟所长家、金晓村家，晓村外出。归后李所长、石、王两主任、姚、赵两秘书来。午后崔国金来。晚偕石主任、王铁林到胜利公园看冰灯，亦一异观也。梁斌自西安来一信。

十五日 佟公来。到叶老师家，复偕同到张主任家，过傅文骏一家，皆外出。午后隗芾来。

十六日 午后偕铁林到博物馆看“重庆中美合作所照片遗迹展览”。范寿琨来。江公望来一信。

十七日 写一信与恽公孚，一信与袁仲逵。看袁孟超，赠以沱茶一盒。

十八日 看莽大令。连日皆由铁林偕行。

十九日 唐季芳之妇郑云来一信。金增新来，晚饭后去。

二十日 洗澡。覆郑云一信、伍立仲一信、彭祖年一信。萧宇元来一信，并覆之。又写一信与正雄、铁林及其同学。携家禔看电影《消失的琴声》，墨西哥片子也。武孙来一信。

二十一日　写一信与武孙。唐译来。苏渊雷来一信。看电影《特殊任务》，阿尔巴利亚片也。

廿二日　姚以彝来一信，恽公孚来一信。看电影《寇准背靴》。

廿三日　周兴来，李所长来，傅星、赵华来。写一信与梁斌上海。宗李来一信。

廿四日　覆宗李一信，又写一片与江公望。厚圻来，午后南行矣。午后魏鉴勋来，王树森、徐志锐、黄中业来。晚刘国梁来，谈其乡人(中江)有林爱山者，著有《易衍管窥》《读易杂记》等书，曾觅其存稿而未得。恽公孚又来一信。

廿五日　覆恽老一信。又写一信片寄赵蕴安，一信片与余乃仁。栖孙来一信。

廿六日　随本所阶级教育参观团赴辽源。八时上车，在四平转车，午后三时半到，住第二招待所。

廿七日　到“万人坟”参观，并备有花圈为供。午后参观富国矿展览馆。晚听旧工人魏本厚叙说身世及日伪时期虐待工人惨况，声泪俱下，为之酸鼻。

廿八日　参观西安矿直井并绞盘电气自动操制，斯大林时苏联相助装置者也。下井者余与李所长、姚、赵两秘书四人。午后再赴西安展览馆参观，则全体六十馀人俱去。晚因受闷兼饮食不调，大呕，呕后亦即无事。

廿九日　八时车回。过四平停三小时，请李所长、姚秘书、王铁林吃“李连贵”大饼，每份饼两张、肉一盘、蛋汤一碗，一元两角。到烈士塔、烈士公园一转。三时上车，六时五十分抵长春站。得陈登原、李永圻、任心叔、朱谪仙各一信。

三 月

一日 得王树人一信。写一信与悌儿，告以归期将迟至五月。又写一信与家柟。佟所长来。

二日 晚邀傅文骏父子便饭。伯宣来一信，并附来诗数首。

三日 周程武来。覆姚以彝、朱谪仙各一信。赵秘书来。

四日 到所听“反修提纲”报告。唐季芳来信，款收到矣。作《凭吊千人坟》与《听魏本厚报告》两绝句交刘景璐，为壁报作也。

五日 续听报告。

六日 瑜媳来一信。写一信与陈登原，又覆王树人一信。栖亦来一信。铁林等六人邀在长影看《前夜》电影。

七日 覆瑜媳一信。写一信与戴珊明，问正雄消息。

八日 与铁林到大安电影院看李少春《野猪林》影片。赵蕴安来信，并附数诗来。

九日 祖年来信，并附来唐季芳夫妇两信。

十日 上课，讲需、讼、师、比四卦。晚徐志锐来。

十一日 为伯宣改诗，写一信寄去。萧宇元来一信，吴二姐宜志。来一信。

十二日 铁林搬回所去。晚王树森来。

十三日 讲《书经·皋陶谟》篇至“师女昌言”。关部长来所，因略与周旋，回小楼已过午矣。斌孙寄粮票来。

十四日 覆斌孙一信片，写一信与唐季芳。伯宣来一信。

十五日 姚福堂来，王铁林来。祖源来一信片，问厚圻已否南行，写一信片覆之。欲洗澡而丁盛文来，遂止。

十六日 子慧来一信，吴桐孙来一信，俱各附有诗。

十七日　讲《易》至大有卦。正雄来一信。晚王玉哲、王树森来，张主任来。洗澡。

十八日　看柳青所作《创业史》小说。

十九日　早姚福堂陪同到省医院治鸡眼。午后邓秀芝来，同到师大印刷部看印样，并定印刷数。安贤璋从长沙侯家塘市立第五中学外语组来一信，此人不通消息者殆三十年矣。

廿日　讲《皋陶谟》毕。武来一信。晚李长庆、陈桂英来问读《文选》文之道。

廿一日　看姚雪垠所作《李自成》。

廿二日　傅星送来元宵二十个。覆安贤璋一信。王铁林来，家颖来。午后徐志锐、黄中业来。

廿三日　早姚福堂再陪同往省医院看脚。

廿四日　讲《易》至蛊卦。晚石静山来。晚饭后佟所长来。

廿五日　写一信与家梅，并附一信与王子慧。

廿六日　再到省医院换药，小邓同去，李所长亦去看肠病。

廿七日　讲《易》临、观、噬嗑、贲四卦。

廿八日　宗李来一信，由县城回至富安矣。

廿九日　金晓村来谈。王树森来问《宋元学案》。

三十日　昨夜大风，晓起雪满街，知风引雪至也。

三十一日　讲《易》剥、复、无妄、大畜四卦。《吉林日报》转载《人民日报》八评，无产阶级革命和赫鲁晓夫修正主义。语甚严峻。

四　月

一日　鼎女由北京来一信片，言明日回锦西，随写一信与家枏夫妇，告以此事，问曾相见否，并说余将于五月上旬去北京。

二日 讲《洪范》至"次二五事"止。

三日 讲《易》颐、大过、坎、离、咸、恒六卦。培儿来一信，并附梅孙一信。

四日 写一信覆培儿，并将梅孙来信错字改正附去。

五日 李所长来。晚厚圻来，即去。今日又落雪。

六日 伯宣来一信。午后厚圻偕其友吕忆城来。哲学组三人来谈以后读书计划。

七日 晚徐志锐来。讲《易》至明夷卦止。

八日

九日 讲《洪范》皇极毕。梁斌来一信，家枘来一信。

十日 讲《易》至损、益止。晚王铁林邀看《新兴运动会》电影，在朝阳电影院。

十一日 寄一信与伯宣，一信与梁斌，一信与吴桐孙，皆覆来书也。

十二日 星期。写一信片与鼎女。金增新、黄中业、王树森来，偕往公园一看。家颖夫妇偕家湘、家铭来，家湘今日返沈，家铭一、二日返哈，皆因出差于前日来者。

十三日

十四日 讲《易》至井卦。悌儿寄粮票来，覆以一片。又寄一片与文孙，一片与志忠兄弟。陈登原来信问行期。小戴寄还款二十五元。

十五日 小戴来一信，钱履周来一信。

十六日 讲《洪范》毕。覆履周一信。

十七日 讲《易》至归妹卦。晚徐志锐来。

十八日 覆正雄一信。徐尊六寄所作《逸周书正义》《武纪解铨法解》两篇来。晚志锐来，借去《田间易学》《李简学易记》两书。

十九日 徐尊六来一信。李所长来。发一信片与唐玉虬，一信片与陆希鲁，告以归期。薄暮姚玉堂来。文孙女来一信。

二十日　寄一信与心叔。寄四十元与老妻。傅星、赵华来问《尚书》。陈謇来一信，即覆一信。又覆徐尊六一信。

廿一日　李金煌来一信。讲《易》至节卦。

廿二日　覆金煌一信。又写一信与向仲坚、一信与袁仲逵、一信与老妻。

廿三日　讲《易》六十四卦毕。子慧来信，附来阿南两诗。

廿四日　讲《易》杂卦，至是课毕。午后徐、王、周、黄、金、王六人来，借去《荀子集解》一部。徐志锐又借去《易宗集注》一部。

廿五日　写一信与鼎女，一信与家颖，皆通知行期，而家颖适来，将存折一百五十元交与之。唐玉虬来信，介到西安见张寒冰，寒冰已八十馀，现陕西文史馆馆长也。又志忠来信言两兄弟皆在郊区劳动。

廿六日　星期。看佟所长，遇于途，来谈小时许去。梁斌来一信，徐尊六来一信。晚邀吕忆城来便饭。

廿七日　写一信与马科。南京来信，款收到。晚过李所长谈。

廿八日　郑氏媳来一信。邓秀芝来，当交与七十元买车票。志信来一片，言已回京，即覆一信，告知乘二日六十次车来，三日早到。又写一信与家柟夫妇，要其到站来接。晚马驰与陶成来。

廿九日　王铁林来。晚吕忆城来、杨森、薛洪绩来。

三十日　佟老来，言将与李所长同往哈尔滨，因关部长约去参观各地也。午后王铁林来，王树森来。鼎女来一信，仲逵来一信。晚吕忆城来邀往鸣放宫看电影《汾水长流》。

五　月

一日　看金晓村，告以明日行。王铁林、黄中业亦来，欲陪同宾馆看歌舞剧，谢未去。刘国梁来。午后莽大令、袁孟超两人来，胡珍生来。晚应尔玉、宋爀、高瑞宝来,石主任来。

二日 金晓村、张主任来,米治国等来。乘十一时二十分钟车赴京,石、王两主任与同学数人送上车,车上遇关老夫妇,亦去北京者。

三日 晨七时二十分到京,倪庆业、杨志信来接,丘晖畴未来。住吉林省驻京办事处,小倪亦由裕民旅馆迁来。发给家柟、钟文、李永武、刘子敬各一信片,又与阿南一信片。到广安门外白云观看陈撄宁,遇王惟一、刘原祜,字承武。原祜,季英三子也。撄宁今年八十五,健谈如昔,盘桓至晚方归。

四日 偕杨、倪二人到民族学院看徐尊六,谈约二时,谈福建事甚详。写一信与陈登原。

五日 志信早来。徐尊六来,家柟夫妇来,同在正兴馆吃面、烧卖。午后钟文来,六时阿南来,同在正兴馆吃饭。晚刘子敬来。

六日 发一信与维淳,一信与贾正中。偕李庆业看戴刚伯,留午饭。饭后到小南街芳嘉园看王星贤,又陪同到东四头条一号看张德钧。回后志信来,同在正兴馆吃面。

七日 与庆业到干面胡同十五号二单元二号看贺昌群,留午饭。饭后看恽公孚,未值,留一字而归。志信来,德钧来。晚戴刚伯来。继平来,留之宿。

八日 乘七时二十分七十九次车赴西安,倪庆业与继平送上车,志信亦来送。

九日 十二时二分到西安,登原与其子宜周同来接,邀往西大新村其宿舍住。维淳接于站外。午饭后谈及中文系诸人,知刘持生在此,因过一谈。晚持生来邀明日午饭。

十日 早持生又来邀。写一信片与陈謇。李建奎历史系党总支副书记来,言将有助教曾骐陪余去华山。在刘持生处午饭,后与宜周同到碑林草草一观。便过梁斌母家,小坐即回。看郝御风,未值,旋御风来谈,无回东北意也。御风,抚顺人,现任西北大学中文系主任。

十一日　早曾骐来，贾正中亦来。正中仍需下乡，遂与曾骐同访张寒杉，并至八仙庵了解上山住宿情形。午后与曾骐移住交际处大厦。

十二日　早乘六时十二分钟车行，十二时到华山站。雇得申金元者。车行三里至玉泉院午饭，遂由申负行囊上山，经莎萝坪、毛女洞至青柯坪宿，共二十里。

十三日　早由青柯坪迤逦至回心石路，渐陡险。历千尺幢、百尺峡、老君犁沟至“北峰云台峰”午饭，共十里，再经擦耳岩、阎王碥、金锁关至“中峰玉女峰”宿。

十四日　到“东峰朝阳峰”，路中可见仙掌。因观宇被焚，遂至峰下而止，遥望下棋亭，不过百步耳。上南峰，峰为落雁、松桧二峰合成，松桧大者参天，蜷屈夭矫，与黄山所见又不同。至西峰莲花峰午饭，气象台在焉。饭后小憩，仍经金锁关、苍龙岭回北峰宿。遇曾子学、郝润雨。曾，张寒老女婿。夜大风雨，未能成眠。

十五日　留北峰。终日雨不息，与道士李太安、摄影门某闲聊。门，旧亦道士也。

十六日　雨小，遂决下山，至青柯坪，衣但沾濡而已。过毛女洞雨渐大，雨衣尽透矣。至玉皇院雨止，遂急趋至华山旅舍宿。在华山食堂饭，蛋炒饭佐以波菜豆腐汤，视山上之白水煮面，真不啻八珍之味矣。付申金元五日雇钱二十元。

十七日　乘早七点十五分钟车回西安，过临潼下车至华清池浴，所谓贵妃池，浴资一元三角，似不如黄山硃沙泉也。三点十分再上车，四点半抵站，与曾骐仍住交际处大厦。

十八日　理发。写一信片与继淳。在登原家午饭。饭前看郭绳武主任，未值，因过李建奎谢之。大雨，会登原赴民主促进会开会，有车来接，遂与曾骐搭车同回大厦，并将皮箱带回。晚在平安电影院看《周总理访问北非四国》纪录片。陈謇有覆信来。

十九日　发一信片与陈謇，告以乘廿一日晚七十六次车去洛阳。与曾骐同至半坡博物馆参观半坡发掘遗址及石器、陶器等，回大厦午饭。饭后再参观碑林。晚维淳来。终日时雨时止，无晴意。

二十日　仍阴雨，午后雨止。与曾骐同游兴庆公园，唐旧兴庆宫也。中有沈香亭、花萼相辉楼，皆新建者。花木甚茂，是则可取耳。登原夫妇携其孙女来，留之晚饭去。

二十一日　早有雾，游大雁塔，仅登一层而止。曾骐同学韩宝全者正筹备玄奘法师纪念馆事，因得一观玄奘一生游迹所经。其图皆今人所绘，然亦颇可观。午后两点半贾正中来接，到西北大学历史系为讲师、助教讲“作为史家的孔子”，一时半毕。遇其系主任郭绳武、副主任姚学敏。姚，青浦人，为作介绍。登原亦在坐。仍由贾正中送回大厦，留其晚饭。乘十一时五十分车离西安去洛阳，曾仍同行。

廿二日　早十时十七分到洛阳，陈謇接于站外，遂与同乘三轮车至小北门洛阳宾馆。饭后与同游王城公园，在青岛路其家晚饭，饭后与曾骐归。

廿三日　发一信片去南京，一信片去上海。偕曾骐同游龙门，观石刻，仅及西山而止。过桥至东山，一谒白传墓。香山寺已改离疗养院，闻不许游人进入，遂未去。归途过关林，洛阳博物馆在焉，便一参观，远逊西安也。归后大雨。

廿四日　上午天阴，未出门。午后至周公庙，已改工人俱乐部矣。天又雨，遂归。写一信与两所长及石、王两主任。

廿五日　天晴。午前游白马寺、齐云塔，去寺半里闻已塞不可登，遂未去。午后访康节安乐窝，去周公庙一站，今改作小学，旧康节祠也。遇其四十一世孙名学斌，为指康节故居，去祠约百步，有道德坊三字石牌楼，明季所立也。祠内有康节塑像及石刻像，又有濂溪、明道、伊川、横渠、康节、陈抟及晦翁、南轩、东莱石刻像，题曰“九先生像”。又有“伊洛书院记”一碑，亦成化所立。“九先生像”疑是书院物也。夜乘四点十七分四十一次车回南京，由曾骐送上车，曾亦乘五时车返西安。

廿六日　晚十一时到南京，培儿与梅孙来接，乘公共汽车进城，就眠已将一点。

廿七日　写一信与王贵，因《庄子发微》书未寄到也。午后傅亮卿来邀，后日在永和吃早点。

廿八日　早葛雷来。午后偕梅孙同上花神庙坟，三轮车来回一元四角。归途便过仁厚里马道街王、郑两家。

廿九日　早在永和吃油糕、烧饼，路过成贤街长庆里看苏宇夫人。在三姑太太家午饭，饭后小憩，到上海路看洪自明。晚王绵来。

三十日　早洪自明来。郑亲家来，并以鳝鱼相馈。写一信与萧一之。午后洗澡。晚偕梅孙访唐玉虬，九时始归。

三十一日　看书琴侄女夫妇，会宽、宝两侄俱在，因唤礼侄夫妇过来，在张家共午饭。饭后与宝侄同至邮电学校寄宿舍看宗氏侄媳及其子女，五时后始回。晚书琴夫妇来，望杏送余水晶章一、蜜蜡制品一。

六　月

一日　到双石鼓，正侄因目疾已由济南回，卢氏侄媳之兄亦在，谈时许，并交五元与锦文侄女代送与贾表姑母，今年九十三岁矣。看伍立仲，馈与十元。午后葛雷来，约定乘四日十三次车去沪。天时有小雨。

二日　天大晴，因偕梅孙到大定坊祖坟一看，给坟亲两元，来回三轮车三元伍角。

三日　寄一信与陈登原，并附一纸与曾骐。留百元与培儿，备丁家坟上栽树用也。葛雷送车票来。石静山来一信，洛阳所寄信已收到矣。

四日 与葛雷乘午后一时八分开十三次车返沪，六时五分到站，斌孙接于站外。留葛雷晚饭后去。得袁翊青一信，仍问《易》。

五日 写一信与梁斌。看姚以仪夫妇。看向仲坚夫妇，留晚饭归。

六日 写一信片与金煌，问何时来沪。看范祥雍。午后偕志义同至天山新村看宗伯宣，晚饭后归，志义送至东新桥。得王贵一信，并附来宓贤璋一信，又一不识者附《论易》一篇来问。

七日 早看郑老。葛兴父子来，留午饭去。洗澡。到八十三号，周培因公事来，明日便去常州矣。晚过吕翼仁、李永圻，未值。

八日 早永圻来，郑老来，范祥雍来。覆石、王二人一信，又覆宓贤璋一信。赴以仪约，以不敢食油腻辞未食，陪伯宣谈至五时半始回，午后食饼干数片而已。晚在家食米粉干。梁斌来，至十时去。

九日 覆袁翊青一信，写一信与心叔。午后看十力，六时回，因候车，至家已过八点。知伯宣、希鲁与吴二姐来，久候乃去。

十日 早陆、吴二人复来，约星期六聚于杨家。午后至国际看《青年鲁班》电影。归途遇仲坚，遂在多伦路口下车。晚过吕翼仁谈。

十一日 写一信覆宋桂岭，并将其叔父所为《论易》文寄还。宋，朝阳区房管处重庆管区职员，原信乃王贵转来者，其叔父为电力部郑州电力学校教师，住宿舍楼拾号，名辑五。马科来一信。午后丁舜兰来。看义侄，即在其处晚饭。饭后看马科，瘦甚，尚待疗养也，值张信忠与吕爱莲。范祥雍送所作《洛阳伽蓝记校注》一册。

十二日 买被面一条，十一元五角二分。过朱月轩，言一之已数月未来信矣。汪宜荪来邀后日晚饭。家梅来一信，覆以一片。晚理发。

十三日 到杨家午饭，伯宣、希鲁、吴二姐继来。饭后程七姐、曹大姐亦来，五时回。便过江公望、翟培庆，翟未值。晚饭后看宗正叔，平子侄孙女亦在，言下星期四回北京矣。朱月轩母子来，会余不在。

十四日 早翟医生来。午饭后葛兴来。看余乃仁，过汪家晚饭。

饭后吴宜志母子、祖孙俱来,客有伯宣、希鲁及张表兄。

十五日 早章子敦、王子勤自富安来。午后看王佩铮,谈及陈奇猷,并以所作《韩非子校释》相示,经中华书局出版。看沈仲九夫妇,俱外出。

十六日 希鲁、宜之、树人来,与同看拱稼生,脚跟生疽而精神尚好,可无碍也。午后看邱老病,其夫人言是胰上生癌,会其睡熟,未见。过范祥雍谈,并约得便同访陈奇猷与苏继庼,苏专治南洋地理者也。晚李小川来,袁仲逵来。章子敦来,送来其父承之日记八本。

十七日 早义侄来。再过余乃仁,留午饭。饭后到宝庆路史馆新址,会诗歌、书画两组开会,遇熟人不少。过张文约,晚饭后归。便至杨家看章子敦,带来对子与《龙川诗文》抄本。吕翼仁来,未值。唐玉虬来一信,李度来一信。

十八日 石主任有覆信来。过吕翼仁,约下星期一夜饭。午后倪竹慈来,晚王循序来。

十九日 早江公望来,约下星期四同到师大午饭。十力来一信片。午后看翟医生,未值。无俚,遂去看绍兴戏《审泥神》。左背红肿,就长春路医所诊治,打青霉素一针,云可消去也。

二十日 早看邱老,少谈即返。章子敦来,送盘川五元,又交十元寄与其姊,作对子代价。午后再打青霉素一针。看秋翁,亦未多谈。至淮海路金老家,言尚在医院也。遂过十力,以华山道士所送黄精馈之。赴陈宴与程七姑约,夜九时候与姚以仪母女同归。饭前罗静轩偕戴一同来,旋去。心叔来一信,一之来一信。

廿一日 寄一信与马湛翁,又寄沱茶一块与苍龙岭道士聂至启。阿杭来。午后为遣人就叶佐文学《宋史》事到华东医院看金子敦,神志尚清而语言謇涩,左手右足俱不能动,知病非轻也。晚过袁仲逵,取存单回。

廿二日 早仲坚夫妇来。看范祥雍,谈定明年五月去长。覆石主任一信,又与唐玉虬一信。五时赴吕翼仁约,汤志钧、杨宽皆来,八时半回宅。

廿三日 早偕乃仁同看赵蕴安,蕴安邀至美心午饭,乃仁并代邀周公策者相会。饭后至乃仁家少憩。看余芷江,不知其于正月间因肺气肿去世矣。过华亭路,买得台灯一具回,价十一元。

廿四日 到杨家午饭,伯宣前日约也。以仪介周可明者相见。周,东台安丰人,中医师,能诗,晓兰学习组长也。便买星六赴杭车票,并约与希鲁同行,四时后回。洗澡。

廿五日 早公望来,原约同至师范大学看徐声越及孟宪承等,以天雨作罢。王树仁来。发一信片与心叔,告以行期。在公望家午饭,饭后过国际电影院,因看《水手长的故事》电影,颇佳。马湛翁有覆信来,言原信已寄佐文矣。

廿六日 罗静轩来言读经事,告以可从王循序借读。午后过杨家,交二十元与以仪,备购陆氏书与对联用也。晚梁斌来。

廿七日 五时即起,拟去杭州,而夜来大雨水漫,行至文华别墅后水深竟不可过,无计上汽车,遂返,发一信告心叔。

廿八日 王铁林六人来一信。马湛翁来一信,并附来叶佐文一信,辞遣研究生就之学《宋史》事。午后乘一时五十五分车赴杭,悌儿送至站,八时到,住西湖饭店。

廿九日 离西湖饭店,先至民权路三号钱家,知希鲁于前日到,未误也。乘原雇车到杭州大学,在云从家午饭。住心叔处,任平廿四岁,俨然大人矣。午后偕心叔看马湛翁,驾吾后亦至,与心叔先回。

三十日 再过民权路,与希鲁约午后到医院看深深病。到金芝庙巷看才甫夫人,会才甫亦从建德来,因在其处午饭,吃粥、蔬菜,无肉,正合我味也。看深深病后到平安里看伍寿卿夫人,仍回心叔处晚饭,亦粥也。

七 月

一日 驾吾、瞿禅、宛春邀在湖边致美斋晚饭。

二日 应马湛翁约，先过郦恒叔，候其诊病归，哮喘夏中稍减，终可虑也。在蒋庄午饭，四时散。与驾吾、心叔过三潭印月一转。湛翁送对联一副。

三日 与希鲁、钱氏两姊妹、姚二姐、王敬本夫妇丈夫姓谢同游灵隐。在天外天吃面，五时后始归。晚饭后与心叔同至黄龙洞看章鋆。

四日 到各家一转，随与心叔在奎元馆吃面。面后乘汽车赴新仓看王敬老，车约四时到，即住敬老家，八时即睡，以热不能睡。

五日 早四时即起，乘二时半小轮赴硖石。已上船矣，敬老复赶至码头相送，可感也。由硖石乘八时二十分车返沪，十二时半到。小睡起，洗澡。晚有风，胜新仓、杭州多矣。程勉斋、卫素存昨日来，俱未值。陈登原来一信。

六日 寄一信与所长，并将叶佐文答马湛翁信附去。又覆周兴等六人一信，并写华山诗附去。又覆宗李一信，原信在杭时由希鲁交来者。

七日 回看程勉斋，并托其交尤裁缝做衬衣两件。便过黄秋生，将钱庆生托带手杖交与。发一信片与梅孙。在食品公司买火腿一块，四元二角。

八日 刘公纯来。

九日 连日热不可耐，仅晚间出门一购物而已。

十日 李小川忽来邀往西湖饭店吃饭，坚谢之。开一牛肉罐头，留之午饭而去。

十一日 过余乃仁，取回王觉斯手卷，留午饭，仅饮啤酒半杯，食粥一碗。小睡片时,复同至美心吃冰琪淋,遂回。十力来一信片。

十二日　复十力一片。初食西瓜。

十三日　戴亦同偕静轩长子从今来,将王觉斯手卷交还。晚萧宇元来。

十四日　晨姚以仪来,带来志义代借小说三册,十点后去。晚范祥雍来谈。

十五日　理发。晚八点后仲逵来,又许某来寻梁斌,将梁斌前所遗扇交其带去。

十六日　早伯宣来,留午饭去,借去《白石山房集》四册。

十七日　伯宣昨送来折转一期。发一信片与十力,又一信片与梁斌。晚吴广洋来。

十八日　张主任寄《庄子发微》四十部来,因覆一信,并附一信与隗芾,问其到上海时期。

十九日　早晓兰来,邀余与伯宣至其家午饭,盘桓至晚饭后七时始归,送伯宣与以仪《庄子》各一部。

二十日　晚过吕翼仁、李永圻,各送《庄子发微》一部。梁斌来,言将赴常熟。

廿一日　晚看仲逵,送《庄子》一部。

廿二日　晚看范祥雍,送《庄子》一部,并托带一部与王佩琤。

廿三日　心叔来一信,家栖自宁来一信。晚江公望来,送与《庄子》一本,并托代一本与声越。

廿四日　写一信片覆家栖。

廿五日　看十力,看石公,各送《庄子》一部,并交一部与熊老代转与刘公纯。午在益民食品店吃大、小馄饨各一碗。唐玉虬来一信,意殊未平也。

廿六日　王铁林来一信。

廿七日　早家栖来,将由此乘船往大连也。希鲁来一信,并附来两诗。晚王循序来，送与《庄子》一部，并将借款交与。

廿八日 与家栖十元。晚钟文孙女由京回。

廿九日 早舜兰来，当将子韦上款对子两副及其祖上对子一副交其带与小珊，并送与《庄子》一部。覆心叔一信、希鲁一信。隗芾来一信。家梅自南京来。家栖午后乘船去大连，由家梅送至码头。

三十日 早柳曾符来，带来其祖翼谋所辑《泰州学案》资料，因留阅。赠与《庄子》一部，又写一信介往见薛育津，并赠育津《庄子》一部。继之王撰生来，亦赠《庄子》一部，并托带一部赠与潘雨廷。伯宣到子及家，子及留之，并来邀余午饭，遂同去，至四时后回。十力来一片，金煌来一信。

三十一日 早看程勉斋，送《庄子》一部。志义来，言卓老太太相邀晚饭，即在其家中，感其情，不得不一去，八点三刻回。武孙自嘉兴告假回，明日即须返。

八　月

一日 全家在万象照一相，又与武孙二人照一相。王撰生偕陈稼轩、金月石、潘雨廷三人来过。陈住淮海中路四三六号二楼。金住徐汇区永福路二五三号，电话三七〇五五一。潘之住处为复兴中路一三五〇弄三号，电话三六九一一七，前年曾一过之，已忘却矣。因并记之。四人并约在功德林晚饭，言公请薛育津也。一之来一信。晚饭四人与薛外，尚有一曹君、一施君，归时已过九点矣。

二日 早公望来。覆一之一航空信。午后吴圣苓来，范祥雍来，袁仲逵来，叶亚男来，范最后去。由邮寄《庄子》一部与沈瓞民。

三日 早潘雨廷来，并带来薛育津所作《半坡出土古文字》一文相赠，谈甚久始去。看邱琼荪，并过吕翼仁，通一电话与汤志钧，托其将

《庄子》两部转送周予同、冯契二人，亦送汤一部，书即交吕翼仁晚送去。发一航空信与两所长，希有人来同行。

四日 早看伯宣，有所托。旋过乃仁，以《庄子》一册相赠，并令转交一册与赵蕴安。今日又大热，匆匆遂归。傅文骏来电问行期，并问开何课。

五日 覆文骏一电，令转呈所长，并候覆。家梅明日回宁，交四十元带与老妻。又带《庄子》三册送唐玉虬，并附一信去，一与子慧，一与张望杏。家栖来一片，已抵大连矣。

六日 写一信片与柳曾符，邀其约刘笃龄来见。武孙信来，已安抵部队矣。

七日 李所长来一覆电，言候佟老回，派人来接。家楠孙女由京来一信。

八日 范祥雍来谈。沈瓞民寄《三易新论》一部来。晚杨志信来。

九日 家梅来一片，袁翊青来一信。晚过向仲坚，告以行期在即，送《庄子》一部，遇同乡何君，回时陪送至车站。

十日 理书。

十一日 杨氏弟兄来。买纸箱四个，每只一元，备运书用也。

十二日 书装毕。发一信与柳曾符，并将《泰州学案》资料寄还。又写一信告希鲁行期。晚过仲逵辞行。

十三日 又增书一箱，仍由志义兄弟代装理。兴义侄来，徐伯儒来。午后伯宣来，送龙井茶半斤。

十四日 志义兄弟来，将书送交东站运出。写一信告王贵主任，并将运单挂号寄去。午后以仪来，晚仲逵来。

十五日 倪庆业到，住国际饭店五〇五号，电话为二九一〇一〇，留午饭去。交与一百元，买到沈阳车票。

十六日 看范君告辞。童载新送蛋糕一盒。午后倪来，已购好十八日车票，但为硬席卧铺耳。希鲁来一信，仍望去苏。

十七日 早树人来。覆希鲁一信。午后徐子可夫妇来，送苹果一篮。

十八日 早张文约来。午后伯宣、以仪来。晚乘七时车径赴沈阳，倪庆业同行。悌儿与志信送至车上，留《庄子》一部，由义侄转送何禹昌。

十九日 车上尚不过热，过江以后更凉，殊出意外，但饭菜甚劣。

廿日 午十二时四十分到沈，庆业同学朱育培来接，住国际旅行社。王贵主任适在沈，五时后来旅舍谈，得知所内近况，晚饭后去。

廿一日 乘八时车返长，而车误点，在站坐候至一点多钟，午后二时半始到。姚、赵两秘书及徐、黄、周、大王、小王、隗芾等六同学来接。到小楼知佟、李两所长，石主任俱在焉。洪自明已到，又金灿然亦来度夏，各与周旋，至晚饭后始得息。收到苏渊雷寄来《读史举要十讲》、信一封。

廿二日 邓秀芝送五、六、七、八四月薪金来，因托代存银行一年。金晓村来，王主任来。午后佟所长来，晚李泰芬来过谈。

廿三日 回看李泰芬。看金灿然，因其午后将回京也。姚秘书来，王玉哲、陈桂英来。午后周兴夫妇带小孩来，并送来存单。李所长来，赠以龙井二两。丁盛文来。晚徐志锐、黄中业、王铁林、高瑞宝、刘国梁、丛佩远、蒋秀松等先后来。

廿四日 张复主任送《庄子》五十部来。午后王主任、赵秘书来，言丘家有报来，琼老已去世，因托代发一电唁之。又寄《庄子》一部与关部长。石主任来，言下星期一上课，每周一次。送《庄子》一部与洪自明，并托代一部送匡校长。郭晋稀来一信，前由彭祖年转去《庄子》一部已收到矣。李所长来。家颖来，送还存折，晚饭后去。晚胡珍生、李纯德、曹大中、傅长胜四人来。寄一信与鼎女，一信与小戴。

廿五日 寄一信与恽老，一信与陈登原，一信覆苏渊雷，并各寄与《庄子发微》一本。又托登原转一本与刘持生，托渊雷转一本与吴忠匡。

廿六日 寄四元与陈謇，托买陈图南字拓片，并寄一信去。寄《庄子发微》一本与戴刚伯，一本与吴寿彭。晚过金晓村，不值。徐志锐、米治国、金增新。萧湄、王树森先后来。王带来柳曾符一信，系由家转研究所者，因托王将寄戴刚伯、王星贤、张德钧、贺昌群之《庄子发微》四本带去。

廿七日 买翻印闵刻《管子》一部，十元。

廿八日 倪庆业来，送来往返上海车费，盖已按例报销矣。寄一信与星贤，一信与刚伯，一片与十力。过金晓村，赠《庄子发微》一部。邱夫人、陈逸吾来一信，谢电唁也。寄《庄子》一册与徐尊六。

廿九日 心叔来一信，系由自明转者。正雄来一信。晚厚圻来。

三十日 佟老来，赠之《庄子》一册。魏鉴勋来，傅星、赵华来。午后李长庆、马效兰、张辅麟来。晚过李肇祥所长，未值，亦赠以《庄子》一册。

三十一日 上课，开始讲《庄子》。赠丁盛文一册，并以一册赠宋振庭，托其代转。午后姚秘书来。得梅孙一信，附来培儿一信。

九 月

一日 志信来一信，已回京矣。买火腿一只，十六元零四分。到红光摄一寸照，备证件用也。

二日 寄《庄子》一部与陈撄宁，一部与张晴麓，并覆去一信。又寄一信与彭祖年，问王季老近况与地址。恽老来一信，并附一信与张伯南。张伯驹归，索《庄子》，以一册贻之。

三日 午后《荀子》课开始，为讲《劝学》一篇。晚与洪自明过李泰芬室，小作周旋。由沪转来吴桐孙一信，并附来其孙照片一张。

四日 吴寿彭来信，《庄子》收到矣。云从来一信，系附自明信中者。

五日 戴刚伯来信，《庄子》收到矣。星贤来信同。

六日 覆桐孙一信。写一信与丙孙。早王树森、萧湄来，李所长来，家颖夫妇带小孩来。午后徐志锐来，丁盛文来。晚饭后过金晓村，还前所借《尚节之自传》。

七日　讲《消摇游篇》毕。在家洗澡。苏渊雷来一信，并附来吴忠匡一信。晚厚圻来，言将往河北。王树森来。

八日　覆吴寿彭一信。又写一信与梁斌，并附与马科、正勤各一纸。袁孟超来，赠与《庄子发微》一册。邓秀芝送工资来，交与七元托买窗帘。

九日　送李泰芬《庄子》一部，答以其所作《老庄研究》，五八年出版者也。傅文骏来，带来四、五两日《参考消息》，午后由老刘送还。看徐乃昌，会开会，候之甚久，乃昌将调至杭州。陈登原来一信。

十日　为六人讲《荀子·修身篇》，并以《不苟》《荣辱》《非相》诸篇通之。

十一日　理发。到图书馆查书。

十二日　祖年来一信。终日雨，晚晴。饭后过李所长，同绕斯大林街散步而回。

十三日　午后金晓村来。晚饭后与洪自明散步至人民广场回。

十四日　讲《齐物论》至"有情而无形"止。寄《庄子发微》一部与马宗霍，并附一部嘱转王季范。三点后偕王铁林到珠江浴室洗澡，并修脚。在开封馆吃灌汤包子，回小楼已近八点矣。陈撄宁来一信。

十五日　覆祖年一信。写一信与宗霍，一信覆吴忠匡，一信与伯宣。又一信与陈师闵，问款收到否，何以无回信也。

十六日　王贵主任来。

十七日　买旧小说两部。

十八日　写一信寄马湛翁。午后为六人小组讲《非十二子篇》。刘丙孙有覆信，并附来希鲁一信，抄《示怿彤、郁周》和《灵隐寺》，皆七律一首。

十九日　孟超来，送人参糖一盒。寄一信与丙孙，并寄去二十元，三元还其代买纸价，馀十七元转送黄朋孙，以希鲁信知其病也。晚与自明散步。莽大令来，未值，留月饼一包。郦衡叔有信与自明，嘱代候。童正维来信，言马科去广东惠阳矣。傅文骏送《参考消息》来。

廿日 午后周兴夫妇来，王树森来，徐志锐、金增新来。

廿一日 续讲《齐物论》。吴宗李来一信。

廿二日 王若兰来信。傅文骏来，送来《参考消息》，留晚饭去。

廿三日 晚邀洪自明在长春食堂吃馄饨、烧饼。

廿四日 寄一信片与吴二姐，问师闵眼疾入医院后如何矣。

廿五日 正雄来，宿于此。石主任来，言诸生即将下乡参加社会主义教育课，至国庆节前止。午后六人以开会，遂未来。晚看佟所长，叩门无应者，遂回。

廿六日 午前佟所长来谈。伯宣来一信。午后与正雄在市委服务楼洗澡。张晴麓有覆信。

廿七日 写一信与范祥雍。正雄午饭后行，托带一信与陈撄宁。王树森来，王铁林来。

廿八日 退还张晴麓寄来二元。上课，草草将《齐物论》讲毕。丙孙来信，款收到矣。

廿九日 晚陪自明看李所长，并相同乘车至长江路西安大路一观节前灯景。

三十日 早王树森来，刘景禄、程迅、宋焮来。晚在所吃饭，以国庆并为洪自明饯行也，饭后看京剧《奇袭白虎团》。梁斌来一信。

十　月

一日 国庆观礼。晚饭后又偕自明在儿童公园看烟火，八时后归。

二日 王树森来，厚圻来，丁盛文来。

三日　李所长来，李铁羽来。

四日　写一信与梁斌。晚请自明在朝阳电影院看《农奴》片子。

五日　隗芾来。自明乘午后二时车南归。王若兰寄拓片陈图南字来，并附一信。徐尊六来一信。

六日　覆王若兰一片。寄《庄子》一部与姚郁周，并去一片。又寄《庄子》一部与钱履周。老妻来一信，吴桐孙自沪来一信，武孙来一信。看丁翰章，未寻着住处，遂过莽大令，幸在家，得小歇而归。

七日　徐尊六寄所作《帝王世纪辑存》一册来。范祥雍来一信。姚以彝来一信，并附来陈冕父及曹汝南所作《泰州志》文两篇。

八日　寄一信与培儿，一信与武孙，又覆吴桐孙一信。本日发薪，寄回十元与老妻。

九日　伯宣来一信。

十日　到所查书，午后洗澡。

十一日　徐志锐来，带来寄来粮票、信，并言斌孙已入海军，便覆一信。又覆伯宣一信，以仪夫妇一信。

十二日　覆徐尊六一信，又写一信与刘经传。

十三日　大令送馄饨来，赠与《庄子发微》一部。祖源来一片，洪自明来一信，金煌来一信。

十四日　李公来谈。大令夫人送修好丝棉袄来。仲逵来一信。

十五日　邀李革痴在福聚成午饭，菜亦不佳。便过鼎丰真，买绿豆糕及太史饼各半斤归。培儿来一片，款寄到矣。

十六日　又寄一片与培儿。吴桐孙来一信，张德钧来一信。晚王铁林来。

十七日　报载在新疆爆炸一原子弹，又赫鲁晓夫下台矣。李铁羽来，借六十元去。

十八日　写一信与仲逵。刘经传有覆信，言下星期日来看我。上午看丁翰章，下午看袁孟超。龙女来一信，索款。

十九日　寄四十元与龙女。晚在重庆路吃灌汤包子。

二十日　午前到所查书。伯宣来一信，并附有新作《国庆》诗。午后邓秀芝来，邀明日午后到所坐谈时事。

廿一日　午后与李公同到所，谈者两所长、两主任与叶老师，实则碰碰头而已。斌孙来信，已到青岛矣，通信处为四一〇九部队九十四分队。

廿二日　覆斌孙一信。过金景芳，未值。晚与李公闲话。

廿三日

廿四日　到珠江浴室洗澡、修脚。

廿五日　星期。午前刘经传偕其妻并一子一女来，妻无锡人，姓过。午后金晓村来，与同至人民公园一转。晚看颖，未值，其邻人云到车站接其母去矣。小戴来一信。

廿六日　午后颖偕其母来，由南京带来挂面两斤、香肚四个、麻油一罐。

廿七日　在重庆路回回食店买得圆宵十个回，每个三分。

廿八日　午后过颖处一看。子慧来一片，款收到矣。梁斌来一信。

廿九日　洪自明来一信。午后理发。

三十日　覆自明一信，又覆伯宣一信，又寄一片与吴宗李。到所查书。马宗霍来一信。

三十一日　天雨，未出门，晚雨止。

十一月

一日　写一信寄心叔。吴桐孙来信索《庄子发微》。家栖来一信。

二日　彭祖年来信，为何泽翰索《庄子》。午后在朝阳电影院看《千万不要忘记》片。

三日 雨。晚林焕文来告辞，言调回哈尔滨历史研究所矣。赵蕴安来一信。

四日 到所开会，欢送社会教育工作者下乡也。寄《庄子》一本与吴桐孙，一本与何泽翰，由彭祖年转。晚家栋来，言化学会所邀也。

五日 午后到春城电影院看时事纪录片桑给巴尔、肯利亚等非洲独立片。履周来一信。

六日 写一信与家栖。江公望来一信，言吕贞白索《庄子发微》。

七日 王主任来，言十二日可以迁所矣。

八日 星期。覆履周一信，公望一信，子慧一片，并寄《庄子》一册与公望转贞白。斌孙又来一信。

九日 文孙女来一信。上午到所一行。家栋侄孙来，同午饭，饭后回哈尔滨去。

十日 到转楼买得奶油一斤、白鱼一条，惜不甚新鲜。覆文一信。又寄刘丙孙抄书费四十元，并去一信。王树森、金增新、黄中业来。

十一日 王铁林来。王继和来信，已到连云港新浦农场矣。

十二日 四点即起，五时半到车站送下乡者。午后迁进所内居住。是日雪甚。

十三日 终日整理书籍、什物。姚郁周来一信。

十四日 上海有信，寄粮票来。午后到珠江浴室洗澡。

十五日 午后到建设街食品公司，买得鸡蛋、奶粉等。

十六日 写一信与梁斌，一信与杨志信，告以移至所内。又写一信与妹仔，一信覆悌儿。王继宣自丰县来一信。晚邀李、王两生在朝阳影场看《英雄坦克手》影片。

十七日 吴桐孙来一信。午后过易静贞处一看。

十八日 子慧来一信，并附来所作《庄子发微》跋一篇。

十九日 所长来顾，仅数语便去。

二十日 张伯驹夫妇来。丙孙覆信，寄款收到矣。

廿一日　午后到次羽夫人家，来回皆乘所内小车，带去炒栗子二斤。

廿二日　覆郁周一信。志信来一信，言志忠回上海，下月初可返北京。戴珊明来，送来正雄所带诸物，并附一信，又夹梁斌一信，盖径归通化矣。

廿三日　武孙来一信，并附来照片两张。早雪，午后止。

廿四日　写一信片与梁斌，一信与斌孙，一信与继宣。

廿五日

廿六日　所长来谈。梁斌来一信。上海转来袁翊青一信。

廿七日　晚在宾馆看电影《天山上的红花》与越南片《金童》。

廿八日　看庄方耕《春秋正辞》毕。

廿九日　覆袁翊青一信。

三十日　看吉田茂《十年回忆》。

十二月

一日　午后到家颖家，其母已由哈尔滨回，带来家栋所送奶油一块。

二日　写一信覆武孙。

三日　买人参糖一盒，交易氏侄媳带送三姐，伊将在十日前回南京也。

四日　午前通一电话与戴珊明，约星期日九十点钟来谈。午后因叶幼泉将到政治学校学习，所长召集一谈话会欢送之。晚厚圻来一电话言明日将往延边。

五日　上海寄粮票来。晚洗澡。

六日　履周来一信。珊明来，同在"乌苏里"吃饭，遇张伯驹夫妇。

七日　覆悌儿一片，又覆子慧一信，并夹一纸与内子，为厚圻将送德贞骨灰到宁，埋葬前存放地也。家梅有信来，言可分派到新疆去，当覆一电促其行。又与培儿一信，附入子慧信内寄去。祖源来一信，亦为德贞葬事也。午后易氏媳来，言今晚南行，即交五十元带与家梅作装资。人始去，家梅信片来，又言新疆之行作罢矣。

八日 小邓送工资来。寄一片覆祖源。刘丙孙来一信。

九日 覆履周一信。理发。取照片。

十日

十一日 覆丙孙一信。又寄斌孙一信，附去照片一张。

十二日 看《春秋纂例》。

十三日 看《艾登回忆录》。

十四日 于慧附来一信片。

十五日 仍看《春秋纂例》及《艾登回忆录》。瑜媳来一信。

十六日 培儿来一信，附有梅孙一纸。佟所长来谈。

十七日 听王主任下乡回来报告。覆培儿一信。

十八日 晚在所内洗澡。

十九日 刘丙孙寄所抄《蒋先生诗文集》来。洪自明寄张汝舟作《西周考年稿》，并有一简信。

二十日 午后丁盛文来。

廿一日 丙公来一信，并附来希鲁一信，已返苏矣。寄一信与栖孙，附去照片一张。

廿二日 家中转来刘蕙孙由嘉定社会主义学院寄一信，即覆之。又覆洪自明一信。彭祖年亦来一信。

廿三日 陈登原来一信。看《春秋微旨》。薛祖源来。

廿四日 栖孙来一信，廿一日信尚未达也。伯宣来一信。

廿五日 覆登原一信。斌孙来一信，培儿来一信。晚在党校看电影《箭杆河边》。

廿六日 覆彭祖年一信。

廿七日　星期。厚圻来，家颖母子来，金晓村来。覆丙公、希鲁各一信。强天健来信告窘。

廿八日　义齿坏，由邓秀芝陪同到省立医院修配。覆培儿一信，嘱将前寄款转与老妻。寄二十元与强天健。晚家颖来。

廿九日　厚圻来。文来一信。

三十日　顾寿白来一贺年片。覆伯宣一信，并将寄来诗改好。又寄王星贤一信，复书一风景明信片答顾寿白。午后杨子及夫妇来一信，王铁林来一信。

三十一日　由杨明新陪到省医院取修配义齿。

一九六五年

一　月

一日　覆王铁林一信。厚圻来。

二日　寄一信与郭晋稀，一贺年片与恽老。

三日　佟所长来谈。午后与李吉奎在康平街浴室洗澡、修脚。

四日　寄一信与杨子及夫妇。动手写《春秋正言断辞三传参》。又寄一信与文孙，并汇十元与之。又寄一片与戴正雄。

五日

六日　天健来信，款收到。

七日　心叔自诸暨澧浦来一信。

八日　寄一信与栖孙。星贤有覆信来，言马、熊二老皆到京开会，并已各返矣。恽老覆一贺年片，志信亦来一信。

九日　寄二十元与立仲，三十元与陆希鲁，内十元托转与黄少香，并各去一信。子慧有信来，悌儿寄粮票来，正雄来一信。

十日　李吉奎约同出散步，不意北风冷极，到建设街口即回。

十一日 覆子慧一片，悌儿一信，又写一片与鼎女。

十二日 朱谪仙自南京来一信，住边营九十八号王家也。佟老来，以薛育津所撰《半坡古文字释》嘱题数字。

十三日

十四日 栖孙来一信，言来否未定。写一信覆志信。

十五日 阿南来一信，斌来一信。

十六日

十七日 写一信与文，问寄去款收到否。

十八日 写一信与家栖，而午后家栖来矣。立仲覆信，款收到。买棉鞋一双与家栖。

十九日 写一信与丁小珊。

二十日 与家栖到胜利公园看冰灯，在"乌苏里"晚饭。路过地质局，看厚圻，未值。

廿一日 家栖离此回宁。写一信与阿南。

廿二日 鼎女覆来一信，通信地址改为锦西化学公司设计研究院试验室。

廿三日 写《三传参》至"桓公"毕。

廿四日 星期。伯宣来一信，宗李来一信。

廿五日 理发。文孙来信，款收到。黄少香亦来一信。厚圻来，借五十元去，明日南回也。李、石二公及见习研究员等皆于今日回长过春节。

廿六日 唐季芳来信告贷。家栖来一片，已到宁矣。武亦自嘉兴来一信。

廿七日 寄二十元与唐季芳，又覆朱谪仙一信。梁斌来一信。

廿八日 周兴来。

廿九日 听王贵传达"社会主义教育廿三条"。

三十日 郭晋稀由张掖来一信。

三十一日 星期。写一信覆梁斌。午后袁孟超来。

二 月

一日 旧历除夕也。在家颖家晚饭。家梅来信，附来照片一张。丁小珊亦来一信。

二日 两所长来，佟老明日赴沈开会，约一周回。继和外孙女来一信。

三日 午后与宋德金同看金晓村。

四日 金增新来，午后与同至省医院看杨明新。王铁林、刘经传夫妇来。子慧来一信。

五日 金晓村来。

六日 莽氏夫妇来。

七日 工作人员又回黎树矣。义侄来一信。寄一信与伯宣。

八日 寄四十元与子慧，学费也。

九日 看莽大令夫妇，留吃元宵，绝佳。寄一信与子慧，一信与武孙。吴桐孙来一信。

十日 斌来一信。写一信覆叔常。洗澡，修脚。

十一日 写一信覆义侄。

十二日 子及夫妇来一信。晚在长春饭店吃花卷。

十三日 覆斌孙一信。志信来一信。晚李吉奎邀在宾馆看电影《东进行曲》与《草原雄鹰》。唐季芳来信，款收到。

十四日 陈登原来一信，言将退休。培儿来一信，言坟上种树事。

十五日

十六日 元宵节。佟老来小谈。

十七日 子慧信来，款收到矣。

十八日　早在“天津回头”吃灌汤包子。

十九日　王星贤来信，附来《庄子发微》勘误表。家栖来信，已回到大连矣。

二十日　写一信覆杨子及夫妇，一信与其子志仁。午后范寿琨来，奔其祖父丧也。

廿一日　星期。

廿二日

廿三日　丁盛文来。写一信覆星贤。

廿四日　写一信覆登原。

廿五日　朱谪仙来信，仍在南京住王绵家。

廿六日　寄一信与栖。

廿七日　彭祖年来一信。

廿八日　星贤又来一信。斌孙来一信片。覆培儿一信。志仁有覆信来。

三　月

一日　厚圻由扬州寄书一包来。偕李吉奎洗澡。

二日

三日　伯宣来一信。

四日　买得斯考兹勃罗说黑人冤狱的小说一本。贝特逊述，康莱德写。

五日　在长江路西餐馆晚饭。

六日　贺昌群寄来所作《汉唐间土地所有制研究》一册。

七日　叔常自四平来一信，言不日将来长，覆以一片。午后黄宗浩送所带炒米来。

八日　李所长、石主任先后来，明日即回黎树矣。

九日　在长春食堂午饭。

十日　午后叔常来。

十一日　本欲与叔常出外吃饭，以雪而止。覆伯宣一信，又写一信与仲逵。

十二日　同叔常吃灌汤包子。阿南来一信，培儿、子慧来一信。

十三日　叔常去。悌儿寄两月粮票来。

十四日　覆培儿一信。午后偕李吉奎到省立医院看王铁林，好多矣。家颖送还所借款。

十五日　武孙来一信。

十六日　覆悌儿一信。毕万澄来，在长春食堂午饭。

十七日　看卢利亚著《巴黎公社活动家传略》。

十八日　写一信覆武孙。

十九日　厚圻来，送来所带约与醋。

二十日　仲逵有覆信来。

廿一日　在长春食堂午饭。本日星期。

廿二日　所长自沈阳开会，回来谈。午后理发。

廿三日　李吉奎借二十元去。

廿四日

廿五日　家梅来一信。

廿六日　星贤来信，并寄来勘误第二表。

廿七日　覆星贤一信。叔常来一信。

廿八日　袁翊青来一信。厚圻来，借二十元去。

廿九日　覆梅孙一信。

三十日　《春秋三传参·襄公》完。

三十一日　寄一信与伯宣，托买纸。

四月

一日

二日 洗澡，修脚。伯宣来一信，吴宗李父子来一信。

三日 写一信片与伯宣。

四日 覆吴桐孙一信。

五日

六日 寄一信与培儿，并汇去二百五十元。

七日

八日 在长春食堂午饭。伯宣来信，言寄红格纸九十张来。

九日 斌孙来一信。

十日 梁斌来一信。晚与李吉奎看李所长。

十一日 覆伯宣一信，并将诗改好寄去。又覆斌孙一信。

十二日 李所长来。

十三日 家颖来。

十四日 培儿来信，款收到矣。午后在所长室开谈话会，谈国际形势。

十五日

十六日 李吉奎借一百元，作回家旅费。

十七日 李吉奎行。

十八日 星期。午后吃拉炉饼、豆浆，甚好。晚李公过谈。八时厚圻来，言其父九日死矣。

十九日 王铁林来。

二十日 周程武因手伤回，言大众将于五月末返长。晚饭后家颖来，言和侄已回到南京，此一喜事也。

廿一日 买得鲫鱼两条。

廿二日 武、栖各来一信，李凤山由赣县储红中学来一信。

廿三日 斌孙来一信。覆栖一信，告于五月一、二日去大连。

廿四日 与佟老谈南回事，得允。晚王铁林来宿。

廿五日 金晓村来。午后丁盛文来。晚铁林再来，旋去。子慧来一信。

廿六日 交五十元与小邓买车票。

廿七日 写一信与斌孙。

廿八日 写一信与家栖，告以一日车去大连。

廿九日 寄《庄子》五册去上海，并与兴悌一片。

卅日 将存款单交与邓秀芝保存，并将借书俱还清。家栖来一信。又将《春秋》稿寄沪。

五 月

一日 乘午后三时车到大连，小邓、王铁林、杨明新送上车。

二日 九时后到，住东方大旅舍，家栖亦到。发一信与斌，告乘六日民主九号船去青岛。到家栖学校一看，汽车来、往皆五十分钟。

三日 偕家栖同到旅顺，来去皆乘汽车，行一小时半，看了两个博物馆。历史、军事。午后三时半回大连，家栖回校。

四日 九时家栖来，同看电影《纺织女工》，朝鲜片也。在秋林公司午饭，家栖午后去。回李凤山一信。

五日 家栖未来，终日以看小说消遣。晚在信托公司西餐部吃饭，比长春稍强。

六日 十时后家栖来。午后二时到轮船码头，三时二十分上船，四时开。

七日 晨八时船经石岛，有客乘驳船上下。一路风平浪静，晚十时半到青岛，斌孙来接。乘三轮车到青岛旅舍宿，房间用木板隔成，费每日两元六角，有鼠，睡未宁，厕所尤污秽不堪。

八日 移住交际处，在中山路二号，胜昨处多矣，每日宿费三元五角。与斌孙午饭后访吴寿彭，斌孙回部队去。

九日 理发。邀寿彭同观水族馆。在青岛饭店午饭，饭后回卧，至五时始起。

十日 乘八时车到女姑口看斌孙，车行一小时，在他那里吃了午饭。由流亭改乘汽车到板桥坊，换五路车回。晚过吴寿彭，邀明日同游崂山。

十一日 与寿彭、希乐五同志同乘吉普车到下清宫，行一时半，稍停，乘车到派出所歇，午饭。上华岩寺，回再乘车行二里，拟至白云洞。登石梯数百级，约过半，闻前路坏不能行，仅望白云洞屋而止。去由山东面，回经山西，行两时半，至六时半到家，车费四十二元。

十二日 买《后汉书集解》一部，价十元，寄研究所小倪转□。午后与寿彭同游汇泉公园，牡丹已谢，芍药未开，惟见孔雀开屏，灿烂耀目，足为一快。

十三日 晚交际处请看歌剧《江姐》。

十四日 早寿彭来，送虾米一包、茶叶一盒。午后三点半钟上船，王希乐相送，四时开。

十五日 昨夜有雾，船行甚缓。

十六日 船至十二时始靠岸，雇一汽车到家，已一点矣。晚过仲逵。由长春转来伯宣一信、李吉奎一信、郑康寿一信。康寿为借贷也，寄去二十元。又唐玉虬寄来一信。

十七日 写一信与王贵，一信与袁翊青，又一信与刘笃龄约相见，又一信与梁斌。午后过杨家。

十八日 午看《原子弹爆炸》电影。到天山新村看伯宣。晚看郑老。仲逵来过。

十九日　早郑老来。午后二时刘笃龄来，谈至五时去，赠以《庄子》一部。晚饭后过仲坚，小川亦在焉，谈至九时归。

二十日　长春转来陆希鲁、张子敦各一信，又梁斌来一信。仲坚邀明日午饭。

二十一日　到“红房子”赴仲坚约。饭后看十力，已因病移住青云路家中，未见着。便过金子敦，仍不能走动，谈一时许。晚过吕家。康寿有覆信，款收到。长春又转来杨子及夫妇一信。

二十二日　早范祥雍来。午后到青云路看十力。晚在西湖饭店吃虾爆鳝面，归途便过袁家、萧家。梁斌来，十时始去。

二十三日　赴仲坚约，甲鱼甚美。晚过杨家。子慧、袁翊青各来一信。

二十四日　午前看薛育津，已移居黄陂南路太仓路口三二六弄二号，电话为二八四二〇一。再看马科，亦外出。覆张子敦一信。写一信与心叔杭州。

廿五日　伯宣来谈，午饭后去，约明午看《斯大林格勒战役》电影。再访薛学潜，赠予《天文文字》一部，共九册，可谓巨著矣。顺道过秋翁，全愈矣。

廿六日　覆翊青一信。写一信与佟老，一信覆李吉奎。午与伯宣在“三和楼”吃糟溜黄鱼片及鳝鱼面，甚佳。看电影后再看马科，正维留吃晚饭，自腌咸肉亦甚可口，七时回。

廿七日　唐玉虬来一片，亦写一片覆之。午后以彝母子来。与王理清在永安看电影《伟大的转折》。

廿八日　早何禹昌来。午后在四川路旧书店买得旧小说数本回。

廿九日　看程勉翁，未值，将交尤成衣做衣料与旧样留下。看义侄，午饭后回。

三十日　寄一信与李革痴。王贵有覆信来。唐玉虬覆来一信片。

十力来一信片，梁斌来一信。午后看江公望，谈甚久，晚饭后八时始回。

三十一日 子慧来信，要买保健带与止咳药。早周君尚来。午后洗澡。晚仲逵来，借得叶子奇《太玄解》去。

六月

一日 看石公。到乔家栅吃饭。看乃仁，在中伤腰，尚未愈也，子将去年已考入机械学校半工半读。四点后看舜兰、筱珊夫妇，俱未回。到海宁路买得保健带两只。

二日 将保健带寄回南京，并发一片与子慧。

三日 天雨转凉，未出门。

四日 午后范君来谈，并送来明刻《盱坛直诠》一部，借予校对。

五日 午后再过十力。写一信与伯宣，约会面期。黄三太太、吴二姐、刘大姐来，未值。晚循序来邀明日午饭。早晨义侄偕家桢侄孙来，家桢现在北京钢铁学院任事。

六日 星期。先到伯宣家，邀其同至王家盘桓一日，晚饭后始回。勉翁、伯儒来，宜荪夫妇来，以仪来，皆未值，以仪邀明日午饭。临睡袁仲逵来，谈至十时后始去。阿杭来。李老覆来一信。

七日 早以仪又来□客。王铁林来一信。在杨家午饭，后回家午睡，而崔华来，送点心三包，又到杨家晚饭，与伯宣分别各回。

八日 午后看稼生，病仍旧，而易于伤感，非好气象也。晚罗炎生来，李永圻来。子慧来片，保健带寄到。

九日 赴丁小珊夫妇约，便道过程勉斋，徐伯儒闻之亦赶至，今年六十七矣。午饭后再过乃仁，本约定仍回汪家晚饭，以天凉又将下雨，遂回。以仪来，未值。

十日 天雨。王人杰来一信。晚过周家。

十一日 再看程勉翁，便过杨家取还所借款。

十二日 写一信与唐玉虬。晚梁斌来。

十三日 早卫素存来，午后志义来。晚过仲逵。

十四日 再寄一信与王主任，问范君授课是否定《国语》《国策》，以前函佟所长无覆也。

十五日 早看范祥雍。袁翊青来一信。晚过向仲坚，见电光，惧雨，小坐即回。

十六日 晚过周家。

十七日 任心叔来一信。

十八日 午后王人杰由川沙来，谈至五时去，赠以《庄子发微》一部。

十九日 晨人杰再来，十一时去。连日皆雨，至晚晴，因过吕、李二人处小坐。

二十日 星期，江公望来。

二十一日 写一信与李翊青，答其所问也。晚过袁老，徐子可与王循序来，遇于弄口，因同回，少谈便去。

廿二日 王贵有覆信来，并附来佟所长六月一日信。晚过范祥雍，未值。

廿三日 早祥雍来，谈定所任课事，午后写一信覆佟所长。晚应吕翼仁邀在其家中吃饭，饭前过杨家小坐。梅孙来一家信。

廿四日 早树人来，旋希鲁与吴二姐、蒋大嫂子来，希鲁送茶叶一包、麻糕一盒。范祥公开一书单来，嘱函所查有无，又送来朱文鑫《史记天官书恒星图考》与《天文考古录》两书。

廿五日 雨甚。覆梅孙一片。写一信并范书单寄小倪。晚循序来一信。

廿六日 早静轩来，继之希鲁、吴二姐、程七姐亦来，十一时去。

午后又雨。铁林来一信。晚过罗炎生。

廿七日 早树人来邀二十九日午饭。继之人杰来，留午饭，辞去。四时后阿杭来。

廿八日 看伯宣，午饭后始归。希鲁来，邀到以彝处晚饭，未去。

廿九日 赴树人约，四时始归。

三十日 自昨日起转热，以是未出门。

七月

一日 佟老有覆信来，玉虬亦来一信。

二日 看范君，并以佟所长信示之，此事可云大定矣，晚看电影《霓虹灯下的哨兵》。

三日 写信覆佟老。义侄来。午后看稼生。晚循序来，交与《庄子》两部，一送徐子可，一转寄陈以文。

四日 早范君来，希鲁与钟时夫妇来。晚仲逵来。

五日 午后谪仙与以彝来，谪仙即回松江，故稍坐即去。写一信与心叔。晚亚男来，梁斌来。

六日 早树人来。写一信片告家梅，八日回南京。

七日 偕罗炎生在西湖饭店吃面，午后在国际看电影。

八日 回南京，到家已五时。

九日 在三姐处午饭。看唐玉虬。

十日 送贾老姑太太十元，今年九十七矣。又送立仲十元。早王子骥来，住洪武路一二一弄副二号。晚玉虬来回看。

十一日 兴正侄来，黄子元来。午后玉虬又来。

十二日 早看洪自明，未值，午后自明来，谈至晚饭后去。天健又来。

十三日　早玉虬送所作诗来，稍坐即去。连日大热，晚洗澡、理发，过可权于途。

十四日　到三姐家午饭。晚又洗澡。

十五日　王惠畴偕天健同来。上海转来王贵一信，内附李度一信，随覆李度一信。

十六日　买得十八日五十一次车票，随寄一片告吴氏媳。到"老虎头"王家和郑亲家一走。晚宝侄来。

十七日　周如兰来。强天健又偕杨勣来。上海转来崔华一信。

十八日　乘五十一次车回沪。

十九日　写一信与王主任，又写一信与梁斌。晚邀罗炎生来吃瓜。

二十日　陈从周来，赠扬州黄汉侯刻牙板一块，从周住同济新村三五四号。

廿一日　寄一信与杨志信。文孙女有信来，因再发一信告志信。下午戴正雄来。

廿二日

廿三日　义侄来。

廿四日　栖孙来一信，覆之。

廿五日　寄小说四本与家梅。晚梁斌来。

廿六日　买得三十一日飞机票，归途一过建德新村。写一信寄王主任，一信与杨志信，一片与家梅。阿杭来，晚饭后去。

廿七日　晚以彝来，因志信信来，道及接到我前两信也。

廿八日　写一信片寄文孙女。邓秀芝寄介绍信来。

廿九日　午后以彝来，又送茶叶一包。王贵来电，言介绍信已寄，盖接到廿六日信也。

三十日　看《成实论》毕。看罗曼・罗兰《哥拉・布勒尼翁》毕。写一信与陈从周，并附去《谢黄汉侯》一诗，托胡老师转。

三十一日 还范君书，范君旋来送行。乘036班飞机去北京，因雷雨改明日十一时。

八 月

一日 十时到民航局乘汽车，十时四十分到虹桥机场，云北京、济南间有雷雨，又延至一时始起飞，到北京机场已三时四十分矣。住吉林驻京办事处，志忠正相候，志信与文孙则上午来，去矣。与志忠在丰泽园吃鸡丝面，甚不佳。

二日 午后志信来，与之同往朝阳门芳嘉园看王星贤，回在东单一川菜馆吃饭，九时志信去。交七十五元与李思夔同志买车票。

三日 文来。发一电与王贵。与文在丰泽园午饭，与志信在便宜坊晚饭。

四日 家榕来，志信来，家栖来，同在丰泽园午饭。乘午后四时五十分五十九次车赴长春，志信、家栖送上车。

五日 午后十二时半到长春，姚秘书、王铁林、黄中业来接，周兴等候于门口。佟老、两所长来。

六日 看佟老、石主任，略谈课事。寄一信与亦韵。欲洗澡，未成。

七日 李吉奎将前借款归还。

八日 晚饭后到家颖家见铁羽，言家颖于上月二十七日已南旋矣。

九日 得武孙一信。

十日 邓秀芝送薪水来。借冯承钧译《马可·波罗行纪》与日人岩村忍所著对勘。王庆本借十五元去。

十一日 覆武孙一信，写一信与志信。午后洗澡。伯宣来一信。

十二日 在长春食堂午饭。由沪转来心叔一信。

十三日　寄崔华一信。寄十元与老妻，补所不足之数。晚与傅文骏在开封馆子吃灌汤包子，由斯大林街步行而归。

十四日　覆伯宣一信，并附所和《少怀诗》略易数字寄去。

十五日　金晓村来，家颖夫妇来，颖自南京归已数日矣。

十六日　终日参与总结汇报会。林伯由宜昌专科师范来一信。

十七日　续听汇报，昨日为薛洪绩等七人，今日为周兴等八人。

十八日　听东北局刘敬之宣传部长报告。连日汇报，刘皆参与也。晚在长春食堂吃饭。

十九日　刘部长来主持坐谈会，余亦旁听。覆林伯一信。

二十日　谭译来，言将调东北局政治研究室工作矣。听佟所长报告。寄章子敦、吴林伯《庄子发微》各一册。理发。

廿一日　晚与王老同吃挂炉饼。

廿二日　早过李革痴谈，李昨午回也。徐志锐、王铁林来。范君来一信。晚吃馄饨，并在新华书店买得旧书数种。

廿三日　覆范君一信。

廿四日　由上海转来郑康寿一信，通信地为南京小心桥东街六十三号秦淮锯木厂。培儿来一片。晚王树森来谈。

廿五日　写一信与亦韵媳。

廿六日　搬房间。晚偕李老吃馄饨。

廿七日　王翌华来一信，系章子敦代谢前馈十金也。

廿八日　在新华书店旧书部买托尔斯泰著《安娜·卡列林娜》一部，又他种两部。

廿九日　看金晓村，谈久之。寄一信与梁斌。伯宣来一信。

三十日　寄四百元与培儿，分填两单寄，盖近改作每单只可寄三百元也。又寄十元与王翌华。悌儿来一片，志信来一信，陈登原来一信。又张重威托李革痴转赠所印其师沈羹梅《元梦盦遗稿》一册。

三十一日　栖孙来一信，已到武昌矣。

九月

一日 与革痴在外吃晚饭。

二日 寄一片与张重威，谢其寄赠沈羹梅遗稿。又覆陈登原一信，任心叔一信。又写一信与罗炎生。家梅来信，言考入业余大学，可喜也。

三日 覆家梅一信。李凤山来信，言其母病，借十元为药资。

四日 写一信与斌孙。林伯来信，《庄子发微》已收到。午后参与欢迎新同学、欢送谭译等三人调东北局工作大会，晚聚餐。

五日 连日雨不止，未出，在所内洗澡。

六日 寄十元与李凤山。培儿来信，款收到矣。在长春食堂晚饭。

七日 吴寿彭来一信，并附七绝三章。

八日 发薪。写一信与张伯驹，因前日来过未值，留下恽公孚一信，今寄还也。

九日 武来一信。

十日 今日中秋。文从上海来一信，张重威亦来一信。李所长来谈。

十一日 子慧寄所抄《春秋三传》前三卷来。伯宣来信，附来《和苏友夏日唱酬》一诗。写一信覆吴寿彭，并和作《游崂山诗》一绝。

十二日 王实秋来一信，款收到矣。晚到重庆食堂，遇米治国、金增新、刘大刚、应尔玉及其夫陈源泉，遂同食。

十三日 石主任来，谈定下星期上课，先于本星期三、四、五三日接见新生一谈。新生课定《论语》。

十四日 张主任去上海接范祥雍，托捎一信与亦韵，并将夹大衣带来。写一信覆张重威，并寄与《庄子发微》一册。

十五日 与新生张自印等十馀人谈，约二小时。晚上街买绒裤一条，价十一元四角，不要布票。

十六日　与新生张辉群等十人谈，亦约二时，皆学现代史与世界史者。老妻来一信，子慧来一片，希鲁来一信，并附来卫素存等所唱和诗。

十七日　续与新生学文学者曹志刚等十数人谈，刘大刚未来。斌孙来一信、梁斌来一信。

十八日　写一信与武孙。吴寿彭有覆信来，并寄来王家隽译希鲁多德著《希腊波斯战争史》一册。

十九日　午朱大炎偕郝姓、周姓等三人来，并言九台刘化郡，字希昆，其人颇长于古学。张重威来信，《庄子发微》收到矣。

二十日　石主任来，谈定明日起八时上《论语》课。子慧来一片。宗李来一信，地址为东台县牌楼巷八号手工业机械厂金工车间。晚周兴、黄中业、王铁林、孙乃民来谈研究组事。

廿一日　开始讲《论语》。志信从北京朝阳区小红门公社工副业工作队办公室来一信。

廿二日　午后洗澡、修脚。

廿三日　覆伯宣一信，并将和诗寄去。又覆吴宗李一信，杨志信一信。李凤山来一信。徐烈来信，问萧一之消息。

廿四日　覆徐烈一信，又写一信与王实秋。范君到，与所长、两主任同到车站接之。

廿五日　写一信与希鲁，并将和诗附去。

廿六日　午后戴正雄、戴珊明又宋某来，正雄去延边过此回通化也。

廿七日　正雄再来，言晚车行，同在小吃馆吃饭后别去。

廿八日　彭祖年来一信。晚所中请范君，邀作陪，云并庆节也，在重庆食堂。

廿九日　寄四十元与老妻。

卅日　过家颖家，未值，买糖果半斤与小孩等。

十月

一日　午前观礼，仍在地质学院。晚陪范君到斯大林街观烟火，姚秘书同行。李凤山又来一信。

二日　朱大炎又偕周某、王铸、庞帆等三人来。王，兴化人，师大图书馆员。庞，浦镇人，同济毕业，今在林业局勘探队工作也。袁翊青来一信。丁盛文来。晚家颖夫妇与小孩来。

三日　有传言印尼政变者，不知信否。

四日　王主任来谈，为伙食事也。覆李凤山一信，又覆郑康寿一信。悌儿自上海来一片。

五日　看朱大炎，未值，晚与周某来，稍坐亦即去。

六日　栖来一信，吴圣苓来一信。写一信与韵媳，一信覆梁斌，一信覆祖年。

七日　理发，并送单大衣与高级呢绒店，添上一里。

八日　请范君在长春食堂午饭。武孙来信，并附来与其姊同照相片三张。

九日　子慧寄来抄件，又信片一纸。

十日　星期。午后一过颖家。

十一日　写一信片覆子慧。崔华来一信。

十二日　星贤来一信，为其友王孝鱼索《庄子发微》。伯宣来信，附诗两首求改。上课，说《为政篇》。

十三日　昨夜始雨，至午乃止，益寒矣。

十四日　覆袁翊青一信。

十五日　覆星贤一信，并寄《庄子发微》一册去。昨夜又有雨。

十六日　天雨。郑康寿来一信。

十七日 寄十元与康寿，又写一信与武孙。

十八日 晚孙乃民、陈贵峰二生来谈。

十九日 家梅来一信。晚在天津馆吃包子。

廿一日 范君转来沈文焯一信。

廿二日 本日起上《庄子》课，以有新来者，故复从第一篇起。旁听者一人，名朱日曜，为吉林大学哲学系讲师。

廿三日 晚徐志锐邀看电影《年青的一代》。

廿四日 星期。

廿五日 子慧寄来《春秋三传参》第六卷清本。

廿六日 连日看锡兰特加·古纳瓦达纳所著《赫鲁晓夫主义》。子慧来一片，翊青来一信。

廿七日 覆伯宣一信，沈文焯一信，又写一信与十力。晚王树森来谈。家梅有覆信，款收到。

廿八日 子及夫妇来一信。晚在长春食堂饭。早张伯驹来。连日李凤山来信，决置不答。

廿九日 再上《庄子》课。王星贤来信，言寄去《庄子》已收到。

三十日 发一信片与郑康寿，问前寄款到否。

三十一日 星期。午后李吉奎来谈，傍晚徐志锐来谈。

十一月

一日 金增新来。戴刚伯有覆信，以下乡从事社教，故稽覆也。章子敦来一信。悌儿来一片，武孙来一信，皆言韵媳曾患病，近已愈矣。洗澡，修脚。

二日 上《论语》课，《八佾篇》毕。玉虬来一信，并录来前赠诗。

三日 王孝鱼寄来抄录《庄子批语》，盖石琴先生之笔，谓出于老夫子,盖误也。寄《毛选》第四册一本与武孙。孝鱼地址为景山东吉安所左巷五号。

四日　订明年《人民报》及《参考消息》各半年。郑康寿信来,款已照收。

五日　覆杨氏夫妇一信。

六日　薄暮回看张伯驹。

七日　星期。昨夜大雪,今日午后始供暖气。

八日　发一信与吴氏媳。覆唐玉虬一信,并和赠诗一律。

九日　讲《里仁篇》。晚与李老在张伯驹家吃饭,前日约定也。

十日　心叔来一信。

十一日　寄四十元与子慧,补前抄书费也。伯宣来一信。

十二日　讲《庄子·齐物论》毕,因接讲《秋水篇》。

十三日　晚王贵主任来谈。

十四日　星期。

十五日　志信来一信,吴氏媳来一信。大雪,至晚晴。

十六日　讲《论语·里仁篇》,为说五、六两篇次第及大义。

十七日　玉虬来一信。李凤山又来一信,决不覆矣。

十八日　寄一信与祖源,问厚圻踪迹,又写一信与韵媳。

十九日　讲《秋水篇》毕,又回讲《养生主》。晚徐志锐来问。子慧有一片来,款收到。

二十日　覆志信一信,又写一片与斌孙。午吃灌汤包子。在图书馆看到新收日人岩渊辰雄所著《日本军阀祸国史》,一九四六年著,云明译,一九四八年上海国际文化服务社出版,借归阅之。

廿一日　写一信与仲逵。晚王树森来,借去《百法明门论解》,与同至"南楼"一看。

廿二日　小雨。到康平街洗澡。

廿三日　讲《公冶长篇》,未毕。武来一信,《毛选》第四册收到。

祖源亦来一信。见宋德均，以《张黑女墓志》赠与之。午朱大炎来。

廿四日　上街买豆沙包。晚吃馄饨。

廿五日　斌孙有信来，信片尚未收到也。

廿六日　讲《养生主》毕，《人间世》讲至“心斋”前止。

廿七日　朱老与庞帆来。

廿八日　王实秋来信，言孝宽夫人病，无钱医治，寄二十元托实秋转送之。仲逵亦有覆信。过家颖家一看。

廿九日

三十日　讲《论语·雍也篇》至第十八章。晚在朝阳食堂吃砂锅面。

十二月

一日　子慧寄《春秋稿》第七、第八卷及抄本来。

二日　子慧来一片。上海古籍书店有书来所陈列，因订购梁山舟手录《文选》一部、但白文无注。翁松禅藏《钱注杜诗》一部、又《松禅尺牍手迹》一册。后《文选》《杜诗》皆为吉林大学图书馆夺去。

三日　讲《庄子·人间世》毕。覆子慧一片。正侄转来朱亦松一信，地址为鱼市街五十二号附八号。

四日　厚圻有信来，通信地址为安图县明月镇第三地质队。

五日　星期。心叔来一信。希鲁来一信，并附来雨村及黄诗舍所作诗，雨村诗甚佳。

六日　覆厚圻一信、朱亦松一信，又写一信与韵媳索粮票。定购一隅草堂刻本《香山集》。

七日　讲《论语·雍也篇》毕，并为《述而篇》发端。晚米治国来，并和余所作《读王杰日记》作五律一首。

八日 悌儿来一信，并寄粮票来。理发。午吃灌汤包子。本日发薪。

九日 寄五元与李凤山。写一信覆悌，又写一信与伯宣。王实秋有覆信，寄款交钱慎诸代存矣。

十日 讲《德充符篇》毕。

十一日

十二日 连日牙痛无俚，借得《施公案》阅以消遣。

十三日 晚在长春食堂吃饭。亦韵来一信。

十四日 讲《述而篇》粗毕。吴宗李来一信。

十五日 覆心叔一信。寄十元与杨子及夫妇，为其子婚事贺礼也。石主任、李所长先后来谈。

十六日 洗澡。

十七日 祖源来一信，言厚圻现在安图，不知厚圻已早有信来矣。金增新来，请《庄子》课停至新年后再上，允之。

十八日 看日本人本多熊太郎所著《魂の外交》，叙日俄战争前后小村寿太郎外交政策者也。

十九日

二十日 栖孙来一信。

二十一日 讲《述而篇》毕，《泰伯篇》亦讲大半。晚吃馄饨。

廿二日 杨志信来一信。

廿三日 借得《施公案》《彭公案》，俱草草阅毕送还张主任。

廿四日 覆栖孙一片。又写一信与王实秋，并汇去二十元，十元送作药资，十元嘱转黄少香。

廿五日 李吉奎偕其妇来。

廿六日 晚王树森来谈。

廿七日 寄希鲁一信，并汇去三十五元，送希鲁二十元，嘱转黄玉柱十元，又送张伯琼五元。又汇十元与伍立仲。

廿八日　《论语·子罕篇》讲过半。

廿九日　梁斌来一信，王人杰来一信。

卅日　伯宣来一信。吕翼仁寄来所译《普里瓦洛夫的百万家私》一册。

三十一日　子慧来一片，家栖来信贺年。寄二十元与强天健。晚聚餐，并有晚会。

一九六六年

一　月

一日　朱日耀来一片贺年，答以一片。郑康寿夫妇、杨志信亦有信来贺年。李吉奎夫妇来，魏鉴勋来。晚与李、范两公在宾馆看《东方红》电影，招待者也。家颖来。

二日　写一信与子慧，一信与梁斌。斌孙来一信。

三日　吴寿彭寄来亚里斯多德《政治学》一册，并附一短柬。

四日　讲《子罕篇》毕。感冒两日矣，上课甚勉强也。王实秋来信，款收到无误。

五日　写一信与伯宣。杨子及夫妇来一信。

六日　希鲁有覆信，并附来少怀等寿刘丙孙等七十寿诗。家栖来信，言将下乡，不能回家矣。

七日　寄王人杰、章子敦各十元，并各一信。又覆栖一信。

八日　上海转来唐季芳一信，告贷者也。王树森来，言午后回里矣。

九日　寄一信与悌儿。强天健有覆信来。托王铁林寄十元与唐季芳。姚秘书省亲，来辞行。李老亦于今日返京。

十日 唐玉虬来一信，武孙来一信。午到重庆路吃鸡块面，并到圈儿楼买熟菜。晚孙乃民来。

十一日 课停，以学者都去开会讨论《海瑞罢官》问题也。寄九十元回南京。厚圻来一电话，言昨由安图回即去。

十二日 覆吴寿彭一信，覆武孙一信。

十三日 李凤山信来，其母死矣。

十四日 洗澡。

十五日 午后丁盛文来。

十六日 吴氏媳来一信。写一信与丁筱珊。早李吉奎来。遇石主任，言在旧历初五前课皆停。

十七日 午后李所长来谈，并言旧历除夕前一日在所内吃火锅，两所长、石主任、张主任、叶老师作东也。文孙女来一信。

十八日 连日到重庆路理发，皆以人多不耐久等而回。午后佟所长来谈。

十九日 覆唐玉虬一信。晚吃火锅。

二十日 旧历除夕也。隗芾送电影票来，明早九时在党校开映。

廿一日 元旦。与范君看电影，共两片，一《新疆在跃进》，一《胜利在望》，越南战事片也。家颖一家来。宋煍送来素菜一小碗，云其母所送，其母范姓，原南京人，知南京人新年必吃蔬菜，故以此相惠。子慧、人杰有信，款并收到。伯宣亦来一信。

廿二日 早金晓村来。戴珊明、李吉奎来，宋、崔等三人来。午后傅星夫妇来。梁斌来一信。

廿三日 星期。与范君同看佟公。大令来。晚又与范君、赵秘书同乘车到新迁者十家串门，宋煍母亲到师大去了未值。

廿四日 早李所长来。再与范君乘车回看金晓村，便过张馥家，无人，遂回。

廿五日 唐季芳来信,款收到。午后王铁林送代买栗子来。王铸来,谈甚久而去,问及太谷学派。

廿六日 吴寿公来一信。

廿七日 理发。午后袁孟超新从扶馀回,言仍须下去再搞三四个月也。

廿八日 校对《春秋正言断辞三传参》毕,并将清稿交存所中。今日《人民日报》载有查果拉山战士所编歌曲,中有一首曰:“困难像弹簧,看你强不强。你强他就弱,你弱他就强。”甚有意思,因录之。又一首云:“安家在雪山,脚踏云雾间。砂石击面痛,风雪刺骨寒。”惜下两句“心为人民乐,愿做艰苦伴”不相称,后改四句便成一首好五律也。拟改作“骨寒心则暖,面痛意自欢。守得边疆稳,保得亿姓安”。悌儿寄得粮票来。

廿九日 李风山又来一信,写一信覆之,寄顺义县。

三十日 吴桐孙来一信。厚圻来,带来炒米、挂面等,又送香肚两个。写一信覆悌,又写一信覆李风山。

三十一日 萧一之由上海来一信、武孙来一信。王树森来。

二　月

一日 讲《乡党篇》至第八节。覆一之一信、仲逵一信,又写一信与志信。

二日 义侄、丁三姑各来一信。缴上月伙食费六元五角八分、粮票十一斤三两。

三日 晚偕范君、王树森、赵之扬同到胜利公园看冰灯,由王凤梧驾车来回。

四日 覆一信与宜之侄。洗澡。本日旧历元宵也。又写一信与章子敦,问款有否收到。

五日 晚吃灌汤包子。家颖来,未值。

六日 寄一信与斌孙,一信与唐季芳。徐志锐来谈。晚与王树森、米治国同至"小楼"新屋一看,米治国同回。

七日 再寄十元与唐季芳。写一信梁斌。

八日 讲《论语·先进篇》首尾两章、《乡党篇》完。家颖来,言其母因病入医院矣。家梅来一信,并附来照片一帧。

九日 天转暖,中午停供暖气,夜有雪。

十日 写一信与丁筱珊,一信覆武孙。

十一日 晚到重庆路吃挂炉饼、馄饨,并到新华书店问前所购书。

十二日 应尔玉来辞行,盖调往南京华东工业学校工作也,在孝陵街。李吉奎之妻亦同行,乘午后十二点半车。

十三日 写一信与梅孙。过家颖,已参加社教去,须十日方回。值李铁羽在家,出示寄来一信,言其母仍病,医生尚难下决定。

十四日 心叔来一信。

十五日 《论语》讲《先进篇》未毕。午后过李所长室,知佟老去北京开会矣。新华书店送所购书来,共价六十元九角,当付讫。又付小萧本月工资十元。

十六日 写一信与伯宣。

十七日 阅吴振臣《宁古塔纪略》,言圃魁离城东北五十里,有水荡,周围三十里。于康熙五十九年六七月间,忽烟火冲天,其声如雷,昼夜不绝,声闻五六十里。其飞出者皆黑色硫黄之类,经年不断,竟成一山,兼有城郭,热气逼人,三十馀里止,可登远山而望。今热气渐衰,然隔数里人仍不能近。案:圃魁即卜魁,亦即齐齐哈尔城。其所云盖火山喷发,原来水荡亦即旧之火山口也。云兼有城郭,意殆石形之非异城郭,然彼时人固不知其由,神其异乃谓之城郭矣。

十八日 章子敦有覆信来。

十九日 午后洗澡。家颖来,言欲南归视其母,劝止之。

二十日 丁盛文来，李吉奎来、王树森来。写一信覆心叔。

廿一日 晚隗芾来，言将赴上海访求邱老遗著，托其代买四十支灯泡一个。今日阴历二月初二，余生日也。

廿二日 讲《论语·颜渊篇》首、次二章。志信来一信。晚吃灌汤包子。

廿三日 昨王主任回来相看。

廿四日 子及夫妇来一信。午后石主任来谈。

廿五日 见杨铭新，喜其动手术后安然返乡矣。

廿六日 李吉奎来。

廿七日 本拟出门，因大风而止。

廿八日 到省医院修牙，与邓秀芝偕去。写一信与姚以彝夫妇。付本月伙食费八元八角四分，粮票十斤零一两。

三 月

一日 讲《论语·颜渊篇》至"哀公问于有若"章。王树森来。午后又偕邓秀芝到医院取牙，修费一元。

二日 梁斌来一信。

三日 发一信与斌孙。一信与唐季芳，问款收到否。

四日 云从来一信。理发。吃灌汤包子。

五日 希鲁来一信。写一信与小戴。

六日 家梅来信，言鼎因肝炎回宁，正在检查中。到康平街，家颖去南京未回，李铁羽带孩子们去洗澡，俱未见着。

七日 写一信与韵媳，一信与梁斌。

八日 讲《论语》至《子路篇》第三章。晚家颖来，由南京带来小肚、鸭肫干及莱菔干等。易静珍病如旧，鼎则将于十二日回锦西矣。

九日 伯宣来一信，并附来绝句四章。寄二百元回南京，并写一信与家梅。

十日 午后二时半有“时事及历史继承问题讨论会”，在李所长家内，予与李、范两公外，两所长皆来主持。

十一日 写一信与一之。

十二日 覆一信与陆希鲁。斌孙有信来。王铁林、王树森来。晚李吉奎来。

十三日 徐志锐、王树森先后来。

十四日 晚在外食吊炉饼、馄饨。

十五日 唐季芳有信来。隗芾由沪回，带来托买灯泡一个，亮多矣。付小萧工钱十元。《论语》讲《子路篇》毕。自昨夜起大雪。

十六日 洗澡。发一信与谭叔常。

十七日 吴宗李来一信，家中来一信，吴圣苓所写也。午后鼎从南京来信，言再修养一月。

十八日 一之有覆信来。写一信与吴桐孙。陈登原来一信。

十九日 写一信与鼎女。任心叔来一信，吴氏媳来一信。到旧书店购得小说数种。

廿日 厚圻自安图来信索所存书，共五册，当交邮挂号寄去，并去一信。

廿一日 写一信与韵媳，并附答吴圣苓一信。

廿二日 讲《论语·宪问篇》。文、武二孙各来一信。覆伯宣一信。午后叔常来一信。

廿三日 培儿来一信，正雄来一信。

廿四日 覆陈登原一信，培儿一信，斌孙一信。

廿五日 早在圈儿楼买得熏鲫鱼两尾，久不尝鱼味矣。

廿六日 写一信与文。

廿七日 李吉奎来。

廿八日　厚圻来信，书收到矣。

廿九日　讲《论语·卫灵公》以次三篇篇名取义，及《季氏》“天下有道，礼乐征伐自天子出”两章。

三十日　到圈儿楼买茶叶与熟食。

三十一日　写一信与武孙。韵媳寄粮票来，当覆一信。李所长来。

四　月

一日　和侄来一信，言坟上种树事也。梁斌亦来一信。晚听藏民录音，只字不明，坐一点钟而退。

二日　覆和侄一信。梅孙来一信，言修房子事也。

三日　子慧来一信，并寄来其全家照片一帧。袁孟超来，邀之到重庆饭店午饭。

四日　斌孙来一信。

五日　讲《论语》至“君子有三戒”章。文孙女来一信。

六日　从图书馆借得李六如所作《六十年的变迁》(卷一)阅之。

七日　希鲁来一信。写一信覆家梅，并附一纸覆子慧。

八日　子慧来信，并附来种树账单，尚缺二十一元四角，即汇去。

九日　又借得李六如《六十年的变迁》(第二卷)，阅之半日。

十日　写一信寄姚郁周杭州，因希鲁来信，送其侍候病妇困苦□□□□□也。

十一日　莽大令来，约下星期与袁孟超同照一像留作纪念。

十二日　讲《论语·阳货篇》略毕。

十三日　洗澡。武来一信。

十四日　子慧来信，款收到。祖源亦来一信。

十五日　鼎女来一信，说家梅事。

十六日　覆鼎女一信，祖源一信。李吉奎来，旋去。

十七日　金晓村来，送时遇新来所工作者曰曹国彦，金之学生也，因送至楼口即止。旋莽、袁两人来，同到“北燕”照一相，即在重庆饭店午饭。

十八日　周述先送书来还，司阍未让之进，遂留书而去。

十九日　因种树未上课。悌儿来一信。写一信与家栋，一信与邱晖畴。家颖来。

二十日　理发。

廿一日　覆陆希鲁一信，又写一信与杨志信。

廿二日　伯宣来一信。

廿三日　贾秘书因事到长，住所内，今日回沈，来相看并告别，李、石二所长亦同来。晚王树森来。

廿四日　早王树森来，与同到铁路西新屋看王老，昨晚约定也。并便过宋炌家一看其老母。午后李吉奎来。

廿五日　到“五百”买白布作裤腰，未买到，买茶叶一两而回。

廿六日　讲《论语》至《微子篇》毕。丁盛文来，因在下课休息中，未多坐即去。

廿七日　志信来了覆信，午后家栋亦有覆信来。

廿八日　到二百商店买得白布三尺。寄四十元与老妻。在长春饭店晚饭。

廿九日　补上一课，《论语》讲完。王老来。午后三时看佟所长。晚所内为予及范君在长春饭店饯行，李老作陪。章子敦来一信。

三十日　李吉奎来。

五　月

一日　徐志锐来，潘素来。午后王树森来。

二日 早杨森来。收拾书箱。

三日 覆章子敦一信。买绳子、浆糊。王铁林来。

四日 午后李所长来，言明日将往沈阳检查，并言近来不思饮食，可虑也。

五日 早王主任来，亦将去沈阳也。徐、王、金、周等五人来捆扎书箱。晚刘国梁、郑英德来。

六日 寄一信与谭叔常，一信与家栋，告以即南行，不到锦西与哈尔滨矣。宋嫰代莽大令送照片来。鼎来信，寄宁款收到矣。李纯德、王慎荣、杨生才、杨静婉等来。晚王树森、李吉奎来，家颖来。

七日 书箱及衣箱交铁路运出，一衣箱运南京，写一信与薛祖源。书十二包、衣箱五运上海。洗澡。晚姚秘书送旅费来，因衣箱作书运觉不妥，特到前楼看石所长与之商议，向路局声明补费。隗芾、米治国、从佩远来。

八日 偕范君看金晓村，辞行。午后魏鉴勋、毕万忱、景运宽、西中岛人。孙吉方龙口人来。家颖夫妇及孩子等来。晚隗芾夫妇及其子来，与徐志锐、王树森三人至九时始去。发一信与家梅，一信与吴氏媳。

九日 发一电报与家柟。乘六十次车去京。佟老等皆送至站。

十日 六点到京站，丘惠畴来接，办事处派车在站外相候。午偕范君与惠畴在丰泽园吃饭晚，与惠畴在正兴馆吃面。买人造革皮包一个，六元。到天安门前看放纸鸢。

十一日 到王公厂看马宗霍，留午饭。饭后宗霍偕同看王季老，三时赶回。晖畴来，陪同到家柟宿舍晚饭，晚饭后送予回，遂留宿未去。

十二日 与晖畴同至中山公园看花。到星贤家，留午饭。饭后晖畴离去，后星贤陪同看张德钧、贺昌群，皆未值，闻昌群入病院矣。星贤直陪到寓所，遂留在丰泽园晚饭，范君相陪。

十三日 晖畴来，同至大佛寺看戴刚伯，在其处午饭，饭后回小睡。晚张德钧来，邀在东单一川菜馆吃饭。

十四日 早偕祥雍同去承德，九时后动身，午后五时到，住承德饭店。

十五日 上午游避暑山庄，多残废矣。午后乘公共汽车游普宁寺，俗呼大佛寺。承德喇嘛寺共有八，未能悉去也。

十六日 回京，仍住办事处。

十七日 寄一信与梅孙，告以乘十八日十三次车回宁。偕范君看王星贤，未值。饭后星贤来，惠畴来，午饭后去。

十八日 发一信与志信，告以即南去。家柟来送，五时车行过天津即渐凉，盖山东以南有雨也。

十九日 十二时六分到南京，子慧、家梅来接，知义侄亦于昨日由沪来。

二十日 午前至夫子庙医院看易氏侄媳病。午后看三姊，亦卧病，幸热已退，但仅能食粥，或无大碍也。

廿一日 早到鱼市街看朱亦松。在三姊家午饭，病如昨，未发热，但言两腿酸痛耳。王树森来一信。

廿二日 与义侄同上花神庙、双枒杷树两处坟。培儿回，晚又去。可权甥来。

廿三日 早朱亦松来谈。午后看唐玉虬。写一信与韵媳。

廿四日 旧历四月初五，老妻生日也。写一信与一之，一信与梁斌。

廿五日 看三姊病，有起色矣。便到航务工程学校看章子琨，过伍立仲□。午后义侄来。到秦淮锯木厂看郑康寿。

廿六日 看张望杏夫妇。晚康寿来，玉虬来，子琨来。

廿七日 再看三姊病，日见好转矣。

廿八日 本定上牛首坟，以雨而止。买三十日车票，约定与义侄同行。

廿九日 天晴，乃与义侄、培儿、栱孙同上牛首祖坟，付坟亲赵华发坟包两元。同兴义侄乘三轮车，培儿、栱孙则皆乘自行车，八时动身，十二时后返家。

三十日 回上海。

三十一日 及。

六 月

一日 二日 三日 别书在小本上。

四日 范君来。写一信寄星贤，并将范君所开《文苑英华辩证》材料附去。晚李小川来，梁斌来。

五日 志义挈其子来。晚一之送来银丝卷、粽子、定生糕。

六日 因昨得武孙信，忽染肝疾来沪就医，早起即到眉州路二七二号医院视之，阍者谓非看视病人时间，拒不令入，乃留一字而回。午后在家洗澡。晚过袁仲逵谈。

七日 午朱月轩来。三时后再到眉州路一看武孙，已大好矣，为之一慰。

八日 写一短简覆王树森。范君来，约后日晚到十六铺吃饭。晚过吕佚人、李永圻谈。

九日 写一片与培儿，问三姊病况。看金子敦，不能动如故。便过十力新寓，则于前数日回其家中矣。晚再看向仲坚，又值宣森，谈至近九时始返。

十日 写一信与心叔。云从、姚以彝来。晚应范君邀在十六铺德兴饭馆吃饭，主人外有陈、苏两客。吴圣苓来。

十一日 星贤有覆信。晚过一之，未遇。袁仲逵来。悌儿回。

十二日 星期。王揆生、潘雨亭来，吴毅夫来，范祥雍来。倪杰来一信。晚一之来,饭后去,吴圣苓亦在此晚饭。

十三日 写一信与老妻,覆杰甥信中所说事也。午后看十力。

十四日 写一信与李老,寄所中。

十五日 连日阴雨。写一信与伯宣。

十六日 午后一之来。晚看范君,并带去《庄子》一部,为其友人所索也。

十七日 晚李小川来。

十八日 十力来一片。看江公望。

十九日 星期。写一信与武。培儿来一片。晚在一之处吃面。

二十日 邀一之父子来,相助整理书物。午后洗澡。伯宣有覆信来。

廿一日 晨到国际饭店礼堂听李立群馆长"文化大革命"报告,前日有通知来也。会后唐碧澄邀在"喜来临"午饭,同席者陈钟浩、王守公。钟浩,斠玄弟也。杨肇业告知,以后每星期五参加学习。晚一之送粽子来。

廿二日 武有覆信,李老亦来一信。江公望来谈。

廿三日 旧历端午节也。午后洗澡。

廿四日 八时到馆开会,大字报已满墙矣。有黄中数人者,以到长春讲学,疑为放毒,阅之不觉骇异。乘二十一路车回,便在燕记午饭,饭、汤皆恶已极,非复在北渡桥头模样矣。买一竹书架,六元四角。

廿五日 九时再到馆,写一大字报答黄中。过向仲坚,留饭。热极,不得不再洗澡。以腰痛,买一狗皮膏药贴之。晚一之来。

廿六日 写一信与十力。本日星期,仍热,是以懒出。

廿七日 看范祥雍,言李平心自杀死矣。

廿八日 早姚以彝来。

廿九日 雨。自今日起看《元史》。

三十日 仍雨,天转凉。

七月

一日 到馆开会，作简短发言。晚一之来。

二日 洗澡。六点后看袁仲逵，未值。

三日 晚过吕、李二人谈。

四日 看伯宣，留午饭，借得雅罗斯拉夫斯基所著《圣经是怎样一部书》以归。晚看翟医生，劝予服枇杷叶膏以开肺气，服维他命 B_1 以助消化，并赠以苹果酱一罐。

五日 依翟医生语服药，咳稍止矣。晚过仲坚，还所借《元明杂剧》。

六日 写一信与武。

七日 武回，病已大好矣，将于明日归队，过家一宿。午后因理发一过萧家。

八日 到馆开会，写一大字报声讨周扬。晚过仲逵谈。

九日 仍到馆，昨所通知也。看大字报，指摘金子敦者益多矣。在天鹅阁午饭。三时后看十力，未值，走西宝兴路雇车，乃遇于途，以不安于家，欲觅旅舍住，力劝之，似有采纳意。本日悌儿由嘉定回。晚过周为谈。

十日 星期。天雨，洗澡。午后一之来，周为送药水来。

十一日 午后到馆开会，并送去大字报一张，言金子敦荐沈某讲《易经》，而沈某原为有问题者。会由严谔孙馆长主持。

十二日 午后悌儿回嘉定。金煌有信来。

十三日 武孙有信与其母。

十四日 午前吴圣苓来。午后洗澡。

十五日 到馆开会。归途过西湖饭店吃面。晚与王理清到虹口公园乘凉。

十六日　看金敬迈作《欧阳海之歌》一书完。武孙来一信。

十七日　星期。写大字报一章，备明日开会缴纳也，言金子敦与女工有染事。阿杭来，晚饭后去。

十八日　午饭后到馆开会，火力又集中于陶菊隐矣。以人不适，未及五点先归。袁翊青来一信。晚一之来，送奉化水蜜桃两枚。

十九日　写一信覆武孙。

二十日　还周为药瓶。

廿一日　早管绍业来。

廿二日　到馆开会，受教训不少。晚一之来。文、斌各有一信与其母。

廿三日　早一之送来代买火腿两罐。

廿四日　武来一信。午后宜之侄来。

廿五日　早到馆见李力群馆长，会开会，约午后三时见。因便过永嘉路看余乃仁，在中足折已愈矣。在彼午饭。饭前一过丁氏姊妹，小珊不在，舜兰昨病，□卧未起也。

廿六日　午前悌儿回。覆武孙一信，并附去照片两张。

廿七日　写一信与斌孙。吴圣苓来，晚饭后去。

廿八日　梅孙来一信。

廿九日　到馆开会，带去大字报一张，对金之检讨发也。

三十日　晚一之来，言在家之苦。

三十一日

八　月

一日　看十力，已迁淮海路月馀也。

二日　**三日**　连日奇热，几不能支。

四日 寄一信与文史馆告假。交四十元与悌儿寄老妻。

五日 六日 七日 热极不可耐，伙食盖减，日惟僵卧而已。

八日 早姚大姑娘来。

九日 夜仲逵来。悌儿邀翟医生来，为量血压与心脏。血压低者至五十度，心脏亦衰弱，嘱仍须强食，度此酷暑。

十日 昨请张太太开一方，由重庆堂代煎。

十一日 十二日 两日皆服张太太所开药。

十三日 晚范君来。朱月轩来，送桃子两个。仲逵来，送大腰一罐。一之连日皆来。

十四日 前日晚饭后请张太太开方，药大抵相同。李□军来。

十五日 止药。

十六日 得雨，渐凉。

十七日 午后范君来。

十八日 晚饭后散步至公园路口，一之来未值。斌有信与其父，言评为"五好战士"。

十九日 勉强到馆开会，冒雨归。在八一饭店吃汤黄鱼。

二十日 夜雨至，晨始止，盖凉矣。晚一之来。

廿一日

廿二日 午后丁舜兰来。

廿三日 午后买茶叶、砂糖，便过一之小坐，饷以藕粥。

廿四日 晚一之代买得百合送来。

廿五日 天又转热。

廿六日 到馆开会，由工作同志杨某告以东北文史研究所有信与上海市机关党委，要我回本所交代，直到会毕始回。晚一之来还书，未值。

廿七日 写一信挂号寄文史研究所，告以病后软弱，过北京须休息，请予以介绍信，仍住吉林省驻京办事处，并一俟覆到即启行。寄信后过一之小歇。

廿八日　早义侄来。袁仲逵来还所借书。阿杭来，饭后去。

廿九日　午前管绍业来，送还《朱子学归》一部、《天籁集》一部、《僧史略》一本、《庄子发微》一本。洗澡。五时后一之来。

三十日　夜又有人来搜查前、后两弄人家，闻搜出手枪、军刀，真该死也。

三十一日　晚姚以彝来，送出上电车。

九　月

一日　写一信与李力群馆长，告以候接洽京中住处，覆到即行。

二日　昨夜因邻家小儿哭，未睡好。天仍热，晚饭后散步至公园门口，遇雨即归。

三日　取回公债，还本二十五圆。过一之。月轩送我百合一袋。

四日　晚周为来，言将去北京，约七八日留。

五日　自昨起时有小雨，天气转凉矣。

六日

七日　栖孙来一信。

八日　连日皆因台风关系不时有雨，幸无大风。

九日　早得伯宣信，因欲还所借《圣经是怎样一部书》，特一过候之。归途在杨子及家吃面，见新买毛主席像，神采奕奕，印刷极佳，便乞归，嘱其再买。覆栖孙一信。又写一片与家颖，问长春近况。

十日　看义侄，人均好，少坐即回。午在凯福吃大卤面。晚闻叶丰自北京回，因过之，问北京情形也，因不常出门，亦不尽悉也。

十一日　星期。午睡时季家骥来。晚过一之还袋子，一之方病，未坐即回。

十二日 晨王继文来，从南京来上海串联学习者也，言今晚去广州，留之午饭后去。四时后到虹口公园一游，已改鲁迅公园矣。

十三日 理发。午后到控江路看翟医生，以所开门牌有误，未值。

十四日 吴圣苓来，晚饭后同散步至多伦路北口分手。

十五日 午后再看翟医生，乃在三楼四号，云本住二楼，以灰尘大，复移上一层也，不及五时便归。

十六日 吴圣苓来，午饭后去。傍晚姚以彝来，言昨视拱稼生足疾，痛稍止，仍不能动也。

十七日 写一信与佟老，挂号寄牡丹街十六号，问前信下落。又写一信片与斌孙。

十八日 午前卫素存来。是日星期。晚与罗炎生散步至公园门。

十九日 吴桐孙有信来。晚过一之。夜失眠。

二十日 在家。洗澡。

廿一日 覆吴桐孙一片。

廿二日 萧宇元来，为其母借二十元去。

廿三日 午在树人家吃面。王继文来，晚饭去。文孙女有信与其父母。

廿四日 一之来，与之五金。

廿五日 吴广洋来。悌儿取得存款五百元，利息十九元馀，便以予之，作补贴伙食之用。午后看《毛主席和百万文化大军在一起》电影。

廿六日 以天尚暖，晚饭后洗头揩身。

廿七日 梅孙自南京来，有数日假期也。以彝来，月轩来。斌孙来一信。

廿八日 月轩来，未值。

廿九日 与梅孙到虹口公园散步，不知是日中秋也，梅孙言乃知之。

卅日 梅孙想至其姨母家宿，既而仍回，言其姨母必至二日方还家，连日皆宿其机关中也。

十　月

一日　国庆节，晚与梅孙至公园门外看焰火。

二日　郑六来，梅孙遂与之偕去。李老来，留之午饭。

三日　午后汪浏夫妇来。

四日　早朱月轩来，又借二十元去。

五日

六日　吴寿彭来一信。

七日　到棋盘街周虎臣笔店买笔，途遇徐昌达，言已退休两年矣。过杨家一看。

八日　梅孙来一信。

九日　星期。阿杭在此午饭。

十日　晚吃牛肉面，即在四川北路转角处。

十一日　谭达忽与其同学一徐、一陈来，盖亦来南方串连者，今已十六岁矣。留其三人午饭去。

十二日　买得近人小说故事数本。

十三日

十四日　武孙有信来，问其母病，当覆一信。

十五日　谭芳又来，言今日车票未买到，偕其同学五人来借住一晚。朱二姑娘来，言由浦东移住浙江路厦门路五十三弄十三号。

十六日　月轩来还借款十元。晚阿杭来。

十七日　买蓝布八尺五寸，每尺四元二角。

十八日　修衬衫领袖两件，工资八角。

十九日　牙坏，到横滨桥地段医院修整，其大夫姓李，亦南京人，言明日五时取。

二十日 取所修牙，推言明日。以彝来邀明日晚饭，未值。

廿一日 取牙后到杨家晚饭，有蟹有鸡。

廿二日 龙松生来，言数日前过十力，见有大字报，疑亦被抄去。晚一之来。

廿三日 星期。洗澡。

廿四日 买粉丝一斤，以粮票三斤偿之。豆价似米，盖三倍也。

廿五日 买南肉一斤强。晚李小川来谈。

廿六日 午十二时在群众电影院看《毛主席第三次接见红卫兵》影片。郑康寿来信，有所求，无以应，惟有搁置之。

廿七日 宗李由东台来一信。

廿八日 自昨日起大凉，直须御棉矣。午后月轩代买一梭子蟹送来。晚买白布一丈四尺五寸。

廿九日 杨云汉寄还七十元，通信地为吉林安图两江公社第二地质队。

三十日 覆云汉一信。阿杭来午饭。晚在杨家吃面。

三十一日 早洗头。李小川来。晚一之来。

十一月

一日 武孙来一信，并附来近照一帧。

二日 南京附来杨云汉一信。

三日 苏氏侄媳来，午饭后去。

四日 看《收租院》影片。

五日 在家洗澡。报言夜有寒流南来，故趁此天暖一浴，不敢候时也。

六日 星期。悌儿在家晚饭。

七日 早月轩送梭子蟹来，午后小兰又送狮子头来，晚得饱啖矣。

八日 晨文孙女由北京回。

九日 家桔侄孙女自长沙来串连，今年十七岁矣。令文陪之游虹口公园，晚饭后去。

十日

十一日 天又转暖。一之来。移书箱。

十二日 小雨。

十三日 星期。阿杭来。

十四日 早萧宇元来，言将步行至杭州、南京，约两月可回。晚文同学四人来饭。

十五日 吴圣苓来，并送蟹六只。

十六日 王继文、谭达两外孙来，晚饭后去，言后日赴杭州串连。

十七日

十八日 在温泉浴室洗澡。

十九日 过虬江路杨家，留晚饭，饭后步行而回。

二十日 星期。唐季芳来言告贷，愧无以应之。

廿一日 宋小坡来过。

廿二日 送棉袄与朱月轩，托其修理。晚在"南湖"吃面，归过叶华容，送菜包子四个。

廿三日 范君来过。史馆有电话来问余近况。一之来。晚吃包子，益以小米粥。

廿四日 午后斌孙同伙樊初与王荷生来，皆省家过此，留之晚饭。悌儿亦归，为添肴馔一元。

廿五日 写一信与文史馆长李力群，答前日电话也。自此不复到馆，盖严馆长言馆员一人薪津抵农民三四人劳力始得受之，可愧也！

廿六日

廿七日 李小川来，邀在南湖饭店吃面。午睡时袁翊青之二女婿持翊青一纸来谒，盖前书未覆不能不挂念也。其女婿名童德惠，在汽车三厂工作，住合肥路一四八弄四十一号。

廿八日 理发。

廿九日 唐玉虬来一信。朱月轩送代翻丝棉袄来。

三十日 天又转冷，至晚报不来，不知何故。

十二月

一日 到虬江路，托其翻被。今日报又不来。朱月轩来，未值。

二日 王星贤来信，言马湛翁已移居安吉路卅二号，并问十力近况。

三日 午后宣森同志来，盖为前致馆长书，来了解情况也。晚由横滨桥吃馄饨回，遇季家骥，送余至山阴路口别去。

四日 午后阿慧来取南京带来棉被去。

五日 午后在国际看《地道战》影片，归时在横滨桥吃锅贴、馄饨。

六日 写一信覆星贤。

七日 到杨家取被，留吃面，晚雇三轮车回。

八日 吴圣苓来。

九日 《解放日报》自上月三十日起即未送，今日始得阅之。晚一之来。

十日 王继周来，言将赴北京串连。

十一日 看袁仲逵。晚继周来宿，将于明早与文同去北京也。

十二日 文今早返京。李小川来。午后丁顺兰来。

十三日 王树人夫妇来，言秋生死矣，今年八十九，死前一时言腰痛旋即化去，难得也。晚一之来，与之散步至横滨桥。

十四日 看向仲坚，夤过于我。

十五日　天雨。晚到横滨桥吃生煎馒头,以一之昨言其好也。

十六日　斌孙有信与其母。

十七日　文有信来,已平安抵京矣。

十八日　早宜之侄来。午赴王树人约,素存亦在,两点后始回。

十九日　早郑瑜来,言南京小学亦停课,来串连也。

二十日　强天健来信告饿,寄与五金,并覆一信。

廿一日　小兰来邀去晚饭,八时后步回。

廿二日　雨。

廿三日　朱谪仙来。午后到南京路,正值游行,匆匆吃排骨面一碗即返。

廿四日　仍雨。午后一过范君及吕、李家。

廿五日　午后志义来。至青云路看十力,立谈,移时便归。今晨始见雪。

廿六日　晴。午后看稼生,病足三年矣,旧创初愈,新创又发。强留至晚饭后始返,抵家已八时矣。

廿七日　以天冷不能伏案看书,踯躅街头以暖足。家颖孙女来一信。

廿八日　拟看伯宣,至延安路,七十一路车拥挤不得上,乃折回。至杨家午饭,饭后得《吉林日报》,知所中消息。范君来,未值,因回看之。

廿九日　天阴。晚过一之。宋小坡来,假二元去。

三十日　晚一之来。过张履娴,问文若近况。

三十一日　本日报来。文若来信,言寿卿夫人已于去年逝世矣。

一九六七年

一　月

一日　天仍阴冷。栖孙来，现在船上劳动兼搞文化运动也。

二日　天晴。栖孙随船西上矣。

三日　写一信与伯宣。

四日　武孙同队季家年之父国樑新从嘉兴回来相看，住张家巷路一四六号，在沙虹路口。

五日　看张文约，留午饭。饭后三时绕道过余乃仁，其子子将新从北京回也。沿路电车、汽车无不拥挤，展转至六点多钟始至四川路，在广东馆吃鸡粥两碗，到家将八点矣。宗氏侄媳来，未值，言明早即将回宁。

六日　发一信片与文约，恐其记挂也。看瑾如之父宗正叔，病经年矣。瑾如以车断，今日未能到。

七日　候伯宣信，数日未来，疑其病矣。

八日　伯宣有信来，无恙，甚慰。午前袁仲逵来。午后看江公望。

九日　到姚家，会志礼从南京来，留午饭后回。

十日　晚悌儿送林副主席在工作会议上发言来看。

十一日　回看纪国樑，其长子家瑞亦在家，坚留午饭。家瑞新生一女，岳母等亦来，意是小儿满月也。晚看陈伯达发言。

十二日　李老来会，将晚饭，少坐即去。

十三日　午后一之来，与同散步至横滨桥。归途经肉铺，买板油一块，连肉共三圆三角馀。

十四日　有大字报言晨二时有火箭飞船上天。而报纸未载，继知乃出讹传也。

十五日　晨纪家年来。

十六日　栖、栱两孙来，栖仍回船。是日理发。

十七日　江公望来。午后谪仙来，与同步至虬江路小坐，仍步回。

十八日　本日有白面包买，可喜也。晚与栱孙散步至横滨桥回。

十九日　月轩来，还钞五元。范君来谈。午后一之来，与同散步至横滨桥。

二十日　晚培儿来，亦乘船来也。周权来相看。其妻名陈祖璧，闻已有身矣。

廿一日　天转暖矣。晚洗头、洗脚。

廿二日　仲逵来谈。

廿三日　午后与培儿到虹口公园，门封闭不开，因缓步至第四医院附近而回。

廿四日　午后黄遂老来相看。晚一之来。

廿五日　培儿父子今晨八时车返南京。

廿六日

廿七日　过子及，留午饭，以张氏婿由山东回带来鸡子也。饭后看黄遂生，归遇雨，天又暖，流汗遍体矣。

廿八日　家懋侄孙来，午饭后去。

廿九日 阿杭在此晚饭。

三十日 栖孙来，午饭后去。报载国务院令，春节不放假。买风肉三元一角，买板鸭一只三元八角。

三十一日 连日欲洗澡未成，只有挨过春节再说矣。早一之送来代买羊腰子十一枚，买风肉三元一角。

二 月

一日 买花生酱一斤，一元。

二日 吴宗李来一信。

三日 今日立春。连日春寒，不加衣不复能抵挡矣。

四日 看向仲坚，前其诊断，云有微热，为处一方，即在雷允上抓药而回。

五日 写一信覆吴宗李。午后服第二帖药。

六日 服药，咳嗽似已止，但午后腹又微泻，不知是药力抑是早晨吃花生酱太多之故。连日服药，馀热尚在，乃买葱白与姜，油煎之为佐餐。夜间得一透汗，热乃退矣。本日上海成立人民公社。

七日 倪念慈夫妇从南京来，带来三姊所馈咸鸭一只、炒米一包。

八日 今夜除夕，盖阴历腊月月小也，悌儿、吴圣苓并同晚饭。武孙来一信，文约来一信。

九日 丁未元旦也。早一之来，范君来。午后外孙王继真自北京来，晚饭后去，言后日回南京矣。覆武孙一信，文约一片。

十日 雪，寒甚，午后二时雪止。洗澡。修脚。杨子及来，值正午睡，卧而与之周旋。

十一日 心叔有信来，甚简，然知无事，为之一慰，通信地址为道古桥杭大宿舍十四幢二号。

十二日　宜之侄来。覆心叔一信。彭祖年有信与悌儿，嘱为请安。

十三日　回看范君。杨子及送鸡肉、虾饼来，未值。午后舜兰偕其侄女王葱来，送虾子一小瓶、麻糕一包，皆泰州土产也。言汪浏咯血已多日，俟稍健当去一视之。

十四日　自昨晚起又下雪，寒甚。晚一之送水来。

十五日　天晴。十力来，衰甚矣。午后朱谪仙来，小卧应之。送麻油一瓶，苹果四枚。

十六日　写一信与彭祖年。

十七日　看汪宜荪，病已大好矣，留五圆与舜兰，嘱买鸡一羽供其调养。筱珊亦回来午饭，饭后稍谈，近两点钟归。晚一之来。武来一信。

十八日　午后纪老来，两点去，因此再睡不复能入寐。

十九日　午后丁筱珊来，送风鸡一只，宜孙又送麦乳精一瓶。袁仲逵来，朱谪仙来。晚与一之散步，不远即回。

二十日　早萧宇元来。王树人夫妇来，送肴馔二包。心叔来一信。午睡起后到虬江路，送杨家板鸭半只，馀半只嘱转送与王树人。

廿一日　天骤暖，略减衣着，不敢多也。晚一之来。

廿二日　连日报言阴有雨而皆晴，今日始验，甚矣天时难测也。午后洗澡。一之送来代买腐皮十张，每张七分。晚吃牛肉面，两角九分。

廿三日　北风起，又转冷矣。今日元宵，特到横滨桥吃酒酿圆子一碗，聊以应景耳，若灯市则恐从此绝迹矣。

廿四日　大雪，薄暮始止。晚晴有月，惜无处可赏，孤负而已。

廿五日　看伯宣，尚好，但消瘦如我，谈近况甚恶，午饭后一时许始返。阅报知上海人民公社已改上海市革命委员会，如此与黑龙江、山西、贵州、青岛一律矣。

廿六日　晚吕左海来，送自做元宵十二枚，谈串连到湖南，经桂林、贵阳至重庆一路情况甚悉。

廿七日　看稼生，留吃猪肝面并佐以白鱼，甚美。十四来，将年糕交其带送三姊，伊明日回宁，今晚仍住歌剧院，盖来已三日矣。

廿八日　在杨家午饭，以韵媳又病也。家栖来，带来老妻所送肉松、油炸花生各一瓶，酬之以风肉一块。

三　月

一日　姚以彝来，复邀去午饭，晚饭在隔壁邱家吃。厚圻来，谈至九点始去。

二日　李度来，邀在南湖饭店午饭。饭后看十力，不意外出，乃写一信，将北京寄来回执挂号寄与之。晚在邱家吃面。天又转暖。

三日　晚一之来，颇进以规言。

四日　十力来一片，覆以一片，阻其来顾。夜忽降雪，又冷矣。

五日　还吕小姐碗。付成衣新作蓝布罩衫工钱二元二角。到杨家，会煮山药，留食山药并萝卜丝包子，朱谪仙适来，因谈至七点后始回。

六日　午睡起后洗澡。晚打鸡蛋泡炒米，真南京风味也。

七日　子慧夫妇来信祝寿，并附寿诗一章，曰《紫金山歌》。其在今日，真可谓多事矣。又附柬一之一律，乃旧作。午后过一之告之，并托其买藕。

八日　晨一之送代买藕来，即将子慧诗交与之。午后睡起看纪老，由临平北路去，由头道桥回，路程约相等。付牛乳钱。

九日　市有卖熟狗肉者，言是山狗，非家狗，买三角钱尝之，无异味亦无佳味也。培儿寄八元、瑜媳寄六元来为余寿。

十日　杨家邀晚饭，馔甚丰，然不敢多食也。子慧夫妇寄十元来。

十一日　午杨家邀吃寿面，余八十外，王树人、吴二姐夫妇皆七十矣。归来腹微泻，盖连日吃油腻，积使然也，以后不可不戒。武孙来信，要求代买手表。吴二姊送绿豆糕一包、奶油面包两只。

十二日　阴历二月初二也。义侄、姚大姑娘偕陆存德来。朱送荠菜饺子，和面僵硬，食二个，硬咽而止。陆送苹果四个。袁仲逵来。阿杭在此吃晚面。一之来。

十三日　写一片与子慧。午后理发。

十四日　写一片与武孙，告以表无买处，早抢购一空矣。候秋后再看。范君来，言杭州来人，言湛翁移居后人尚健好，可慰也。看十力，来往皆乘车，未多坐即催速走。其人近日益怪僻，此见恐为最后矣。晚周权来为开两药。

十五日　周权所开药，糖浆买得一瓶，四环素无医生证明不卖，因此糖浆亦未服。有沈玉环馆员来，言馆员以组织造反派造李力群等反，意在邀吾参与，我以已离史馆却之，是非门决不可再开也。沈，嘉兴人，自言为沈钧儒堂媳，年已过六十，住横滨路八十九弄九号，电话号码为六六〇三三四，曾被抄两次，皆馆中指使者也。陈茶村来一信，通讯由常州百丈汪志仁转。晚周权来。服“咳必清”糖浆，咳反不畅，决停之，为之不能睡。

十六日　早朱月轩来，言寻一之，匆匆便去，不知何事也。晚周权送四环素来，每粒一角二分，共十六粒，两日分也，当服两粒，临睡又服一粒。

十七日　覆陈茶村信挂号寄去。午睡后朱二姑娘与陆五姑娘来，卧谈至五时始去，陆昨自苏州来者，住大沽路。

十八日　黄遂老来信，言访知周植曾香港住址为英皇道八百七十一号七楼。午后洗澡。李小川来，未值。由周权再买得四环素十片。

十九日　午后睡时陆存德来，韵媳未领至楼上，遂去。

二十日　到海宁路买四环素十五粒，便过虬江路交十元与姚以彝，托转送陆希鲁，内分二元与张伯琼。

廿一日　睡起与周权散步，请其吃馄饨一碗。归来希鲁、谪仙候已甚久，因留共吃烂饭，谈至九点始去。希鲁带来吴二姊送烧鲫鱼一尾,甚美。

廿二日 陆存德来。

廿三日 在杨家午饭,饭毕便归。希鲁等送蒸鸡一只,令小兰送来。韵媳到医院检查,晚吃打蛋泡炒米,自行料理亦甚便也。

廿四日 午后正想睡而陆存德来,乃挥之去。晚一之来。

廿五日 吴圣苓来。晚食芝麻汤团,由吴圣苓预先买来。茶村又来一信相邀,嘱勿覆。

廿六日 王循序来,送果子面包四个,却之令带回,邀明日在其家午饭,允之。朱二姑娘又来,送山药二斤,晚遂食山药当饭。本日星期。陈茶村又来一信,意甚恳挚。

廿七日 在循序处午饭,同食者陆氏、吴氏姊妹外,有王树人夫妇、叶亚男母女。感于其老母招待之殷,直至三点多钟始回。

廿八日 金煌有信来,回蚌埠后已下乡帮助公社“抓革命、促生产”矣。晚一之来,分山药若干与之。夜有雷雨。

廿九日 阴,间有小雨。晚在“南湖”吃鳝糊面。

三十日 在虬江路午饭,以韵媳昨晚又病也。带回馒头三个,晚以鸡蛋煎而食之。晚一之来。

三十一日 仍阴。阅李五太爷所作《太谷传》,知太谷年六十三。

四 月

一日 茶村又来一信相促。晚在杨家吃汤团,前日约定也。朱谪仙又送来山药二斤。

二日 王钟时夫妇来,送蜜枣两盒,收其一。阿杭来为打扫房间。陈茶村又来一信。午后小珊夫妇来,晚一之来。

三日 覆茶村一信。希鲁、谪仙来,送烧鲫鱼二尾,火腿、春笋、腰子汤一碗，鲫鱼盖希鲁自南汇带来者，言明日去杭州矣。丁舜兰亦适来，因同去。心叔来信，言郦衡叔于上月廿三日化去。

四日 午睡起过范君，邀其同游虹口公园，范君适自炊，不能离，因独往。樱花数树正盛开，桃花亦有开者，海棠则含苞待放也。游人甚多，因自一日始开放者，徘徊至五时半始归。

五日 在银行取存款百元，备作回宁之用。散步至横滨桥，有葱油烧饼，所谓“蟹壳黄”，购得四枚而回，以佐晚餐。晚李小川来。

六日 写一信与心叔。王树人来，送风鸡、烧肉一块，并约二十六晚饭，盖旧历三月十八为其诞辰也。

七日 心叔寄来一片，言蠲叟以下血住洪春桥浙江病院三病区二十号已十日矣。晚一之来。韵媳又发热。

八日 写一信与马湛翁问疾，寄洪春桥浙江病院。

九日 晚一之来。

十日 一之代买得大黄鱼一条送来。吴宗李来一信。

十一日 洗澡。晚一之来。

十二日 今日上巳也，今已无人知此事矣。早王人杰来谈，至十二时去。希鲁有信，已与谪仙，回至苏州矣。

十三日 吴圣苓来。文有信与其母。

十四日 仍阴雨，强出买“蟹壳黄”佐晚餐。

十五日 悌儿因感冒在家休息半日。晚一之来。

十六日 覆希鲁一信，告以行期将推迟。午前仲逵来。午后吴广洋来，送苹果六枚，皆大如鹅卵，谈至六时去。晚一之来，交与一元，备明晚作春卷之用。

十七日 写一信片与心叔，问湛翁病况。午后韵媳乘海船赴青岛视其子，由阿杭送之上船，有一金姓女同行。信片将发，心叔有信来，湛翁病情甚恶，殆将不起矣。为之凄悒。

十八日 午饭在杨家吃。

十九日　一之来为料理午饭。陈茶村又有一信相促。

二十日　心叔来一信片，言湛翁病有起色，热已退，但未能进食，为之少慰。

廿一日　解放报至晚未出，传言因北京革命委员会成立待登此消息也。

廿二日　天气转暖，而阴晴未定。北京革命委员会成立，主任委员为谢富治，公安部长也。

廿三日　阿杭来午饭。晚仍吃"蟹壳黄"，打蛋泡炒米。

廿四日　树人来，再申二十六日晚饭之约。希鲁来一信，言顾雨春、陈以文将来上海。

廿五日　昨晚抽水马桶水箱损坏，漏水满地，特约陈小豹来修理。晚在虬江路饭。

廿六日　午睡中顾雨春、陈以文、苏泽孚、朱谪仙来，继之范君亦来，以须赴王树人约，至四点钟遂谢之去，到树人处已五点一刻。晚饭七点起，将至九点始毕，归家已十点后矣。

廿七日　看稼生，昨与顾、陈诸人约定者也，即在他处午饭。饭后一时返，约顾等后日来午饭。

廿八日　理发。天气又骤热。

廿九日　顾等来午饭，不意姚郁周同来，盖将往杭州相度房子过此也，送苏州酱肉一方。饭后罗静轩与王师宽来，王为丁大先生门下，谈至两点半后散。以剩菜不少，故约一之来晚饭。

三十日　热甚，几与夏天相捋。晚饭后有阵雨。

五　月

一日　早义侄来，不久即去。沈玉环馆员又来，出所作《致同馆书》,强为视之,欲打倒李立群,不知能作到否。午后睡起,顾二先生等来辞行,言明日返苏,郁周则去杭。姚以彝来邀晚饭,因同去,将近九点归,顾等外有王钟时。

二日　韵媳有信来,言归期近也,在二十后,余不能久待矣。

三日　午后永圻来。姚大姑娘偕曹大姑娘来,曹送青蕉苹果四只,颇大,却之不得,遂受之矣。

四日　写一信寄陈茶村。

五日　洗澡,修脚。

六日　早张文约来,欲约邀予出外午饭,盖寓祝寿之意,谢之去。

七日　江公望来。阿杭来午饭。晚看姚以彝病,留饭,将八点归。

八日

九日　收拾衣物。

十日　在杨家晚饭。希鲁有信来问行期。

十一日　连日阴雨,寒如故,麦收甚可忧也。

十二日　覆希鲁一信。

十三日　午睡将起,朱二姑娘偕程七姑娘来,程送蛋糕一盒。本日武孙自嘉兴归,言请两日假,后日回队。

十四日　天晴。午后出门买面包,途遇左海,言出版局近为人捣毁,闻之骇然。

十五日　八点半武孙返嘉兴。姚以彝来邀午饭,以买得猪肚子也。茶村来一片。

十六日　茶村来一信。

十七日　以肠胃不适,乃减食以试之。连日天晴,又转暖矣。晚过周为,告以病况,答为我配药以助消化。

十八日　希鲁又来一信问行期。以彝来邀明日午饭。周为送药来。

十九日　到杨家午饭。

二十日　午后江公望来，姚、朱二姑娘来。

廿一日　星期。解放日报社来索报费，会悌不在，乃代付之。阿杭来一信片。

廿二日　朱二姑娘来，言亦将赴苏州，乃将《语录》交其带去。写一信与梅孙，告有箱栊寄回。

廿三日　午后将铁皮箱一口、皮箱一口、纸盒一个共三件托一之交铁路运宁，运费六元馀。朱谪仙来，交二元托其买到苏州后日车票。

廿四日　午前谪仙来，已买好明日午后四点五十分票。午后江公望来，王人杰来，继之吴桐孙夫妇及吴氏两姊妹来，扰扰至晚方散，吴三姊送鱼一味。

廿五日　午后乘二十二次车赴苏，谪仙同行，亚男来，与一之同送至车上。以苏以文与蒋纯伯来接，素存又候于站口，住新苏旅舍。在十梓街晚饭，回宿舍后以喧嚣，至十一时后方渐渐入睡。

廿六日　晨六时少怀、素存、以文相继来，以文带来豆浆、油条。以昨宿楼上太吵，移至楼下三号。少怀儿媳杨淑在旅舍充服务员，因将换洗衣褥交其送人代洗，并将哔叽裤膝盖磨损处请其代送织补。发一邮片告陈茶村，五六日后由苏去常。

廿七日　交十元与希鲁请其代办饮食。自昨起移住醋库巷二十九号刘丙公家，因丙公在北京未归，房子正闲空也。其女兰贞在家，招待甚周，朱谪仙亦住其处。

廿八日　连日皆雨。由以文早、晚陪送往来并照顾一切，意甚不安。

廿九日　发挂号信告茶村，定下月五号午车去常。

三十日

三十一日

六 月

一日 连日谈讌甚乐，然不能不嫌其过费也。

二日 托以文买得沪、常区间车票。

三日 茶村有一片、一信来，前寄邮片挂号信皆收到矣。与熙台在清泉浴室洗澡。

四日 午后略检点行李。蒋纯伯送来枇杷、面包，伯琼、郁周送至车站。

五日 赴九点十七分车赴常，以文及朱谪仙必欲陪送至常，乘下次车到镇江，却之不得。到常时已过午，茶村候于站口，至其亲戚家稍歇。乘三点十分汽车下乡，至魏村改乘所谓鸡公车，十里至蒋家，其老屋在焉，时将昏黑矣。

六日

七日 与茶村至百丈街上一看，来去共六里。寄一片去沪，一片去南京，皆六日写好者也。

八日 与茶村言定十一日还南京，托其子小�名绍之。进城买车票，以不预售，未买得。

九日 决计乘十一日午后慢车还宁，发一片告培儿。

十日

十一日 行五里到圩塘，乘汽车进城，茶村父子送至车上，六时到南京。培儿来接，坐三轮车进城已七点钟后矣。上海转来汤淑芳所发蠲叟讣告，已于六日午后三时半去世，而心叔一信亦二日发，但言绵惙，未及死耗也。斌孙来一信，言送其母返沪停数日，已返青岛。

十二日 晚唐玉虬来，盖得陈茶村信也。今日端午。

十三日 发一电与汤淑芳致唁。写一信与陈茶村道谢。又寄一片与希鲁，告以抵宁。

十四日 看三姊，午饭后回，来去皆乘三轮，虽颠播不堪，总觉腹内牵掣不宁。晚唐老又来，送莲子一包。

十五日 寄一信与任心叔，一片与陈以文。

十六日 寄一片与金煌，告以将在宁度夏。

十七日 公望有信来，已由乡回寓矣。

十八日 试验轻弹成，有号外。

十九日 以文有覆信来。

二十日 昨夜忽腹泻，连起三四次，以是欠睡。买藤椅一张，十元二角三分。

廿一日 泻止，盖服“矽银”力也。午后朱二姑娘来，言十五日到宁。

廿二日 斌孙来一信。

廿三日 金煌有覆信来，茶村亦来一信。午后洗澡。

廿四日 天雨，午前但淅沥，午后则沾足矣。朱二姑娘偕周为芷冒雨来，当雨住时促其去。

廿五日 午后黄子元来。

廿六日 午后唐老来，留之晚饭，辞去。

廿七日 午后雷雨，院中积水，一时许始退。

廿八日 晨又有阵，雨积水如昨日。

廿九日 晴。

卅日 晴又转热，午后洗澡。

七　月

一日 服“一轻松”后，夜又连起二次。

二日 泻止。午后洗澡。

三日　大解如常矣。买六安瓜片二两，每两七角五分。

四日　终日雨不止，凉乃如秋。

五日　又微泻。

六日　晴。泻未止。

七日　晴。午后洗澡。

八日　服合霉素、次硝酸铋，宽侄所开方也，泻止。

九日　周克昌夫人来，送奶油蛋糕一袋。朱谪仙来。

十日　理发。

十一日　洗澡。天又大热。心叔有信来。

十二日　心叔寄湘湖茶叶一盒来。

十三日　午后洗澡。

十四日　覆心叔一信。连日大热，夜间不得不垫席子矣。

十五日　洗澡。李凤山忽来一信，意欲告贷，置之不覆。

十六日　用开塞露，大便甚畅，或亦食西瓜力也。

十七日　天益热，食瓜。报已两日未送，闻为邮差罢工故也。

十八日　食水蜜桃、香蕉，亦得大便畅通。

十九日　今日始有报看，然亦无甚消息，闷极矣。

二十日　晚有风暴而无雨，然热已大减，睡时须盖毛巾矣。

廿一日　章子敦来信，报其母丧。晚有风暴如昨，雨随风至，风止雨亦停。

廿二日

廿三日　星期。洗澡。午后暴风雷雨，屋又渗漏。雨后宝侄来，晚去。

廿四日

廿五日

廿六日　玉虬来一信。彭祖年寄武汉印刷品数种来。

廿七日　午饭在后面吃。覆唐玉虬一信片。便结，又不得不用开塞露下之。洗澡。

廿八日　连日《新华日报》皆未来，闻两派相攻击，报无法出也。

廿九日　洗澡。

三十日　星期。

三十一日　付牛奶钱三元八角。

八　月

一日　《新华日报》既未出，《人民日报》亦数日未到，传言南北火车皆不通，天下纷纷，真不知何日定也。

二日　天又大热，午后得微雨。

三日　连日城内颇紧张。

四日　今日始得一日以前《人民日报》看，盖火车不通者数日，今日始通也。若《新华日报》则更无出版消息。午后有雨。

五日　阿南自巴东回，在武汉候船者八日，孰谓武汉事已定乎。

六日　今晚始闻蟋蟀，盖旧历已入七月。今日初一，初三立秋矣。

七日　城内仍扰扰不定，公安局有被抄者，可惧矣。

八日　《新华报》送来昨日报一纸，然亦无甚消息。城内皇皇不安者数日，竟无只字提及，讳言之与？抑实聋聩与？

九日　今日报载号召各街道自组织防卫，以备"五湖四海""一穷二白"两匪帮之掠劫，不知军警果何事也。

十日　夜十一时后旧南楠厅对面甘家故宅内果有匪二人窜扰，于是前后街皆惊起，扰扰至二时后始渐安寝。

十一日

十二日　连日买面包不得，闻冠生园被抢。城内治安如此，不知主持"文化革命"者曾亦念及之否。

十三日 旧历七夕也。连日大热，俗云“秋老虎”，信矣。

十四日 寄一片至上海索粮票。午后四时得雨，夜寝不再流汗。

十五日 热如故，梅孙为买得砀山梨食之。

十六日 梅孙为取得还本公债百金，一秋太忧资乏矣。

十七日 昨得雨转凉，今日又转热。连日不闻“五湖四海”消息，闻捕捉甚严，已断转散至他县市矣。

十八日 日中及午后仍甚热，惟早晚少凉。闻铁路又断，世事甚可虑也。

十九日 闻京中亦有抢劫，不知确否。

二十日 朱二姑娘来，言苏州已数日无信，传闻车断即在苏、常间，苦不得其消息耳。

廿一日 陈荼村来一挂号信，乃十五日发，盖几一星期始到也。和侄代买得山药五斤馀，价二元。

廿二日 培儿取得本年利三十九元馀。

廿三日 上海寄粮票来。心叔来一信片。

廿四日 江公望来一信。写一信覆陈荼村。家柟母女今日回北京。

廿五日 寄一信片覆悌儿，一信片覆心叔。理发。

廿六日 给前面粮票二十斤，又交钱与和侄买米拾斤。

廿七日 覆江公望一信片。今日“八·二七”派在南京大学开会，会后游行，闻与“红总”又有小冲突，幸未酿大祸。此两派问题不解决，南京不得安宁。连日热如故。

廿八日 望杏侄媳夫妇来相看，馈挂面两筒、皮蛋十个，又罐头一个、蛋糕八块、梨与苹果各四个。

廿九日 午后旧法政学生常延龄、沈启翔来相看，各已老矣。

三十日 梁斌来信，已结婚，且新妇已有孕矣。午后城内又有武斗，投硫璜弹，解放军为之死者二人，或云三人。

三十一　阿南将赴沪，捎一纸条与悌儿，令将子慧存书交其带回。午前十时唐玉虬来。

九　月

一日　寄一信覆梁斌，地址为宁海西路一百四十三号。

二日　午后有小雨，稍凉矣。

三日　傍晚大雷雨，至夜方止。刘学忠携其子刘白来，言义侄有信令其来相看。

四日　午后又雨，旋止。今日八月初一，半月即中秋矣。

五日　晴又转热。买鸡蛋十个，每个九分，乃自送上门者。

六日　茶村又来一信，言乡间正苦旱也。

七日　午前唐老来。

八日　午后有阵雨，而此地独不及，但闻雷声而已。

九日　早有飞机散传单，大概仍是制止武斗也。阿南赴上海始终未能成行，在十八学校住几日，今日回。

十日　昨晚大雨，时止时雨，逮本日下午未止，天气陡凉。宝侄来信，言宗正叔已于七月三十日去世。

十一日　栖孙今日乘船回武汉，与之二十圆以备万一之用。

十二日　自昨起天晴而凉如故，盖犹然是北风也。午后与梅孙到府东街裁缝铺以□口夹袍改作短袄，而剩料为梅改一短裤。

十三日　天阴。午睡后散步，经砂朱巷、穿马巷而回。

十四日　午睡后经古钵营、走马巷至评事街绕至大板巷南捕厅散步，数年不经此路，几不复认识矣。时微雨，遂匆匆返。

十五日　写一信与悌儿，为房租事也。

十六日　看雨果著《九三年》，叙法国革命时故事，梅孙从张蕾借来者。

十七日 午后在家洗澡，并未觉冷，温度为摄氏二十二度。买山药三斤，价一元。

十八日 旧历中秋也。到旧夫子庙一看。希鲁来一信。

十九日 看三姊，午饭后即回，来去皆乘三轮车。

二十日 覆希鲁一信。武自上海来一信。

廿一日 栖有详信来，衣物被人窃去，此“文化革命”中小损失也。

廿二日 晚在三山街口吃馄饨面，俗所谓“龙虎斗”也。买鸡蛋四枚，每枚八分三厘。

廿三日 写一片覆武孙。

廿四日 洗澡。陈以文来一信。彭祖年寄来《武汉大学报》，由上海转到。

廿五日 朱谪仙来一信，言拱稼生已进医院，但与以文信不同，谓下半身不能动，不言瘫闭也。

廿六日 文孙来一信，已回上海矣，言过国庆仍返北京。

廿七日 写一信与文。悌儿来一信，鼎女夫妇从北京来一信，梁斌来一信。

廿八日 覆陈以文一信，又写一片与王循序，问其母病。

廿九日 写一信覆朱谪仙。午后洗澡。

三十日 任心叔来一信。买菊花三盆移栽花坛上，价一元。

十　月

一日 国庆。张茜蕾来吃晚饭。

二日 郑亲家来。希鲁来信，顾二先生返南昌已平安抵家矣。到洪武路菜场见银鱼干甚佳，二元四角一斤，买一圆回。

三日

四日 上海带来春大衣，又悌儿一信、武孙一信，内附寒湿止痛膏四张。

五日 写一信覆任心叔。理发。

六日

七日 李建新来。

八日 郑甥来，言其长女已适人，婿孙姓，军人也。吴广洋来信，心叔所患系肝癌，大是可虑。朱谪仙亦来一信。

九日 写一信覆吴广洋。天气转热，午后洗澡。

十日 心叔又来一信，现改服中药，知病势不轻也。

十一日

十二日 吴宗李来一信，并附五元来。到四条巷访周培，以门牌不对未约。

十三日 写一片覆心叔，告之以按摩之法可治肝硬化。

十四日 循序来一信，武孙来一信。

十五日 家枏夫妇从北京来。写一信覆武孙，一信覆吴桐孙。

十六日

十七日 写一信覆梁斌。

十八日 写一信与悌儿，嘱将房租事谈一谈。吴林伯来一信。今晚月食，旧历九月十五矣。

十九日 看伍立仲，人虽健在而神志已不明，赠之五金。便过双石鼓，正侄已于十四日回山东矣。

二十日 在彩霞街买鳜鱼三尾，价一元一角三分。

廿一日 吴广洋来信，言心叔病有起色，为之一慰。

廿二日 晨心叔之女任珠来，在栖霞炼油厂工作，心叔使之来相看视。今日星期。

廿三日 到红土桥，不知河已填塞矣，旧曾赁住于此，今已不复可辨认。

廿四日 悌儿有信来。

廿五日 给外孙女妹子十元养病。午后洗澡。

廿六日

廿七日 到太平路买得维生素B一瓶回。回路经杨公井、龙王庙，大致如数年前。

廿八日 武孙来一信。

廿九日 家颖侄孙女夫妇率其儿女由长春来，住城外李铁羽妹妹家，在和侄处午饭后去。从铁羽谈话中略知长春纷乱景况。本日星期。

三十日 覆武孙一信。买油氽花生米一罐，一元五角六分，出口货也。

三十一日 覆吴林伯一信。洗澡。

十一月

一日 连日阴雨，至晚有晴意，俄又小雨，已出门又复返。

二日 买牙粉竟不得，可怪也。买香蕉，三角五分一斤。是日晴。

三日 天冷矣。晚又小雨。

四日 发一片告悌儿，至迟下旬返沪。

五日 以腿冷，买棉衣裤一条，布票四尺七寸，价三圆零一分。星期。

六日 自昨日晴，稍暖。

七日 郑德庆夫妇率其子女来，午饭后去。武孙来一信。

八日 自昨晚起又大雨。

九日 雨如故，天气转冷。

十日 雨止，仍阴。

十一日 到郑亲家家与伯沆夫人处一看。任珠来，午饭后去，言明日经沪去杭，其夫在沪大南门某女子中学教语文。成人美来一信。午后又雨。

十二日 天晴，益冷矣。午睡时唐老来，卧谈数语即去。书琴夫妇来。

十三日 作水阁漏，费二十四元，不得谓不钜矣。覆成人美一信，寄宁乡东务山公社长青大队沙塅上生产队。

十四日 瑜媳邀德庆夫妇来午饭。

十五日 食糖炒栗子，久不尝此味矣。

十六日 晚洗脚。

十七日 到三姊处辞行。

十八日 吴广洋来信，任心叔终以肝癌不治于十二日晚七时病殁，哀哉！晚写一信告悌儿，廿日乘八十九次车返沪。

十九日 星期。平子侄孙女来，调来南京指导无线电仪表制造者也，言约一星期，留午饭。梅孙买得车票，并发一电报告悌儿。

二十日 乘八十九次车返沪寓。车五点十九分开，由梅孙送上车，夜十点五十分到站，悌儿来接，到家稍稍整理，至一点始就寝。

廿一日 发一信片与培儿，告以平安到家。看一之、月轩，还借款二十元，会夫妇又龃龉，遂匆匆离去。晚发一片与倪阿慈，因三姊托带十元与其孩子，约其来取也。吴祖德昨由建德来，带来螃蟹十馀只。晚乃食蟹，两口一尖，较南京者饱足矣。祖德挈其小子同来，住前楼，子名天喜。

廿二日 午后洗澡。归时值吴广洋于途，带来王敬老一信，因与同回。谈至九时始去。南京转来希鲁、谪仙一信，由浦东王钟时家发。

廿三日 到虬江路，午吃面，一时后归。午睡未起而义侄来，久坐即去。覆敬老一信，又写一信与王循序、一信片与钟时。晚周权来，一之来。倪念慈来，当将带来拾元交与之，又送一之五元。

廿四日　韵媳与其弟等乘早六点钟车去杭州转建德，午饭仍邀一之来料理。四点希鲁、谪仙来。继之循序之女来，送还借款五十元。晚与三人同在益民食店吃小笼包子与馄饨。

廿五日　发一信片与梁斌，约见其夫妇。又一片与斌孙，嘱其代候吴寿彭。

廿六日　到邮电医院看拱稼生病，刚出门而王循序来，遂同去，希鲁已先在，拱二嫂亦在。稼生神志不甚清，未多交谈，遂与希鲁、循序同到襄阳南路看丁筱珊，肾病亦久，今殆愈矣。留吃菜合子，午后两点回，循序直送至山阴路口别去。今日星期。希鲁回大沽路吴家。

廿七日　晚梁斌来。家颖来，言将返长春而汇款未到，不及待，借去七十圆。晚悌儿送来活期存款，馀款八十八圆九角。存彼处者尚有定期两笔，一三百元，五月期；一五百元，十一月期。

廿八日　看宗叔玄，问伯宣近况，知老夫妇皆尚健旺，足慰矣。归途便以告杨子及夫妇，遂在其家晚饭，饭后徒步归。买单鞋一双，价二圆二角。

廿九日　看周权。写一信与武孙。希鲁来，未值。

三十日　以彝来，邀明日在其家吃馄饨。

十二月

一日　到杨家，陆五姑娘、吴二姊、罗静轩、戴亦同俱来。吃馄饨后又申晚饭之约，余以须解手先回。刘笃龄、江公望先后皆来久坐。再至杨家，朱二姑娘、程七姑亦到，晚饭后谈至近八点始返。斌孙有一信问及余。自本日起牛奶送至门口。

二日　买袜子长者两双，每双价一元，馀短者一双七角馀。与吴家谈妥每月房租减为四元，付十五个月，至本月止。

三日　钟时来邀午饭、晚面，作竟日谈，晚七时半由循序伴送到家。本日星期。

四日　修表，二元二角，言定五天可取。丁舜兰来，以《绝妙好词笺》一部送周权。斌孙有覆信来。

五日　尚馀布票二尺八寸，买光白布二角五分一尺者，备作枕套用。

六日　武孙有信来。晚过邱家寒暄。

七日　晨戴一同与罗静轩之三子宝范来。午后取回拆洗短皮大衣，工价二元六角。晚邱氏父子来。

八日　到虬江路，而姚以彝到我家来，坐候其回，留吃面而回。

九日　早王文娟来，陪同到养育院路罗家。午饭后本拟即回，而叶光文姊弟、徐子可、王钟时等来，不得已留之，晚吃面而回。循序后来，与其女仍送予至家。南京转来成人美一信。

十日　早义侄来。取修表。买食母生，仍缺货。写一信片与武。是日星期。

十一日　早公望、树人、希鲁先后来，树人与吴二姊有邀酒食之意，却之。到温泉浴室，今改作红伟洗澡，以盆汤停止，遂回。

十二日　买竹睡椅一张，五元六角。覆成人美一信，阻其来。

十三日　未午睡，特到南京路旧浴德池，以为必有盆汤，不知亦停止，遂废然返。便过食品公司问白脱油，亦无有，乃买柑酱一罐，价八角五分。范祥雍来，言过访者数次矣。

十四日　不得已至温泉浴室洗池汤，草草毕事，浴后修脚则一快也。

十五日　公望来劝予避地，哂而谢之。写一信片与梅孙。

十六日　家颖邮还借款七十元。以彝、希鲁来谈，以彝并邀至其家晚饭，赠希鲁十元。朱二姑娘、程七姑娘、王钟时夫妇亦先后来聚。循序过予家，未值。是夜月当头。

十七日　星期。到梁斌家，其妻前一日生一女。在其家午饭，饭后斌送上十七路车而回。

十八日　午后四时回看范君，值其外出，遂绕虹口公园后转欧阳路散步回。

十九日　晚饭后吴圣苓来。

二十日　家梅与斌孙并有信来。午睡起，到杨家，言希鲁将于后日回苏，今到我家辞行。既相左必再来，因过宁海路一转，复至杨家则希鲁果在，遂盘桓至晚饭后始归。

廿一日　四时后再看范祥雍，家人仍告曰外出。

廿二日　请韩太太换订被头。晚饭在“益民”食大包、大馄饨。

廿三日　自本日起一之不来作午饭。晚到天潼路食炒面、牛肉汤，归途车上遇季家骥，送至山阴路站。

廿四日　范祥雍来，叶广文来。晚在南湖饭店吃腰子面，适与悌值，悌食肉丝豆腐饭四两，价亦与面等。归后周权来辞，言当夜乘船行矣。临睡家榕忽与冯关林来，立谈片时，言将乘车去海宁。冯，海宁人也。本日星期。

廿五日　武孙有信，并附一纸与其父。晚微雨。弄内八号被抄，聚观者不少。在弄口买麦乳精一罐而回，大者每罐两元九角。

廿六日　阴雨。以便血买蜂蜜一瓶，价一元一角。晚周权未成行，过八十三号问之，以南通武斗甚烈，轮船停开也。因托其母明日代煮饭一罐，并烧白菜肉丝一碗。

廿七日　到杨家午饭，并托子及代买白鱼及猪油。

廿八日　以粮票三斤买粉丝一斤，价则不及八角耳。彭祖年来一信。

廿九日　写一片与武孙，覆前来信也。

三十日　连日便血甚，不得已以“安纳素”治之，稍止。晚仍在南湖饭店食腰片面。

三十一日　星期。早江资率其二子来。十点后到飞虹路看卓老太，小病，卧床养息，无大碍也。循序在家留吃面，其女文娟煎荷包蛋四个，食其二，甚美。晚在家亲烧青菜食之，青菜楼上代买者也。

一九六八年

一　月

一日　农历腊月初二也。早李炳桂来，送糖年糕一包。继之晓兰送代买猪油来，并带来青菜二棵。二人将油代煎好并将青菜烧好而去，晓兰并邀到其家晚饭。小棉袄已代作成，见以彝特为谢之，赠以《四书通》一部。

二日　覆祖年一信。到杨家午饭，昨所约定也。晚在周家饭，周权已购车票，定五日早车行，由镇江转扬州至大浦。楼上送本月房租来。

三日　周家为作肉圆五枚送来，再塍以咸菜一碟，可二三日餐矣。

四日　看一之病，已愈矣。

五日　晚饭不足，买芝麻汤团四个足之。

六日　请楼上代烧饭一罐，乃送带鱼一碟、青菜一小碗。

七日　星期。戴亦同偕罗宝柱来，带来希鲁所送核桃软糖一包，又食母生一包。范君来，言沈玉环被斗甚苦，此言所早料到者也。

朱谪仙来，送烧鸭一碗、荸荠一包，以急返浦东，未停而去。午后家梅夫妇来，会予睡，未上楼，告悌儿明日返南京矣。午睡后看江资，留晚饭归。楼上王君由贵阳回来，商借后房为其岳母及小孩暂宿，允之。

八日 楼上借屋因悌儿有闲言，将钥匙退还，云将借宿于对门张氏。

九日 王继周来，晚饭后去。

十日 继周来拖地板，昨所约也，亦烧晚饭始去。李炳桂送煮枣子来，又送青菜数棵，配以粉丝、鸡蛋食之，甚甘。家梅有信来。

十一日 覆家梅一信。武附来一信。晚一之来，为烧饭一罐去。

十二日 在杨家午饭，得知拱稼生已于六日夜逝于医院中。一之来，带来肉烧百页，同晚饭，又为炒胶菜、粉丝备明日馔也，乃去。

十三日 江资来。

十四日 罗宝柱来，送白鱼一条。李炳桂送肉骨头油一瓶、汤一罐，又青菜心若干，即烦其将白鱼煎好去。晚家柽侄孙由武汉偕其同学黄道中、姜修东来，言将有五六日留，家柽与黄宿于此。本日理发。

十五日 晚一之来，仍为煮饭一锅、烧咸菜一碗而去。

十六日 连日大便为难，今日乃甚畅，意昨午后服“果导”一粒力也。倩韩家代买豆腐与百页，以豆腐合咸菜煮之。

十七日 早一之来，买得盆菜，中黄芽菜半棵、肉若干，黄芽菜暂留未用，肉则烧百页结。李小川忽来，以室内冷，曝于门外日中，立谈许时而去。晚周权来，言为购医药材料，故复来。

十八日 阴雨。看周权，欲托其设法代购酵母片，未值，告其母转嘱之。

十九日 仍雨，午后止，但恐再雨，故买得面包即归。晚纪老三来，带来武孙与其父一信。

二十日 一之来，为将饭与白菜烧好去。午后睡未起江公望来，送其归，与同绕祥德路、欧阳路一圈而返。晚朱谪仙来，带以彝口信，邀明日午饭。

廿一日 到杨家午饭，志义、志忠皆在。晚继周偕其女友汪杏曾来，留之晚饭去。南京转来陈茶村一信。

廿二日 写一信与梅孙，以道途不安，令其缓来。信未发而人已到，言乘飞机来也。晚饭后至其五姨处宿。朱谪仙来，送鲫鱼两尾，已烧，言德华馈也。梅孙去后，其舅父禄庆来。

廿三日 家柽与黄道中去。晚一之来。

廿四日 王钟时自苏州回，带来希鲁所送猪油年糕一块、郁周送龙井茶一盒。又严某送武夷茶一包，周权亦送来酵母片若干粒。成人美来一信。

廿五日 与家梅两人收拾寄回南京书籍、家具。

廿六日 书箱、家具等包装运费共用三十一元九角馀。寄一信片与斌孙。

廿七日 收拾衣物等。送红豆一包与周家。

廿八日 出外购物，会范君来，谈数语别去。到杨子及家，送红豆一包，告以将返南京，留午饭，饭后回。江资来，送狮子头六枚。薄暮钟时偕稼生之子拱敏来，言由川沙回，带来青鱼、鲢鱼各一尾，以将行，谢却之。梅孙费一日之力买得七十四次（三十一日）车票，万事妥也。

廿九日 邀周顺来，同梅孙送行李到车站扣票。楼上送下月房租来。午后吴圣苓来送元宵一碗。晚周家送来十景素菜一碗、蛋饺咸肉粉丝汤一碗。梅孙至其舅父家宿。

三十日 旧历元旦也。吴寿彭来一信。午后丁筱珊夫妇与舜兰来，送卤鸡半只，又糯米、烧买、萝卜丝饼各四。梅孙仍至其舅父处宿。

三十一日 吴广洋来，赠以《庄子发微》一部。乘一点四十五分钟车返宁，吴圣苓送至车站。六点半车准时到，培儿、栖孙来接，搭汽车至新街口，与梅孙乘三轮车到家。

二　月

一日　培儿与梅孙取得行李并前运书箱等回。

二日　收拾书箱、衣物。望杏、书琴来。覆陈荼村一短简。

三日　发一信片告义侄已返宁。看三姊，正病卧，因令宽侄往诊之。王敬老来一信。李尧阶之妇来。

四日　到三新池想洗澡，以人多须立候，折回。

五日　中午与培儿再往，幸未久待，洗澡、修脚而回，觉身轻爽多矣。

六日　早王惠畴来，六十六岁矣，而有少容，言因习太极拳，倘其效与？看郑亲家，病有起色，无碍也。午后可权甥来，三姊至今未能进食，是则可虑。

七日　吴桐孙来一信，通讯地址为东台彭家桥乐家巷六号三室。培儿视三姊病回，言情形如昨，惟念慈到南京来，照应多一人矣。

八日　覆吴寿彭一信。武孙来一信。

九日　上海寄粮票五十斤来，又转来家柽一信片。覆王敬老一信。

十日　写一信片与悌儿。

十一日　上海转来李凤山一信。午后看三姊病，饮食仍少进。念慈言明日返上海。

十二日

十三日　今日元宵也。因买门拉手遇王龙之妇，告以不久仍返上海。

十四日　写一信片与吴桐孙。

十五日　可权甥来报丧，三姊于今晨竟长逝矣。弟兄姊妹共七人，至是乃惟予独在，恫矣。

十六日　午后散步至旧红土桥，河已填没，改路名曰光华路。旁一小巷亦曰光华路，问其旧名鲜知者，后遇一老者询之，曰是名楼子街，盖自国民政府时路名即改易，少年辈不之知也。是正与旧居天青街同，世事沧桑大抵如是矣。

十七日 以三十五元五角四分买木书架一归，近来木器价钱之昂，视二十年前盖不啻十倍矣。

十八日 星期。茶村来信，道乡间年景甚详，亦破旧之反应也。

十九日 悌儿来一信片，韵媳已由武孙接回上海矣。

二十日 六侄媳母女由北京回。

廿一日 栖孙学校有通知，三月至七月在上海渔轮厂实习，可以径赴沪，不必再返武汉矣。

廿二日

廿三日 武孙来一信。

廿四日

廿五日 覆武孙一信。李尧阶来，问其年，已五十六矣。回思在广东初见时景况，光阴真迅速哉！

廿六日

廿七日 理发。栖孙明日去上海，交与五元，买笔与酵母片等。

廿八日 栖孙行。

廿九日 是日阴历二月初二也，为余生日，家中为余午饭置面。郑亲家太太来，郑琏姊妹并送果酱一罐、糖一斤。

三　月

一日 闻郑亲家病甚，以已进医院，未能往视。

二日 前在蓝田曾有一诗调梅孙，岁久不复省记，偶于所抄《箴铭集》内得之，因再写一通与梅。

三日 星期。朱谪仙来一信。

四日 覆谪仙一信，并有数语转致钟时。武来一信，张文约来一信。

五日 覆武一片。午后陈以文来，盖由芜湖返扬州过此也。

六日 郑仲青于昨日凌晨逝世，今日火葬。禄庆由沪回，带来奶油与笔四支。栖来一信。

七日 闹钟坏，送三山街钟表店修理，工价一元八角。天久不雨，今天得微雨，沾濡而已。

八日 写一信与张文约。又写一片与杨子及，要其将《三国演义》寄回。

九日 散步，过桥由船板巷绕新霞街、评事街而回，地名皆改易矣。

十日 阴。买鸡毛帚一柄一角八分，又买水面筋一斤七两五角钱。本日星期。

十一日 昨夜雨，今晴。一春苦旱，连得小雨，不为无补也。

十二日 晴。散步至胭脂巷，旧为富户所聚居，今改变，不可识矣。

十三日 今日阴历二月十五。出视内桥、鸽子桥两岸，杨柳已发青矣。

十四日 在三新池洗澡，今改"四新"矣。费时二点钟，盖人多须等候也。

十五日 晓兰寄《三国演义》来还。今日暖甚。

十六日 又转冷。以《三国演义》授梅、棋两孙，令其阅看。

十七日 武孙自上海来一信。午前周克昌夫人来，午后保老来。本日星期。

十八日 天转阴。买葡萄酒竟不得。

十九日 覆武孙一信片。

二十日 再与瑜媳粮票二十斤。斌来一信，言文将至青岛。

廿一日 十八自上海回，带来托丁筱珊所买胎盘片五瓶。本日仍时有小雨。

廿二日 传“革命委员会”明日成立，社会秩序可以大定也。

廿三日 写一信寄斌孙。午后周之江来，十年不见，俨然伟丈夫矣。

廿四日 星期。到中央商场买麦乳精一罐，三元。有苹果酒，当时未买，下午令家梅去，则已售罄矣。武来一信，并寄来四、五、六三月粮票七十五斤。再与瑜媳十斤、和侄十斤。

廿五日 覆武孙一信片，信言悌儿患胃炎，不知如何矣，令其覆信告我。

廿六日 散步至门西五间厅、王府巷、玉振巷，皆平生足迹所未经。

廿七日 希鲁来一信。龙女言，本拟借东照里房屋与阿杭结婚，令其自与阿舅商之。

廿八日 从家梅手中看到车尔尼雪夫斯基所著《怎么办》小说，因终日阅之。书中男主角三人，曰罗普霍夫、曰吉尔沙诺夫、曰拉赫美托夫，女主角则为薇拉巴夫洛芙娜，其中以拉赫美托夫为最可爱，赖似中国小说中侠客一流。惜乎书只得上册，不知结局果如何也。本日时有小雨。

廿九日 续为雨天。

三十日 晴。覆希鲁一信。

三十一日

四　月

一日 晨旧友刘夔诗之女同巧挈其子黄诗元来看余夫妇，留之午饭，不肯停，言明日回泰州，今日抽空将游中山陵、雨花台也。晚散步至鸣羊街、胡家花园故址，破败不堪矣。

二日 在贡院西街吃热甜酒酿一碗，粮票二两，钱一角一分。

三日 修理衬裤，工钱三角五分。买维生素 B_1 片两瓶，价一元五角六分，每瓶百片。

四日 付梅孙五元，本月牛奶钱也。武孙来信，言文、斌俱已到上海。

五日 本日清明，培儿前日已到花神庙坟上去过矣。和侄从冠生园代买奶油一块回，可谓希罕。

六日 食蒌蒿炒肉，不尝此味者数年。以不能消化，遂患腹泻，夜四鼓起，幸不冷，不然必痛矣。

七日 中午停一餐未食。理发。

八日 连日腹泻，十时半服矽炭银两粒，不知有效否。发一信覆武孙。

九日 梅孙由厂内取回合酶素四粒，遂以合酶素一粒合矽炭银两粒共服之，服两次泻止。中、晚皆食粥。晚欲到三新池洗澡，以雨而止。

十日 自昨午后起天又骤冷，今天又重棉矣。

十一日 在三新池洗澡，五时去，不及七时便归。

十二日 到永安商场买得茶叶一两，价四角三分，言是旗枪，不知佳否。

十三日 陈茶村来一信。

十四日 星期。王惠畴来。

十五日 连日泻止，而大便又不畅，昨晚临睡服“果导”一粒，早起空腹又服一粒，午后乃得畅解。因近日药品常缺，急到药房买“果导”一瓶一百粒，价一元。

十六日 拟与梅孙上丁家巷坟，以天色不好，未敢去。

十七日 雨。终日益寒，不得不为之扣衣。

十八日 武孙来一信，并附来五人合照相片一张。

十九日 郁镇清来，住羊皮巷其甥处。

二十日 斌孙来信，已返抵青岛矣。

廿一日 吴宗李来一信。午后家桐侄孙偕其新婚之妇倪金翠来。倪，湖南桃源人，与家桐同在太原机床厂工作，约留十馀日即回太原。

廿二日 覆陈茶村一信。

廿三日 午饭后与梅孙同上丁家巷坟，向所种树活者无几，刺柏才两株，扁柏亦不逾十株而已。乘三轮至花神庙，二元五角。

廿四日 曹伯丹来。昨日已来过，送麻糕一盒，会余出城未值。言住其女家，数日即回泰州矣。

廿五日 昨大暖，今日又转冷。在四新池洗澡。

廿六日 写一信与武，令告其父，五月存款到期即提出，我要用也。圈读《新元史》毕，时盖半年多，自即日起圈读《金史》。

廿七日

廿八日 家梅代买得葡萄酒两瓶，砀山所出也，价每瓶七角五分。十九又买得北京葡萄酒一瓶，价一元一角二分。

廿九日

三十日 连日又大热，寒暑表过华氏八十度矣。

五月

一日 以旧西装改作中山装，工价二元。修滴滴涕喷筒，工价三角。

二日 买滴滴涕一瓶，价一元一角。又在路旁茶叶贩子买茶叶二两，每两三角，不知好否。

三日 写一信与希鲁，告以体中欠佳，苏、沪之行作罢。又写一信片与斌孙。

四日 忽有施、李二女同志由南京大学来了解黄子元，问及多年前事，强予作答，殊为之苦。

五日 连日大热，今日又转寒，立夏节如此，不得不谓之反常也。终日小雨，气象报告言有雷雨，亦殊不然。

六日 又需御棉矣。小雨如故，而东北风甚猛。傍晚出门散步，雨忽甚，买得莴苣一把便归，二斤半价一角五。

七日 武孙来信道及存款事，知数已无多矣。

八日 连日食蚕豆甚佳，今日又买二斤，价益贱矣。

九日 写一信与悌儿，索寄款。

十日 家桐侄孙来，言其父由济南来电告病，今晚即乘车往。终日阴，昨夜有雨。付五元与家梅，牛奶钱也。

十一日 交本月粮票二十斤与瑜媳。

十二日 陈茶村来信，因老母病进医院治疗，告贷三十元。

十三日 邮寄三十元与陈茶村，并覆一信，皆交汪志仁转。斌来一信。

十四日 午后同梅孙到雨花台烈士墓一巡。本拟上双桠杷树坟，因天热路远，恐体力不胜故止。

十五日 栖来信，言查到各书，令梅孙覆之。天暖甚，在家洗澡。

十六日 有吴、李二同志从杭州大学来了解蒋礼鸿，并提出数问题要余作书面答覆，傍晚来取去。

十七日 前年五月十六日通知废除《二月提纲》，今为二周年纪念，昨、今两日报纸皆为此发表社论。

十八日 茶村来信，款收到矣。老母病亦渐愈，可喜也。

十九日 覆斌孙一信。

二十日 以天热，未出门。

廿一日 趁早凉，到承恩寺菜场买蒜头一斤，价二角二分。又在其旁酱菜店买臭油干五块，每块二分，不要豆腐票，此一新发现也。

廿二日 早理发。午后上海寄款来，房地产税仍坐扣矣。

廿三日 写一信告款收到，又写一片覆吴宗李。

廿四日 昨写两信皆于今日始送邮。连日小雨不断也。

廿五日 晚散步至笪桥下，买得细挂面一斤，价二角四分。

廿六日 连日患咳嗽，有时甚剧，午后服甘草片，似稍舒。

廿七日 含薄荷喉片以止咳，效略与甘草片同。晚十二时栖孙由上海返。今日食鳜鱼，甚美。

廿八日 洗澡。栖由上海带来奶油三块，因其不可久贮，送一块与郑亲家外婆、一块与张茜蕾家。

廿九日 栖孙有同学三人来住宿。

三十日 栖又有同学三人来，共六人宿此，明日行矣。连日薄暮皆有暴风，而雨甚小，沾濡而已。

三十一日 今日端午，又梅孙生日也。早到三山街买吉林产葡萄酒，架上已无之，才两三日，不谓已售罄。

六月

一日 写一条子由阿杭家书内附去，令拨五圆送与一之，并令将一之近况来告。

二日 洗澡。连日咳嗽不愈，梅孙由厂内带来止咳化痰药片，四点钟服两片，临睡又服两片。

三日 写一信与彭祖年。栖孙明日返武汉，由其捎去也。

四日 栖今早返武昌，由棋送去。午后洗澡。

五日

六日 因天热，两日未出户矣。

七日 洗澡。付瑜媳本月粮票二十斤。子慧代买茶叶二两，每两价四角八分，名曰“炒青”，不知为何也。

八日 连日薄暮皆有雨势，而卒无雨，闻附郭各乡高地缺水不能插秧，可忧也！

九日 星期。昨夜十时后有阵雨，约半时馀而止。今早已转凉，大约附近得雨之地不少。

十日 阿杭家书云，一之已回无锡，五元钱退还。瑜媳买扬州酱菜一罐相送，令转送与其母。

十一日 梅孙下乡相助割麦，云麦收不差，可喜也。家栻侄孙所言亦同。

十二日 天益热，洗澡后亦未觉凉。

十三日 午前上街，欲买一浇花喷壶，惜太大无合适者。

十四日 连日饮食不香，晚令梅到太平路素菜馆买冬菰面一碗食之，价五角，惜太咸，食大半而已。

十五日 昨夜雨不小，早起院有积水，闻雨区甚广，插秧可无忧矣。

十六日 星期。祖年有信来，知栖孙已去过矣。晚食馄饨。

十七日 栖附来一信，言到彭家事。又言游渡长江，此子真胆大也。

十八日 洗澡。午、晚皆食糯米粥，晚加花卷一个，食未尽已饱矣。

十九日 闻蚊香已断市，幸早数日买得两盒，买时各铺存货似不少，不知数日之间何以罄尽也。

二十日 中午食猪脚爪，久不茹荤，颇甘之。培儿买得信宁咳一瓶来，服之咳似少减。

廿一日 令培儿再买信宁咳一瓶，每瓶约可三日服也。

廿二日 梅孙借来西班牙小说家迦尔杜斯所著《悲翡达夫人》小说，终日阅之未及半，以无甚意味而止。

廿三日 星期。天又转凉，可以御薄棉矣。夜有小雨。

廿四日 午食“刘长兴”包子四枚，实一两。

廿五日 午后四时后与家梅同到内桥联合诊所看咳嗽，医师金姓，乃金鸣宇之女，告以旧服四环素有效，仍依所言开方，每六时服二粒。在药房买十六粒，二日量也，每粒价一角二分。又一种化痰药片，本诊所即有售，十二粒价四分而已。

廿六日　理发。周如兰自苏州来，带来希鲁一信并茶叶、糖果、蚊香等，未相值。

廿七日　午后洗澡。再到联合诊所复看，仍服四环素，外加开胃药水一瓶。上海寄粮票来，而无一字，可笑也。

廿八日　复陆希鲁一信。

廿九日　终日雨，闷损。买纸卷蚊香二十卷，四角钱。

三十日　星期。买沉香化气丸二两，分十次服之，每日服二次。据其方单云，适用于胸腹痞满、不思饮食，似与予症候合，不知能有效否。

七　月

一日　看《金史》毕，自今日起看《辽史》。夜九时有暴雨。

二日　付梅孙本月牛奶钱五元。

三日　付本月粮票十五斤与梅孙，又令和侄买大米五斤。

四日　终日雨。再付十元与梅孙，以牛奶钱不足也。

五日　今日始断药。

六日　晚在评事街口勤劳饮食店吃馄饨，殊不佳。

七日　星期。今日小暑，午前洗澡。

八日　虽未雨而气压甚低，人殊不适。

九日　七奶奶买得水鸡，送一碟，午饭、晚面皆恃此下之。

十日　昨夜十点钟前后有阵雨。早洗头、抹身。午后又有阵雨，积水满院矣。

十一日　十八自上海回，带来牙粉两瓶、开塞露四个，付伊垫款两元。

十二日　斌孙来一信，言服中药，风疹块好多矣。

十三日　武来一信。下午洗澡。连日时有阵雨，霉湿难受之至。

十四日　覆武一片。

十五日　午后和侄备煮干丝，甚美，为之加餐。

十六日　寄一信覆斌。

十七日　傍晚趁无雨，散步至旧黑廊街，买五味糖半斤归，价五角四分。

十八日　始食瓜。梅孙病卧，一日愈。

十九日　洗澡后午饭。

二十日　《辽史》毕，自今日起覆读《通鉴》。

廿一日　宗李由东台厂来一信，昨日寄五元钱来。

廿二日　今日无雨，大热，午后洗澡，夜并单被不需盖矣。

廿三日　覆一信片与吴桐孙，因宗李来信云覆书寄富安也。

廿四日　今日稍凉，寒暑表未过九十度。

廿五日　开始尝葡萄。

廿六日　宽侄移来。紫茉莉盛开，晚院中坐，颇闻清香。

廿七日　家栖回，送花茶一小包，北京所买也。又火柴四盒，上海所买。洗澡。

廿八日　星期。梅孙姻事不成，因劝慰之。

廿九日　大热，洗澡。

三十日　热如昨，晒晾衣被。

三十一日　斌孙来一信。大女为买得灯塔牌蚊香两盒。洗澡。

八　月

一日　覆斌孙一信。

二日 令梅再买滴滴涕一瓶。

三日 午后洗澡。股生癣，因买治癣药水涂抹之。

四日 天转凉，早晚寒暑表皆在三十度以下。斌寄所作像章一枚来。

五日 午有阵雨。理发。归时遇保老，与数语，甚羡其健。

六日 买瓜，与众食之，明日立秋也。

七日 午后又有阵雨。洗澡。大凉，为加衣。

八日 午后食瓜，以天冷不免停中。

九日 付和侄本月粮票拾斤，付梅孙十五斤。

十日 斌又来一信，问像章寄到否。

十一日 天又转热，时有小雨。

十二日 写一信与斌，并寄去老夫妻照片一张，他来信要也。厚侄之幼子家杞来，午饭后去，盖随其母回外家者。

十三日

十四日 连日早、晚凉而日中仍热。晚饭前与梅孙谈，劝其振奋，勿以亲事不成而沮丧。

十五日 梅孙为取得公债本利共十四元。

十六日 洗澡。

十七日 连日天转热，今午益甚，傥俗所谓"秋老虎"者邪？以是不得不又洗澡。

十八日 星期。茶村来信，言早稻已收割矣。

十九日 热甚，午后洗澡。晚饭但食百合、绿豆而已。

二十日 令梅孙买西瓜，已无有。晚培儿为棋孙发气大喧，时已睡，为之惊醒，遂久久不能入睡。

廿一日 梅孙为买得砀山梨食之。热如故，洗澡。

廿二日 培儿交来银行存息十九元八角，共两份。晚热不耐，仍洗澡。

廿三日 洗澡。午前有小雨。

廿四日 午后有阵雨，而热未减。栖孙由武昌回。仍洗澡。

廿五日 星期。斌有信来，言前信收到矣。

廿六日 买果子糖半斤，五角八分。

廿七日 梅孙买得草莓酱一罐，价两元两角，可谓贵矣。

廿八日 写一信覆陈茶村。

廿九日 洗澡。晚食水饺，家柟所作也。

三十日 梅孙同学李健飞来会，剩一梨，因饷之。

三十一日 晚天转凉。晚食丰富酒家烫面、饺子，甚佳，似胜“刘长兴”，龙女买来者。

九 月

一日 交五元与和侄。今日星期。栖孙为买得花生酱，一元。

二日 培儿交来存款一百元并利息等。

三日 茶村来信，云身体渐健矣。梅孙为买汗衫一件，三元一角九分。午后洗澡。十八出乱子，学校来搜查，吾早知道真有此一日也。

四日 昨邱惠畴回北京，补记之。

五日 晚又食水饺，食七个已饱矣。

六日 自昨起又转热，洗澡。

七日 今日望，又白露节，俗云“白露身不露”，不谓今年虽露身犹热也。

八日 令梅孙买维生素 B_1 三百片。近药颇缺乏，有之而不买，临时求之则不可得矣。报载新疆、西藏皆成立革命委员会，全国大局自此定矣，可庆也！洗澡。

九日 付梅孙本月粮票十斤，付和侄十斤并买米钱二元。又令梅买炭二十斤与和，以配给煤不够烧也。

十日 瑜媳送味精两瓶、梨二枚，盖月例有此馈献也。

十一日 梅孙做夜班，夜三点钟始回。

十二日 洗澡。和侄买得苏厨熏鱼，殊不佳。

十三日 渐转凉。

十四日 终日雨，甚凉，可以御袂矣。和侄又为买花生酱一斤。

十五日 星期。望杏夫妇来。理发。

十六日 阿杭由上海寄来毛巾数条，龙女分与一条，付价八角。

十七日 洗澡。梅孙为拍一照。

十八日 久不出门，趁晚凉至三山街一转，欲购诸物皆不得。

十九日 终日有间断雨，天大凉。

二十日 到贡院西街买得开塞露两支、维生素 B_1 二百粒，散装也，每百粒八角。

廿一日 又付和侄钱五元。

廿二日 星期。至午后始大解，不得已又以开塞露通之。报云本日日食，但江南不见。

廿三日 晚服果导一粒以通大解。

廿四日 今日乃得畅解。买纸蚊烟一扎，两角。

廿五日 托对邻稽嫂代买鸡蛋挂面两斤，价每斤四角二分。

廿六日 洗澡。

廿七日 昨终日未得大解，临睡服果导一粒，今早又食蜜，早餐后乃解。写一信与斌，并寄去照片一张。

廿八日 送丝棉袄与南捕厅成衣铺改换面子，言定下月六号取，成衣姓韩。

廿九日 星期。置桃酱一罐，一元一角。

三十日 梅孙托人为买得煤墼八十个，交和侄，暂可以无无煤之忧矣。价两元九角馀。家榕回，将分娩也。

十 月

一日 国庆。久不动，五时后步至长乐路，一转而归。

二日 栖孙今日回武昌。午后雨，至夜未止。

三日 仍时有小雨。上海寄冬季粮票来。

四日 覆悌儿一信。

五日 付梅孙粮票十二斤，钱十元。斌来一信。

六日 今日中秋。午饭前洗澡。晚月食，报云全食，初以阴天不见，九时云散，则已将复圆矣。

七日 取新换面子棉袄，工价两元九角六分，内拆工四角。

八日 买维生素 B_1 片一瓶百粒，一元三角六分。

九日 买得维生素 B_1 片一百粒、食母生四十粒，亦奇遇也。又在新霞街菜场买面筋一斤、茭白一斤多。

十日 连日皆阴，昨夜雨止，今日午后陆续未止。梅孙又为买得食母生八十粒、维生素 B_1 片二百粒。

十一日 天仍阴，更凉。上街买得午餐肉罐头一个，价一元。

十二日 梅孙为买得白脱油一脬脱，价八角二分。

十三日 星期。阴雨如昨。送旧裤与裁缝换口袋及衬里，以俱破敝也，言定后日晚取。买木衣架子一只，三角九分。

十四日 梅孙再为买得炭墼八十个，御冬可以无虞矣。

十五日 偕梅孙同游玄武湖，今曰人民公园。由鸡鸣寺后解放门入，约略绕园一周，由玄武门还。十时半去，三时半还，在食堂午饭。公园布置大异前时矣。

十六日 取换里袋旧裤，工价六角五分。午后又买得食母生四十粒。

十七日 令梅孙买米十斤与和侄，又别交五元与梅。

十八日 天渐寒，盖近霜降矣。午后初御棉。

十九日 步至文德桥，买青菜二斤而归，每斤价二分半。

二十日 星期。买糖炒栗子，价五角一斤，排队至半小时始买得，可谓得不偿失矣。买豌豆苗一斤，价七分。

廿一日 买食母生，言已售罄矣。

廿二日 付和侄钱五元。买山芋两斤，一角六分。

廿三日 在“状元境”订垫袜底两双，价九角，言定星期六取。

廿四日 在四新池洗澡、修脚，此夏秋后第一次也。

廿五日 棋孙下乡劳动。取袜子，以所取不合式只作一双。

廿六日 晚过卢妃巷口，买肉斤半，一元二角，以其膘厚，可炼取油也。

廿七日 与梅孙同到夫子庙，意在买花，花未见，在文德桥菜场买芹菜二斤而回，价一角。

廿八日

廿九日 连日薄暮皆出外散步五六里，以是早晨大解乃不难，故知虽衰老，终不可不动也。

三十日 今日重九。买棉鞋一双，价三元九角五分、布票一尺六寸取之。

三十一日 梅孙买菊花四盆，八角五分。午后睡起与梅孙同看周培，培去上海，遇其姊妹，因小坐而回。

十一月

一日 写一信片与武，嘱买牙粉与胎盘片，托周培带来。

二日 今日《新华报》发表党八届十二次中委全会公报，刘少奇永远开除党籍，撤销党内外一切职务。

三日 培儿今日下厂，去浦口化肥厂。宗李来一信。

四日 自昨起时有小雨。午后散步至王府园，几迷不识路。

五日 午后书琴侄女来。修洋伞，便到彩霞街买油鸡，不足半只，七角八分钱，约可供两日餐也。家榕生一女。

六日 理发。覆宗李一信片。

七日 交粮票二十斤、钱十元与梅孙，并令买米十斤送交和侄。今日立冬。

八日 午后大风转寒。取伞，付修工钱三角五分。

九日 以冷，睡起即出门，步至白鹭洲公园，大改观矣。绕公园一周而回。归途经乌衣巷，今改五一巷，谐音如一，可谓巧矣。

十日 星期。武来一片，言周培已回南京，药与牙粉未及买也。四时后与梅同至莫愁湖，改公园后大改观矣。步行回至城桥边，雇乘三轮车而回。

十一日 买白鱼两尾，一元二角，以送上门者，还其价，盖八角一斤也。写一片与武，要其买棉毛衫寄来。

十二日 与梅买大缸一只、腌菜缸一只，共四元四角六分。便到干鱼巷韩秘书家一看。

十三日 又写一片与武，告以棉毛衫尺寸。

十四日 又买开塞露四支、维生素 B_1 一百粒，问干酵母片，仍无有也。

十五日 天气回暖，衣略减矣。

十六日 又买得干酵母片四十粒。

十七日 星期。培儿自浦口回。

十八日 散步，便买得熏猪肚半个，两角八分钱。又买茭白一斤，一角一分。交五元与梅孙，二元与和侄。梅孙为买得蹄筋，三元四角一斤。

十九日 午后雨，以是未能远出。买铁火钳一，三角。

二十日 晴。买酵母片，又回云无有矣。

廿一日 阴。买线香十秉，八角钱。

廿二日 晴。又令梅孙买煤墼八十个送交和侄，价二元九角六分。

廿三日 散步，由石坝街至淮清桥。以天暖羸困，雇车而归，至府东口，车价两角。

廿四日 家柟母女今日回北京，午后三点车行。陈茶村来一信。

廿五日 发一信片与武，问购棉毛衫寄否。

廿六日 气象报告言又有寒流南下，午后遂又加衣。

廿七日 自昨日起北风渐紧。午前卖鱼者来，买鱼一尾，二斤四两，价一元四角四分。午后散步，便买得徽州毛尖茶一两，三角六分。

廿八日 午前十一时有宋、侯二人来，大概为了解吴林伯，未多坐即去。上海寄棉毛衫到，武并有一片。午后到三新池洗澡。

廿九日 写一片告武，棉毛衫及手巾收到矣。午后小雨，至晚未止。

三十日

十二月

一日 连日午后四时皆至白鹭洲公园，烟水迷漫与残照新月交射，颇饶萧瑟之致，盘桓久之而归。

二日 写一信覆陈茶村。午后有雨。

三日 仍阴雨。买得酵母片八十粒。梅孙今日与人游栖霞山，在栖霞又买得酵母片两瓶，暂可不虞缺乏矣。

四日 又交十元与梅孙。仍阴雨，晚晴。散步至东关头，绕道大中桥，雇三轮车而回。

五日 有送山药来卖者，买其三斤三两，价三角五分一斤。过承恩寺菜场，则标价每斤两角九分耳。

六日　梅孙买来香蕉五只。

七日　交五元与和侄。

八日　连日仍阴，时有小雨。擦皮鞋。本日星期。

九日　家榕之小叔子从长安来接家榕。

十日　仍阴雨。过评事街，买得青鱼一条，一元一角九分，每斤五角七分，盖二斤零也。

十一日　寄一信与武，告以家榕回长，返时经上海，有毯子等交其带来。

十二日　卖鱼者送白鱼来，买两尾二斤一两，共一元四角七分。午后晴。

十三日　又雨。洪焕林有信来，家榕不去长安矣。

十四日　大冷，转晴。

十五日　星期。始生炭火，室内温度才五六度耳。

十六日　食母生近又缺货，今日买得六十粒，每包二十粒，与药房恳商才买得三包。

十七日　始雪。又买炭三十斤。发一片与武，告之家榕不去沪矣。

十八日　晴。家杰去邛江。家栖自武昌回，停四五日即去四川渡口，其地近昆明。

十九日　晴。思食胡萝卜，到彩霞街、承恩寺两处菜场求之，皆不得。

二十日　晨起地湿，夜有小雨也，后乃转晴。

廿一日　晴。傍晚忽有微雪，以是散步不远即回。

廿二日　星期。转晴。栖孙今午去渡口矣。刘子敬来，盖奔丧回苏，今返北京经此，乃知丙孙于本月初七作古，今年七十三。又捎来希鲁一信，待覆。本日理发。

廿三日　午后临出门，忽作恶，疑是烧炭中一氧化炭毒也，遂止，并拟停炭火。自本日起午、晚饭皆在前食。

廿四日　覆希鲁一信。午后洗澡、修脚。

廿五日　散步至旧贡院西街，见卖切面铺首皆排队多人，怪之。归检日历，乃知明日为主席诞辰，大家吃寿面长倘为是欤？旧历十一月初七也。

廿六日　修补热水袋，一针孔缝耳，价两角五分。

廿七日　晚家榕母女乘车返西安。

廿八日　雨。以一衣、一裤与十八，十八不久去四川也。

廿九日　仍雨。买得食母生一百粒。本日星期。

三十日　以朱墨将尽，欲至十竹斋求之。行至杨公井，闻其闭门清理不营业，遂折返。至龙王庙附近，足力不及，乃就人家小歇。

三十一日　仍阴。一年又尽，光阴如驰而学业无进，可惧。午后小雪，颇寒。

一九六九年

一　月

一日　晴。自昨起又生炭火。

二日　卖鱼者来，买青鱼一尾，八角八分。

三日　散步，在马巷口买花生，两角，云二两馀。

四日　马光薇来，乃知其母沧舲已六十五岁矣。买白鱼、鳜鱼各一尾，三元六角。

五日

六日　上海寄粮票来，三月七十五斤，而无一字。

七日　付梅孙本月粮票二十一斤，以自上月下旬兴和侄病，三餐皆在前面吃也。又付与十元买炭十九斤，以炭供应尚足，故梅未多买。

八日　傍晚小雨，故散步不敢远，经内桥湾、绒庄、板巷、马巷便回。

九日　在承恩寺口买香蕉六支，甚佳，价四角一分。

十日　在笪桥市买鸡肫两个，每个两角。又买牛肉两角，殊耐咀嚼。

十一日 自昨夜起降雪，终日未止，屋瓦与庭地皆白，以是未出门。

十二日 晴，有冰挂。

十三日 栱晓去江都乡间为农，其母送之。

十四日 茶村来一信，言常州亦得雪。

十五日 卖鱼者来，买港鱼一尾二斤九两，每斤九角。栖孙有信来，已抵渡口。

十六日 吴寿彭来一信，已移居曲阜路十三号内三楼廿三室。

十七日 栖附来一纸，言赴渡口经过各地，答余前日所问也。

十八日 今日旧历腊月初一也。栱有信来，地名为江都县小纪区黄思公社双林大队于西小队，距泰州、兴化皆六十里，距江都一百多里。

十九日 周克昌夫人来。晚散步，在洪武路口买肉一块六斤馀归，备腌食也。

二十日 十九由宝应回，言过春节下乡者多亦回城。

廿一日 买鳜鱼一尾，一斤二两，价一元。

廿二日 宗李来一信。

廿三日 连日阴寒。傍晚有雨，散步匆匆即归，因失落棉手套一只。

廿四日 买香蕉四只，二角六分钱。

廿五日 卖鱼者送鸡蛋来，每个一角四分，因只买五个。

廿六日 星期。在评事街买再生粗手巾一条，三角一分。

廿七日 覆青岛吴寿彭一信。强天健来。

廿八日 仍阴雨，寒，于前日因复生火。午转雪，未出门。

廿九日 雪仍未止，又买炭二十斤，室内已结冰。

三十日 仍小雪，后渐大，五时强出门买香肚一个，备明日午餐也。又买维生素 B_1 二百粒。积雪满街，颇滑，幸未跌。

三十一日 晴而积雪未消，勉强欲至三新池洗澡，以盆汤已停，乃回。

二　月

一日　交十元与梅孙，以前数已尽也。

二日　连日卖烤山芋、炒花生者皆绝迹，闻“文攻武卫队”出动，查禁甚严也。

三日　雪消未尽，昨夜又雪未止，益寒。栱自江都回。

四日　两日未出门矣。晴。

五日　十八亦自宝应回，前一日十九自六合回。

六日　晴。昨起复与傍晚散步约一小时。

七日　在嘉兆巷口吃煎菠菜包子，甚佳，三分一个，每两粮票两个。

八日　晴，雪消不少矣。买狼毫笔一支，三角六分。

九日　星期。到文德桥欲买鱼，惟有白鲢且小，遂空返。买炒青茶一两，五角六分。

十日　昨不慎将沏茶小温瓶碰落于地，破碎不可用，遍历各百货店，无有合适者。有一种乃中药店装药者，嫌太小，遂未买。

十一日　不得已买装药者温瓶一个，一元六角一分。

十二日　午后雨。天气转暖太骤，知其必变也。

十三日　仍阴雨。理发。

十四日　连日痔发，买开塞露两枚。又买苹果一大个食之，价两角。

十五日　仍雨，未出门。梅孙送来广橙两个、香蕉五只。

十六日　旧历腊月三十也。昨夜起有小雪，雪止仍阴。

十七日　元旦。仍阴，午后有小雨，不出门者三日矣。不独以阴雨，亦因便血怕动也。

十八日　阿杭来信，一之至今无消息，疑其道死矣，哀哉！五时到评事街口买得菜包子回，备明日早餐也。

十九日 又雪。

二十日 雪止。勉强出门，绕古钵营、绒庄、南捕厅一圈即回，地滑且冻，吃力不过。

廿一日 又雪，午后雪化，甚寒。十八来扫地，用雪扫之，言如此可以不起尘且较干净，谓得之婆婆亏。

廿二日 午前又雨雪，午后止，不出门者又二日矣。

廿三日 王继如夫妇来过。上海寄来胎盘片四瓶、无敌牌牙粉四瓶。继如之妇名杨墨秋，师范学院同学也，无锡人。

廿四日 仍阴寒。梅孙夜宿厂中看牛云。

廿五日 又雨雪，近日雨雪之多，不能不虑春夏之交干旱也。令梅买香蕉，无有。

廿六日 仍不时飘小雪。家楠母女自北京来，楠仍暂在晨光厂出差。陈茶村又来一信，待覆。

廿七日 雪霁，勉强出门买尖茶一两。

廿八日 午后四时到四新池洗澡，梅孙陪去，来去皆乘三轮车，知足力真不行矣。归途买双料鸡狼毫两支，每支三角二分。

三 月

一日 又雪，午后愈甚，似自去冬以来此次为最大矣。

二日 雪止，仍阴。又交十元与梅。

三日 覆陈茶村一短简。买糖核桃半斤。晚九时和侄以胸肋痛忽转剧，遂化去。

四日 家桐侄孙来，送其妇回来生产也。晚阿慧自上海来送葬。

五日 天又阴。午后陈以文来，会正睡，乃卧谈片时，送麻糕一包、桃子罐头一个。继之可权甥来，留之晚饭去。十四夫妇来辞行，明早乘车回湛江矣。和侄今日火葬。

六日　见太阳，甚喜。而夜一时后忽便泄，强起上桶子，苦矣。

七日　送山药来，买三斤馀，一元二角。和侄今日下坟。

八日　服矽炭银，便照常，不虞夜起矣。买橘子露酒一瓶，一元五角。棋孙来信，已到队里矣。

九日　星期。阿慧回上海。

十日　龙女代买古巴砂糖一斤，六角八分。

十一日　昨夜起又小雨。晚到彩霞街买猪肉一斤馀，价九角。

十二日　连日有游行，皆为苏修侵略边境及破坏我使馆也。未午睡，会有徐同志来了解葛兴，谈至四时半后始去。出外散步，买得香蕉三支。

十三日　卖蛋者来，买得鸡蛋十个，每个一角一分。写葛兴材料，徐同志所要，约明日来取也。付梅孙粮票二十斤，又与龙女五斤买赤豆。

十四日　早九时有章同志来取葛兴材料去，言徐有他事不能来，故由其代取。

十五日　强步至中央商场买麦乳精一罐，价三元。乘三轮车至内桥，力二角。便买白面包一个，二角五。

十六日　星期。买维生素 B_1 二百粒一元六角、盐肉一块一元二角二分。

十七日　晴。散步时在板巷吃馄饨一碗。

十八日　又阴。交五元与家梅买牛奶票。本日日食。

十九日　旧历二月二日，余生日也。晚食面。买红枣一斤，七角六分。

二十日　又雨，未出门。

廿一日　卖鱼者来，买白鱼一尾，一斤九两，九角一斤。午后洗澡。今日春分。

廿二日　斌孙来信，已复员回到上海矣。

廿三日 写一信与斌。

廿四日 散步至王府园，久不到其地，又添新路一条矣。

廿五日 令梅取上胶雨衣，价一元两角，由款内付。

廿六日 理发，会小雨，即归。

廿七日 送衬衣与童裁缝换领，工价二角。

廿八日 买肉斤馀九角，旗枪茶二两一元。

廿九日 昨夜又雨，直至午后。小雨时落时止，薄暮方放晴。散步至鼎新桥而回。

三十日 星期。五时沿评事街、彩霞街直至新桥，思买鱼而不得。

三十一日 晚在评事街口吃菜包子二两。归后有赤豆，复吃豆一碗，遂未吃饭。

四月

一日 令梅代买肉，八角。吴宗李来一信。

二日 连日有游行，因昨"九大"在京召开也。

三日 写一信片覆吴宗李，寄东台乐家巷九号。

四日 又交五元与梅。

五日 买面筋一斤馀，四角。午后买得食母生两包，八十粒，两角四分。今日清明。

六日 星期。圈读《通鉴》毕，自去年七月二十日起，至今约二百五十日，二百九十馀卷之书，一日仅尽一卷馀，可谓慢矣。正文及注有误者，亦略为校改，精力不足，不能细也。

七日 大风沙，散步至明瓦廊，疲甚。

八日 风止，以昨日疲甚，未敢多走，仅至内桥穿王府园而回。

九日 付粮票二十斤与梅。始食刀鱼，七奶奶所馈也。

十日 晚在“刘长兴”食包子，二两八枚，钱四角八分。八时后梁斌忽来，言外调回上海过此，故来相看也，此子可谓有良心者。

十一日 晚在泰仓巷吃菜包子二两，又回到板巷口吃馄饨一两，当晚餐矣。共化两角四分。又买苹果两个，两角玖分。

十二日 天大暖，午后在家洗澡。晚郑家五舅来。

十三日 周师母来。接到上海市直属机关革命造反联络站、文史馆参事室革命造反队（印章如是）来信，并调查提纲二份，一调查刘葆儒，一调查姚公书。二人皆已死，不知调查何用也。调查姚公书提纲内并问及周邦式、陶愚川、洪韵、易阅庆、金兆鋆五人，皆蓝田旧人，周、陶、洪、金尚记其姓名，若易则真不知其人矣。

十四日 写调查材料，覆上海“文参造反队”。

十五日 昨“九中全会”发表新闻公报，通过副主席政治报告，并修定章程。今日游行庆祝。覆“文参造反队”信令梅孙挂号寄去。

十六日 自前日起天气又转冷，已收棉衣复取出穿上。

十七日 晚在旧“包顺兴”吃大肉面，殊不佳。

十八日 天又雨，懒未出门。

十九日 又交梅五元。在彩霞街买毛笋两斤馀，每斤两角四分，共五角六分。

二十日 星期。食笋。梅之友杨时筠来，留其午饭去。

廿一日 买香椿头一角尝鲜。

廿二日 令梅打听火车、飞机时间。

廿三日 天又骤热，在家洗澡。晚棋自邛江回。

廿四日 在彩霞街吃汤团两个，钱五分，馅心仅为豆大，价廉无好货也。今日“九大”闭幕，夜间有游行。“一中”广播直至一两点方停，以是彻夜未得好睡。

廿五日 乘车到大行宫一看，步行而归。买得新举出中央委员一百七十人名单一纸。

廿六日 发一信片与悌，言拟廿八日由梅陪送到上海，不必令人来接。

廿七日 梅昨夜车去沪，予行期不得不改矣。晚在夫子庙吃包子，二两八个，四角钱。

廿八日 今日又有游行，因《林付主席政治报告》发表也。

廿九日 梅孙乘昨夜车回。

卅日 发一信片与悌儿。

五　月

一日 在内桥堍遇乡下卖蛋者，每个八分，买四个。

二日 杨时筠来午饭，梅言婚期预定本月十六。晚饭其妹时秋亦来。

三日 大热，在家洗澡。

四日 今日“五四运动”节，闻又提出“打倒孔家店”口号。

五日 武寄来粮票五十斤，令梅覆之。

六日 昨转北风，单衣又不够矣。午后朱谪仙来，送苹果四个、花生酱一小瓶。

七日 买蒜苗两把，不足二斤，两角六分。

八日 天又大热，庭中玫瑰渐开矣。未出门。

九日 唐玉翁忽来，云新由淮阴乡间劳动回，已解放矣。午后洗澡。

十日 天益热，未出外散步者两日矣。

十一日 星期。热如故，午后四时后风起，稍凉。散步至笪桥，买得苋菜一斤归，价一角三分。

十二日 昨一夜雨未止，今日乃大凉，三易其衣裤，几若历三时矣。晚饭与培儿小龃龉，甚矣其不读书也。付梅粮票十八斤、钱五元。

十三日　今日梅孙与杨时筠结婚。午后其父杨森偕其母来，陪之晚饭。

十四日　梅夫妇午后去上海。

十五日　夜有雨。

十六日　自六六年五月十六日发动“文化大革命”以来，于今整三年矣。时光之速，惊人哉！

十七日　散步至八府塘，塘已填久矣。

十八日　星期。家枏母女回北京。午前洗澡。

十九日　自昨夜起连雨，又转凉。晚在旧“刘长兴”吃包子二两。

二十日　在彩霞街菜场买四季豆一斤，六两三角钱。

廿一日　家梅夫妇回。

廿二日　买铁丝菜罩一个，一元五角八分。

廿三日　天雨，未出门。

廿四日　买面筋斤半，五角一分。

廿五日　发一信与悌，令消灭臭虫。午前强天健来。午后洗澡。小亲家母来，晚饭后去。

廿六日　报称有雨而无雨，夜大风转凉。

廿七日　令棋买干丝一碗佐午餐，三角八分。

廿八日　在旧王府口吃馄饨。买维生素 B_1 片未得。

廿九日　理发。

卅日　至贡院西街买维生素 B_1 仍未得。

三十一日　在彩霞街菜场买笋干二斤，每斤七分五。

六　月

一日　星期。洗澡。自昨起大热。施君来取独脚莲及虎耳草去。

二日 隔邻李家榴花盛开，因过之一赏。

三日 瑜媳今日下乡相助收麦。

四日 欲买新茶，言第一批已售罄，买旗枪一两而归，价七角，仍去年货也。夜有阵雨。

五日 阴雨未止，又转凉。

六日 交二十元与梅，买星期日飞机票。

七日 取修补裤子，工价三角。

八日 乘飞机飞沪。

（中缺）

廿九日 乘火车返宁，在沪共二十日。

三十日 洗澡。

七月

一日 昨夜起有雨，稍凉，薄暮雨止。买粗、细白夏布各一丈四尺，共十九圆四角二分。付染店染蓝，备作裤子也。

二日 发一信片与吴广洋。

三日 寄一信与戴正雄通化，嘱探问李所长病。朱谪仙来。竟日雨未止。

四日 仍雨。

五日 仍时有微雨，晚晴。散步近处，不敢远也。

六日 星期。午后陆希鲁来，送茶点四包，住沙塘围十七号第一排第五家黄诗联处，雇三轮车送之归。

七日 自昨夜起大雨时作，院有积水矣。午睡起雨稍小。取所染夏布，工钱一元四角，盖五分一尺也。又买向阳牌蚊香一盒，四角。

八日 上海寄书箱到。斌孙来一信。吴吟红来信，言广洋已出院矣。希鲁、谪仙来。

九日 覆斌孙一片。昨晴,今又雨,终日未止。

十日 晴。到中央商场买草莓酱一罐,一元三角七分。来去皆三轮,因天热故懒于行。

十一日 送夏布与韩裁缝做裤子两条,工价一元五角。陈茶村由常州来信,言回里后全身浮肿,盖由劳顿之故,然而可虑也。四点后陈伊文来。

十二日 终日雨,院中积水至晚未退。

十三日 到仁厚里,希鲁亦在,以文继来,遂留午饭,至三点始归。洗澡。广洋来信,有与王敬老词二首,甚佳,一声越作,一自作。

十四日 今日旧历六月初一,自此入伏,又终日雨。写一纸覆陈茶村。

十五日 昨夜大雨,晓起院中积水寖寖上阶矣。傍晚以文来,言仁厚里水已入房内,数十年所未见也。

十六日 仍雨。昨晚日出有霞,或云晚晴,雨汛过矣,不确也。写一信与吴广洋。

十七日 雨,午后止。夜有大雨,院中积水盖数日未退矣。

十八日 今日未雨。午后洗澡。晚吃馄饨面,二角二分。

十九日 取所作夏布裤,付工钱一元五角。今日未雨,而燥热异常。

二十日 星期。早唐玉虬来。玉虬去,陆、朱二人来,陆言明日回苏州。午后洗澡。热如昨,晚有雷雨稍凉。

廿一日 晴,蒸热益甚。

廿二日 热如故,午后洗澡。

廿三日 热益甚。今日旧历六月初十,大暑。

廿四日 午前洗澡。茶村来信,言肿已渐消。

廿五日 买草席一床,二元九角。洗澡。

廿六日 洗澡。晚有风,稍凉。

廿七日 趁早凉到内桥湾理发。

廿八日 谪仙与黄诗清来，带来希鲁所馈茶叶、盖碗等。王瓦匠来，交二十元与之买瓦。洗澡。

廿九日 瓦送来五百片，每片三分，旧家出售者也。

三十日 热益甚，洗澡。晚瑜媳赴沪。

三十一日 写一片与斌孙，嘱买胎盘片交瑜媳带回。

八月

一日 由上海转来吴寿彭一信。

二日 写一信片寄陈茶村。吴广洋来信，言假期已满，又将下车间劳动矣。午后睡起有雨，稍凉。付梅粮票二十斤、钱十元。

三日 星期。以凉而未洗澡。

四日 覆广洋一信。洗澡。

五日 家桐侄孙来，言将回太原。

六日 覆吴寿彭一信。午后有雨转热，洗澡。

七日 昨夜瑜媳回，带来花生酱一小罐，家棋亦回。

八日 今日立秋。广洋有覆信。

九日 连日有风，而热不减。

十日 星期。原约王瓦匠来拾漏，以开会未能来。洗澡。

十一日 洗澡。傍晚有小雨，热益甚。

十二日 天阴，热如故。

十三日 晓有小雨，沾湿而已。洗澡。

十四日

十五日 洗澡。

十六日 茶村寄来一信，并附有《焚稿目录》。有吴、张二人从湖北来，调查吴林伯与“复性”关系，写一信付之去。

十七日 星期。午后洗澡。

十八日 任珠挈其女孩来，留午饭去，并令棋孙送上汽车。四时后雷雨。

十九日 午前有微雨，午后洗澡。

二十日 广洋来一信，朱二姑娘来一信。

廿一日 买奶粉一瓶，价三元。洗澡。

廿二日 连日腰痛，今似稍可。

廿三日 由棋孙买得维生素 B_1 片四百粒、干酵母片二百粒。洗澡。

廿四日 星期。寄一信片问彭祖年病。培儿取来存息三十九元九角馀。

廿五日 洗澡。

廿六日 天渐凉，未洗澡者二日矣。

廿七日 今日旧历中元也，祭祀久废矣。

廿八日 章学诗来信，言王实秋中风，苦矣。洗澡。

廿九日 寄五圆与实秋。

三十日 雨。理发。配牙，挂号一角，牙价十二元，约十日后取。

三十一日 星期。洗澡。洪关林挈其儿来，拟送归浙江乡间老家也。

九　月

一日 彭祖年有覆信，病近中风，可虑也，新迁云架桥附廿九号。

二日 洗澡。晚洪关林行，由棋伴送之回海宁。

三日 拟试牙，而医师以学习未到，乃绕鸽子桥步而归。

四日 午后洗澡。试牙模，归途微雨，幸不沾濡。到家后有阵雨，不久亦止。王实秋有信，来款收到。

五日 报载越南主席胡志明于三日去世，寿七十九。终日阴，渐凉。

六日 以凉，傍晚仍散步片时。

七日 培儿交来银行息十六元馀。付本月粮票十五斤。

八日 奶粉尽，自本日始食炼乳，每瓶八角六分，金华所制也。

九日 陈茶村、吴宗李各来一信。午后洗澡。

十日 晚维淳夫妇返西昌。

十一日 取牙，又推至下星期四。买苹果一斤归，三角五分。

十二日 家柟母女午后返北京。

十三日 送布与童裁缝作衬衫，言一星期取。买维生素 B_1 片二百粒，每百粒三角。

十四日 散步至笪桥，买白沙糖一斤，七角八分。洗澡。

十五日

十六日 连日照常散步，皆在附近，未能远行也。

十七日 晚在刘长兴吃大肉面，惜面太硬耳。

十八日 取牙，又推至明晨。食家栻、家孙所带来农场梨，甚佳。洗澡。

十九日 晨取牙，足足等候二小时之久。

二十日 写一信片寄周权，托买热水袋。晚食馄饨面。

廿一日 星期。洗澡。晚有阵雨。栱孙由浙回。

廿二日 郁周来信，深深化去矣。修牙，终觉不甚合。

廿三日 写一信覆郁周，慰之。又写一片与宗李。

廿四日 前来了解吴林伯者又来穷问复性书院事，约谈半小时去。午后洗澡。

廿五日 天又燥热，以是懒未出门。

廿六日 今日中秋。洗澡，倘苏州人所谓桂花澡者欤。

廿七日 连两次修牙，仍不合。夜有风雨。

廿八日 星期。洪关林来。陈茶村来信诉苦。

廿九日 终日小雨，未出门。

三十日 天气大凉，可以衣夹矣。写一信慰茶村。

十 月

一日 国庆。杨亲家一家来吃晚饭。

二日 王氏父子来拾漏。洪关林回陕西。

三日 悌儿寄粮票来，又言房子交公事。

四日 覆悌儿信，房子听其交公。

五日 星期。希鲁来信询前约，附有谪仙一信。

六日 覆希鲁一信。付瓦匠钱七元，合前数盖二十矣。配牙不适，以旧牙交其接整，又索二元。

七日 在内桥塊吃汤团，尚可，每个仅两分。

八日 报载七日政府声明，为中苏边界谈判也，观此，战争或可免矣。洗澡。四新池盆浴暂停，故仍在家中买水洗，幸不甚冷。

九日 旧牙接好取回，合适多矣。周权来一片，不来南京矣。茶村来信，已分爨。

十日 连日看《水经注》，不如读《通鉴》之有味也。下午在笪桥吃豆腐脑儿。

十一日 天稍转暖，盖东南风也。食鳜鱼，甚可口。

十二日 星期。至晚报未来，不知何故。

十三日 买蜜三刀半斤，三角四分。

十四日 洗澡。天甚暖，疑将变矣。

十五日 暖如故。以旧棉小袄一件与十九。

十六日 午后王惠畴来，未多谈即去。因天暖，两日未出门矣。

十七日 稍凉，散步由内桥至笪桥。

十八日 寄一信与陈以文，约其同去苏州。

十九日 今日重九也。

二十日 晚食馄饨面。

廿一日 以文有覆信来。

廿二日 覆以文一片。郁周亦来一信。晚在内桥吃馄饨、油饼。

廿三日 小雨，以是未出门。今日霜降，而寒汛无闻。

廿四日 命十九买糯米二斤。

廿五日 早食糯米粥，杂以山芋，为进一盂。德庆偕子来，望杏夫妇来。

廿六日 德庆父子去上海。晚过丁星岷，不知其乃丁铭礼之子也。

廿七日 在彩霞街四合春吃大肉面，又不如刘长兴矣。

廿八日 悌儿来一信。寄一信与希鲁。一信与以文，告以苏游作罢。理发。

廿九日 早陈健夫来。栱孙去邛江。

三十日 覆悌儿一信。午后洗澡。

三十一日 以文来一信。交全国粮票二十五斤与龙女，又拾元，自下月起即在后头吃也。

十一月

一日 宗李来一信。

二日 星期。到中央商场买麦乳精一罐，买酵母片则无有也。过洪武路买油鸡蹄。

三日 中、晚两餐食油鸡，味殊不恶。

四日 覆宗李一片。到夫子庙一转。

五日 又到洪武路买油鸡半只，七角七分。

六日 买得酵母片八十粒，二角八分。

七日 今日立冬，天渐冷矣。

八日 早斌孙来，傍晚与散步至笪桥、评事街，循南捕厅而回。买卤姜，一角。

九日 斌孙腹泻，从医诊云是肠炎，戒其勿食荤。晚在评事街口买菜包，因即吃鱼面一碗而回。

十日 在小苏州买淡奶一罐，价一元四角。

十一日 过评事街鱼市场，买青鱼一尾，价二元二角。陈以文又来一信，知苏州行决作罢矣。

十二日 斌孙回沪。德庆来。买岳茶二两，每两三角九分。

十三日 还德庆代买奶粉、炼乳钱，六元一角。斌来一片。配牙，昨断，交医所接焊，约下星期五取。

十四日 写一信覆以文。交十元与家梅买炭与炭墼。培儿自乡回。

十五日 阴雨。晚九时德庆父子行。

十六日 仍雨，午后且有小雪，骤冷矣，以是未出门。

十七日 买得维生素 B_1 片一百粒，五角五分。晚在教门馆吃鱼面。家梅买得炭六十八斤，每斤一角一分。

十八日 买八宝饭一碗，二角，备明日早餐也。

十九日 买糖包，备明日早餐。

二十日 斌孙寄一百元来，存款也。午后到四新池洗澡、修脚。

廿一日 晚食蟹两只止，不敢多也。

廿二日 午后到白鹭洲公园，渐荒废矣。

廿三日 星期。欲穷内桥水源，过朝天宫，直至城外大河为止，城已拆作路，通大河者只一涵洞而已。

廿四日 又到白鹭洲东边一走。

廿五日 本拟至水西门路，遇乡人卖山药者，买得二斤遂归。每斤价三角，索价如是，不欲还也。

廿六日 唐老来，为陈茶村事也，然亦无术以处之。到大中桥买得胡萝卜一斤归，价一角。

廿七日 散步至新桥。

廿八日 祖年来一信。散步，由牛市到南门。

廿九日 散步，由南门经钓鱼台、新桥回。

三十日 写一片与斌。

十二月

一日 覆彭祖年一信。又付龙女粮票二十五斤、钱十元。

二日 家梅代买得方糖两盒。散步至中央商场，买得酱肉两碟而回，每碟价二角。

三日 在永安商场买花生一罐，出口货也。不足一斤，价一元二角，不能不谓其昂巨也。

四日 在洪武路买花茶一斤一角三分、鸭子一斤六角。

五日 买菜包三两，备明日早餐也。

六日 理发。买糖莲子一斤一元四角、砀山梨三个三角六分。

七日 彭祖年来信，去大冶分院矣。买可可乳精一瓶，二元一角七分。今日大雪，再半月冬至矣。

八日 散步至门西，在新桥垅船板巷口食馄饨，甚不恶。

九日 到水西门大桥，不慎失足跌于路旁，为行人扶起，幸未伤，仍缓步而回。

十日 拟洗澡。到三新池，言盆汤已停，不得已遂归。在刘长兴吃包子二两以解闷。龙女母女今日去丰县。

十一日 在马巷口买鳜鱼一尾，六角一斤，重一斤三两，共七角八分。又在大功坊买酱肉两块，四角二分。

十二日　擦皮鞋。在夫子庙菜场买生姜半斤，一角八分。

十三日　吴寿彭来一信。在大中桥买茶叶一两，三角玖分。

十四日　早在板巷口食烧卖。晚散步在南门食热酒糟，无粮票，加四分一角一也。本日星期。

十五日　至南门外，欲买六安茶亦不得。鼎女有信与其母。

十六日　在贡院买青菜，三斤不足，一角八分。又在西街口排队买酥烧饼，每个六分，食之并不佳，负其名矣。

十七日　在洪武路北头一摊子上买油鸡一块，一元〇二分，价虽贵而鸡甚肥硕，归来以之下葡萄酒一杯，亦近日未有之快矣。

十八日　交二元与梅，买得鸡冠油一斤，六角。

十九日　斌孙来信，买得热水袋与牙粉等。即日糖凭证，买冰糖则不需证，但只可买四两，因买四两而回。又买炼乳两罐，每罐一元三角六分。

二十日　覆斌孙一信片，令将热水袋寄来。

廿一日　星期。陈茶村来信，已分爨矣。

廿二日　覆寿彭一信，并和一诗。今日冬至。买葡萄糖一斤，一元一角五分。

廿三日　梅又买得棉白糖一斤八角、板油五角。

廿四日　买方糖一盒，一元零四分。

廿五日　连日天气转暖，今日小雨，恐不冷不得晴也。

廿六日　覆陈茶村一信。交五元与梅，买肉备腌也。

廿七日　上海寄粮票来。杨时筠从厂里买得一灯泡，不致摸黑上床也。

廿八日　星期。买肉一方，因嘱七奶奶代腌。唐老来信问吕左海地址，覆之，并将陈茶村来信封去。在府东街买青菜两斤，每斤七分。又买蜡烛一筒，六角。

廿九日　热水袋寄到，覆悌一信片。又由吴某带来牙粉两瓶、胎盘片四瓶。

卅日　午后四时乘车至通济门，由九龙桥绕关头而回。

三十一日　又发一信片告斌，牙粉、药收到。

一九七〇年

一　月

一日　付王子慧粮票十五斤、钱十元。

二日　读《水经注》毕。阴雨。又买方糖一盒。

三日　陈茶村来信告贷。任珠来，送青鱼一尾、鲫鱼两尾，午饭后去。

四日　自昨夜起小雪，午后雪益甚，寒甚。

五日　覆茶村一信，并寄二十元与之，寄下市丁家巷陈馀兴转。自今日起生炭火。

六日　与梅在大板巷浴堂洗澡，此多少年来第一次也，因盆汤停歇，不得已乃就此。

七日　又买得方糖一盒，过第二家则需购物证矣。

八日　腊月初一也。自《水经注》毕后，重阅《史通通释》，为尽一周。

九日　再重读《史通》。

十日 望杏夫妇来，一见而已。

十日 星期。白桂英侄妇挈其女家琳来，琳在江宁县插队，桂英即将回天津，言兴锐侄下放到河北学习。

十二日 茶村有覆信来。

十三日 连日下乡落户者多，几无街无巷不见喜报矣。挖防空壕亦渐多，瓦砾泥土堆积街道两旁，行路亦更不易。

十四日 买云南沱茶一块，二两，一元三角二分。又买赤小豆一罐，三角六分。自本日起又生火。

十五日 栖探亲假仍回，由上海将红墨带来。

十六日 十九回。又买得维生素 B_1 片一百粒、葡萄糖一斤。自今日起阅读《司马文正公集》。

十七日 理发。

十八日 星期。散步，在小彩霞街几被小孩猛冲撞倒，赖离墙近为墙所克住，险矣。

十九日 取款一百元。买炼乳、花生各一罐。

二十日 又买得六安瓜片一两，价仍六角七分。

廿一日 寿彭来一信，并附有诗。

廿二日 今日腊月半也。

廿三日 昨夜有小雨，日中晴。

廿四日 买山药四斤，一圆。

廿五日 星期。在评事街、小彩霞街口买烧肉两块，言是四两，六角四分钱。

廿六日 散步至朝天宫，徒手往来，亦殊自适。

廿七日 连日转暖，停火者已数日。欲减衣，微患感冒，不敢骤也。

廿八日 在评事街口买烧饼，以时尚早，竟不用排队，难得也。

廿九日 终日微雨。十八回。

三十日　买煮黄豆半斤，一角八分。自今日起又生火。

三十一日　买鸭油三两馀，四角八分。

二　月

一日　在状元境口买烧饼，每两块七分，一两一块。

二日　交本月粮票与钱与子慧。杨氏孙媳买年糕、香蕉相饷。

三日　家栖取回银行利息十九元八角。

四日　本日立春。家栖送来苹果两个、香蕉八枚，言是家榕来信，命以献老人者也。难得哉，榕之用心也。

五日　家栱代买得奶粉一罐，两圆七角三分。

六日　庚戌年元旦也。买得食母生一瓶，三百馀粒，一圆零五分。

七日　散步至王府园，欲寻旧石笋，已为掘壕者埋于土中矣。王世桢来，送元宵八个。

八日　王惠畴来。培儿赶车失足而颠，伤及腰脊，卧床终日，幸不损骨，然亦险矣。

九日　午饭后与梅孙到两处浴室，皆以人多折回。

十日　茶村来信，言病况如故。

十一日　阿十有信与其父，言其母已由丰到京。

十二日　瑜媳送咸肉一块。

十三日　在内桥堍洗澡、修脚。

十四日　杨亲家夫妇来。

十五日　星期。栖孙回渡口。栱去北京，柟邀之也。

十六日　以鸡血藤手镯与杨氏孙媳，为其将产也。

十七日　宗李来一信。十九代买得奶粉一袋，二元五角八分。

十八日　校读《司马温公传家集》已毕，拟再复读一过。

十九日　卖罐头五只，仅得一角四分钱，可笑也。

二十日　今元宵也，而午前降雪午后雪止，阴如故，知不能有月矣。七侄媳送青鱼块藕一段。

廿一日　覆宗李一信片。

廿二日　星期。连日阴雨，道路泥泞不可行，遂未出散步。

廿三日　今日午后四时，杨氏孙媳生一女。

廿四日　家柟信来，生一男。是夕始闻雷。

廿五日　终日雨不止，院有积水矣。摘抄《温公诗》已三日。

廿六日　雨止。出门买人参葡萄酒一瓶，一元二角八分，沈阳出产也。

廿七日　昨夜小雪，迨晨未止，又生火矣。写一片与武、斌两孙，令向粮站要买油证明。

廿八日　晴。在内桥堍洗澡。梅夫妇名其女曰晓，予加一字，重之曰晓晓。杨其母今日自医院回，婴儿体骼不大，约将似其母也。

三　月

一日　星期。付子慧粮票廿五斤、钱十五元，自本月起加五圆。晚在外食馄饨面，避羊肉膻也。瑜媳雇一王姓妇照应产妇，今日来，约定一月。早晨唐老来，言已退休，但仍住院中宿舍。

二日　小雨不停，强出，不远而回。

三日　仍阴。到中央商场思买芡实，无有也。

四日　希鲁自浦东来一信，与以文等应郁周约，孤山看梅回也。无意中在锦绣坊口买好麦片一罐，价一圆。

五日　到夫子庙、小苏州等家，麦片仍甚多，乃知今大批货到也。

仍在锦绣坊口买一罐。

六日 抄《温公诗》完。覆希鲁一信。

七日 理发。

八日 以一元〇六分在中央商场买山楂糕一瓶。

九日 旧历二月二日,予生日也。中午王子慧为备面。

十日 在人民商场买散装麦片一斤,价八角。

十一日 发一信片与亦韵,令代买油、糖等,留待便人带南京。家梅买芡实一斤,二元六角五分。

十二日 大雪。茶村来一信。

十三日 雪止,而葡萄架为积雪压倒。买蛋十一个八角五分、酱油肉两块四角七分。

十四日 又小雨,未出门。

十五日 午前有微雨,午后晴转阴。希鲁有信,并附以《游西湖》诸诗,郁周诗亦不少。

十六日 晴。傅厚圻来,住其妹处,今晚即行。

十七日 在贡院西街买山楂糕半斤,三角五分。

十八日 悌儿、武孙各来一信。文已结婚,男曰潘智君,烟台人。文分配在洛阳,潘分配在兰州生物药品厂。

十九日 覆希鲁一信,并写和诗二绝句以去。

二十日 覆悌儿一片,不另覆武矣。

廿一日 买四川豆豉半斤,一角八分。今日春分。

廿二日 星期。晴,冷如故。

廿三日 晓晓满月,晚食面。午后在内桥垸洗澡。

廿四日 买维生素 B_1 片两百粒,一元一角。寄一片与陈茶村。

廿五日 买鸡尾两个,七角八分。

廿六日 连日早餐芡实,费糖不少。

廿七日 天气转暖。晚买油饼佐餐,甚可口。

廿八日　午后至内桥河两岸，垂柳皆吐叶矣。

廿九日　星期。咸肉蒸豆豉食之，殊不恶。在绿风居买包子一笼，六角。

三十日　连日皆阴，时有小雨。午睡起，步至淮清桥、桃叶渡。

三十一日　仍阴。

四　月

一日　到奇芳阁买烧饼，不开门，或云星期三休息。门口有条子，言烧饼每个四分，则减价矣。

二日　晴。以本月粮票与款付子慧。

三日　买麦片九两七角二分，韭菜九两一角一分。

四日　武孙寄粮票来。

五日　星期。今日清明。晚在外吃馄饨面。

六日　阴。

七日　晴。以天暖，散步皆不远行。

八日　以雨未出门。报载周总理访问朝鲜回。

九日　阴散，步至鼎新桥，不敢远也。

十日　又雨。

十一日　在中央商场买可可乳精半斤，一元五角。

十二日　星期。买香蕉五只，两角三分。瑜媳送咸肉一块。

十三日　陈茶村来信，言以后信直寄百丈下市。

十四日　晚食油条下粥，殊不恶。

十五日　修牙一元，言一星期后取。理发。

十六日　陈以文来信约苏游。在家洗澡，买热水一石，两角，洗得痛快极矣。

十七日　买开塞露四只，每只二角四分。又买维生素 B_1 片两百粒，每百粒五角五分。

十八日　买小烧饼，每两两个，每个钱三分，不知如何也。

十九日　星期。又阴雨。覆陈以文一信。王惠畴来。午后晴。

二十日　三月望，谷雨节。

廿一日　家梅为买奶油一块，一元两角八分。

廿二日　列宁诞辰，今百岁矣。买山楂条半斤，五角三分。

廿三日　取牙。以文信来，言五一节后来宁，同往苏。

廿四日　复修牙，终不如旧之适。

廿五日　写一信片与以文。

廿六日　报载我人造卫星发射成功，盖廿四日事也。

廿七日　得《咏收音机七绝》一首："声音原自遍虚空，妙制收归一箧中。作止卷舒皆自在，耳根于此得圆通。"

廿八日　棋孙由北京回，带来糖一斤。

廿九日　以文又来一信。

三十日　《咏人造卫星》一律："一丸飞转几周天，风火相持巧力全。直拟广寒探月窟，别开九道乱星躔。威声应使魔鬼震，歌唱还同仙乐传。载入史编□记始，更看第二第三年。"

五　月

一日　午后强天健来，今七十六矣，言朱励予亦尚健在。

二日　候以文，未来。

三日　以文来电报，言五日有雨，俟晴后来。广播何可尽信也。

四日　午以文来，随买得明日午后合肥至上海快车票，决明日去苏矣。

五日 晨有雨，幸未久即止，未负行期。

（下缺）

六 月

（上缺）

十五日 昨由武孙陪同回南京，在苏、沪共耽阁一月十天。连日以睡不好，倦极，午后洗澡后稍振。

十六日 买竹篾编扇子一把，三角九分。

十七日 武取书箱回，随乘九时半车返沪。

十八日 雨。理书。朱谪仙来。吴寿彭来一信。

十九日 覆看《逊志斋集》。晚在外吃馄饨面。修补裤子两条，言定三日取，价五角五分。

二十日 袁翊青来一信。天阴，时有小雨。

廿一日 星期。仍阴雨，买雨伞一把，两圆零六分。修皮鞋（换前底），一圆四角，言定后日取。覆吴寿彭一信。宗李来一信。

廿二日 买咸鸭蛋两个，每个一角二分。

廿三日 洗澡。

廿四日 覆宗李一信。始食鲥鱼。

廿五日 覆袁翊青一信。

廿六日 买彩蛋两个，每个一角六分。

廿七日 昨日晴一日，今日又阴，时有小雨，未出门。

廿八日 星期。仍阴雨。洗澡。

廿九日 晴。

三十日 寿彭又来一信。理发。傍晚又有雨。

七　月

一日　校读《逊志斋集》毕。午后洗澡。朱谪仙来。

二日　付子慧粮票与伙食十五圆。

三日　晚在外吃馄饨面。

四日　以热,未出门。

五日　星期。洗澡。

六日　阅《天演论》。

七日　由梅孙买香菇、茭白一碗,价八角。

八日　晚买油条下粥。

九日　未出门。阅《群学肄言》。

十日　买火腿一块,两元零三分,不足一斤也。

十一日　圈校《雁门集》毕。续读《元风雅》。

十二日　连日阴雨。今日午后洗澡,一快。

十三日　买奶粉未得。

十四日　洗头、揩身。初食瓜。张冬俊由上海代买来无敌牌牙粉两瓶,每瓶价六角五分。

十五日　陈茶村来信,肾病如故。

十六日　六奶奶由北京回。大雨。洗澡。

十七日　仍雨。买可可乳精一瓶,二元一角七分。

十八日　寄一诗与茶村,即当覆信。诗云:"几辈蒙羞恋一毡,输君先识早归田。劳生难得是安宅,善养还需视后鞭。室有勃溪愁扰攘,身多疾病苦缠绵。此中亦有乘除理,识得安心可尽年。"家棋回。

十九日　星期。买鸡子十个,八角。洗澡。有阵雨而热不减。

二十日　未雨,热益甚。思洗澡,惮烦人,乃止。

廿一日 大暑节近,宜其热也。洗澡。

廿二日 晴。买干丝不得。自今日起看《孙子十家注》。

廿三日 仍晴。今日大暑,洗澡。家杰回。

廿四日 热益甚,已过九十度矣。

廿五日 洗澡。家梓代买土豆一斤,一角三分。

廿六日 发一片与李度,不知能达否。

廿七日 午后稍凉,洗澡。晚有雨。

廿八日 陈茶村有覆信。

廿九日 买西瓜两个,大者十二斤半,小者八斤,以一送七侄妇。又买百合三斤,六角二分。洗澡。

三十日 早食百合。

三十一日 自本日起在前头食。买肉半斤,四角。洗澡。

八 月

一日 热益甚,洗澡。开橘子罐头食之。

二日 校读《孙子》毕。买豆腐一碗,四角。

三日 看亚丹斯密《原富》。理发、洗澡。朱谪仙来,言将返沪矣。

四日 接牙,约下星期二取。午后有雷雨。洗澡。食瓜,瓜不甜,德州产也。

五日 午后小雨,仍热。洗澡。

六日 交一元与瑜媳买油。

七日 到三山街买香肚两个,一元零八分。午后有雷声而无雨,连日皆然。洗澡,不能耐。

八日 今日七夕,又立秋节也。

九日　星期。家梓为买得板油，一元三角。

十日　早食百合，罄矣。交五元与家栱。

十一日　取牙，接费一圆。看《原富》毕。

十二日　自是日起看毕氏《续通鉴》。

十三日　昨日未洗澡，午后洗澡。澡后乘凉，殊适。

十四日　早八时有小雨，渐凉矣。

十五日　早食绿豆，今年第一次也。

十六日　星期。又中元节也。午后洗澡，已耐之两日矣。栱孙发病，连日早点皆自往马巷口买。

十七日　又转热。

十八日　午前九时洗澡，就梅在家，为买水也。

十九日　李度有覆信，从固镇湖沟中学发来。固镇今改县矣。

二十日　晚在外吃馄饨面。买鹅肫肝两个，每个二角二分。

廿一日　付王瓦匠十五元买瓦。阅《续通鉴》。辽圣宗统和十二年，霸州民李在宥年百三十三岁。是年甲午，宋淳化五年，逆推上一甲午为复唐闵帝应顺，再上一甲午为唐僖宗乾符元年，更上推十一年为懿宗咸通三年，则末历五代，兵戈扰攘。盖无时不在忧苦中，而竟享大年，异矣。

廿二日　家梓代买皮蛋四个，每个一角四分。又买肉半斤，厚皮货。

廿三日　中午买蔬菜一样，价六角。豆腐干与藕丁名曰炒鸡丁，可笑也。洗澡。本日星期。

廿四日　昨夜悌儿自江西回上海，过此省亲，言可停两日。令梅取银行利息，共三十七元馀。陈荼村来信索买忌盐酱油。夜有雨。

廿五日　梅代买得香肚四个，每个五角四分。午后又雨。洗澡。写一信片与杨志信。

廿六日　悌乘飞机行，午前又有阵雨，飞机停，因折回。

廿七日 仍雨。写一信片与茶村。

廿八日 买肥肉五角，熬油。

廿九日 金煌自蚌埠来一信。悌儿来一片，改乘火车行。晚有雨，不大。栱回邛江。

三十日 覆金煌一信。买鸡蛋十个，八角馀。

三十一日 买藕一支，一角九分。

九月

一日 趁家梅假期，买水洗澡。

二日 写一信片与广洋。买蹄子一斤，八角。

三日 理发。买香肠，两角六分。

四日 志信有覆信来。午后洗澡。

五日 买藕，一角五分。

六日 栱孙有信来。茶村亦来一信，叙其读书有得处，甚长。

七日 在支农路取得利息十五元八角。买邮票一元，唧桶一元四角。午后洗澡。

八日 移床。

九日 梅代买麦乳精一罐，价三元。连日阴雨，渐转凉矣。

十日 覆茶村一信，并告以忌盐酱油上海亦缺货。午后送棉袄与周裁缝换面子。

十一日 终日阴，畏雨未出，晚后乃雨。

十二日 傍晚趁无雨到内桥买馒头两个而回。

十三日 星期。报载西德、苏联条约之订于八月十二日，而报至九月十三始载之，不可解。晚在外吃馄饨面。买苹果两个，一角九分。

十四日　补王瓦匠买瓦钱一元五角。午后龙女自北京挈女孙回。

十五日　中秋节。同日阴不见月，晚八时后始见，移时又为阴云所掩矣。梅孙以月饼四枚献，受其二。龙女亦从北京带来广东枣泥、豆沙月饼各一，又棉糖一斤。

十六日　茶村有信来，其子小鹓已订亲矣。

十七日　在刘长兴食小笼包子二两，便当晚饭矣。配闹钟零件，一角五分。买苹果三个，三角三分。

十八日　午在外吃馄饨面。买鸡蛋六个，三角九分。

十九日　午后王子吉来，言将就养于四川北涪。晚在内桥吃馄饨与烧饼，颇不恶。

二十日　在评事街口买鸭肫两个，三角二分。家梓为买得板油，一元。

廿一日　取棉袄，言须添棉，从龙女丐得少许与之。

廿二日　雨间断未止。趁梅孙假日，买水洗澡，不洗澡者殆十日矣。棉袄撑，付工钱二元九角。

廿三日　昨夜查户口，后半夜遂未成睡。写一片与悌，告以国庆节后回上海。

廿四日　修布伞，付四角五分。终日小雨，未出门。

廿五日　龙女一家迁至三四五号，宽侄亦让屋一间，迁进两家，一范姓、一郑姓。晚吃馄饨面。

廿六日　望杏夫妇来。

廿七日　星期。午在外吃馄饨面。

廿八日　悌儿来一片。金煌来信，言国庆不放假，不能来矣。晚在刘长兴吃包子。

廿九日　发一片与悌，言行期推迟，嘱寄十月份粮票。午在内桥吃馄饨、油饼。

三十日　买砀山梨三个，两角八分。

十月

一日 国庆节，买月饼两个以贺，四角四分。

二日 写一信与金煌，寄固镇湖沟中学。到洪武路回看王子吉，不久将离此也。

三日 在内桥理发。

四日 斌孙寄粮票来。广洋来信，言吟红已去新疆。萧宇元寄其女景清照片来，生已十一个月矣。袁翊青亦来一信。

五日 天晴回暖，午后在家洗澡。

六日 买鸭肫三个，四角八分。

七日 修皮箱，三角。

八日 寄兴悌一信，告以粮票收到。付瑜媳粮票十斤。

九日 买酱芽姜，二角。

十日 晚吃包子。

十一日 星期。黄子元来。晚吃馄饨面。买烧牛肉，三角。

十二日 在家洗澡。斌又来一信。

十三日 未出门。

十四日 到内桥买五两面包一个，中午开走油肉罐头食之。

十五日 写一信片覆袁翊青，彭祖年回武昌，由华中村附二十九号来一信。

十六日 晚在内桥吃烧饼、馄饨。

十七日 覆祖年一信。金煌来一信。

十八日 买栗子一斤，三角八分，会爆炒米者过门，花一角钱爆而食之，然逊糖炒栗子远矣。

十九日 由家梅寄箱子三口往沪，并发一信告悌。

二十日 茶村来一信，言病见好。在家洗澡。

廿一日 买糖炒栗子一斤而不甜，知无糖也，糖炒虚名耳。

廿二日 未出门。

廿三日 覆陈茶村一信片。

廿四日 希鲁来一信。

廿五日 武来一信片，箱子运到矣。自昨夜雨，转凉。

廿六日 覆希鲁一信。又覆武一信片，告以二十八日回沪。

廿七日 王光案来收拾行李。梅买得明日一点十五分合肥开车票，有软席，十元零五角。

廿八日 趁一点十五分八十九车次回沪，子慧送上车。六点五十分到，斌接于站外，包裹由服务员直送至站外，殆以软席，特别优待也。晚饭在车上吃鸡蛋一盘，价六角。

廿九日 发一信片回南京寄瑜媳，以托将大衣等带沪也。午后楼上来谈，并送来七、八、九、十、十一五月二十元。

卅日 洗澡。

三十一日 付韵媳十五元，下月伙食费也。买木棉枕头一个，二元九角六分。

十一月

一日 星期。自本日始阅《宋史》。午后看范君不值，到虹口公园一转。

二日 到虬江路，姚以彝尚在苏州未回也。午在西湖饭店吃腰子面，三角四分。发一信片与家梅。

三日 午后与王渭清到虹口公园，直至挖防空洞处一看。

四日 茶村来信，托买代盐。彭祖年来信，言王季老尚健在，今年八十八矣，但耳聋耳。瑜媳来一信片。

五日 有人来了解过去大夏大学有所谓自强学社，出有《自强杂志》，言某为顾问，全不记忆其为顾问，当以系主任之故。某在大夏不及一年，当时除讲课外百事不问，不意竟以此生是非也。来者二人，一吴姓，一未及问其姓，不得要领而去。萧宇元来。

六日 姚以彝来，言七子山墓多被掘，为之不宁者竟日。发一信片与金煌，告以来沪。晚周桥来。

七日 用周权言买银翘解毒丸服之，咳嗽似少愈。晚过罗炎生，工伤断左手一指，已休息两星期矣。

八日 再服银翘解毒丸。义侄来。发一信片与陈荼村，告以代盐、忌盐酱油，医药公司亦云缺货。报载与加拿大建交之后与意大利又建交，互派大使，可喜也。

九日 仍服解毒丸。午后理发。回看范祥雍。

十日 晚吃小笼包子二两，似逊于前矣。

十一日 发一信片与广洋。晚朱谪仙来。

十二日 到横滨桥买苹果酱一罐九角，糖饼二两二角。

十三日 洗澡。朱月轩一家来。晚江公望一家来。

十四日 大风转寒，须御棉矣。

十五日 星期。早吴广洋来，继之江公望来，午后钟时来。

十六日 范君来，与之同到虹口公园鲁迅墓前，盘桓约一小时而归。晚周权来，言明日回盐场。

十七日 公望来，告明日去奉贤矣。

十八日 在杨家午饭。黄佩秋来，言修坟事，助之四十元。

十九日 终日小雨。

二十日 午后晴。南京转来寿彭一信。

廿一日 有寒流，终日北风，改服棉袄。

廿二日 星期。与斌孙同到南京路医药公司问代盐，仍无有。在荣宝斋买得朱墨两挺而回，每挺一圆。

廿三日　看王树人，遇其长女，言今早被自行车撞倒伤股，方在鄱阳路医院疗治，因与同至医院视之。伤幸不重，胯骨微裂，然年老，恐不易速痊也。归途在天潼路吃牛肉面，三角。

廿四日　以彝来邀午饭，并带来希鲁所措十元，嘱转赠伯宣。午饭有腐乳烧肉，久不尝此矣。午后睡起，萧宇元送来带鱼数块，言肝病检查，惧其复发，现在家休养。王渭青来，检出褚河南《孟法师碑》与赵子昂书《道德经》两种与之，以其正学褚书也。

廿五日　终日小雨。朱谪仙来，送鲫鱼、荠菜二样。

廿六日　章子敦自苏州来，知王实秋、陈冕甫皆去世。冕甫九十三，实秋亦六十九，而云冕甫之死以绝食，可哀也！王玉如来一片，言树仁转伤科医院，当晚即回家休养，痛已减轻。

廿七日　买玫瑰葡萄酒一瓶，价九角。晚与斌到国际电影院看《国庆》电影。

廿八日　又雨。晚梁斌夫妇来，送蛋糕一盒。

廿九日　早有宁、何二人来了解聂敬春，盖从四川来者，为书二纸。嫌其略，午后悌儿去见之，要令再写。令悌代书，而语多不适。

三十日　早乃要自写，补充前所未及者。午后三时两人来，犹嫌不足，又补两页，共五纸与之。

十二月

一日　子敦再来，言明日将还白米。又言过王树人，回家以后敷中药，伤势已减。刘大姐亦由湖南回，特来转告。

二日　纪老来。午后洗澡。付十五元与韵媳。

三日　看丁氏姐妹，适宜荪自青浦回，得匆匆一谈。在乔家栅买豆沙粽子四个，四角。晚看萧宇元病，仍在休息。

四日 午后以彝来，送奶油一块，屡买不得，晓兰在食品公司排队得之，真罕物也。又交二十元嘱转送伯宣。是日未出门。

五日 散步至四川路底，绕江湾路回。

六日 星期。看王老太病，趁循序在家也。云病已好转，然八十八岁人，又值冬令，人恐未易康复也。薄暮到公园一转。

七日 以彝来邀午饭，言晓兰买得鳜鱼，确甚不易得也，醉饱而回。

八日 买干酵母片一瓶，二百五十粒，七角五分。

九日 看树人，伤渐愈，仍卧未起，而其夫人又于前日跌伤，亦在股。夫妇对卧，全赖其女轮流照应，虽曰难得，然而苦矣。留吃面而归。顺兰来，未值，留下粽子六个而去。

十日 晚看电影《智取威虎山》。翊青来一信。王钟时与棋敏来，未遇。

十一日 付牛奶钱，四圆三角四分。谪仙来，送面包两个，并以佩秋与钟时书见示，知坟已修妥。

十二日 买鞋衬一双，两角八分。

十三日 星期。广洋来，留之午饭辞去。

十四日 谪仙与王昌、王恂兄妹来，送鲫鱼四尾。

十五日 覆翊青一信。

十六日 午后以彝来，言志信前数日曾寄钱来，知无恙，可慰也。晚棋敏来谈甚悉，言明日行。

十七日 洗澡。金煌来信，言春节将来沪。

十八日 以彝来邀午饭，以志义买得一母鸡，小兰又买得腰子、冬笋也。饭后归来午睡。黄佩秋来，又带来希鲁所送夹饼，今日口福真不浅矣。

十九日 取五十圆。

二十日 星期。买羌饼三两，一角二分，备明日早餐也。

廿一日　范君来谈，并写示所赠七律一首。午后雨。

廿二日　阴。晚在横滨桥吃炒面二两，未饱，复买豆浆、油条共一两足之，共用二角一分，廉矣。

廿三日　到天山一村看伯宣，转交之款交妥，坚留午饭，为尽一杯。

廿四日　茶村来信，病已大愈，其子小鹓将于腊月十八完娶。理发。

廿五日　报言将冷，出门因加外套。买面包不得，买羌饼亦只剩一两矣。

廿六日　以彝送来小兰代买奶油一块，付以一元六角，又买袜子一双七角。今日毛主席诞辰日。

廿七日　瑜媳来信，言大衣已托人带至其五妹处，嘱令武、斌去取。连日皆不见面包，因买花卷代之，亦甚可口。今日星期。

廿八日　到杨家午饭，以彝前日约定也。

廿九日　买酱牛肉三角佐餐。

三十日　公望夫妇来。李凤山忽来一信，自赣县五云公社长村小学校发，不拟覆。午后以彝送代补呢裤来。

三十一日　写一信片覆陈茶村。晚吃炒面。武孙为取得大衣回。

一九七一年

一　月

一日　写一片覆瑜媳。

二日　付本月伙食费十五圆。

三日　星期。晚出饮可可一杯。

四日　阅《文文山集》,有辛巳二月遇异人指示大光明正法,于是死生脱然若遗,作五律一首。因作一绝:"虽云忠义性生成,辛苦燕山万里行。不是至人亲指点,焉知患难即光明。"以首二句云"谁知真患难,忽悟大光明"也。买酱鸭三角佐晚餐。

五日　散步至四平路寻旧所居新绿里,竟不可得。

六日　得祖年一信,已在大冶落户,住址为湖北大冶北练山华中师范学院大冶分院农场第七连。其第五子尚留武昌,嘱暂时覆信仍寄武昌旧址。

七日　晚吃小笼包子二两十二只,每只钱三分。

八日　茶村又来信索买忌盐酱油。本日作七绝一首:"未信斯文便寂寥，古今相续往来潮。中间一线观消息，书废犹知说舜尧。”

九日　覆祖年一信片。武在医药公司买得忌盐酱油两瓶，每瓶五角九分。

十日　星期。午前王钟时、陈晏来。午后叶广文来，言王老太于上月十七日逝世，年八十八。刚去王循序即来，慰之，送来广柑六个，是日遂未午睡。

十一日　洗澡。在多伦路吃大肉面，两角五分，颇可。晚到邢家南路杨家吃饭，饭后步归。

十二日　写一信片与茶村，告知酱油已买到，并托其设法买板油带沪。

十三日　袁翊青来信，言无以卒岁，勉寄四金与之。

十四日　午后在多伦路吃大肉面。晚王亲家太太送南京托带胶鞋与咸鸭舌来，言泉秀生乳癌，在龙华医院动受术。

十五日　成诗一首："茫茫宇宙终何届，冉冉光阴又一年。赖有贤豪持世运，从教衰朽得天全。江山虽辗登临兴，书册犹留点校缘。八十四翁仍不足，未需尊酒亦陶然。"

十六日　午买白切鸡三角佐餐。

十七日　星期。寄一信片与金煌，问来期。晚王昌送来板油约斤许。

十八日　管绍业送鸡蛋四十个。茶村有覆信。

十九日　再与茶村一信片，言板油有便人则带，不必邮寄。以彝又送来熬好板油一罐。午后到地段医院包扎左手指，前日刺破，忽化脓也。

二十日　看王树人，不意其三女昨晚死，稍谈即返。在天潼路吃炒面。袁翊青信来，款收到。

廿一日　得诗一首："天下兴亡匹夫责，文章得失寸心知。抱残守缺从吾好，大雅不群争此时。九十日春花烂漫，八千年寿树支离。古今修短难同语，轻薄试杆苦不思。"题为《漫兴》。

廿二日 到康定路看义侄，午饭后回。会一纳自北方因公事便道过家，几年不见，亦见老矣。

廿三日 得七律一首，入《杂诗》："多寡助由得失道，七篇虽废二言行。纷纷非孟胡为者，水母亡虾少眼睛。"买维生素 B_1 两瓶，每瓶五角五分。又买香蕉四只，两角三分。

廿四日 阅文信国《集杜二百首》，皆五绝，无对偶。

廿五日 以彝来邀午饭。晚过兴业坊八号问摀秀动手术后情况，其长子家翀亦自甘肃回，今十八岁矣。次子名家育，随其祖父母在沪。广洋遣其学生送来点心两盒，会朱谪仙来，言钟时明日赴苏，因托其带一盒送希鲁。广洋学生名李君慰，现在复兴岛农场工作。谪仙送水仙花一本。

廿六日 吴寿彭来一信。

廿七日 辛亥年元旦，辛亥革命至此甲子一周矣，时光迅逝，可骇哉！赋《水仙花》一绝句："金装玉琢美人胎，曾见凌波步袜来。化向幽斋作清供，光风霁月共徘徊。"午后丁筱珊夫妇来，送广橘一篮、松糕一块，并邀后日午饭。

廿八日 写一信覆吴寿彭，并将"茫茫宇宙"一诗附去。又《续咏水仙》一绝："一丛翠叶茁琼葩，冬日清窗湛露华。莫怪在山为小草，高清足可配梅花。"萧宇元来，邱君来。

廿九日 赴筱珊夫妇约，回送猪油年糕两块。与大成兄妹饭后归途过永康路黄在中家一看。

三十日 子及夫妇与志忠父女同来，约在志忠家午饭。新居甚高敞，但在三层楼，上下稍不便。秀凤上班不在家，小兰帮同料理，肴馔甚丰，午后两点后始回。五时后过邱家回候。又早晨江公望来，以子及夫妇来，遂去。

三十一日 午后洪雨甘来。杨志义送枣子一碗来。看吕翼仁，年前回，昨又去干校矣。晚循序夫妇来，收其苹果两个。茶村来信，小鹓喜事已办。

二　月

一日　宜之侄来，王传信率其次子来，舜兰来。宜之、舜兰皆留午饭后去。

二日　以彝来邀午饭，谪仙亦来，两点后始回，遂未午睡。过范君，未遇。晚永圻来。

三日　仍在杨家午饭，昨日约定也。钟时夫妇、谪仙皆来，饭后即归午睡。写一信片寄陈以文，问其跌伤情况。晚吃钟时带来希鲁所送团子。

四日　早食王家所送春卷，豆沙为馅，向所未尝也。立春。

五日　拟看张履娴，以门牌记不清，过弄堂而已。

六日　付本月伙食十五元。以文有覆信，言方卧息，四月可复元。买胎盘片两瓶，一元三角。

七日　星期。雨甘、循序来，雨甘送蛋糕两盒。午请苏同志吃饭，由兰州来，为托其代东西与文也。

八日　午后范君偕夏季耘来过，夏住三十七号，结邻殆十馀年而未尝往返，言与胡蔷冬同县而久相识。蔷冬殁已多年，乃遇其乡故旧道其往事，不能无慨然。

九日　付牛奶钱，三元九角二分。

十日　看王树人，已能下床挪步，但需人扶持耳，其夫人则已行动如常，饭后回。回看夏季耘。是日元宵。

十一日　理发，四角。晚谪仙来，送包子十个，德华惠也。

十二日　薄暮过范君，正读苏诗也。

十三日　洗澡。

十四日 星期。发一信与瑜媳，因来信言梅曾患扁桃腺发矣，因问之。午后到上农新村，始知广洋因胃溃疡入医院已一月，近动手术，切去胃大部，非再一月不能出院也。前其学生李君慰言回义乌，乃谎言耳。

十五日 寄一信与金煌湖沟，问近况。

十六日 以彝来邀午饭，饭后二点始回。吴寿彭来信，附诗数首，以五古四首最可观。连日各地游行。

十七日 午后将出看纪老，而谪仙陪同如兰来，稍坐即去，送柑子四枚、酥糖六包。到纪家，纪老不在，老太□候晚饭，辞之。家年回，因送至临平路桥。

十八日 阅校《文文山集》毕。

十九日 始阅《淮海集》。

二十日 雨。看泉秀。吴广洋遣其学生丁胜华来，言已能食糜粥，不日可出院，嘱勿去上农新村。

廿一日 星期。买樟脑丸半斤，三角。到萧家，宇元不在，月轩以排骨一块、百页包肉数条相馈，明日午饭不愁无肴矣。

廿二日 买维生素 B_1 二百四十粒，一圆三角二分。

廿三日 宽任自南京来看全秀，带人名、地名两辞典来，并瑜媳一信。会余尚未起，故午后又同全秀来过，大约可停二三日也。

廿四日 出行，遇雨折回，视雨不大，换着雨衣再出。

廿五日 再寄一片与金煌，寄蚌埠中学。

廿六日 写一信与培儿，交宽任带去。午后汪寿嵩来，不见三十年矣。陪往虹口公园，又请吃小笼包子，别去。其家住陕西北路二四八号，其人则自昆明出差回沪，可两月留。今日余生日，也几忘之矣。

廿七日 金煌有信，病齿牵及颌下腺，不能来矣。晚到杨家吃煎饺子、煎馄饨，又佐以肴蹄、鸡汤，饱餐而回。

廿八日　星期。拟到上农新村看广洋，而袁仲逵来，不见四年矣，今由“五七干校”调回棉纺三十一厂车间劳动，可喜也。

三　月

一日　午后范君来谈，尹石公于春节前后化去。到上农新村，广洋尚在医院，言将于明日回。

二日　洗澡。谪仙来，适不在，留下《和水仙花》诗并所作词数阕去。悌儿昨自浙归。

三日　看广洋，面色甚好，为之一慰。茶村来一信。

四日　付伙食钱十五元。午后棋敏复从兰州来，送百合六个，较南京者为大。

五日　到萧家看宇元，便还饭盒子。

六日　看公望，留晚饭后送归。谪仙正相候，出希鲁来信相示，并言天为即与周如兰赴苏。

七日　朱月轩来，送肉松一包。

八日　将忌盐酱油交邮寄与茶村，并发一信片去，亦了一事也。

九日　到杨家午饭，以棋敏所馈百合转馈之。薄暮出门，遇仲逵来，遂同散步送其归，留小坐回，已昏黑矣。

十日　袁公又来，仍同散步一圈。付牛奶钱四元三角。

十一日　文孙晚间由广州回。到广州系出差，请假十日，归途到沪探亲。带来香蕉一串，并过杭州时买茶叶一盒为献。

十二日　全秀来，言今晚乘车回兰州，正好与文相识。

十三日　写一信寄金煌。

十四日　星期。看汪寿松，以门牌不清无法寻觅，转至义侄处问之。一纳尚未行，留吃面，午后二点始回。苏氏侄媳伤足已渐愈矣。

十五日　茶村信来，忌盐酱油寄到矣。

十六日　仲逵借朱子《易本义》，检出将送与之，而仲逵来，言系借《程传》，乃复取《程传》与之。

十七日

十八日　晨有雨。洗澡，修脚。今日为巴黎公社一百年纪念，报专刊一文，于是新闻缺然矣。

十九日　仲逵来，与同到公园游散一小时。

二十日　到杨家吃晚饭。

廿一日　星期。再看汪寿嵩，遇其后妻及一子一女，留午饭。妻王氏因值班先走，在吴江路幼儿园任事。培儿来一信。文乘夜十一时车回兰州，武送之。

廿二日　无意中买得奶油一块，八角七分。

廿三日　送《近思录》与袁仲逵。发一信片覆瑜媳。阅《秦淮海集》毕。

廿四日　钟时来，以《三国志演义》一部赠其子王昌。吴寿彭之婿自青岛来，捎薄荷酒一瓶、熏牛肉一支相赠。婿六安人，名祝昌平，在西安煤建公司工作。

廿五日　写一信与吴寿彭，谢其厚馈。王理清自崇明来一信。过范君谈。

廿六日　覆王理清自一信。

廿七日　看广洋，好多矣，殊慰。

廿八日　早晨公望家来，午后循序、雨甘来。晚防空演习，灭灯者半小时。

廿九日　阴雨。理发。

三十日　过仲逵，不值。

三十一日　五时仲逵来谈方密之《东西均》。

四　月

一日　王理清又来一信。午后仲逵来邀至虹口公园，花多有开者。

二日　出外，遇仲逵于路，同散步至欧阳路。晚，后门俞家来借去五十元。金煌来一信。

三日　晚韵媳回建德，由斌孙送至杭州。向太太来。

四日　陈晏、钟时父子来，晏从苏州带回诸人和余《水仙花》诗，佳作不少。晚到杨家饭。

五日　仲逵来谈。买筒子面二斤。晚雨。

六日　买大米五斤。自本日起自煮饭、做菜。傍晚一过范君。

七日　连阴。因煮饭做菜，戏成一绝："莫言费却读书功，水火烹煎理合穷。犹记庞公遗倡好，搬柴远水见神通。"又补记春寒《浣溪沙》一首："透骨东风出手难，藏身无计掩重关。最难禁受是春寒。稚眼断迷怜柳弱，古香不返惜梅残。漫天风雨太无端。"

八日　午后到萧家问洗衣人。晚过对门王家，理清之父自干校回，明日又需返校也。天仍雨。

九日　到萧家午饭，昨日所约也，并送洗衣服。午后袁公来，惠红烧肉一碗。武孙还来五十元。天晴矣。

十日　晴。出门，遇仲逵，仍同与散步至公园门外。

十一日　星期。斌孙带来一鸡，午在家同食，晚食面亦用鸡汤下之。买菜盒一个，九角一分。

十二日　付牛奶钱四元二角。

十三日　买腊肠一斤二元八角。以彝来邀午饭。

十四日　午仍吃大肉面。晚腊肠面甚美。

十五日　以彝来，言朱二姑娘已由苏州回，带来五姊所送猪油一罐。午后袁公来，同散步。

十六日　瑜媳来一信片。广洋来，送西双版纳产茶叶一盒。洗澡。付洗衣费一圆。晚谪仙来。

十七日　买什景果酱一罐一圆，买烤腐三角。

十八日　晚吃生煎馒头，不足，乃益以油条、豆浆。兴悌为地产税又来索楼上房租，殊令人不快，百计排解乃得入睡。是日星期。

十九日　又买米五斤。晚房管处召私房户开会，赴之，坐废两小时。

二十日　送衣服到萧家洗。

廿一日　看王树人，已能扶杖在室中行走矣，午饭后回。车中得诗一绝："理到穷通理始圆，哲人语亦有机权。应知烙印同污染，不是先天属后天。"茶村来一信。

廿二日　午后揩身。袁公来，同到公园看樱花、海棠、碧桃、藤花。

廿三日　到杨家晚饭。张子斌于昨日回，带来虾米一斤，四元，并约星期日午饭。梅孙来一信，劝回南京过夏。

廿四日　买碎肉两角、蒸咸鸭蛋一个，可两餐食也。

廿五日　赴子斌夫妇约，志义父子亦来，不见许久矣。睡起，程七姊之女周海华送来红烧鱼一碗，又虾干一瓶，言在金山防治血吸虫所，假归从海边鱼户买得者也。不知何人向秀芳多言，言我自烧饭，难得有菜吃，乃有此馈。以此累人，不能无惶愧也。本日星期。

廿六日　写一信片覆梅，促寄衣箱。

廿七日　上午袁仲逵来。下午有尹、叶二人来了解顾裕禄，在居民委员会约谈。晚写材料，备明日送居委会转交。买烧鸭五角作晚餐。

廿八日　材料写成，送居委会转交，恐未必当意也。午后洗澡。

廿九日　送衣到萧家，留午饭。晚吃锅贴、馄饨。买肉一块，五角六分。

卅日　白拌肉佐餐，肉汤煨青菜，皆素嗜也。楼上送今年五个月租钱来。

五　月

一日　仲逵来，代买得奶油一块，八角三分。

二日　送表与管绍业。公望拉练，于前日回，留晚饭，饭后直送还家。午前袁公来谈。

三日　买白切鸡，六角八分，老不可食，因更煮之。

四日　早王理清来，昨由崇明回也。天气转凉，奶油尚有卖者，因再买一块，晚饭用以下罗松面包，即不出外矣。理清之父伟衡来谈。交房地产税，悌只肯出十二元，乃添二十四元一角八分，以了此一事。

五日　初食苋菜，以一角二分买得半斤。袁公来，同到公园盘桓一小时。

六日　买米拾斤，一圆六角四分。

七日　送衣至萧家，值午饭时，即在其家午饭，月轩不在家，惟宇元在焉。饭后理发。

八日　发一信片与瑜媳。在杨家午饭。仲逵来。

九日　星期。上午陈晏夫妇与叶广文来。房管处又召开会，令斌去应之。瑜媳来一信片。

十日　午后三时应夏叔耘约，同邀范君到虹口公园，复遇杨勉之，盘桓近三小时乃同归。

十一日　付牛奶钱四元三角二分。

十二日　铁路有通知，南京衣箱运来。

十三日　斌孙为取得衣箱回。

十四日 寄一信片与瑜媳。梅孙一信今始到。过仲逵，未值。

十五日 是日食新蚕豆，自剥之，自炒之。

十六日 星期。阿杭来，吃午面去。袁公来谈。有雨，未出门。

十七日 送肥皂到萧家，付本月洗衣钱一元。刘太太送黄鱼一碗。

十八日 彭祖年来一信。袁公来谈。

十九日 舜兰来相看。连日雨，今放晴。晚在杨家吃饭，张子斌明日回枣庄也。

二十日 郑瑜昨来一片，即覆一片。荷珠陪其母来，馈酥糖四包。午后过夏老谈。

廿一日 在家洗澡。茶村又来一信。

廿二日 寄金煌一信蚌埠，由其妻胡秀英转。午后过仲逵，还《参考消息》，人未值。

廿三日 覆祖年一信。钟时夫妇来，送鲫鱼一尾、蚕豆一碗，又粽子六个。房管处有凌姓者来，房子决上缴矣。

廿四日 午前仲逵来谈。覆祖年一信，寄大冶。

廿五日 覆茶村一信片。买滴滴涕一瓶一元，喷雾筒一个一元二角二分。

廿六日 郑瑜来一片。买花生油五两，四角四分。午后袁公来谈。昨晚王循序送来黄鱼一尾，请刘太太代烧，终日餍飧矣。

廿七日 希鲁自南京来一信。武拉练回。午后洗澡。

廿八日 写一信与瑜媳，一信覆希鲁。晚送衣到萧家洗，因留饭。萧宇元来，借《太极拳》一书去。

廿九日 以彝来，馈粽子八个，并邀吃午饭。武孙送还瑜媳旅行袋至江湾，言叩门无人应，乃交与其邻人代转。王理清来一信。

三十日 星期。薛祖源出差来过，不见数年矣，盘桓一日去。

三十一日 过仲逵谈。

六　月

一日　房管处凌同志来，约明日来取上缴证件。

二日　八时后凌来，将房地契一并交与，了一事矣。覆王理清一信片。

三日　到杨家午饭，并送书与以彝。晚有阵雨。

四日　午后希鲁、郁周来，继之谪仙亦来，皆昨日到沪者。希鲁以修坟馀款二十元嘱转馈伯宣。是日不时有雨。

五日　理发。晚有晴意。

六日　钟时偕诗会弟兄来，邀往浦东。钱慎诸数年不见，老多矣。盘桓竟日，晚饭后钟时送回。会罗马尼亚客人来，路断不得通，不得已仍还浦东宿。

七日　早七时与钟时同过江赴杨宅，昨希鲁等约好也，饭后两点由诗喜送回。袁公来。瑜媳来一信。

八日　赴循序约。姚厚伯之幼女名艺芬，央姚以彝说，想相从问学，不得已允之。今日热甚，回后洗澡。

九日　看王树人，脚愈多矣。慎诸等都在，谈至午后三时始回。天气仍热，报言有雨而竟无雨。

十日　写一信覆郑瑜。送衣到萧家，月轩去翁丽华家，乃托陈小姐代转。宇元送前洗衣来。付牛奶钱四元二角。

十一日　午后龙女来电报，言母危。金煌来信，约明日上午来过。晚谪仙来，言明日送菜来，天热不必去浦东矣。

十二日　晨龙又有电报来，言老妻已逝，家梅亦有一长途电话来报。金煌十时至，携其小女偕来，女名椒兰。晓兰送菜来。

十三日　买米十斤。午后以彝母女偕艺芬来，艺芬馈咸蛋、皮蛋、腊肠等三包。

十四日 早武孙赴建德接其母，以昨有电报来，急想归也。午后烧水洗澡。

十五日 午前金煌来，明日往南京回蚌埠矣。谪仙来，邀到邢家木桥午饭。希鲁、慎诸先在，亚男、广文后来。又邀在亚男处晚饭，谢之。悌儿回，鼎女亦偕来，知老妻后事已办妥。原豫备三百元，尚馀一百八十元，鼎女带来相还。

十六日 午后与鼎女到萧家送洗衣服，并付钱与肥皂。晚阿杭来。

十七日 四时后袁公来。

十八日 希鲁来，言二十回苏，留午饭去。带去《发微》两册，一册转赠钱慎诸。午后有阵雨，雨歇希鲁始去，馈之十金。夜十一时后韵媳、武孙回。

十九日 仍雨。

二十日 星期。循序与其次女、广文、陈晏及程七姊之子先后来，陈晏借去《唐诗》一、二两册十六本。广文仍将去浦东，将南京带来云片糕托带与钟时。诸人去后舜兰来，送熏鱼一味，又筱珊送皮蛋六个，留午饭去。正饭时洪关林来，到上海出差亦数月矣。王继周亦来，皆晚饭后去。

廿一日 金煌来信，已抵蚌埠矣。鼎女乘午后六点车回南京，约停数日即返锦西。以彝母女来，为武孙作伐。

廿二日 付合作医疗月费二角。晚有雨。

廿三日 仍间断有雨。

廿四日 晴。到天山一村看伯宣，并转致希鲁所交款，是事盖延耽二十日矣。留吃面，面后回。

廿五日 午后到萧家取所洗衣服，其邻人云宇元因患急性肝炎入医院矣。候陈小姐，亦出外未归，乃返。

廿六日 早复往萧家，晤陈小姐，知宇元住虹桥医院，病已稳定，遂取衣而归。

廿七日 午前袁公来，午后循序来。继之家榕夫妇来，家榕到南汇化工厂工作。

廿八日 连日又大热，在楼下洗澡。晚晓兰来，仍为作媒事也。

廿九日 午后勉强出外，遇前弄蔡先生立候，立谈少顷。

三十日 在楼上洗澡。鼎到锦西，来一信。

七 月

一日 党五十周年矣。自本月起衣服请邱太太洗。

二日 覆鼎女一信片。午后有阵雨，雨止一过范君，仍热，未多留也。

三日 午后洗澡。

四日 付本月伙食费十五圆。

五日 洗澡。热如故。

六日

七日 勉出理发。买橘子汁两瓶。午后洗澡。

八日 到萧家取衣服，知宇元已渐愈，甚慰。买铝制小锅一，价一元一角一分。王理清来。

九日 午后洗澡。

十日 买褥单一条，五元九角二分，布票七尺。

十一日 星期。热甚。午后有阵雨，稍可耐。洗澡。付牛奶钱四元三角三分。

十二日 再点读《楞严正脉》一遍毕，阁置者三十馀年矣。

十三日 以彝、谪仙相继来相看。午后洗澡。

十四日 午前袁公来谈。

十五日 热甚，忽思及长春胜利公园冰灯之景，成诗一绝："冰桥冰巷又冰廊，中有妆成白玉堂。七月江南一回忆，凛然炎热化清凉。"托邱维明买开塞露，大小共六枚。

十六日 刘笃龄来，现在奉贤农场，劝其读《易》，以崔师训《大成易旨》四本赠之。

十七日 仲逵又来谈，炎热中往来不怕热，真可佩服也。午后洗澡。

十八日 星期。谪仙来，送橘子汁一瓶、酸梅晶四包。午后有阵雨，不及半时止。

十九日 午后洗澡。

二十日 鼎女来一信。

廿一日 王理清来过。午后洗澡。

廿二日 食瓜。

廿三日 李永圻晨来谈。午后洗澡。

廿四日 覆鼎女一片。陈荼村来一长函。王三借《于越先贤传》去。

廿五日 星期。钟时父子来，送西瓜一个，以《词谱》十四本赠谪仙，交其带去。

廿六日 阅《绣子先生集》。夜家栖夫妇来。

廿七日 买瓜，一元二角。

廿八日 范君来，谈新作《即事诗》甚佳。

廿九日 韵媳早起不慎失足而颠，因卧床不起，乃令家栖夫妇买菜做午饭，而久不回，不得已自煮面食之。

三十日 看钱牧斋《有学集》，是书错字太多，校定恐甚费力也。

三十一日 买瓜，一圆六角。南京有电话来催两夫妇回，俞维纫因先到，家栖因候家榕暂止。后又电报来催，乃乘夜车到，家榕亦同去。

八 月

一日　付伙食费十五圆，又付邱家洗衣费一元。阿杭来，午饭后去。

二日　报载日本一客机于上月三十日下午被自卫队训练战斗机撞毁，乘客及驾驶人共一百六十二人一时遇难。家榕来一信片，定明日回。

三日　叶广文来，赠以《唐绝句选本》，又《四书通说》一本。午后唐老来一信。

四日　包氏姊弟前后来。

五日　出外吃菜馄饨一碗，想买面包而不得，买蛋糕一个归。

六日　覆唐老一信片。

七日　洗澡。晚谪仙来，言以彝邀星期一吃饭。

八日　晚洪关林来，由南汇带来西瓜两个，并水蜜桃。

九日　在子及处午饭，谪仙亦来，前日约定也。

十日　广文陪吴桐孙来，送豆油一瓶，二斤，旋去看树仁。

十一日　终日未解。

十二日　买肉，三角。仍用开塞露，始解。

十三日　自出买肉三角五分，面包一个、果酱一罐九角。

十四日　王树人来一信。

十五日　连日复大热。覆树人一信片。付牛奶钱四元三角四分。洗澡。

十六日　食瓜。

十七日　洗澡。

十八日　又大热。

十九日 洗澡。又买开塞露四支。

二十日 热如故，虽午间有小雨，无涉也。晚荷珠来，送水蜜桃一篮十二个，盖吴二姊陪桐孙到南汇回时带来者。

廿一日 茶村又来一信。

廿二日 夜有雨。瑜媳自南京来省其母，带来夏衣一包。

廿三日 葛霖来，留午饭去。谪仙来，带来陈以文《病榻吟稿》共十四首，皆七绝也。

廿四日 覆茶村一片。

廿五日 托邱太太代买菜，交与一元。

廿六日 午后有雨，而热未减。洗澡。

廿七日 乘晚凉过仲逵，言自下月起退休，留晚饭后回。

廿八日 广文来，借去《朱子古文》两本。

廿九日 星期。广洋来，送罐头二个、苹果一斤。

三十日 点校《冯恭定公集》毕。

三十一日 晚谪仙来，言将赴苏州送钱慎诸回江北。

九　月

一日 过杨家午饭。买火腿一块，一元三角四分。

二日 付伙食费十五元，洗衣钱二元，内五角属十月份。以彝来，想为武孙作伐。洗澡。袁公来。

三日 看刘一明《通关文》。刘邻代买得福建肉松，一圆。

四日 买十景罐头一个一圆，梨四个三角二分。午后洗澡。

五日 星期。间有小雨。

六日 到萧家，皆未回，闻宇元病已愈，出医院月馀矣。后过八十三号周为，新自四川回，因小周旋。

七日 五时过范君谈。

八日 洗澡。

九日 四时后袁公来,与同散步一小时。

十日 以彝来,作伐事不成。付斌买面包,钱一圆。

十一日 时有雨,欲出而止。金煌来一信。

十二日 星期。覆金煌一信。

十三日 茶村来信,往江阴就郁祖祺医师治疗,服中药,可以食盐,此大喜事也。袁公来,同出散步,遇广洋,袁公邀至其家晚饭,谢之。到南湖饭店吃面。

十四日 付牛奶钱四元二角。以天凉,洗澡移楼上。

十五日 写一信覆茶村。

十六日 以彝来邀午饭。袁翊青来一信。

十七日 早饭后过邱家小坐。

十八日 在楼上洗澡。今日报纸有纪念“九·一八”文章,多年所未有也。

十九日 昨夜有飓风,带来阴雨,雨终日未止。覆袁翊青一信片。是日星期。

二十日 仍雨。又付斌买面包钱一圆。

廿一日 武孙夜回,言患泻,医许三日假。仍雨。

廿二日 买果兼一罐一圆,碘酒一瓶一角七分。

廿三日 看《存斋论学集》毕。洗澡。袁公来谈。

廿四日 栖孙从渡口来一信,问鲁迅所作。

廿五日 连日阴。覆栖一信。

廿六日 阿杭来,言将回南京探亲,约半月留。本日星期。

廿七日 在子及家午饭,托以彝代买卡其布料。

廿八日 隔邻邱君来谈疏散事。

廿九日 宇元来过。范君亦问疏散事。

三十日 应以彝前日之约，有鱼肝、蹄筋，午餐饱啖而返。天仍阴雨。

十月

一日 国庆。终日雨未止。

二日 付本月饮食费十五圆，洗衣钱一圆。午后陈晏夫妇来，送采芝斋肉馅饼十枚。

三日 中秋也。广文、钟时先后来，钟时送苹果四枚，皆甚大。

四日 往温泉浴室洗澡，正修理，不开张，不得已在家揩身、洗脚，殊不快也。

五日 晴。送衣服倩晓兰修补，即在杨家午饭。归后在楼上洗澡，尚不甚冷。

六日 看王树人，始食蟹，谈至三时始归。过定海桥，一望江景。谪仙来，昨由江北回，送板油一碗。晚荷珠与其小姑来，送藕饼一饭盒，吴二姊送。

七日 午后看吴桐孙，送苹果一篮。

八日 茶村寄来肾炎药方。午后访袁公，未值。

九日 王人杰自川沙来，留午饭，不肯。瑜媳来，带来梅孙所献月饼四个，午饭后去。午后三时后仲逵来，邀到虹口公园，尚有其友人仇某同在，五时后始回。

十日 星期。三时唐玉老偕其婿杨先文过访，谈至五时半始去，言明日回南京矣。鼎女来一信。

十一日 埃塞俄比亚皇帝来沪，由周总理陪来。

十二日 上午袁公来。想理发，所过数家皆客满，遂退回。

十三日 在杨家午饭，食肚肺汤，甚美。

十四日　在欧阳路三江浴室洗澡。

十五日　覆鼎女一信。以彝来邀午饭,代买布已购得,共七圆三角。午后一过朱月轩。

十六日　吴桐孙来信,十一日已抵家矣,通讯地址为东台光明居委会居民点二排十一号。送衣料与月轩楼下李姓者作罩衫。

十七日　星期。得寿彭一信,亦言将疏散至乡间,通信地址仍为曲阜路十三号东三楼。午后看江公望。归途过虬江路取上次遗失的帽子,坚留晚饭,与志义父子、父女等共餐。饭后志忠夫妇来,亦得相见。

十八日　付牛奶钱四元三角。理发。

十九日　悌回。楼上房租收至九月止,以后归公家收。午后袁公来谈。

二十日　看义侄,已中风数月,现勉能走动,右手尚不能举且浮肿。见余哭泣,为之黯然,饭后回。阿杭带来皮袍等,以余不在,留一字条而去。

廿一日　天气回暖。午前在家洗澡。

廿二日　午前栖孙忽来,言派在柴油厂学习,约为时四个月。午后到公园觅袁仲逵不得,遇九号杨勉之,因同坐竹廊下,谈至五时半始回。

廿三日　覆吴寿彭一信。取所作罩衫,工价一元六角。

廿四日　星期。昨夜不能寐,成《感事诗》二首。曰:“帷腋蜗居起异图,殉权终古是夸夫。已徼巧取仍豪夺,枉不逆盘一著输。背汉走胡真鼠辈,执戈入室岂吾徒。从夸百战功名盛,麟史难终叛逆书。”“寿咨受变意何亲,旦夕金钥判伪真。鹰化为鸠难改眼,火生于木自焚身。祸机一发存天幸,戟指千夫有国论。殷鉴昭然堪痛哭,再休名器假非人。”广文、陈晏来谈。午后阿杭来,晚饭后去。

廿五日　看《清六家诗·宋荔裳诗》。候夏公,闻其腰脚有疾也。

廿六日　本约好与广文同看王人杰，而广文未来。午后睡起乃到虬江路，以彝言今日不见，明日再来问矣，特做藕团留晚饭。买复方止咳片服之，似尚有效。

廿七日　早舜兰来相看，言久不见，不放心也。移时广文来，遂同至永嘉路二十五弄五号看人杰，人杰知我将去，特备有鲫鱼、红烧肉相饷。谈至午后，四时后由广文送至香港路，改乘一路车回。今日报载，联合国昨日已通过阿尔巴尼亚等二十二国提案。

廿八日　读《六家诗》，施愚山作《龙衣舟》可媲香山《新乐府》，《湖西行》一首则似元次山《舂陵行》，当熟读。四点后袁公来谈。

廿九日　读王阮亭诗，《秋柳》有亡明之思，宜其盛传也。

三十日　培儿来信，已批准退休。

三十一日　公望来，借去《后汉书补注》一函。继之陈宴来，送鲫鱼三尾、蟹油一碗，言其母从南汇三姨处带来者。齿痛，拟觅医拔去，而午睡展转遂自落，仅小痛楚而已。晚谪仙、以彝来，谪仙又送板油一碗。

十一月

一日　午后看伯宣，送豆油一瓶、虾米一包。老夫妇尚好，但伯宣近患腹泻，正服药也。

二日　覆培儿一片。应以彝前日之约，既吃饭，饭后在晓兰床上睡了一小时，直至四时后始步回。买铜壶一个，两元两角三分。

三日　在三江浴室洗澡。今日报纸发表，派往联合国人是乔冠华、黄华、陈楚等。

四日　午后送衣服到萧家，交人代洗，以邱太太即将出门也。

五日　四时后看范君。从今日读赵秋谷作。

六日　咳如故。广文来，将蟹油托其转送人杰，并将碗带还陈宴，赠与《庄子发微》一部。

七日 星期。看丁筱珊，诊脉，得药梨膏一瓶，价一元一角，在筱珊处吃面。午后再过王人杰，由舜兰陪去，陈宴母子、广文皆先在，谈至四时回。闻曹大姊母子来，未值。家榕夫妇亦遇于途。

八日 看朱竹垞诗八十一首毕，所选六家，此为最少矣。

九日 雨。看袁公，未值。

十日 午后包怡春之婿许在中来。广文送药来。继之袁公来，遂与同出，至多伦路口而别。

十一日 吕翼仁来邀午饭，昨日自奉贤木石林回也，约留数日，于十五日回干校。同餐者有其表弟某，饭后直送至我家门口始去。晚过邱君，借得九日《参考消息》。

十二日 到萧家取衣、送衣，付本月洗衣费一元。

十三日 看查初白诗毕，至是《六家诗》全完，改阅沈归愚《国朝诗别裁》。以彝来邀午饭，顺道至海宁路又买得药梨膏一瓶。午后服广文送来土霉素，四点、八点共服两次。

十四日 星期。仍服土霉素，服四次毕。付牛奶钱四元二角。

十五日 到浴德池洗澡，盆汤四角五分，言对外不公开，饰词而已。此叶广文前日所说，今日得一痛快，洗资虽多费，亦值得也。

十六日 午后伯宣之子安来，送花生酱三瓶，新自奉贤农场回，可半月留也。言伯宣腹泻已愈，甚慰。

十七日 锦西寄花生二斤来。

十八日 管绍业母子来，送点心一盒。

十九日 写一信片与鼎女。

二十日 瑜媳来，言明日回南京。邱惠畴病肺初愈，家枏邀其去北京，在南京亦不多停也。

廿一日 星期。付本月房租三元，交与斌孙。

廿二日 午前广文来。到杨家午饭，送与花生一袋，谭达寄来者。

晚广洋来，谓余生日在本月，送蛋糕一盒，不知其从何处误听也。

廿三日 到萧家取洗衣。宇元代买得肉松，一元。陈茶村来一信。

廿四日 看王树人，吴二姐亦在，中午有蟹，不敢吃也，余乌鱼甚可。归时已过三点。

廿五日 午前夏老来谈。袁翊青来一信。

廿六日

廿七日 到杨家午饭，秀凤尚未分娩，以广洋所送蛋糕转送之，祝其生子。

廿八日 星期。早广文、钟时先后来谈。家栖、继周在此午饭。

廿九日 连日大风，天遂大冷。午后三时后独至虹口公园，绕水塘一周而回。袁公来，未值。

三十日 覆陈茶村一信，并将近作两律写示之。午后看袁公，留吃生煎包子，却之不得，食四五个而回。

十二月

一日 午后在三江浴室洗澡、修脚。晚晓兰来，言秀凤于昨日生得一男，送喜糖一袋，并邀明日午饭。又代买得奶油三块，又别馈香蕉七八枝。

二日 付本月伙食费十五圆。到杨家午饭，知晓兰工作已定在浦东，明日上班矣。送衣服到萧家洗。

三日 报载美总统定于明年二月二十一日来华。

四日 买开塞露一枝，备而不用也。自咳嗽愈后，连日眠食皆好，而天气又转暖，当有数日好过矣。

五日 星期。午后北风，忽又转冷矣。今日无人来。彭祖年来一信。

六日 取衣，送衣。并托月轩修理小棉袄。

七日 钟文回。

八日 袁公来，借去薛学潜所著《易与原子能》。午后理发。买白铁漏斗一个，备灌汤壶用也，价八角五分。

九日 覆彭祖年一信。

十日 到杨家午饭，闻产妇与婴儿俱好，秀凤已还家数日矣。午后睡起广文来，与同到虹口公园登后面小山，直至五时一刻始回。

十一日 发一信片与家梅，要厚棉被，或托朱谪仙带来。作俚诗一首："每出循墙走，人疑老夫笨。实因避车辆，亦复畏儿童。里弄球场似，街衢乱石重。谁能不经意，况我老衰翁。"

十二日 星期。陈晏、广文来。晏带来吴桐孙赠诗，五律四首，皆可诵。付洗衣钱一圆，又肥皂一角九分。晚家榕夫妇来，榕明日去南京，停数日便返西安，带来瑜媳京纸一信。

十三日 到合作医疗站包裹指头。广文来，借去《明儒学案》六本。

十四日 覆袁翊青一信。

十五日 看义侄，右手仍不能动，且闻不时发高烧，可虑也。归途经南京路，未购一物而回。

十六日 在杨家晚饭，适遇晓兰归早，亦患感冒咳嗽也。七时后回家，来去皆步行。

十七日 上午王人杰来谈，并出所作诗。午后到浴德池洗澡，坚言盆浴不对外开放，不得已仍洗大池，幸不甚闷，人亦不多。

十八日 阴历十一月初一。答吴桐荪七律一首："同是崆峒路上人，怜君疾苦久缠身。形容白瘠神仍在，会见虽稀意转亲。喜奉佳章知自勉，愧无高论答殷勤。修为不在书盈屋，常葆胸中一点春。"到萧家送衣洗。

十九日 星期。袁公来谈。

二十日 成《女子当国者》五古一首，为印度侵略巴基斯坦作也。

廿一日　午后广文来谈苏州情形，言吴二姐已于上星期四晚回沪矣。

廿二日　范君来谈，章秋桐所作《柳文指要》已出版，并示所抄书序及序后题诗。晚到杨家饭。南京将被寄来。

廿三日　茶村来一长信，言已抱孙矣。

廿四日　雨。收到家梅一信。访范君，还其《柳文指要》抄件。

廿五日　写一信片覆梅。仍有小雨。

廿六日　星期。午食面，因毛公诞辰也。覆茶村一信，贺其生孙。吴桐荪来信，有和诗。仍雨。

廿七日　晴。到萧家取洗的衣服，宇元馈以栗子一包。

廿八日　过范君，未值。看袁公，以有客，未久坐即回。

廿九日　午后广文来谈，并出示所作《游虹口公园》诗。

三十日　到杨家午饭。陈以文自哈尔滨来一信。

三十一日　阴。鼎女来信，工资已恢复，可慰也。袁公来，同散步至祥德路。

一九七二年

一　月

一日　广洋来，送兰枣一袋。继之袁公来。祖年来一信。晚泮林、家栖来，晚饭后去。付上月房租三元。

二日　钟时、陈宴前后来。钟时言希鲁有信，已回十梓街矣。

三日　付伙食钱十五圆。覆以文一信。广文来，借去《易本义》二册。

四日　覆鼎女一信。洗澡，遇邱君，与同回。

五日　送衣，取衣。买糟鲳鱼半斤，五角三分。

六日　过子及家午饭。买柿饼一斤，三角八分。

七日　买胎盘片三瓶，一圆九角五分。

八日　悌儿出差，不得《参考消息》，因从王家借五号读之。

九日　星期。谪仙由南京回，送茶煮蛋十枚、橘子四枚。由邱家借得六、七两日《参考消息》。

十日　连日阴雨。取款一百元，预计可以支持到三月底矣。还

《参考消息》。

十一日　付牛奶钱四元三角四分。谭叔明来，住新华饭店，言还将去常州、浦口等处。

十二日　仍阴。鼎女来一信，言叔明将来，不知昨已到也。圈读《清诗别裁》毕。自本日起读《明诗别裁》。到萧家取衣，付洗衣钱一元、肥皂两角。

十三日　看伯宣，并转致以彝所馈。老夫妇尚好，午饭后归。天冷，出门不得不穿大衣矣。

十四日　午后广文、陈宴来。广文代买得福建肉松半斤，一元六角。陈宴借去《全唐诗话》一部，广文借去《宋元学案》五本。谭叔明来，言即将去南京，约三四日回。

十五日　以文有覆信，复问两事。午到子及家饭，晓兰方卧床，老夫妇亦各感冒，但甚轻，大致无碍也。午后宗李亦来一信。

十六日　腊月初一也。星期。终日未出门。

十七日　鼎女寄三十元来，嘱转与谭叔明。写一信寄吴寿彭，并有《寄怀诗》一首。

十八日　袁公来，想重易为九爻，颇矜创见，未能细谈，留之食馄饨，食数个而去。夜三时文孙女入医院。

十九日　再覆以文一信。晚七点文在医院产一男。

二十日　谭叔昭寄来一信，留转叔常。

廿一日　鼎女寄十五圆来，谓佐予零用。唐老来一信。栖孙来，晚饭后去。

廿二日　覆鼎女一信，宗李一信。谭叔昭又寄来百元与叔明，由此转。

廿三日　午前广文来，又取去《宋元学案》五本。午后睡起谪仙来，送猪油一碗，言王青自天长带者。覆唐老一信。连日天骤暖，恐是酿雪也。晚谭叔明来信，疑俱交割清楚。叔常又有信与叔明，内鼎女附来一纸。

廿四日 吴寿翁有覆信,并附来旧作数章。文母子由医院回。午后洗澡。天阴。

廿五日 仍阴。《明诗别裁》毕,从本日起读《宋文鉴》。买檀香皂一块六角。送衣,取衣。

廿六日 在祥德路口买得花卷两个,每个仅三分耳。天冷因晴。

廿七日 公望夫妇来,送夹心饼干一盒。吴寿彭又来信,答予《寄怀》诗一首。

廿八日 在杨家午饭,得遇志义。薛祖源来一信,言范寿增调在化学公司工作,谓研究所书籍已归吉林图书馆,然则研究所已停办矣。五时过范君告之。

廿九日 午后江公望偕一成子明者来,执《古文观止》求教,为讲解《原道》一篇而去。晚从邱邻借《参考消息》三日。

三十日 付本月房钱三角。买棉被心一件,五圆六角,不要布票也。

三十一日 理发。取衣,送衣。晚家栖来,饭后去。

二 月

一日 腊月十七也。自绽被头,几费一小时工夫,可笑也。买果子蛋糕半斤,六角。

二日 付本月伙食费十五元。覆薛祖源一信。

三日 覆鼎女一信。

四日 买白鸡一盆,三角,老不可食。连日阴,不时有雨。

五日 午后雨转雪,屋瓦皆白,本立春,是春雪矣。

六日 星期。到杨家午饭,吃馄饨。午睡起,过袁公谈。

七日 广文来,带来以文一信,并有寄扬州诸人诗,盖寄由朱谪仙转者。又陆希鲁一诗,系小青去苏带来者。又代买得腊肠八条,一圆八角二分。

八日 仍阴,时有微雪。买猪油年糕一斤,八角四分。

九日 大雪,未敢出门,怕地冻滑也。

十日 覆吴寿翁一信。买肉二块作酱油肉,二圆一角。陈茶村来一信。

十一日 雪晴,尚不甚冷。洗澡,人众,草草而毕。付牛奶钱四元六分。

十二日 看王树人,留吃面,并约正月初三小聚。归时已过三点,遂未午睡。唐老来一信。

十三日 到杨家,以彝昨发旧疾抽搐,经晓兰在指挥部下针后稍愈。张子斌于前日回,志信、志忠皆来,予午饭后回。鼎女又寄十五元来。过萧家,送洗衣大小五件,付洗衣钱一元。

十四日 午后往视以彝病,上午服药,已好多矣,为之一慰。斌孙献蛋糕一盒。

十五日 壬子元旦也。写一信片与鼎女,告以款收到,再嘱以后勿寄。钟时夫妇来,馈麦乳精一罐、鸡蛋十枚。谪仙来,袁公来。王继周来,献香肚两个,继周午饭后去。

十六日 到杨家午饭,送猪油年糕两块。吃春卷皮子,志忠所自做也。肴馔甚多,饱食而归。

十七日 赴王树人约,以西凤酒相款,为尽壹杯,幸未醉,归家已五点后。上午陈晏来,下午公望夫妇来,皆未值。遇朱月轩于途,邀明日午饭。

十八日 萧宇元来,复申其母之约,往赴,并送小孩糖果一盒。归后家栖自南京回,带来黑枣一包转给与文,款取回不误。

十九日 吴桐孙来一信贺年。晚吃面,文之小孩满月也。

二十日 陈晏、王人杰、洪雨甘先后来午饭,陈晏送橘子六枚。午后锦西有人来，带来肥皂五条，盖锦西厂制此，故易购也。以患腹泻，晚停饭。

廿一日 午后取衣服，拟过候袁公，适值于途，遂同行，会天雨，未至其家而别。

廿二日 看以彝病，仍留吃馄饨。美总统尼克松昨日到中国，今日报登有与毛主席见面，与周总理会谈、宴会等照片。

廿三日 广文来，因感冒触发旧病，已不出门十日矣，又借去《宋元学案》五本。午后睡起洗澡。过纪老，久不见，几认不得矣。

廿四日 送衣服洗。晚有雨。

廿五日 终日雨，未出门。

廿六日 放晴，出外买面包一个而回。

廿七日 星期。到杨家晚饭，吃菜饭与油渣包子。以彝勉强可起，服药如故。饭后步行而归，一路行人绝少，与寻常不同，盖以尼克松来，令大家少在街头游逛也。

廿八日 午前丁舜兰来。今日报载《中美联会公报》甚悉，尼总统已于下午返国矣。看袁公，留吃饭。今日为正月十四，袁公生日也，子女、女婿、外孙等皆聚，肴馔极丰，面后步月而归。

廿九日 元宵也。晚有小雪。

三　月

一日 午在西湖饭店吃虾仁面，五角一分，远非昔比矣。午后睡起，谪仙与程秀芳来，谪仙送黄豆一盆，秀芳送点心一盒。晚到杨家，先吃团子后吃饭，饭后仍步归。金煌来一信。

二日 覆金煌一信。午饭在吃家黄豆。晚在横滨桥吃圆子与锅贴。买食母生一瓶一千粒三元，糯米四斤八角四分。

三日 看义侄，闻退休金已复旧，可喜也。饭后归，已过二点半，遂未午睡。晚吃生煎二两，回家饮麦乳精一瓶。

四日 晨袁熙台与谪仙来，熙台带来豆腐干、赤豆糕、猪油年糕，又希鲁馈糖水桂圆一罐。午后袁公来。过公望，则于前月二十一日率学生下乡，以糖果一盒予其小孩。

五日 晨起钟时来邀，因过江午饭。熙台外有雨甘，谈甚久，饭后在其楼上假寐片时。熙台乘五点半车返苏，予亦即回寓。会广洋来，以将晚，未久坐即去。闻今日有王、孙二人来，言是我学生，并云王从南京来，岂王惠畴耶？孙不记是何人矣。彭祖年来一信，言王季老今年八十九，有祝寿诗一律求修正。广洋来。

六日 午在杨家吃馄饨。洗澡。晚吃炒面。

七日 午在饭店食肉丝豆腐羹两角五分，饭二两。送衣到萧家，付本月洗衣费一圆，留吃菜面。归途小雨，上衣遂沾湿。

八日 覆祖年一信。午在旧凯福吃烂饫肉丝饭二两，并带银丝卷子两个回，每个亦二两，价一角四分。广文来谈。晚即以银丝卷充饥，并佐以蛋糕一方。

九日 鼎女来一信。午吃生煎包子二两半、汤一碗，共三角五分。食后过范君谈，范君将开会，遂未多坐。晚吃鸡粥，鸡一盆二角五分、粥二两一角。

十日 午在横滨桥吃鱼圆汤、饭二两，共三角。晚吃炒面，加油条一根，一角九分。

十一日 午饭吃走油肉粉丝汤、饭二两，共三角九分。晚吃菜肉馄饨一两半，加油条二根一两，共二角二分。理发三角。茶村来一信。

十二日 覆桐荪一信片。午在家饭，以文等明日行也。午后筱珊夫妇来，送熟鸡一只。晚到杨家亦食鸡，来去皆步行。本日星期。

十三日 午前文孙女母子与韵媳同去兰州。午后送衣、取衣。本日两餐皆自煮，食筱珊所送鸡。

十四日 买米五斤价七角二分，菜苔一斤价四分。傍晚谪仙来，出示希鲁信并馈山药六枚，又猪油一罐。

十五日 二月初一也。写一信覆茶村，一片覆鼎女。午买菜心面筋一盆五角，香霉腐乳十六块两角。

十六日 予生日也。中午在杨家吃面，前日谪仙来代约定者。谪仙亦来，回家已两点，遂未午睡。写一信与陈以文。晚吃蟹壳黄二两，佐以谪仙所送山药，皆甜品也。

十七日 午后袁公来小坐。午食酱油肉与烧青菜。五时谪仙来，送来春卷十六条。晚遂食春卷，荠菜馅，不如在杨家所食也。

十八日 阴，惟取洗衣一出。

十九日 星期。午前陈宴、广文、黄诗郁三人来。诗郁，荷珠之弟，在浦口化肥厂工作，出差来沪，今日午后即回浦口矣。午后吴寿翁来一信。中、晚皆食腊肠饭。

二十日 今日春分也。袁公来，与同出买面包。晚饭不足，买油条两根足之。

廿一日 广文来，留之午饭，饷以鸡蛋、青菜，广文自料理，饭后借《周易明画》十二本去。

廿二日 中、晚皆食香肚。买腊肠半斤馀，五条，一元五角二分。唐老来一片。

廿三日 洗澡。晚俞书林来谈。

廿四日 午前广文、人杰先后来，在此午饭，饷以腊肉。午后陈宴亦来，同到虹口公园，樱花等都未开也，盘桓将近五点始散。晚食山药，佐以豆沙包一。

廿五日 买大方茶叶一两四角五分，鸡蛋一斤八角三分。送衣到萧家，共六件。

廿六日 星期。循序夫妇来，送点心一盒。到杨家午饭，带回代炒炒米。回后柳曾符来，借去书籍数种，以王湘绮《墨子注》赠之。

廿七日 晨过夏老，同邀范君到虹口公园，近十一点始返。仍吃腊肠饭。

廿八日 到京沪饭店午饭，本要炒鱼片，而开单者误书糖醋鱼片，甚不佳，带得银丝卷两个回。晚炒蛋，食银丝卷，胜多矣。

廿九日 到宁海路看王树人，闻希诚工伤者已脱险且进食如常，可喜也。夫人足伤亦能起立，在室内可行走，此亦出望外者。午饭后回已三时过半，遂未午睡。

三十日 写一信片与唐老。午后叶、陈二人来，五点后去。买鸭肝，四角五分。

三十一日 买肉三角五分，又烤腐三角，菜苔五分。

四　月

一日 到萧家取洗的衣服。午、晚皆吃□鱼烧肉与烤腐。

二日 星期。到杨家午饭。晚吃山药。栖孙来，献鸡子十一个。

三日 午后到海宁路买银丝卷未得，买荷叶卷归。遇袁公于途，略谈数语。

四日 晚买面包而忘带粮票，遇蔡先生假之二两，乃购得以归。

五日 午后王惠畴来，言来此已三月，住其女处，不数日即回南京。午后栖孙来，丁舜兰来，叶广文来，继之朱谪仙来。舜兰送粽子四个，谪仙送小笼包子六个。今日清明。

六日 买白鸡一盆，六角。午食之，甚嫩，此不易得也。晚雨。买蟹壳黄三两，便当晚餐，懒于远出矣。

七日 到海宁路买银丝卷与八宝饭，共五两半钱，四角八分。晚吃银丝卷，打蛋炒米。

八日 托王家三嫂买得豆腐与油面筋，共三角四分。中饭吃虾米、豆腐，晚吃八宝粉并粽子。

九日　星期。早广洋来，王天保来。到襄阳南路汪家，见着宜荪夫妇，在彼午饭。饭后到永嘉路看王人杰，不值，遂归。晚到杨家饭。

十日　午后叶广文来，代买得福建肉松半斤，一元六角。

十一日　买芹菜，五分。洗澡。晚吃炒面、油条、豆浆。

十二日　午前袁公来谈。付牛奶钱四元二角。送洗衣到萧家，付洗衣费一元。晚谪仙来，带来以文信并给王人杰信与诗，将代转。

十三日　吃悌儿带来鲜笋。

十四日　费半日功夫拔去一牙，费五角，挂号二角。午后广文、陈晏来，陈送刀鱼一碗，言荷珠早起买得者。又大米一包，言其母自南汇购来者。留二人晚饭。广文代购油、盐并肉三角，菜六分，作好共食，至八点后去。付报费一元。

十五日　食昨所剩肴、饭，不足，晚购肉包两个足之。茶村又来一信。

十六日　到杨家，以毛笋一大株馈之，食馄饨而归。栖孙来。晚到萧家取衣，未得。

十七日　写一片与培儿。王三嫂又代买得油面筋与豆腐，共二角四分。

十八日　以彝来邀午饭，出示志信来信与照片，因索留一张。饭后即到“京沪”买银丝卷，不得，仍买荷叶卷回。写一信覆陈以文。培儿来，言可留四五日。

十九日　买米四斤，六角六分。程七姑娘、朱二姑前后来，留之午饭，辞。栖孙来，送糟鲳鱼一斤。

二十日　自昨起点读《唐文粹》、《宋文鉴》已毕也。到萧家送衣、取衣。晚全秀姐妹来。

廿一日　王驾吾、鼎女各来一信。晚朱二姑娘送带与王大太太的东西来。培儿去义侄处，晚饭后回。

廿二日 午后睡起，与培儿同到虹口公园一转。

廿三日 午后柳曾符来，又取去《说文徐释》一部。谪仙来。

廿四日 覆王驾吾一信。培儿父子今日回南京。

廿五日 到杨家午饭，送与香肚两个。洗澡。

廿六日 培儿来一信片，与栖孙安抵南京，梅孙来接，甚好未遇雨。宗李亦来一信。买小楷紫毫两枝，五角一分。取衣，送衣。

廿七日 王邻代买得豆腐、油面筋，二角五分。

廿八日 以文、驾吾各来一覆信。

廿九日 广文来，弄午饭后去，买肉、菜共五角。看袁公，不值，返后遇于山阴路，谈数语别去。

三十日 傍晚袁公来。以《左传狐白》一部送与萧宇元。

五 月

一日 写一信与鼎女。四点后广洋来。

二日 早九时后子及来，言伯宣在其家，邀去午饭。及去，则伯宣因与其小姨约定并须接其夫人回去，未及午饭先走，余午饭后亦即归。四时陈宴夫妇及其岳母来，从苏州带来希鲁所馈大米及猪油一瓶，九嫂又馈藕粉一盒。袁翊青来一信。

三日 寄一信与郁周，邀其来沪。在"京沪"吃红烧蹄筋，半以上皆肉皮也，而价五角五分，利亦厚矣。

四日 午后睡起谪仙送来黄鱼一碗。晚饭煮希鲁送来大米，吃黄鱼，佐以咸蛋。

五日 送衣服与五十四号三楼任太太洗，付本月洗衣钱一元五角。郁周有覆信，八日来沪。

六日 王星贤来一信。

七日　曹大姊母子来，继之钟时来，并留午饭去。陆存德又在扬州饭店买来烫腰片、煮干丝、肴肉狮子头等，曹大姊并借去《李义山诗注》一部。

八日　吴寿翁来一信。覆星贤一信。在家洗澡。

九日　上午郁周来，约明日来午饭，并邀谪仙同来。午后睡起，陈、叶二人来，约叶明早来代料理饭菜。

十日　广文早来。谪仙、郁周来，又带来黄豆烧肉一碗，鲜蚕豆不少，加以咸鱼蛋汤，菜不少矣。午饭后过一时许遂散。

十一日　晨公望夫妇来借《欧公集》，取去八本。午饭时潘雨廷忽来，不见数年矣，仍住复兴路一三五〇弄二十六号。言在杭州见刘公纯，嘱来相看，公纯住杭州新华路燕子街三号。谈至三时后始去，遂未午睡，正想外出而袁公来，会雨甚，假一雨伞而去。

十二日　写一信寄陈茶村。付牛奶钱四元三角四分。

十三日　连日阴雨。广文早来，继之陈晏母子与其岳母来，郁周、谪仙来，皆带来肴馔。人杰最后来，置酒聚餐。三时后以彝偕其侄女来，复留晚饭，罄一日之欢，散去。托郁周寄十圆与希鲁，五圆与张伯琼。袁公来还伞，见客多，遂去。

十四日　星期。放晴，晚仍有雨。

十五日　晴。

十六日　赴以彝约，谪仙、郁周外无他客，两点归。

十七日　到树人家，昨郁周约定也，归时已四点。

十八日　广文早来。午饭后小睡，同至复兴公园，谪仙、郁周、人杰、陈晏母子及其岳母皆先到。散后过浦东晚饭，广文同过江，送至六十五路车站，归来已十点矣。

十九日　茶村又来一信。午后睡起，郁周、循序夫妇与广文来，未久坐去。到三山浴室洗澡。

二十日

廿一日 两日懒于作菜，即以糯米饭、筒儿面果腹。

廿二日 午后到虹口公园，前在复兴公园所约也。谪仙又送来肴馔两品，中青鱼中段，钟时由苏州带来者也。在公园盘桓至五时半始散。吴三姐新由南汇来，郁周明早还杭州矣。

廿三日 覆吴寿翁一信。

廿四日 写一信问桐孙病。星贤来一信，言未与金晓村通问长春消息，更无从打听矣。

廿五日 金煌来一信，仍在湖沟。

廿六日 广文来，午饭后去，借以《庄子发微》校本，告其必还。

廿七日 覆金煌一信。

廿八日 星期。曹氏母子来，循序来，范君来。

廿九日 午前理发。午后谪仙来，送来鲳鱼与黄豆烧肉。在家洗澡。

三十日 广文来。彭先捷来，不见多年矣。留广文午饭，谪仙所送肴馔遂得消矣。晚到杨家，以郁周所馈藕粉转馈之，晚饭后步行归，馈我以粽子六枚。

三十一日 写一信覆袁翊青。

六月

一日 自昨起木工来修门窗。午后叶、陈二人来，陈言其舅父昨到上海，并带来油爆虾一碗。

二日 斌孙伤头，在家休息，木工修窗遂由其招呼。

三日 悌儿告假在家，为修其房间窗子也。午后洗澡。

四日 星期。九点到虹口公园，与桐荪等约也。午在大众饭店小食，食后同到家中茶叙，至五点吴、陈舅甥与广文始去。归时遇周权。

晚饭后至八十三号，则外出未回也。

五日 早周权来。午后仍雨。苍来言，向夫人已于四日中去世。本日木工来修窗，午睡遂阻。

六日 袁公来。买“大众”熟鸡，五角。

七日 广文来，以无事，旋去。晚在西湖饭店食腰子面，坏极。看周权。

八日 看范君，出示新作诸诗，颇有佳句。到虬江路午饭。连日修楼梯，木工可暂告一段落矣。

九日 天气大热矣。

十日 午后看夏老，未值。洗澡。

十一日 星期。写一信与顾雨村。阿杭来，午饭后去，为揩窗户，拖地板，可暂得数日干净也。

十二日 中饭在大众食堂吃蛋炒饭，晚在益民点心店吃小笼包子与馄饨，食后回看彭先捷。

十三日 午食韩邻所馈粽子，晚食生煎包子，懒未作饭。

十四日 广文来，令煮香肚共食。

十五日 本日端午。晚广洋来，馈葡萄酒一瓶、肉罐头两个、皮蛋十个。

十六日 广文来，借得《三国志》。午饭食咸鱼烧肉，广文作也。又以《宋拓圣教序》一本赠其子。午后以彝来，馈粽子四枚，并邀明日午饭。付牛奶钱四元二角。还范君书，又借《坛经》合刻本。回时谪仙在门，继之广洋又来，馈糖醋黄鱼一条，皆未久即去。顾二先生来一覆信，地名改红文街二十五号。

十七日 早广文来，贷二十金去。午后睡起，齐婴来，同步至虬江路而别。在杨家晚饭，因昨日以彝有约也。袁翊青来一信。

十八日 读《唐文萃》毕。早钟时来，继之陆存德来还书。午后洗澡。

十九日 买包心菜一棵，八分钱。

二十日 广文来,午饭后去。连日大热。

廿一日 天雨,稍凉。茶村来信,言正养鸡自给。

廿二日 仍雨,终日未出门。

廿三日 泥水匠来整楼上、下墙,坐灰雾中者竟日,幸广文来为理午饭,不然难矣。覆袁翊青一信。午后齐婴来,因桐荪有《游虹口公园》诗,特送阅,广文遂与同去。晚在横滨桥吃馄饨、包子。郑德庆出差至沪,送蛋糕一盒,言瑜媳已回。

廿四日 广文来代烧饭,饭后拖地板,以灰尘厚积也,五时去。泥工一张姓,名志良,忽来坐,言曾看《四朝学案》,并言看理学书大有益,异哉! 谪仙旋来,代洗碗去。

廿五日 星期。发一信片与筱珊,问其女病。

廿六日 张志良来修天板,一日毕。广文早来作面鱼儿吃,直待工毕,拖了地板后去。王昌来,送烧肉马铃薯一碗。兰州有人来,带来信件,并交与斌孙。

廿七日 仍张志良来修三楼、二楼北间。广文亦如约来。午饭后睡起,洗澡。

廿八日 将楼下地板撬去,会天雨,水浸入,真成泥坑矣。候至傍晚,斌孙回,始得歇气。陈齐婴送来黄鱼一段。祖年来一信。

廿九日 广文来,直到晚饭后始去。李凤山忽来一信。

三十日 广文来,谈崔济侯事,甚可喜,令其暇时写出,可作小说读也,晚饭后去。培儿来一信。理发。付房钱三元。

七 月

一日 广文代买得冲桶一只,九元二角五分。午吃面鱼儿。晚买鸭子,五角二分。洗澡。覆茶村一明片。

二日　到杨家午饭，出弄口袁公适来，与谈至车站而别。晚买豆沙包果腹，而程绮文之子绍庸与周海萍来，绍庸在东庄煤矿工作。因告以张子斌亦在枣庄，谈约四十分而去，言明日回苏州，假期二至三星期。覆培儿一信片。

三日　广文买得鸭子半只，八角二分，中、晚饭皆吃鸭汤，佐以伴茄子。

四日　广文来，午后去。又闹水祸，幸广文在，不然将累杀矣。

五日　今日广文来稍迟，午饭因之亦稍迟。午后洗澡。陈晏来，晚饭后与广文同去。

六日　早刘公纯忽与潘君来过，盖因杭州屋小而热，欲往其妹处过夏，经沪稍停也。潘君因邀出而午饭，因天热，托辞谢之。广文来，买米十五斤，每斤一角七分一。又买花生油四两、麻油一两，并买得花生酱半斤，价五角。

七日　覆李凤山一信。洗澡。广文来，晚饭去。

八日　连日油漆窗子。袁翊青来一信。广文晚饭后去。

九日　星期。早晓兰来，送花生酱半斤，因言伯宣到其家，遂同赴之，午饭后回。晚食豆沙包子。

十日　广文来，午吃片儿汤，晚吃糯米饭，广文午、晚皆片儿汤也。

十一日　买糖一斤。付洗衣钱一元五角。本日前间楼下铺水泥。午后陈晏来，以龙川墨宝遗之，勉其学书。晚饭后与广文同去。

十二日　广文晚饭后去。三楼、二楼北窗油漆毕。

十三日　广洋来。广文来，旋去。

十四日　广文来，午饭后去。付牛奶钱四元三角四分。连日阴雨。

十五日　覆袁翊青一信。今日晴。五时后谪仙来，送西瓜一个。

十六日　星期。早晨季家骥来，袁仲逵来。中午食清真菜包，晚食“大众”蛋炒饭，终日未开火。洗澡。

十七日　广文早来。午后陈晏偕丁舜兰来，舜兰现暂住晏家。

十八日 广文仍来，晚饭后去。鼎女及唐老各来一信。

十九日 广文来稍迟，以病假期将满，就医复查也，仍晚饭后去。晚饭前谪仙来。李凤山又来一信。

二十日 广洋与吟红来。连日修装电线、水管。午后洗澡。广文仍晚饭后去。

廿一日 复鼎女一信。王敬老之子之和来相看，原在新华社工作，现在咸宁“五七干校”。午后陈晏来，带来其舅桐荪和其《吟蝉》《夏居》等诗，并言将于后日偕其母同往洛阳，又言丁舜兰已由汪浏接回福显坊，为之一慰。

廿二日 本日泥水工未来，停工一日，广文午后去。吟红送来油面筋一袋，分三分之一与广文、三分之一送以彝。到虬江路晚饭，饭前食瓜。

廿三日 星期。覆唐玉老一信。阿杭来，午弄面吃，并带来西瓜两个，食其一还其一。午后季家骥来。

廿四日 楼下后间铺水泥，终日水火皆不能用。午仍由广文买菜包共食。晚到袁公家吃饭。

廿五日 付修表钱三元七角，又房钱三元。午后洗澡。广文晚饭前去。

廿六日 买米六斤。广文午饭后去。

廿七日 广文带得一鸡腿来，其小姨馈也，因分以见饷，午、晚皆厌飧矣。袁公寄一信来，昨日失约，并有一诗。

廿八日 答袁公一诗，由邮递去。午后陈晏来，三人同到公园看荷花，有五六朵尚未开也。二人晚饭后去，晏出示桐荪信，知姐弟已安抵洛阳。

廿九日 光文照常来，下晚五时去。楼下装隔间已就。晚买蜂糕与百叶包食之。谪仙来，送土豆若干。

三十日 自昨日起圈读《金陵诗徵》。季家骥来，送馄饨一碗。晚到杨家，先食瓜后吃饭。本日星期。

三十一日　光文照常来。午食白斩肉。五时后光文去。

八　月

一日　光文照常来，借得《传习录》去。午后理发。

二日　光文照常来。斌孙买得西瓜，午后洗澡、食瓜。

三日　楼下灶间大修。光文照常来。午后潘雨廷来，柳曾符来。雨廷出其所作《读易提要》五厚册相示，当留细读。陈从周来一信，约相见。

四日　覆陈从周一片。

五日　光文午后始来，以开会也。陈晏来，以《横山游记》假其阅读。鼎女、祖年各来一信。

六日　星期。潘雨廷所撰《读易提要》，至唐代止。

七日　午后洗澡。广文代拖地板。

八日　陈从周来。覆祖年一信。

九日　瑜媳从五角场长海医院来一信片，以其母病住院，来照应也。

十日　光文来。午谪仙来过，言王昌赴苏有信来，平安无事，可喜也。晚到杨家饭。陈茶村来一信片，袁翊青来一信。

十一日　午后与广文理书。陈齐婴来，送线香两束。洗澡。

十二日　交五元与广文，托其小姨在海安代买蹄筋。

十三日　早起往豫园观荷花，前日与叶、陈二人约定者也，并由陈顺邀王人杰。是日游人殊多，在园中坐至十时便到九曲桥边茶楼吃茶。十一时到素菜馆吃面，由光文先去排队，到后候空位，仍久久始得。面、菜皆□，苦此矣。回家已二时后。晚食糯米饭。

十四日 午前广洋来，借去《四库书目提要》十许册。交五元与光文买菜。

十五日 写一片寄柳曾符，为吴广洋作介。吴宗李由利国驿来一信，言为运煤修车，将耽阁半月馀。午、晚皆由光文作饼，和稀饭食之。

十六日 付牛奶钱四元三角四分。

十七日 晨有风雨，俄转晴。光文午饭后即去，恐复雨也。午睡起，果有雨，至夜未息。

十八日 午后陈晏来还《全唐诗话》，取《史记》半部去。柳曾符来。光文与陈晏同去。

十九日 光文去后到重庆堂买得痰喘半夏一盒五角四分、胎盘片一瓶六角五分。

二十日 写一信与培儿，问瑜媳回宁否。晚到杨家饭。

廿一日 买米十斤，一元七角，又付光文买菜五圆。

廿二日 光文买得鹅后坐一块，七角钱，食之甚美。培儿有覆，言瑜媳尚在沪，其母病如故。

廿三日 光文如常来，言及《王承福传》，谓张志良似之。

廿四日 光文如常来。午后齐婴来，有《看荷花》诗。晚谪仙来。至此日看潘雨廷《易书提要》五本毕。

廿五日 天转热，午后洗澡。午前萧宇元来。

廿六日 付光文买菜钱二元。五时李永圻来谈。

廿七日 星期。柳曾符送还《国史要义》。修理浴盆，费二元五角。晚在萧家吃饭。

廿八日

廿九日 续读《金陵诗徵》。李永圻来。

三十日 洗澡。付房租三元。

三十一日 陈晏来，带来桐荪《游龙门》诗、人杰《游豫园》诗。买得胎盘片四瓶。

九　月

一日　早瑜媳来，今明回南京矣。送鸡蛋十个。交光文买菜钱五元。

二日　洗澡。午、晚食饼、粥。

三日　星期。以彝偕其二妹来，邀午饭。去后钟时父子来。小昌从苏州带来五姊所馈麻油一小瓶。午饭有晓兰所做鸭子，甚佳。培儿来一信片，瑜媳已回到南京。

四日　光文作藕圆，藕则楼上老太太代买得者也。午后理发。

五日　又付光文买菜钱二元。

六日　送西裤在长春路修理，言二十日取。

七日　光文以开会未来，广洋来。以彝来，约明日晚饭。午饭红豆，晚在横滨桥北食馄饨。

八日　付本月洗衣钱一元五角。终日雨，午后四时止。洗澡。到杨家晚饭，艺芬送至车站，伊即由武进路乘二十一路车回家。

九日　午前夏老来。午后以彝来，邀星期二午饭。睡起，齐婴来，光文早去。

十日　星期。潘智君送韵媳回。午前季家骥来。

十一日　陈茶村来一信。悌送韵到医院检查，医亦无药佳。

十二日　到杨家午饭，出门而伯宣至，馈月饼四方，遂与同去。姚二姑及其孙胡耘先在，继之其子其昌出差亦来，朱谪仙与德华亦应邀而至。盛馔，仅食饭半碗，二点后回。耘有束脩之馈，却之。晚邀智君在多伦路吃馄饨。

十三日　看王树人，光文已先到，早日约好也。午饭后归，更约中秋相见。

十四日　午前彭先捷、袁仲逵同来顾，未久坐即去。午后洗澡。以彝姊妹来。晚饭到杨家，钟时夫妇适来，遂谈至八时始回。

十五日　写一信与培儿，告以韵媳已回。午后食小笼包子，遇广东吴老，遂同至虹口公园盘桓一时回。

十六日　齐婴来一信片，言吴桐荪已回。午后光文来，代约明日午饭。付本月牛奶钱四元二角。晚到杨家饭，亦光文代约也。姚二姑娘定明后归泰州，丁舜兰已来过，约定同行。朱谪仙与德华同晚饭，亦为送姚二姑娘也。回后得鼎女一信。

十七日　到石门一路一〇二号赴齐婴约，桐荪拟明后日乘船行，人杰、光文、钟时皆在，谈至四时始回，光文送至石门二路车站。季家骥来，未值，馈蛋糕一盒、月饼一盒。

十八日

十九日　又转热，午后洗澡。金煌来一信。

二十日　覆茶村一信，并写近诗□□□附去。培儿来信，言郑二太太已回到南京矣。

廿一日　覆鼎女一信。午后潘雨廷取所作《读易提要》去，又送来所著两种，求作序。广洋及吟红来，送月饼一盒、肉罐头两只。本日中秋。

廿二日　到杨家午饭，以广洋所馈月饼转馈之。谪仙来，并带来以文一信。

廿三日　覆金煌一信，寄湖沟。午在大众饭店食汤黄鱼，价六角，惜饭太硬，二两仅食三分之二。

廿四日　星期。在西湖饭店午饭，饭硬如"大众"，二两亦未尽。晚食馄饨、油条。

廿五日　覆以文一信。午食牛肉丝面，晚煮糯米饭食。

廿六日　桐荪来一信。张志良来，借去《李见罗全书》四本一套。晚到杨家，饭后吃甜藕饼，甚美。

廿七日　午后到虹口公园看桂花，无一花，败兴而返。晚吃鸡粥，鸡一盆、粥一碗，共三角，惜来往车拥挤，不然可以常食也。

廿八日　广洋来，送还《论语诗》。

廿九日　看义侄，数月不见，手足似较前灵活，今年整八十矣。午饭后便过陈晏家，人杰旋来，谈时许。闻日本首相田中今日来沪，恐路阻，旋至北京路乘车回，王、陈二人皆送至车站。

三十日　中日建交已定，今日报载《共同宣言》，盖昨日签字也。午饭自煮，开一罐头，可供二日餐矣。

十　月

一日　袁公早来，约午饭。去后吕□□者来，乃戴刚伯之内侄，住兴业坊三十一日号三楼，刚伯有信嘱其来相看。知刚伯仍住大佛寺黄米胡同，今改名首创路二条七号，今年六十九岁矣。身体尚健，惟视力差，患有白内障。赴袁公约。归后厚侄长子家柏偕其新婚之妇名黄孟纯同来，暂住后房，约两日耽阁耳。

二日　写一信寄戴刚伯。午后洗澡。

三日　到虬江路，子及猝中，已进医院。张子斌于廿七日回，在医院招呼，子及故未见着，午饭后即回。到虬江路前王循序来，送桂花蛋糕一盒。晚悌父子邀家柏夫妇在扬州饭店吃饭，余未去。

四日　买人造棉七尺五寸换小棉袄面，价四元二角，而做工却要五元。到虬江路晚饭，子及病稍瘥，闻之甚喜。归后得朱谪仙一信，因就医，暂住南市迎勋路九十一号程秀芳处。

五日　家柏夫妇乘船归武汉。

六日　问子及病，云仍如旧，午饭后回。

七日　看光文，未值，其女春春云患喉头炎数日，今始出门也。归途到黄浦公园，不知臊臭气何来，未久坐即沿苏州河步至四川路，买得布丁两块、八宝饭一团回。晚吃牛肉丝面，殊不佳。

八日 星期。写一信寄培儿。午后洗澡。季家骥来。晚循序送鸡尾山药一碗，又党参一包，八时后去。

九日 早光文来，午饭后去，托买蛋糕一圆送谪仙。付本月洗衣钱一元五角。晚在西湖饭店吃鱼片面，四角。买果酱一罐，一圆。

十日 拔牙、理发。拔牙挂号二角，手续费五角，理发四角。问子及病，于星期六晚回家，言血压已正常，但需调养耳，午饭回。晚食菜包，辅以蛋糕少许。

十一日 付本月牛奶钱四元三角四分。午吃打蛋泡炒米、晚吃豆沙包子。

十二日

十三日 光文来，午饭后去，以《论语诗》付其再抄一份。买肉丝豆腐羹一碗、猪舌一条，八角五分。买面包回，过夏老谈，三十五号吴君亦来谈，至天黑始回家。鼎女来一信，家柏夫妇来一信。

十四日 光文早来，同到迎勋路九十一号程秀芳家看朱谪仙病。备午饭，肴馔甚丰，饱食归，光文送至北京路二十一路电车站。谪仙经照光后甚好，无反应，再有十次可愈矣。

十五日 星期。旧历重九也。看子及，已如常，但需补养，以循序所馈党参转馈之。

十六日 光文早来，买米十斤，买油六两半。人杰来，留午饭，仍买豆腐羹，又开罐头一个，并炒鸭蛋饷之。午后洗澡，未午睡。二人四点后去，人杰馈蛋糕一盒，言念芬之弟文东欲见余，约后日在其寓相见。顾雨春来一信。

十七日 雨。午后买得面包即回。

十八日 光文来，同赴人杰之约。文东名昇观旋来，其人盖谨厚人也，因与略谈心性、性命之别。午饭备有酒，余略沾唇而已，三点后回，到家近五点矣。戴刚伯来一信。

十九日 到横滨桥诊所将镶牙，候至十时后始为拔去一旧牙根，言两月后再看，费五角。覆顾二先生一信。

二十日 光文来，午饭后去，买鸡蛋与菜，钱一元五角。袁翊青来一信。

廿一日 天骤冷，须着棉矣。

廿二日 星期。张志良来，还《李见罗集》，借《传习录》三本去，继之钟时来。午在家吃饭，斌孙作炸带鱼，殊可口。午后睡起，周海萍来，送来鸡后坐一块，言谪仙所馈。又言乃叶亚男送谪仙者，谪仙因分与我。将出门而广洋来，告以有约，广洋因言无他事，但来告已调回学校教书耳。到杨家晚饭，子斌已于前日回枣庄，子及亦见好。饭后至七时半始回，来回皆未乘车。

廿三日 覆袁翊青一片。光文来。周克和来，为拖地板、擦窗子，盖海萍归言之，故来也。留其午饭，言为朱二姑娘烧饭，即辞去，光文饭后去。午后起后看范君，谈行严《柳文指要》，并出所为诗，迫暮乃回。

廿四日 唐老来一信，问日本圣德太子来华游学事。

廿五日 又买得胎盘片两瓶，一圆三角。天雨。

廿六日 叶、陈二人先后来，陈带来螃蟹肉圆一碗。午饭后谈久，遂未午睡，二人四点后去。

廿七日 覆唐老一信。以文来信，已回至扬州矣，约明春花朝前后来沪。

廿八日 光文来，代买得腐竹二斤，一元二角。午饭仍买肉丝豆腐一碗，但远不如前矣。宗李来一信，并附来其子女照片。

廿九日 星期。送旧棉衫与朱月轩补绽，留晚饭，谢之。

卅日 覆宗李一信。光文来，买排骨烧腐竹，七角。午后陈晏来，带来苏州各人所作九日重阳诗，诗喜一作甚佳。

三十一日 晚在杨家饭，以彝又约星期六午饭。

十一月

一日 付上月房租三元。

二日

三日 午后齐婴来，以所作《和吴门诸子九日七绝》写付之。

四日 赴以彝约，归来已过二时。付合作医疗钱二角。

五日 星期。谭叔明来，送罐头水果四品。晚到三山浴室洗澡，以楼上修理，遂未洗成。

六日 培儿来信，阿杭已回到南京矣。午后王人杰、文东、陈晏三人来，以糖水桂圆饷之，谈约二时去。文东送蛋糕一盒，明日回富安矣。

七日 午后在宏伟浴室洗澡。

八日 覆培儿一信。看王树人，以蛋糕馈其孙子之受工伤者，闻又入病院矣。会陆五婶、吴二姊先到，陆是昨晚到沪者，以猪油一瓶、软糕一包并莱菔饼五块馈我，又张伯琼馈茶叶一包。王树人谈做易筋经工夫之效甚久，回家已将五点矣。唐老来信，为陈茶村事。

九日 午在大众吃蛋炒饭、鱼圆汤，五角八分。

十日 到杨家午饭，陆、吴二人已先到，午后三时回。

十二日 买棉花一包（定量），七角一分。培儿来一信。

十三日 付洗衣钱一元五角。寄伯宣一信。柳曾符来谈。到杨家午饭，陆、吴、朱三人已先到。饭后陈晏夫妇来，随之郁周由杭州来，遂更留晚饭。晚饭后陈晏陪送步行归。

十四日

十五日 早以彝来，出示伯宣信，约后日在以彝处相见，并邀午饭。睡起陈晏来，带来伯宣致希鲁信，所云亦同。买维生素 B_1 一瓶，五角五分。

十六日 早克柔来代煮饭，饭后去。买菜九角。午后潘雨廷来，以其所著《周易终始》及《发蒙》手稿交还，因同看袁仲逵，谈甚久。归途不慎，过溧阳路为自行车所撞，幸伤筋不伤骨，蹒跚而归。文东来一信，伯宣来一信。

十七日 早梁百中者自锦西回沪探亲，鼎女带来苹果一袋，多烂者。乘三轮车到杨家晤伯宣、希鲁，后郁周、谪仙亦来，同午饭。饭后小憩，由小昌、苏顺仍乘三轮送回。

十八日 发一片与培儿。午克和送来鸡、鱼数种，并代煮饭。谭叔明来，送橘子一包，收其少半，赠《明通鉴》一部六本以报。午后以彝来问伤，带来狗皮膏药一张。连日服以彝所馈药，一日三次，每次五粒。

十九日 取换面棉袄，工价五元。覆王文东一信。午后杨氏姊弟邀李医生来看，知无事，遂去。是日星期。

二十日 早萧宇元来，袁仲逵来。陆五姊、袁四嫂、克和、苏顺四人来，留午饭。五姊带来黄豆烧肉，另买肉丝豆腐、炒腰片两样饷之，费九角，午后一点半去。小睡。陈晏来，送香蕉六支。袁四嫂送蛋糕一盒。

廿一日 寄一片与鼎女，一信与郑璧庆。培儿来信，言其曾来过，其地址为江湾五角场政通路九十五弄十四号。

廿二日 克和早来，继之希鲁、郁周、谪仙、诗喜、苏顺亦来，诗喜盖自苏来送衣服与希鲁者，带来大米五斤。谪仙又带来鸡子、黄豆烧肉、烤腐、鸡蛋等，遂共午饭，并取葡萄酒饷之。谈至三时始散，遂未午睡。覆桐荪一信，由希鲁寄去。

廿三日 覆茶村一信。四点后郑璧庆来，送来与培儿对划款。

廿四日 克和来，买得腰子，三角。鼎女来信，托斌孙买表。

廿五日　王人杰来相看。读《金陵诗徵》毕。自本日始读《淮海英灵集》。

廿六日　星期。付本月房租三元，买茶匙一个四角三分。晚继周自南京回，带来小肚八个、咸鸭一包（瑜媳有信）。又糯米一袋、花生一小包，龙女所送（子慧有信）。以正将睡遂促之去。

廿七日　克和、五姊、姚、王、苏顺先后来，又带来鸭子、烧青鱼等，遂留午饭，饭后以去看棋二太太，一点半即去。午睡起陈晏来，留晚饭。买菜心、面筋，一样三角。发一信与郑璧庆，告以南京带来鸭肫，令来取，将瑜媳一信附去。

廿八日　似稍暖。以腿伤，不出门者数日矣。

廿九日　树人约聚，以道远却之。克和来。寄一信覆培儿、子慧两夫妇。桐荪来一信。买素什景一味作午餐，三角。午后睡起，陈晏夫妇来，带来树人所馈炒虾仁、螃蟹、肉圆等。

三十日　到杨家午饭，以《圣迹图》一册送苏顺。陆五、姚三皆定于下月三日各归去。

十二月

一日　写一信片寄树人，谢其馈送肴馔。

二日　克和来，买腰子及黄芽菜，六角七分。

三日　星期。午前广洋、家骥先后来相看。午睡后继周来。

四日　克和来，买油一斤，八角八分，又付一元，后日买菜。袁公来。午后以彝来。自出买豆沙包、面包、酵母片五包、维生素 B_1。

五日　为潘雨廷《周易终始》作一序。

六日　克和来，买大米九斤，一圆七角五分，又给其车钱一圆。午饭后同到红伟浴室洗澡、修脚。四点后陈晏来。又克和带来蹄筋一包，言希鲁所惠，交小昌带来者。令斌孙将鸭肫送与郑璧庆。

七日 文东来一信问伤势，以人杰回富安，故知之也。午后步行到横滨桥，来去皆未用杖，大抵伤已平复，略如常矣。买得花卷三两而回。

八日 散步至祥德路底，稍觉吃力，遂回。

九日 克和来，买鸡一块，九角馀，付与一圆，带来菜心不可算矣。

十日 星期。范君来。顾德华来，馈大米十斤、肴两品，托带十金助谪仙医疗之费。覆一信与王文东。

十一日 彭祖年来一信。午后陈晏来，谈桐荪足疾又大发，馈莱菔丝饼两块、包子六个。

十二日 克和来，带来带鱼、芋艿烧肉，付买钱一圆。

十三日 宗李来一信。

十四日 写一片寄桐荪并覆宗李。托楼上老太太买得水面筋，四角。

十五日 光文来，病十九愈矣。继之克和来，带来肴两品，付买菜钱一元，同与午饭后去。培儿来一信，附来伶侄父女四人照片一帧。

十六日 到祥德路底买花卷，未得。暖极，将背心脱去，始缓缓而归。

十七日 星期。付洗衣钱一元五角。到杨家午饭，去步行，回来电车。茶村来一信，言歉收而公社仍报高产，农民苦矣。

十八日 覆培儿一片。张志良来还《传习录》，借《阳明年谱》三本去。克和带来鲫鱼、鸭腿，付菜钱一元，无法算清也。

十九日 买上海香皂两块九角六分，付牛奶钱四元三角六分。

二十日 光文先来，克和带来菠菜，同午饭去，与克和车钱一元。

廿一日 因雨未出门。午煮香肚一个，晚蒸糯米饭食之。培儿来覆信。

廿二日 写一信片寄义侄，为其祝寿，今日是他八十寿也，以雨未能去。克和来，带来芽苗烧肉并洋葱，付菜钱一元。

廿三日　光文来，午饭后交两元，托买肥肉炼油。

廿四日　到杨家午饭，来往皆以步。会伯宣有信与子及，言其夫人病甚，晓兰饭后因去看之。晚斌孙女友袁来。

廿五日　买桃酱一罐，一圆。

廿六日　克和来，带来荠菜馄饨又煨鸡半只，言是海萍友人所送。午食馄饨、晚食烂饭。买药梨膏两瓶，每瓶一元一角。克和午后去，约星期五来。

廿七日　袁翊青来一信，并附来治臂痛药方。

廿八日　义侄有覆信，光景如旧。到杨家午饭，饭后步回。潘雨廷来，将所作《易经终始序》交与，了一事也。旋袁仲逵来，至五点半始去。

廿九日　克和来，午饭后去，约下星期一来。交与一圆买菜，另馈程七姊猪油年糕一斤，答其累致肴馔也。午后睡起，陈晏来，换取《史记》后半部去。

三十日　薄暮出买面包，便过范君一谈。

三十一日　星期。晚吃肉包子。

一九七三年

一　月

一日　雨甘早来，继之循序夫妇来，送八珍糕两包。广洋来，送猪油年糕一斤。克和来时各人已散，带来鲳鱼、黄豆煨肉，又红枣一茶缸。付之车钱两元，约星期四来，付买菜钱一元。午后徐子可唤门未应，留下鸡蛋二十馀、蚕豆瓣（剥皮）一包与对门韩家去，意甚不安，改日再谢之耳。傍晚王继周来，留之同吃年糕、花卷，以鸡蛋蒸之。

二日　薄暮外出，无意买得香蕉一斤馀，八只，四角二分。

三日　午前钟时来，带来希鲁近信，中有雨春和素存五古一首，甚佳。钟时送猪油一瓶，言小青回，由农村带来者也。午后江公望来还书，送红枣一包，以敲门无应者，留交对门韩太太，由韩送来。

四日　克和早来，带来莱菔烧排骨，又青菜数科，以猪油炒并煮透，甚可口。午后睡起，到萧家送小褂与月轩换袖子，并补袜子。宇元又从昨起在家休养，慢性病真牵缠也。

五日　昨腊月初一。吴林伯来一挂号信，问藏书。午后四时到红伟浴室洗澡，人多须等候，遂退回，过夏老小谈。

六日 雨，未出门。罗炎生来，云移至八十一号楼下。

七日 星期。过季家骥，会其来我家，遂相左，约午时再去。中间到袁公处小坐，复至季家吃馄饨，食后同至“红伟”洗澡，人数较前日更多，无法等候，遂又退回到家。午后复出，买糖二斤、肥皂两条、去污粉一袋。

八日 克和来，带来炒腰子、蛋糕、肉丸子两味，付钱一元。送其母鱼松一小瓶，昨季家骥所馈也。午后到江山浴室，又以人多须等候退回。付牛奶钱四元三角四分。

九日 早张志良来还《阳明年谱》，借去《象山全集》十本。汪寿嵩来，言在沪候退休，暂不去昆明。同出门，我到虬江路，以以彝卧病，遂折回。以彝令代通一信与伯宣，改邀十六吃饭。

十日 覆吴林伯一信。午后睡起，陈晏来，带来希鲁所馈猪油一瓶、麻油一小瓶，麻油受之，猪油则转馈其母。又以程七姐所馈红枣转与晏，以红枣可治盗汗也。

十一日 祖年又来一信，仍自大冶发。

十二日 覆祖年一信。光文来，午饭后同到“红伟”洗澡，此退筹后第三次矣。午饭时旧时之江学生吴祖德忽来顾，言已退休，仍住建德也。五时谪仙来，送茶煮蛋六个、麦乳精一罐。

十三日 阅《淮海英灵集》毕，改读《昌黎诗》与江弢叔《伏敔堂集》，以弢叔诗似昌黎也。午后过萧家取月轩代绽衣。伯宣来信，以病不能赴十六之约。

十四日 星期。早季家骥来邀去午饭，便过萧家送衣托交人洗。

十五日 克和来，付与车钱两元。午后睡起，看以彝病，已起床矣。以伯宣信示之，仍邀明日午饭。培儿来一信，托李建新带来风鸡、白鱼。

十六日 到政通路取鸡、鱼，遇李建新，送至路口。先到杨家午饭，谪仙亦来，谈至两点始去五角场。终日未休息，疲极。

十七日　覆培儿一片。送肥皂与洗衣服人，交朱月轩。

十八日　早杨志信侍其母同来，言前日自北京回，此真意外也。克和来，饭后去。写一信片问伯宣病。

十九日　到横滨桥联合诊所配牙，人多退回。午后覆金煌一信。林伯又来一信，并寄四十金来。

二十日　志信来谈。伯宣有覆信，病大体已愈可。午后到邮局取款，遇袁公，言有火腿腐乳可买，买得两方而归，每方仅价八分。

廿一日　写一信片与江公望。培儿来一信，知栱孙已归。

廿二日　覆林伯一信。克和来，又带来鲫鱼两尾、黄豆烧排骨一碗，并将地板拖了。午后鼎女寄二十元来，叔常附笔，言作新年加菜用。两日俱未出门。

廿三日　早志信来邀午饭。饭后回已将三点，遂未午睡。家柟孙女托人带来红枣一包，楼上老太太代收。

廿四日　写一信片覆培，一信片覆叔常。理发。取洗衣，付洗衣钱一元二角。

廿五日　克和来，带来菠菜一把，付与一元，为□买菜用。晚食小笼包子。便过夏老谈，并读其近作三绝。

廿六日　光文来，午饭后候陈晏未去，晏不来乃走，借去《诗经读本》两册。晚炒蛋吃花卷。培儿来信，言将到沪度春节。

廿七日　覆培儿一片。早志信来，旋去。

廿八日　午后送衣洗，大、小共五件。陈茶村来一信，并附旧作五古一首，甚佳。

廿九日　克和来，带来慈菇排骨汤、塌科菜，午饭后去，约过春节下一星期一来。以候培儿，未出门。

三十日　写一信覆家柟。午后时培儿到，带来鸡子两只、鸡蛋二十个，又龙珠送炒米一袋。

三十一日 覆茶村一信。午后柳曾符来谈。曾符去,与培同到横滨桥南,拟寻倪龙家带书与家柟,以路尚远,时迫晚,遂回。

二 月

一日 买大米十斤、生油七两,共二元二角六分。买花生香糖三袋,带与南京家中各小孩。

二日 午后陈晏来,送春卷一盘,将前王树人带菜来碗碟等交其带去。今夜壬子年除夕。

三日 癸丑年元旦。阿杭来,带来鸡蛋二十馀个,午饭后去。午睡时潘雨廷来,以刚睡下,辞以不适,未接见。继之王人杰来。王玉如母女来,又带来鸡烩一碗。兴宝翁婿及外孙名东者来。晚饭后志信来,邀明日午饭。吴寿彭来一信,季家骥亦来一信贺年。

四日 今日立春。洪雨甘与其内侄某来,送奶油酥四盒,受其半。与培儿同赴杨家之约,饭后归来已近三点,即以兴宝所馈水果一篮送杨家。

五日 萧宇元挈其女来,并送还托洗衣服,以奶油酥一盒与其女。循序夫妇与其二、三两女来,送芝麻一包、蛋糕一盒。四十四号蔡先生来谈柳亚子平生,并写其赠诗一首去。午后宜孙夫妇来,馈自作包子一袋。

六日 蔡先生来借《明史》十本去,以山谷书《东坡词》刻石拓本嘱题签。

七日 桐荪来一贺年信。王昌来,送来钟时由苏州带回猪油年糕,希鲁所馈也。又以文与谪仙信内附二绝句,为贺年作。文东午后亦来一信。晚食年糕。

八日 覆一信与吴寿彭。偕培儿同看义侄,午饭后回,同在红伟浴室洗澡。去看义侄前以彝与志信来，告以故，未多留即去。

九日　午前夏、范二公来谈。午后睡起，谪仙来，馈我棉白糖一斤。送衣服到萧家托洗，以小雨，来去皆乘车。培孙将书送交倪龙泉。

十日　覆王文东一信。志信来，邀吃馄饨，与培儿冒雨去，来往皆乘车。

十一日　星期。光文与钟时夫妇先后来，并留午饭去。德华送鸡蛋十馀，即以饷之。茶村来一信。斌孙由建德回，带来鲤鱼一尾，包怡春馈也。

十二日　志信来、克和来。培儿饭后回南京，由克和送至车站。午后吴二姊母子来，馈花卷、豆沙包子、千层饼等。栖孙来一片。

十三日　午后陈子明、楼亚民与子明之姊来问学，与谈一时许而去，允拣《论语》《孟子》与读之。斌孙吐泻交作，饮食不慎所致，看明日如何。傍晚又雨。

十四日　志信来，与同看王树人，午饭后谈至三时后始回。晚仍食花卷夹年糕。路过海宁路，又买得淡年糕一斤，回交志信代切，晚送来。付上月房金三元，交与斌。《论语》《孟子》由武送去。

十五日　克和母子来，代买得獐子肉，一元九角。舜兰来，留克和母子午饭去。买米五斤，八角二分。王循序来一信，为陈以文觅客栈事也。

十六日　午饭时伯宣忽来，言早上九时后已来过，此次志信陪之来，已在子及家午饭过，谈至三时去。写一信覆陈以文，告以住厦门路为便。

十七日　宗李来一信。午后志信来约明日午饭，言后日十一时车，将回北京矣。天仍阴雨。

十八日　午赴杨氏之约。午睡时季家骥来。继之循序来，馈鱼一盘。付牛奶钱三元九角二分。

十九日　覆桐荪父子一信。蔡老来，换《明史》第二套去。克和带来芝麻馒头十六个，午饭后去，付其车钱一元，又一元作买菜用。到萧家取托洗衣服。天又雨而兼之雪花，幸不甚寒。

二十日 晴。午前过夏老一周旋。买人造棉灰布八尺五元一角二分、白布一丈七寸四元二角八分。王子慧来一信。

廿一日 王星贤来一信。天仍雨。午后陈茶村由常州来过，言将往杭州，并谈及唐玉虬逸事，可□也。

廿二日 早茶村又来，存放手提包囊两件，言明日再来。发一信覆王子慧，并附与培儿一纸。克和买得豆苗一斤馀，又带来炸肉皮，报以猪油年糕一斤。

廿三日 本拟到横滨桥配牙，恐茶村来，遂未出门。晚茶村来，以年糕饷之。

廿四日 光文来，继之茶村来，并留午饭去。覆星贤一信。以文来一信。陈晏来，五时后去。

廿五日 广洋来，送肉罐头两个。黄诗清与陈晏来，由苏州带来包子十个、荞麦饼四个，言是祭馀也。写一信与戴刚伯。李凤山又来一信。

廿六日 克和来，交与买菜钱一元。将李凤山信加封退还之。薄暮谪仙来，告不日去苏州一行。

廿七日 连日仍阴雨。趁雨止，买得面包便回。

廿八日 茶村来，午饭后去，赠之川资五金。叶华馈包子、馒头八个。

三月

一日 克和来，交与买菜钱四角。午后志信来一信，地址为太兴魏善庄北工大农场。晚广洋来，带来瞿禅《题放翁词》绝句一纸相赠。

二日 天忽放晴。光文来，午饭后遂同在红伟浴室洗澡并修脚。

归来蔡老见过，仍以本月豆制品卡让之。

三日 到横滨桥配牙，十一元五角，当即交款，约十日校样。归途过袁公少谈，旋回。午后送衣并被单等到萧家托洗，付工钱一元二角。晚蔡先生送豆腐来。

四日 付上月房钱三元。阴雨，未出门。

五日 晴。以彝来，馈黑枣栗子一碗，并邀明午吃面，以明日余生日也。克和来，带来鸡子一罐，罗宝鼎所馈。宝鼎约定今日来，昨日到克和家便发病，不能来矣。约克和明日去看之，并馈以奶油酥一盒。晚袁公来，送所作追述《慈母泪》一文，令订正。

六日 仍阴雨。冒雨赴以彝约，姚艺芬先至，并馈腊肠一包，面后将近二时归。买电灯泡一只，三角八分。

七日 光文来，午饭后去。顾二先生有信来，言十五日到沪，已与郁周、以文约定矣。晚蔡先生来谈。付牛奶钱四圆三角四分。

八日 克和来，带来草头一角，买油、盐、面包共九角。午饭后送《明史》第三套与蔡老。

九日 光文送来四环素十二粒，可服三日。又睡前服止咳片四粒，可服四日，午饭后去。顾二先生又来一信，言行期推迟至上已。又广洋托对门张先生带来一信，言瞿禅有信与伊，嘱转致候。看袁公，缴还《慈母泪》一文，有彭、周二人先在。

十日 到横滨桥验装牙，约二十五日取。晚食小笼三两，五角四分。取洗衣及被里。

十一日 星期。覆顾雨春一片。天仍阴雨。晚九时阿杭陪十一来，言汕头省亲回，明日回南京，其工作在玻璃纤维研究所，近雨花台也。颜克述来。

十二日 克和来，付车钱一元，又以俞氏注《四书·孟子》三本与之。

十三日 光文来，午后二时去。蔡先生借去《荀子》两本，代买得面筋两角。四点后陈晏来,带来其舅父所写《莲池大师应化史略》,问其中误字。倩八十三号女佣代绽被,报以粮票五斤。

十四日 理发,便过范君一谈。

十五日 克和来,张志良来谈,交克和买菜一圆。

十六日 光文来,午饭后陈晏来,继之以彝来。同至虹口公园,有茶花可看,五点半回。以彝先归去,叶、陈皆午饭后去,与谈《金刚经》。今日花朝。

十七日 到杨家午饭,昨以彝约也。

十八日 午后江公望来问学。晚蔡老来。连晴数日矣。

十九日 上午谪仙来,昨由苏州回,言陈、姚、顾诸君廿五日到上海,住处已各安排定矣。蔡老来,换《明史》第四套。张志良来。克和带来各菜,又付一元为下次买菜用。四点光文来,同到"红伟"洗澡。晚食谪仙带来包子及藕饼。培儿来一信。

二十日 无人来,亦无出门。又时有小雨。

廿一日 晴。早有缪瀛洲者由青岛来,吴寿彭托其带来花生一包、酱肉一块,又信内附近诗两首。光文来,送来咳必清药水一瓶。蔡老送来豆腐四分。光文午饭后去。睡起十三(王继宣)来,言明日往厦门,住其八哥处。送衣服到萧家。回后季家骥送来锅贴,遂以此充晚餐。顾二先生来信,言下月四日上午八点四十五分到上海。

廿二日 午前戴正雄忽来过,盖出差来沪,不见几十年,已生一女一子矣。克和未来。

廿三日 克和来,带来韭菜、毛笋、风肉,皆盆菜也。午饭后去,付与车钱一元,又下星期买菜钱一元。写一信覆吴寿彭润畬。彭祖年来一信。

廿四日 早张志良来还《象山集》,借去《龙溪集》上半六本。光文来,午饭后去。晚季家骥之子季民偕其友人戴元震、王月涛、陆兆华三人来,三人皆阜宁人也,谈至十时始去。戴刚伯来一信。陈从周来,叩门无应者，留一信条而去。

廿五日 覆祖年一信。写一信覆陈从周，寄四平路同济新村二四七号，并将前索诗数首附去。到横滨桥装牙，殊不适，回后遂除去之。曹大姑娘母子来，未值，留下黑枣一包、花生一碗而去。晚吃汤团，取其不费牙齿也。

廿六日 光文早来，克文亦继至。九时后郁周、杨玉成来，迟一时希鲁、杨泽厚来，备午饭款之。郁周二人住厦门路，希鲁住浦东，并昨日到，二时后遂散。付克和二圆，为星期四买菜用。

廿七日 陈从周有信来，昨信并所写字收到矣。看《韩集》毕，改看赵松谷注《王右丞集》。

廿八日 到横滨桥修牙，终不好受，决置之矣。克和来邀吃饭，辞之。继之光文又来，言克和受程七姐抱怨，不得已赴约。客人姚、杨、周、杜、朱外，又有程家绍康、绍雍等。饭后罗宝鼎亦来，又有黄三太太来，至四时后始偕光文同回。晚食豆沙包两个半，所剩肴一律由光文带去。

廿九日 邀周、杜、程、陆、朱诸女客午饭，光文早来，克和亦来。午饭后陈晏来，二时散去。晚食程建华所馈豆沙包子。送王循序饼干、肉松各一包，交光文带去。

三十日 广洋托张邻带一信来。午后送衣洗。

三十一日 光文来，午饭后去。蔡老午、晚来两次，借与《观楞伽记》一部，送来杨仁山《等不等观杂录》四本。

四　月

一日 星期。蔡先生送代买面筋来。季家骥来，陆存德母子来。午在清真馆食菜包、牛肉汤。午睡未着，光文来，与同至虹口公园。到者自希鲁以下，以彝夫妇、循序父女，约二十馀人。值雨，避于竹亭下，寒甚，劝令各散。

二日 光文、克和先后来，以文、郁周、豫臣三人继至，留午饭，饭后散去。买大米十五斤。以彝来。晚到横滨桥吃锅贴、馄饨。交两元与克和，备星期四买菜。

三日 付上月房租三元。发一信片与伯宣，邀其五日来相聚。

四日 光文来，言接顾二先生，已到，住浦东。午饭后托其至浦东邀顾、陆并通知姚、陈、杨明日便午饭。晚食牛肉锅贴，甚不美。姚大姐送来代发蹄筋。

五日 克和先到，买得虾、鱼、蹄膀、鸡、笋、韭菜，共二元七角，缺七角，补偿。光文继至，陈、姚、杨与顾、陆、朱次第来，伯宣最后来。午饭后一时半各散，顾等六人去复兴公园。仲逵来邀晚饭，盛馔，八时回。

六日 赴以彝约，三时后始回。伯宣来一信，寄来诗钟数联。

七日 光文来，陪同到第一医院诊治胸痛，拍片子至十二时始回。片子钱三元五角，药钱一元五角五分。四点睡起，陈晏来邀后日午饭，明日浦东已有约，遣广文去谢之。

八日 早克和来，带来猪腰，云罗静轩所馈也，因同午饭。四点光文来，同洗澡，在长春路食豆浆、烧饼各回。今日星期。看诗钟毕，明日交卷矣。

九日 克和来，送麦乳精一袋，云谪仙所惠，麻糕两包则泰州卢子安之孙夫妇来治病所馈者也。俄光文来，因同赴陈晏之约，归来已过两点。晚食豆沙包子，佐以麦乳精。

十日 光文来，同到地段医院办转院手续毕，再到第四医院又透视肺部，定明早验血，共费四元五角，给膏药两块归敷。光文饭后去。发一信片与培儿，问棋孙事。晚有信来，已回家中矣。晚食糯米饭，因雨未出。

十一日　早起空腹到第四医院验血，值光文于途，验血后遂在长春路同食豆浆、油条，光文则食之大饼。克和带来刀鱼、排骨等，午膳又将南京带来白鱼煮之，肴馔遂食不完矣。送罗静轩肉罐头两个、水果罐头两个，托克和送去，并告以人不适，不约吃饭矣。晚食面包。以彝来申后日之约，送花生研末一小杯。

十二日　蔡先生来，借去《梦游集》上半部。午后陈晏来，继之陈以文来，午睡遂未成。送以文至电车站而别。晚食大饼、豆浆。

十三日　光文来，同到第四医院验血，大致平常，医生仍不能断定是何症候，言俟照超声波再说。赴以彝约，午后四点始与光文同回。晚八时后季明又与王、陆并戴氏弟兄三人来，谈至九时后始去。

十四日　光文来，告以昨日劳累，不到程家矣。托光文送希鲁十金，送顾二先生白糖四斤，陈以文、姚郁周各精食二包。中饭后广文去，六时后复来，知一切皆办妥。仍吃大饼、麦乳精。

十五日　星期。公望来还书，并问教课中注解数条，光文、陈晏来，遂去。与陈、叶同到虹口公园看樱花，十二时后同到横滨桥吃馄饨，二人吃锅贴。二人以将送郁周去杭，遂去。是日江西、扬州客人皆去苏州，晨八时车行。叶、陈送之到我家，乃由车站来也。晚食炒米、鸡蛋，食时蔡先生来，乃将杨仁山《等不等观杂录》四本还之。

十六日　广文来，同到第一医院看病，作超声波试验。回时已十二点，克文早来，将饭备好。饭后广文复去第一医院找谢医生者问结果。中、晚皆吃稀饭。

十七日　蔡先生送来《坛经》，光文所转借也。以彝、谪仙来，光文、克文来。午饭仍吃稀饭。午后丁舜兰来，送乔家栅包子四个、粽子两个。陈晏来，送香蕉一串。季家骥来，送自做馄饨一碗。张志良来。留叶、陈、张三人，以所馈分饷之。光文代到萧家取衣服，送被里去洗，归途便买豆浆、大饼，故三人皆餍饱而去，余食馄饨两、细豆沙包一个半、豆浆一碗。付牛奶钱四元二角。

十八日 姚、朱二人来，克和、光文皆来。午后丁筱珊来，送多维葡萄糖一罐。光文吃大饼当晚饭后始去。

十九日 发一信片与南京。偕光文看翟医师，昨日光文先去探问过也。告以注射青霉素、链霉素，翟医师云肿块未必能消，但有利无弊，可以试试。克和中饭备好，食饭半碗，强和以鸡汤，仍不觉有味。光文先去。潘雨廷来谈。克和代买得大饼、豆浆亦去。

二十日 广文陪同到地段医院注射链霉素、青霉素。谪仙、海萍姊弟来，出示郁周与钟时信，言用海皮硝缝入布袋缚于肿块处可消□□，便时袋缝好夜卧时当试之。午后就近在合作医疗站注射，仍一针一角，两针两角。陈晏来，候光文从丁筱珊处回，同晚饭去，余则食面包与麦乳精。克和先去矣。

二十一日 仍午前、午后注射两次。谪仙、程秀芳母子来，并午饭后去。克文晚作片儿汤，打一蛋食之，七点光文去。买橘汁一瓶，一元二角。

廿二日 星期。培儿有信来，明后日可到。光文照常来，以合作医疗站休息，两次注射皆到地段医院。午后季家骥来。伯宣有信来问病，覆以一信片。

廿三日 谪仙来，又带来新缝海皮硝带，午后揩身腹敷上，至夜甚不适，遂去之。吴桐荪由富安来，带来王文东一信，文东、宗李并各有馈，皆谢却，仍交桐荪带回。陈晏陪其舅来，克和和光文仍照常来。午饭后桐荪舅孙先去，交一元与克和明日买菜。培儿自南京来，知家榕已回至南京。晚食烧饼、豆浆。光文晚饭后去。注射两次如旧，皆在合作医疗站。

廿四日 早曹大姊母子来，馈菜包子十个。继之叶亚男来，带来光文字条，此二三日内因事不能来。注射后与培儿同访翟医生，因站头弄错，遂空返。午后培儿再去翟医生，约明日早来过。秉桂母女来，送来茼蒿肉丸子一碗。袁公来。

廿五日　早翟医生来，送山楂酱一罐，报以桃酱、什景果酱各一。光文旋来，仍陪同注射。谪仙来，带来鲥鱼鳞油并希鲁信，言敷患处有效，未敢试也。克和照常来。光文午后又到第一医院商量配青、链霉素各五支，明日可继续注射矣。午后睡起，陈晏来。克和、叶、陈皆晚饭后去。

廿六日　克和、光文照常来。海萍又代买得链霉素、青霉素各一日量。午饭时潘雨廷与王揆生来。张志良来，换去《龙溪集》下半部六本。本日两次注射，皆从邱家在第四医院工作小女借得针头，由光文注射。午、晚皆食锅巴稀饭，量体温正常。

廿七日　蔡老送代买豆腐来。谪仙来。克和弟兄来，付克和车钱一元，买菜钱一元。袁公与彭先捷来问病。光文、克和弟兄皆午饭后散去。买米十五斤，两元四角六分。理发。本日注射皆在医疗站，体温正常。

廿八日　范君来问病，因前数日过夏老告以病，夏老语及也。蔡老借《梦游集》后半部去。袁公来，馈葡萄糖一袋。熙台自苏州来。谪仙、秀芳来。熙台又言及鲥鱼鳞浸油有效，遂敷两次。午后人杰来。熙台等皆午饭后去。又与二元与克和，今日菜钱一元，仅及也。宗李来一信，茶村由南京来一信。

廿九日　光文代买得鸡蛋，两元，并到翟医生家告以此数日情况。舜兰来。江公望来，送蛋糕一盒，托海萍转送袁熙台。广洋来。午饭食鸡蛋两个、烩饭一小碗。上午注射为海萍，下午注射为光文。晚食烧饼、麦乳精。本日星期。晚广洋又来，介其女吴容每日来注射。

三十日　克和、光文先后来，吴容两次来注射。午后宗李来问病。洗澡，由光文照应。桐荪舅孙来，与叶、周并晚饭后去。午食银丝卷，约馀三分之一。晚食鸡蛋两个、锅巴稀饭半碗。

五月

一日 颜克述来，馈广东腊肠一袋、湘潭原汁酱油一瓶。王钟时来。午饭后克和去，交与一元买菜，又五元托海萍买链霉素。由培儿送衣到萧家洗，付洗衣钱一元二角、皂一块。

二日 萧宇元夫妇来。光文来，买油、买糖、买草纸、买线，共二元八角八分。克和未来。杨志义送来馄饨排骨汤。中午食鲫鱼、馄饨，殊无味。晚食锅巴稀饭、水泡蛋，约尽一碗。光文晚饭后去，以幼朋所书《信心铭》及“龙川木刻对子”、王雷翁书“对子”各一赠之。

三日 罗、戴来，留之午饭。谪仙与小青来，馈油一瓶，谢却之，又咸蛋受之。付克和买菜钱两元，午后去，光文晚饭后去。注射仍由吴容为之。

四日 克和带来链霉素六天量，价二元。张志良来，子及夫妇来。下午注射时广洋同来，吟红亦来。陈晏来，代桐荪借去《道德经释义》三本。光文代人杰借《宋元学案》后半部二十本，全部皆在人杰处矣。龙川老人对两副并与广文，又仲素书张子《西铭》亦共与之。梅来一信片。

五日 早王人杰来，夏老来，谪仙、以彝来。以彝带来蹄筋。谪仙带来以文之信并李鑫甫所处脉案，且言有药寄来，意则厚矣。然千里处方□□□□□。光文、克和皆午后去，克和愿作小学生，难得也。袁翊青来一信。

六日 星期。郑璧庆姊弟来，璧庆馈饼干一袋。颜克述来。午食饭半碗，蹄筋佐之。晚食锅巴稀饭，蛋一个。谪仙送扬州所寄药来，适晓兰在此，言可服。药共十味，大抵化痰、舒气、消食、行血，拟明日煎服。晚志忠来问疾。

七日　伯宣来，范君来，蔡老来阿杭来。光文言鑫甫所开方乳香没药力量太大，恐非衰躯所胜，宜慎。培儿亦言不可不谨，因且置之。发一信片与翊青。陈晏来。

八日　午谪仙、炳桂来，小谈即去。自五日起专注射链霉素，仍午前、午后各一次。连日晚食烧饼、豆浆，约进二两。晚八时广洋来，言吴蓉明日不能来送注射针矣。

九日　发一信与唐老。以彝来交二十元，托转致伯宣。本日由光文注射，此最后一日矣。午后桐荪甥舅来，留晚饭去。

十日　收拾衣物。光文夫妇挈其子小平来，小平将回怀远，约同行，车上可以照应也。午张志良来，又借去《白沙集》《念庵集》两书。午后托光文看翟医师，馈以湘潭酱油一瓶、蜂蜜一瓶。晚谪仙来，言卫素存由苏来相看，大约明日当来。

十一日　早翟医师来，卫素存来。光文、克和午饭后即去。晚张志良来谈。

十二日　买绳子四根，每根一元二角，锁二把一元，塑料布一块四元二角，皆光文办也。谪仙送油来。买米十斤、油半斤，合一元。程秀芳来，借《昌黎集》四十本，由克和负去。托光文送《儿易》共八本与袁仲逵，仲逵屡称此书，故即以遗之。

十三日　素存来、钟时夫妇来、张伯琼与罗宝柱来。钟时夫妇先去。朱谪仙来并留午饭。伯琼送茶叶一包，遗以五金。又颜克述、何雨苍、袁仲逵、蔡元湛先后来，直有招架不住之苦。午后由光文、武孙买车票、寄行李，共车票两张十三元，寄行李则费三元八角，三轮车钱七角，并十七元五角。季家骥来。

十四日　谪仙来，季家骥、陈晏来，带来树人所馈金华蜜枣一包。王理清来，送巧克力糖一瓶，皆未久即去。交一元六角与克和，明日买菜。睡起，伯宣与以彝来，伯宣馈茶叶一罐，谢之。吟红来，馈苹果八枚，以吴蓉注射针具交其带去，并以蜜枣转馈之。伯宣言无书读，即以老夫子《礼记读本》假之。付牛奶钱四元三角一分，本月房钱三元。晚蔡老来，借去《起信论注》一本、《华严观门》一本。

十五日 乘午后两点一刻车偕培儿回南京，由光文、克和、武、斌两孙送上车。炳桂来送行，张志良来送行。雇汽车上车站，钱一元七角，由培儿付。在车上共六小时，到下关，梅、棋两孙来接。雇三轮微形汽车，共坐三人，行李六件，车价四圆五角，到家已九点多矣。

十六日 稍稍检点箱笼。午后培与棋取得寄运三箱子回。午龙女送来金针菜烧肉、苋菜、蚕豆、汤，肉无牙不能吃，汤则呷得不少。

十七日 付预买牛奶钱四元。买面盆一个两元五角三分，卫生香一盒一元一角。李尧阶来，会午睡，遂去。寄一片与武、斌两孙、一片与光文。读龙川夫子诗，心气甚适。晚家栻侄孙来坐。

十八日 发一信片与唐玉老。七侄媳为其子妇送来鸡蛋一斤、馒头八个。看彭尺木《测海集》，尽二卷。

十九日 袁仲逵来。信论《儿易》谓以豫、萃两卦大象当互易，自谓创获，不知其武断执一也。以四金遗文秋霞侄孙媳，作见面礼。梅孙自六合回。午后睡起，唐玉老来，以李鑫甫药方请其斟酌。到内桥洗澡，梅、棋两孙陪去。晚龙女来，交十元托代买被面。

二十日 晨玉老又来，谓李方可服，乳、末各减一钱，又加桂枝四分，明日当试服之。又馈火腿一方，盛情可感也。宝侄率其子家扈来，亦患哮喘病，由农村退回。阅《测海集》至四卷毕。本日星期。

廿一日 龙女代买得被面一副，价九元九角二分。上海转来李金煌一信，仍寄自湖沟。侄孙媳文秋霞回，来见。《测海集》五卷毕。晚服药。

廿二日 季家骥来一信，并附与培儿一信，托其为伊次女与武孙作伐。梅买药，无生乳没，只有熟者，草一信片询唐老可用否。龙女将被面掉换较贱者，找回钱二元六分。晚子慧来谈。《测海集》六卷毕。

廿三日 覆金煌一信，寄湖沟。忽患溏泻，晚食锅巴稀饭，遂止。

廿四日 寄一信片与子及夫妇，一片与吴广洋。唐老有覆片来，言熟乳末可用，乃购五帖，价二元二角。晚食馄饨面。服药。

廿五日 谪仙来信问疾，覆以一片。自本日起重温《诚斋易传》。晚食煮麦片，此罐头藏之数年矣。服药。

廿六日 茶村来，言明日返常州矣。服药。

廿七日 覆仲逵一信，辨其想以豫、萃两卦大象互易。服药。

廿八日 克述来一信，子及夫妇来一信。服药。《诚斋易传》上经毕。

廿九日 止药。服药六帖而于肿块无丝毫影响，且止以观之。

三十日 覆颜克述一信。广洋来一信，光文来一信，谭叔常来一信。武孙有信覆培儿，内附来蔡老一信，为伯沆书墓碣。

三十一日 在家理发，一角五分，此南京便处也。周克和来一信。

六 月

一日 交粮票二十五斤与瑜媳。栱孙陪同到三山街医院配牙，言非拔尽不可，遂回，费挂号钱一角而已。

二日 覆光文一信，覆克和一信。

三日 写一信与林伯。《易传·下经》毕。谪仙来信，劝药宜续服，乃写一片问唐老须否另行加减。午后唐老来面商，仍用原方，再服五帖看，乳没仍改作二钱。

四日 买药五帖，一元九角。晚再服药。

五日 广洋来信，劝勿食鸡及鱼腥，谓将助长肿患，此亦有理。覆蔡老一信。洗澡。服药。本日端阳也，亦梅孙生日。

六日 重理《诚斋易传》毕。复温秦大音《序卦图说》。晚服药。

七日 天气大热，单衣已足。仍服药。

八日 写一片寄光文，问黄色药片是何维生素。晚服药。

九日 早餐后肿块忽自破出脓水,不究何由,龙女、棋孙陪同到长乐路第一医院挂急诊号。由医师周姓者为切开寸许,将脓排清,塞以棉布,约后日换药处理,甚仔细。患此二月馀,不图乃如此了结也。又注射青霉素一针,言更须续注射三针。药费并往来车钱共用二圆四角,车钱则八角也。中药止。

十日 星期。就近到内桥地段医院注射。覆吴广洋一信。晚食面,佐以一鸡子。

十一日 棋陪同到市立医院换药布并注射。光文有覆信来,并问"天道至教"之义。

十二日 到内桥医院注射。重温《海陵夫子诗文集》。写一信与朱谪仙,寄泰州夏家汪钱慎请转。晚可权甥来。

十三日 到市立医院换药,仍由周医师包扎。覆光文一信。陈晏来一信,蔡老来一信。

十四日 覆吴桐苏一信,又写一信与翟医师,告以肿溃,并问抗坏血酸可否平时常服。

十五日 换药,来往车钱八角。

十六日 覆陈晏一信,写一信片与武、斌两孙。天雨。付倒桶子钱八角。

十七日 星期。仍雨。付牛奶票三元七角。翟医生有覆信。鼎女亦来一信,到辽阳矣。寄一信片与汪浏,问小珊伤状。又寄一信片与蔡老,慰其车伤。

十八日 再换药,来往车钱九角。午后谪仙有覆信,言顾、陆将来南京,信刚拆而雨春、希鲁与兴甫等已到。兴甫送麻油一瓶,希鲁送板油一罐。顾、陆住大全福巷陈家,兴甫住其女婿家。此次雨春在扬州曾偕兴甫至青山省周、李两夫子墓,冒雨登涉,可谓勇矣。兴甫劝服旧方,去牛蒡子,加黄芪、知母各六钱。

十九日 仍有雨。读《尚书后案·尧典》《陶谟》两篇。

二十日　仍到市立医院换药。午后由栱孙相帮揩身。

廿一日　写一信片寄子及夫妇。顾、陆及兴甫再来顾，兴甫并开一方，药只五味：丹参、黄芪、知母、当归并乳没，言服两剂创口可速合。林伯有覆信，言八月可东来。光文亦来一信。晚服药。

廿二日　到三山街医院换药，往来皆步行，不无勉强。午后四时家榕归西安，乘五时车也。晚仍服药。

廿三日　晴两日矣。钟坏，修理两圆两角。覆光文一信。药停。

廿四日　蔡老来一长信。午后顾二先生暨李兴甫来辞行，顾明日乘船回江西，李则后日回扬州。天又雨。

廿五日　到三山街医院换药，去步行，回时遇雨，乘车之钱三角。以彝来一覆信。洗澡，腹、背但干揩而已。

廿六日　读《后案・禹贡篇》毕。午后睡起，希鲁与周如兰、如芷暨袁时敏之女等来，希鲁明日回苏州，赠以十金。会天将雨，促之去，去未远即大雨，想俱沾湿矣。写一信与斌，催寄粮票。

廿七日　仍到三山街换药。程秀芳来一信，吴广洋来一信。午后黄子元夫妇来，馈藕粉一盒、糖一包。

廿八日　上海寄粮票来。袁仲逵又来一信。午前有阵雨。午后书琴侄女夫妇来，送蛋糕两盒。重温《般庚三篇》。

廿九日　覆武、斌一信片。换药。自今日后当每日换药，医嘱也。汪浏覆来一信片，希鲁来一信。交五圆与栱，梅代买火腿一元八角。

三十日　晴，暴书之，多霉湿矣。唐老来。覆希鲁一信，答其问“诸行无常”偈也。午后到三山街换药。

七　月

一日　天晴，暴书。理发。吴桐荪来一信。

二日 交粮票二十五斤与培儿。换药。寄一信与汪浏，劝筱珊耐心养伤。又寄一信与程秀芳。洗澡。

三日 换药，以去早，故未等候。顾二先生来信，已抵家矣。覆袁仲逵一信，再辨其以豫、萃两象互易之非。又写一信与陈晏，要其查《全唐诗》元结诗中"招隐"之作抄以来。

四日 照常换药。棋孙为书箱作架子成，此后书可不霉湿矣，甚嘉之。重理《洪范篇》，并读《白石山房与人书》，心甚适，然□□大暑。

五日 换药。暴书。洗澡。

六日 覆顾二先生一信。买火腿，三元一角。仍到三山街换药，换药者程姓，不知其为医师抑护士也。马医师者不在，云今日当其休假。

七日 理《大诰》《康诰》。午后换药，以明日星期，医院休息，须隔一日，故推迟至午后也。

八日 星期。覆吴桐荪一信。王氏兄弟送瓦来，托其父代买旧瓦也，共五百块。陈晏有覆信，寄来元次山《招孟武昌》诗，知尚有"退谷""杯湖"二铭。海陵夫子所作"退谷铭"盖源于次山，"退谷如春"云云正引次山诗语也。付王老头二十元，中十五元为瓦钱，馀则后算。

九日 换药。蔡老又寄来一长信。午后洗澡。

十日 覆蔡老一信。谪仙来信，七日回到浦东矣。午后又寄一片与陈晏，覆前信，并问元次山"退谷""杯湖"两铭有否收入诗中。

十一日 早去换药。李兴甫来，言为扬州房子事也。午后暴书。

十二日 照常换药。希鲁来一信。午后宝侄来。

十三日 照常换药。午后洗澡。看《王守溪集》。

十四日 午后换药，幸未遇大雨。

十五日 覆希鲁一信，谪仙一片。王氏父子来拾漏、粉墙。付牛奶钱三元七角、倒马桶钱八角。本日星期。

十六日 早去换药。找王瓦匠，近六元作工一日，父子三人共十一元也。钱于十七日交与王增才。

十七日 换药。颜克述来信,说寄茶叶一斤来。

十八日 照常换药。广洋来一信,言不久将到南京,洪自明处可住。付棋孙两圆作零用。

十九日 照常换药。唐老来,送罐头两个。颜克述寄茶叶到。午后洗澡。

二十日 换药。覆颜克述一信。子及夫妇来信问好。

廿一日 覆子及夫妇一信片。午后洗澡。

廿二日 星期。黄子元来,继之洪自明偕广洋来,谈约两小时去,广洋馈大腰一只、蛋糕一盒、酥糖一盒。陈晏来一信片。

廿三日 早去换药。交两圆与棋。

廿四日 彭祖年来一信,谓从颜克述信中得知余回南京,故信寄南京也。照常换药。

廿五日 照常换药。午后洗澡。《书经》读至《顾命》。

廿六日 换药。午后大雨,屋后漏较前更甚,幸王增才在,即上屋检拾乃止,俟天晴再细修。

廿七日 照常换药。蔡老又来一长函。午后又雨,幸未漏。晚林伯由武昌来电报,言即来南京。

廿八日 午后换药。家栻孙送瓜一个。

廿九日 星期。洗澡。林伯来,言住西站旅馆。

三十日 早换药。林伯来谈。午饭后由棋孙陪同到旧书店看书,书店休息,遂去寻程希圣,馈我罐头四品、桃子一袋。送菠萝一罐与家栻侄孙,答其前日西瓜之馈也。

三十一日 林伯与希圣偕来,留午饭。林伯问《道德经》数条,为解答之。以马湛翁赠"两都风雅多前席,五岳云烟惬胜游"对联诗赠林伯,并借去《春秋正言断辞三传参》稿,言将手抄一份再送还。四时后广洋与吟红来,吟红由马鞍山带来西瓜两个,广洋言明日回上海。

八月

一日 伯宣来一信,可喜也。午后可权甥来,捎来香港亮甥女信,知杏诚侄女等皆在,尤可喜。洗澡,理发。

二日 上海转来戴刚伯一信。蔡老又来一信。宝侄来,言不日到上海看平子夫妇,托其代在山阴路口银行取二百元。寄一信片与光文,问近状。

三日 连日照常换药。覆伯宣一信,覆戴刚伯一信,又写一信片与季家骥。

四日 午后换药。希鲁来一信,并附有鸡金粉一包。

五日 星期。大热。斌孙来一信。

六日 覆斌孙一信。蔡老又来一信。

七日 覆希鲁一信,并答兴甫"精气为物,游魂为变"之问。兴甫本以问希鲁,希鲁转余问也。又覆蔡老一信。光文有覆信来。又付换药费一元二角,可两星期用也。

八日 今日立秋。洗澡。

九日 季家骥有覆信,武孙姻事有可成望。

十日 唐老来一信,言患口,不合宜服药,促之。晚可权来。

十一日 覆玉虬一片。午后换药。程希圣来,送蛋糕一袋、橘子一罐。

十二日 星期。武孙来信,斌因阑尾炎穿孔引起腹膜炎进第四医院,即发一信片,要武每日来信将病情告我。蔡老亦来一信,荐一华姓妇,言可照料伙食。午后洗澡。

十三日 换药,改用鸡金粉撒之。蔡老又来一信,仍为推荐华姓照料事。晚宝侄来,昨自沪回,谈斌孙病大约如武信中所说。

十四日 换药，用鸡金粉拌消炎粉撒布伤口，仍由马医生料理。

十五日 换药如前。寄一挂号信与武，问斌病况，并将购食油凭证附去，令其到粮站盖章，仍挂号寄还。

十六日 换药如前。谪仙来一信。理《书经》毕，《守溪集》点完。付牛奶票三元七角，又买火腿一块三元一角，付倒马桶钱八角。

十七日 唐老来。林伯有信来，已回到宜昌矣。武来一信片，斌病已脱险。午后换药。

十八日 写一信覆谪仙。望杏夫妇来。午后换药。

十九日 星期。天又大热，洗澡。

二十日 换药，改用酸石膏。戴刚伯来一信，言其侄中强任鼓楼医院内科主任医师，已有信嘱其来相视。

廿一日 照常换药。五时后戴中强来，言下月中旬将去坦桑尼亚。

廿二日 换药。洗澡。唐老来一信，言煅龙骨、枯□各五钱研末可令收口。

廿三日 换药如故。覆蒋云从一信，林伯一信。读《金元明八家文》，清道光中上高李祖陶所评点，首为金元遗山好问，凡七卷。陈茶村自镇江来一信片。子慧送赤豆汤来。

廿四日 换药，又改用冰片等粉末。午后洗澡。写一信片寄武，催寄粮票并购油证明。

廿五日 午后换药。

廿六日 星期。发一信覆戴刚伯。彭祖年来信，已搬回武昌矣。

廿七日 换药。武有信，寄粮票与购油证明来。午后洗澡。子及夫妇来一信。

廿八日 覆祖年一信。换药。蔡老又来一长信，桐荪亦来一信。

廿九日 照常换药。圈读《遗山文》毕，续读《姚牧菴文》，盖五卷。

三十日 发一信片覆武，一信片覆杨子及夫妇。以天凉，未换药。

三十一日 换药,顺理发。希鲁来一信。连日报载"党十大"开会,林彪、陈伯达皆开除党籍矣。

九月

一日 午后换药。斌孙来信,已于三十午后出院回家矣。

二日 覆吴桐荪一信,覆斌一片。是日星期。

三日 换药。读《姚牧菴文》毕,续圈读《吴草庐文》,盖六卷。

四日 覆蔡老一信。天雨,屋又漏。以棋孙发病,未去换药。

五日 晨由培儿陪去换药。圈读《吴草庐文》毕,续读《虞伯生文》,凡八卷。

六日 仍雨,未去换药。光文来一信。

七日 覆光文一信。换药,由棋陪去,再换一证,又可两星期用。

八日 又雨,午后冒雨换药。晚食菜包,尽二两半,棋孙到奇芳阁所买也。

九日 星期。王老二来拾漏,用旧油毛毡作衬,当不再漏矣。午后趁天转暖洗澡。

十日 换药。季家骥来一信。

十一日 中秋也。早陈茶村来,言住唐老处,午后去镇江,因草一短札,托其转与唐老。

十二日 换药。覆季家骥一信。陈以文来一信。

十三日 付本月倒马桶钱八角。读《虞伯生文》毕,续圈读明《宋潜溪文》,凡七卷。

十四日 覆陈以文一信。换药。权甥来。

十五日 午后换药。

十六日 星期。付牛奶钱三元八角。程希圣来,馈荔枝膏一袋。

十七日 换药，改用链霉素粉，不知其效如何也。

十八日 付粮票二十五斤与瑜媳。陈以文来信，并附来李兴甫所开内服一方。吴林伯亦来一信。换药如故。

十九日 圈读《潜溪文》毕，今日起续读《阳明文》，亦七卷，惜论学文多不在选中。

二十日 午前洗澡，午后换药。

廿一日 光文来一信，问《论语》疑义者四条。

廿二日 覆光文信。午后换药。

廿三日 星期。读《阳明文》毕，续读《唐荆川文》，亦七卷。午后宝侄来，偕瑾如与家扆、平子同予共摄一影，与瑾如母女盖不见数年矣。

廿四日 换药，医云药颇有效，创口已稍小，可喜也。午后周如兰姊妹与袁某来，送鸡蛋面包两个。

廿五日 午前洗澡，午后换药。云从来信，寄来数诗。

廿六日 覆林伯一信，告以调息安眠之法。付王氏油毛毡一元五角，又拾瓦砾钱一元。午后唐老来谈，甚快。

廿七日 午后换药。以彝、谪仙同来一信。

廿八日 星期。天又雨。寄一信与希鲁，一片与斌孙。

廿九日 覆一信片与姚以彝与谪仙。程秀芳来信，并有一律求修正，又附有克和一信。午后换药。

三十日 星期。《荆川文》毕，圈读《归熙甫文》，共六卷。覆程秀芳母子一信。希鲁有覆信，并附来郁周一信，及大家寿郁周七十寿诗。

十　月

一日 潘雨廷与其旧同学童君来顾，言住富民坊亲眷家，后日还上海，盖趁国庆来南京一游也。子慧与阿十来，阿十送糖一斤、鸡蛋一斤，其来盖出差，亦在数日内回北京。写一信片寄王光宋。付家棋五圆，买维生素 B_1 两瓶、维生素 C 一瓶。

二日 写一信寄希鲁，并附去寿郁周五律一诗。

三日 换药。王惠畴与强天健同来，天健老惫矣。陈晏来一信。午后王天祚来，惠畴带信告知也，云林子硕已于前年逝去，而其夫人王秀端尚健在。

四日 读《元明八家文》毕，重温《法华》《楞严》二经。郁周寄珍珠粉来，言是诗诚旧贮也。午后洗澡、换药。连日大热，今重阳矣。而单衣流汗，极反常矣。

五日 天阴，稍凉。吴桐荪来一信，言近到富安见王文东，托代致候，其地址改经纬线厂二十六号，其又移居乎？

六日 天大凉，微雨。午后换药。

七日 星期。读《法华经》已，随看《景德传灯录》。

八日 覆姚郁周一信片。午后换药。

九日 《楞严》与《传灯》交互看。蔡老来一信。

十日 覆桐荪一信。午后换药，以星期三学习，无人换药，不成遂回。郁周又来一信，并附来《钱慎诸八十述怀》三绝及诸人寿诗。

十一日 午前换药。天雨。

十二日 仍小雨。覆郁周一信，并成两绝《和钱慎诸述怀即以为寿》托其转寄。

十三日 仍小雨。覆蔡老一信。午后换药。付牛奶钱三元七角八分。

十四日 星期。唐老来，赠以水晶印章一方。付本月倒马桶钱八角。寄一信片与斌。今日晴。

十五日 晴。午后换药，改用八宝丹，掺以珍珠粉。晚食蟹粉面，蟹家梅从仪征买来者。桐荪来一信。

十六日

十七日 换药。蔡老来信，冗长，贴了两张邮票，言眼生疾，字不得不大也。

十八日 读《楞严》一遍毕。

十九日 理发，仍由栱孙陪往。

二十日 午前换药。

廿一日 星期。杨志礼来相看。傍晚与栱孙到鸽子桥一转。晚又吃螃蟹面。

廿二日 午后洗脚，修脚。

廿三日 午前换药。晚吃蟹包，孙媳杨氏作也。

廿四日 与家栱到承恩寺街买得维生素 B_1 两瓶，游旧王府而回，今名健康巷矣。

廿五日 独自散步，由古钵营过绒庄，绕道内桥湾西路出白衣巷回。过龙珠家小憩，言阿杭由上海回。

廿六日 早阿杭来，带来十一、十二、一月三月粮票。悌儿亦来一信，韵媳已回家二十天矣。换药，用八宝丹掺珍珠粉，此为第五次矣。医生云创口已渐小，知药确有效也。午后王文东来一信。

廿七日 寄一信与陈晏，并覆王文东一信，寄与十圆。午后过龙女，子慧病疬初止。

廿八日 覆悌儿一片。郁周来信，附旧与丁子韦一信，不知何人手笔，嘱鉴定。本日星期。

廿九日 上午换药。覆郁周一信，与丁子韦信盖平孙手笔，似平孙文有抄本，可一查看。

卅日 五时前外出散步，归时不意王钟时与其连襟高寿永来过。王今日到宁，即住汉府街梅园新村二十七号高处，此次因公出差，明日即返沪。

三十一日 交白布与梅孙作布裤一条。

十一月

一日 换药。买衬绸七尺五寸,价四元五角四分,作小褂料也。袁翊青来一信,吴桐荪来一信。

二日 覆袁翊青一信。到白鹭洲公园看菊花,栱孙陪去。去时步行,归来在贡院西街口雇三轮回。王文东有覆信,款收到。陈晏、光文亦各来一信。

三日 覆吴桐荪一信。换药。五时散步,由阿杭相陪。

四日 星期。午后散步,过保老太爷,今年九十三矣,而健过于我,难得也。

五日 午前换药。午后小雨,遂未出。晚食菜包,评事街口清真点心店所买也。

六日 晨王揆生偕其表妹来,言自镇江来,明日返上海。遣栱送《荆川集》还唐老,并馈之藕粉一盒。天晴。

七日 天阴,换药。午后散步,绕评事街巷一周。

八日 覆光文一信。

九日 季家骥来一信。午后换药,由十八陪往。

十日 家栋侄孙忽来,言出差也。午后换药。

十一日 覆季家骥一信。茶村来信,旧恙复发已转常州市第一医院住院治疗。晚可权来,出示香港亮甥来信,知杏诚侄女尚在,并问南京通信号数,可喜也。

十二日 家栋侄孙馈人参精一瓶,言今日北返。午七侄来邀午饭,盖为栋孙设也。本日换药。

十三日 写一信与陈晏,并附一纸与王树人,问其夫人病并外孙伤收否。

十四日 写一信覆陈茶村，寄常州市第一医院。午后与棋孙观展览文物，并一游瞻园。以予所见苏杭园林、假山，未有及瞻园者，不知当时出何人手也。

十五日 王继周来，将《金史》《辽史》托其带回家中，归在《二十四史》一起。换药。马大夫云创口尚馀有绿豆大，再过十日或将全合乎。

十六日 梅孙公差去沪，嘱买各物，并将《人名大辞典》等带回。棋孙为买得炼乳一罐，一元三角八分。

十七日 连日甚暖。换药。买鸡蛋二十四个，一元九角八分。

十八日 星期。又转冷矣，因将厚被交高氏妇代缝，并本月倒马桶钱付与一圆。

十九日 唐老来信，言回常州，月底可回。梅孙回，《辞典》带回，各物皆买未得。

二十日 换药。买果酱一罐，一元一角九分。交拾元与棋孙，买炭与炼乳。

廿一日 棋孙买得炼乳两罐，每罐一元三角八分，又可可乳精一罐，二元九角一分。作小褂一件，工钱一元三角。散步，仍走评事街、板巷回。

廿二日 闹钟坏了不闹，因以起迟，命棋孙拿去修理，修理工费索八角馀。近来百事昂贵，此亦一端也。晚散步照旧。

廿三日 写一信与金煌固镇。换药，医云已收口矣。

廿四日 写一信与希鲁，并将用馀珍珠粉寄还诗诚，因赋一律谢诸友好。蔡老又来一信。

廿五日 覆蔡老一信。散步至彩霞街，买得咸鸭肫五个，价一圆。本日星期。

廿六日 寄五圆与叶光文，托买胎盘片。又寄一信与子及夫妇，告以创已收口，并令转告伯宣、谪仙。陈晏有信来，并有《菊花》诗求改削。上海又转来金煌一信，乃二十日发，先余去信三日也。

廿七日 又与金煌一信，一信与陈以文。希鲁、树人各有覆信。换药，此为最后矣。买窑罐一，九角一分。

廿八日 王惠畴来。覆陈晏一信，并将诗改好附去。

廿九日 寄戴刚伯一信，并附一律。付培儿三元零用。

三十日 棋孙下乡后，今日有信来。午后散步至三元巷，经大香炉木料市回。晚刘子敬来，言住江苏旅舍，由苏州带来板油一罐、包子十多个，皆希鲁所惠。

十二月

一日 光文来信，言款收到，而胎盘片缺货，候春节看如何。拟到新华书店，仅及大瓦巷，觉累遂回。

二日 星期。买鸭蛋六个，五角二分。

三日 写一信与希鲁，谢前惠也。又一信覆光文。蔡老来一信，戴刚伯亦来一信。连日大便出血，买痔疮锭一盒四角，又开塞露二角六分。归途拢龙女处小歇，适子慧回，因话一刻。

四日 晨宝侄来。午饭后拟洗澡，未成，回来洗头、洗脚、剪脚指爪。仍午睡至五点始起。

五日 交五圆与培儿，买菜、买面包之用。梅孙又为买得碎炭拾斤一元六角一分，买火械一把三角二分。以文有信，并附来李兴甫二绝，盖回前诗，道及其医药，诗作谦词，谓未有功。诗甚佳，平孙有孙如此，可喜也。

六日 答李兴甫二绝句，因写一信覆以文，并托其将诗转交。午后散步至鼎新桥。

七日 吴桐荪由上海来一信，并附七律一首，乃贺余病愈者，诗颇佳。午后照常散步。

八日 写一信片与唐玉老，问陈茶村病。午后睡起，大便又出血，散步遂不敢远行。

九日 唐老来。杨子及夫妇及朱谪仙并来一信。写一信覆蔡元湛。《白香山诗》一隅草堂本素称精刻，而误字仍不少，随读随校，一一为之改正，经两月馀始毕。从本日起读仇沧洲《杜诗集注》，详则详矣，而有不必注者亦必引证细注，又不能不嫌其冗杂。恨吾老，不能为之删削，以省读者之功力。是日星期，照常散步。

十日 覆吴桐荪一信。

十一日 李兴甫来一信，收到余所寄诗，又续答二绝，并附来陈以文七律一首，其地址为通泗街六十三号之一。陈晏来一信，亦有七律一首。梅孙侍同在内桥玉新池洗澡，积垢为之一清，快甚。

十二日 李尧阶来，今年六十二矣，而有少容，难得也。薛国安由重庆来一信，不相闻问者十馀年，言从颜克述处得余地址。其通信地为重庆春森路十四号，并言如来南京省其岳家将来看余，此亦意外也。散步，买鸭蛋六枚，四角八分，蛋甚小。

十三日 覆薛国安一信，航空寄去。买肫干，一元。

十四日 付家中粮票廿五斤，付倒马桶钱八角。

十五日 蔡老来一信，欲借《通鉴》。此老殆不知《通鉴》难毕业，忽发此妄想也。光文来信，《和其理》一律意思甚好，惟韵有不叶耳。

十六日 星期。为光文改诗。

十七日 覆蔡老一信，光文一信。

十八日 李兴甫与其女婿杨朝明来，杨亦仪征人。头部一痣忽作痛，到卫生所搽药并开方，服土霉素两日，共费六角二分。过夫子庙一转。

十九日 龙女送鸡蛋八个。

二十日 再到卫生所换药，顺买棉厚袜各一双，一元八角一分。林伯来一信。鼎女来，带来谭叔昭所送夹心饼干两袋，言今日晚即去沪，晚在家吃饭。

廿一日 郑德庆昨晚来，住家棋房，带来镇江肴肉。顾二先生、王文东各来一信。今日大冷，始生火。

廿二日 今日冬至。戴刚伯来信，言其幼子在海南岛患阑尾炎，开刀未收口，讨剩馀珍珠粉。今天已来不及寄，托德庆明日由航空寄去。又覆刚伯一信片。

廿三日 覆顾二先生一信。蔡老又来一信，欲阅《廿四史》，此老真不解事也。可权甥送来《儒林外史》一册，言假之友人者。又言王绵母女已去香港，德庆亦将夜间离去。宽侄夫妇今日去北京。

廿四日 昨夜培儿偕棋孙同下乡办迁回手续。今日早蒸面包等，皆龙女来料理，午饭即在彼处吃。午后理发。买蜂蜜一斤四两，一元三角七分。

廿五日 寄吴润畲一信。夜培、棋两人回。王天祚来，送来菜包子二十个。

廿六日 昨、今两日午饭皆在龙珠处吃。午睡初上床，而李兴甫来，因未成睡。

廿七日 以冷，故午睡亦未成。连日胃口不好，不知是否烧火烟气所致。子慧送来山药一斤四两。

廿八日 今日停火。再发一航空信寄与戴中文。

廿九日 以有微咳，到同仁堂买止咳化痰片，云无，介绍桔梗泡茶喝，买三分钱而回。

三十日 星期。昨、今两日早上皆吃山药。写一信问唐玉老，桔梗能止咳否？

三十一日 早黄子元来。午后程希圣来，卧与之谈，起送之至内桥，匆匆归，已暮矣。吴润畲有覆信，并有诗。陈从周亦来一信。

一九七九年

八　月

一日　午前程希圣偕彭祖年之第五子大用来，捎来祖年一信，并馈蛋糕、蛋卷。晚食蛋糕，不适口，仅食个半而止，以奶粉沃之。

二日　十四送来绿豆汤，甚好，馄饨则食少许。

三日　黄竹坪来，新自庐山还，带来言甲夹一信。林伯来信，改于下旬来宁。晚食绿豆粥。

四日　晚仍食粥，和以奶粉。

五日　粥不透食，半瓯而止。

六日　午前洗澡。晚仍食粥。

七日　买滴滴涕一罐，八角四分。

八日　立秋而全无秋意，热如故。

九日　高寿永夫妇来。寿永新从无锡休养四十日归，馈彩蛋十枚，又从上海带来周克和馈奶粉一袋。

十日　午后梅为置水洗澡。

十一日　送裤子一条洗，取衣两件回。

十二日　早吴忠匡来，带来蒋礼鸿一文，记从余学事，其女并摄一影来。

十三日

十四日　谭叔常来一信，并附照片多帧，鼎女似发胖矣。十四夫妇今日去无锡。

十五日　晚食小刀面，可谓希罕。

十六日　付倒马桶钱一元二角。晚仍食小刀面。

十七日　晚仍食粥。

十八日　钱小瑞从玄武湖来。覆叔常一信。午后吴广洋来，馈人参一枚，言任平已考入杭州大学中文系。陈光曾来。

十九日　午后洗澡。送衣两件洗。

二十日　有小雨，天似渐凉。

廿一日　十九代买得维生素一瓶、酵母片一百粒、小号开塞露三支。

廿二日　用开塞露，得解。

廿三日　吴林伯来，馈茶叶一袋、虾皮一袋。

廿四日　林伯来谈。吴桐荪来信，新自苏州、上海回江北，言希鲁患腰痛，可念也。

廿五日　买牛奶票，三元三角八分。林伯来信，已买得船票行矣。晚本食小刀面，辛辣之味利喉棘鼻，不可强进，适前头亦有煮面，得以卒饱。小刀面一门将终断矣。

廿六日　彭祖年来信问《庄子发微》稿。午后十四为置水洗澡。

廿七日　黄诗言与袁恽来访，言出差到扬州归苏州过此。送衣两件洗。

廿八日　以蛋卷一包送与后想。取前洗衣两件回。

廿九日　理发。

三十日　彭祖年来信，附来一湖之子任叔一信。

三十一日　将竹席撤去，天渐凉也。

九　月

一日　吴忠匡来信，附来前过京时摄影三帧。

二日　希鲁来一信，仍为臭虫故。吴寿彭来信，并新作三诗，言近游西安归。

三日　覆希鲁一信。

整理后记

据《钟氏宗谱》记载，我家祖先来自安徽徽州（今皖南歙县），祖上有兄弟二人，明朝初曾随明太祖朱洪武至南京为官，一文一武。文官衣着红袍，武官衣着绿袍，晚辈呼之为红袍爷爷与绿袍爷爷。闻说红袍爷爷在朝中为御史，后去陕西守边疆，死在陕西，灵柩运回南京，赐葬南京聚宝门（今中华门）外南郊牛首钟家山（1970 年，因城市发展工业，祖坟被拆除，夷为平地）。

先祖逸林公是一文牍人员，那时经祖辈们议定，我家自逸林公以下采取“南、士、玉、福、兴、家、立、国、以、启、贤、良”十二个字为各辈顺序的辈名。曾祖父钟玉筹，字鹤卿，曾在上海费文元银楼学徒，后回南京，在城南评事街创钟文元银楼，前店后工场，自营金银首饰，因生意兴隆，买下内桥天青街祖宅。曾祖父育有四子四女，祖父钟泰排行最小。辛亥革命前夕，孙中山在日本宣传革命，祖父与二兄钟福康、三兄钟福庆先后赴日本东京法政大学与日本大学师范部留学，归国后分别在司法界和教育界工作。

我自幼随父母和祖父共同居住生活在一起。在我的印象中，祖父是一位个子不高，身形偏瘦，爱蓄山羊胡须，且满口南京话的老人。在家人面前，祖父说话不多，且不苟言笑，神情也较为严肃，但只要有访客来，就能听到他侃侃而谈的话语声和朗朗的欢笑声。其实祖父是一个平易近人，既懂得尊重他人也深受他人敬重的人。他一般在家中二楼书房兼卧室里接待来访客人，每当客人离去时，他总要亲自将客人送至楼底下大门口，不论学生或晚辈，均是如此。此外，与之有书信往来的人难以计数，数十年中，几乎每隔二三天就能收到少则一封多则数封来信。在这些人中，既有社会各界名流，也有极为平凡的普通百姓。只是由于历史原因，这些书信很多都被毁去或散失在外。

祖父是一个爱书、嗜书，视书为生活中不可或缺部分的学者，但同时也是一位教书育人的导师，在他长达七十多年的教育生涯中，培养出了许多后来各领域名噪一时的学者、专家、教授。除此之外，凡在生活中每遇喜欢读书之人，不论贫富贵贱，来自何种家庭，从事何种职业，只要是有求学愿望的，他都会主动给予帮助和支持。祖父平生还有一大嗜好，就是喜欢游山观景，在他的《日录》中，常可看到他每到一处，总会在事后用较长笔墨给予记录描述。他在 1930 年游广东博罗县罗浮山后所作的长诗《罗浮记游》，曾被刊载在当年的《旅行家》杂志第七期上。

1973 年，祖父因年老多疾，离开上海到祖籍南京定居。离沪之前，他除了赠我一些信札之外，还将一大包文字资料交与我，叮嘱我要好好保存，并说也许今后还会派得上用处。此事在当时并未引起我的重视，故在祖父去南京后，我便将其封存在我的箱柜里，长达二十多年之久未曾翻动过。

整理祖父的《日录》，缘于 1998 年我从企业“下岗”后被安排“待业”在家。由于我自幼酷爱集邮，赋闲在家无它事可做，便一得空就去逛离家不远的邮票市场。不久在邮市上我结识了邮友华先生，他赠给我一本刘玉堂主编的《中国近现代人物名号大辞典》，说书中有我祖父钟泰的名字。得知这一信息后，我如获至宝，一回到家中便迫不及待地翻看起来。自那以后，我便开始了对祖父的关注。首先，我将尘封了二十多年祖父留给我的这包文字资料从箱柜中一一取出翻阅。遗憾的是，限于我的文化水平，资料中有许多内容我茫然不解，吸引我的是祖父所写的一本本《日录》，不仅能让我基本看懂，且读来备感亲切，不少往事记忆犹新。譬如看了《日录》让我回忆起 1965 年 5 月，祖父乘海轮由吉林长春回上海休假，途经青岛时专程乘火车到我所在部队看我。当时祖父身穿笔挺白色西装，脚上一双擦得锃亮的皮鞋，随身还携带着一只棕色皮箱，全然一副大学教授模样。这在当时的青岛，可真算是一道亮丽的风景线。祖父和干部、战士们围炉而坐，促膝交谈，可谓一见如故。祖父还讲了许多历史典故，引起了大家浓厚的兴趣。中午时刻，祖父谢绝了部队领导特意准备好了的小灶饭和菜，坚持和干部、战士一起吃普通大灶，即后勤士兵灶，并与大家共进了午餐，全然没有一点知识分子架子，深受大家的好评。临离开部队时，祖父和战士们一一握手，亲切道别，战士们也个个恋恋不舍，都说希望能有机会再次见到我祖父。部队首长还破例派一小吉普车让我陪送祖父返回青岛市下榻宾馆。

除此之外《日录》深深吸引我的还有他那一手刚毅飘洒的行草毛笔字，让我叹为观止，钦佩不已。尤其是其中有些字，字小如蚁，即便是多笔画的繁体字，若用放大镜细看，也能清晰看出字的每一笔画，从此我将其视为珍宝，爱不释手，得空就捧在手中一遍又一遍地翻看，甚至到了废寝忘食的地步，也因此让我更进一步加深了对祖父的情感。

祖父撰写《日录》起始于 1943 年 7 月，是在离开湖南蓝田国立师范学院前往贵阳大夏大学赴任途中，终结于 1979 年 9 月 3 日，即病逝前十天。从我珍藏的祖父《日录》来看，在这三十多年的时间里，祖父几乎未中止过一天书写日录。据我所知，目前除我所藏之外，有一部分《日录》现在他人手中，另有一部分去向不明。然窥一斑可见全豹，就现有这部分《日录》来看，也足以从中对祖父的人生轨迹和他的学术经历有一个较为清晰的了解和认知。

纵观祖父的《日录》，除了记录他日常看书、校书、写书的一些内容之外，有对时事的感悟，有与他人之间的交往，有对父母、对家人的思念和关怀，有对处在困境中的人的同情和帮助，还有不少是记录了他在世俗世界里和普通人一样的喜怒哀乐，读来令人动容，无限感慨。此外，《日录》中还记有一些鲜为人知的事和物，更显弥足珍贵。

随着时间的推移，我开始了解到祖父不仅是一位学识渊博、著作宏富的学者，而且在学界享有盛誉，是一位具有一定影响力的教育家、思想家，只是因种种原因，加之他的同事、同辈和友好大多先他谢世而去，即使是他的学生也早已过了耄耋之年，能够回忆并能撰写有关祖父文章的人少之又少，所以渐渐地被世人遗忘了。如今，已有学者对钟泰的学术思想进行研究探讨和发表著作和论文，祖父生前出版的一些著作，如《中国哲学史》《庄子发微》等也被重新再版发行，这大大激发了我下决心将祖父留给我的这些饱含着毕生心血和汗水的文字资料好好保存并一代代传承下去，以期有朝一日能为社会认可和发挥作用。

为了避免资料原稿被损坏或遗失，我陆续购买了《辞海》《历代名家行草字典》等相关书籍，用了近十年的时间将祖父的《日录》，包括他未曾公开发表过的诗作和文稿以及他与友朋往来的书札，前后抄录了两遍。2008 年，我自学了在电脑上打字，继而又萌发了将祖父的部分文字资料在电脑上整理的念头。然要做成此事，对时已年过花甲的我来讲岂是易事，尤其是所有文字资料均用毛笔书写，中间不时夹有繁体字、异体字，甚至还有因纸张破损、墨迹模糊难以辨认的字，常常为弄清一个字要花去很多精力和时间。但在困难面前，我时时以祖父书写的"勿谓蚂蚁小，多能移泰山"两句诗当作座右铭，提醒自己不要轻言放弃，要坚持下去。经过七八年的努力，我终于完成了《钟泰日录》《钟泰诗文汇编》和《钟泰友朋信札汇编》的整理，并将其复印装订成册。

前不久，上海古籍出版社刘海滨先生联系我，说我整理的《钟泰日录》等资料有重要的学术价值和史料价值，意欲由该社出版发行。这突如其来的消息实实让我兴奋不已。我感到这既体现了学界对我祖父钟泰学术思想的关注，也是社会对其学术地位的认可。就我个人而言，先期所有的努力和付出最终也有了结果。此事不仅圆了我多年以来的夙愿，也可视作我对先祖父钟泰在天之灵的一种告慰和深深的怀念之情吧。

钟 斌

2017 年 4 月 20 日，于沪寓